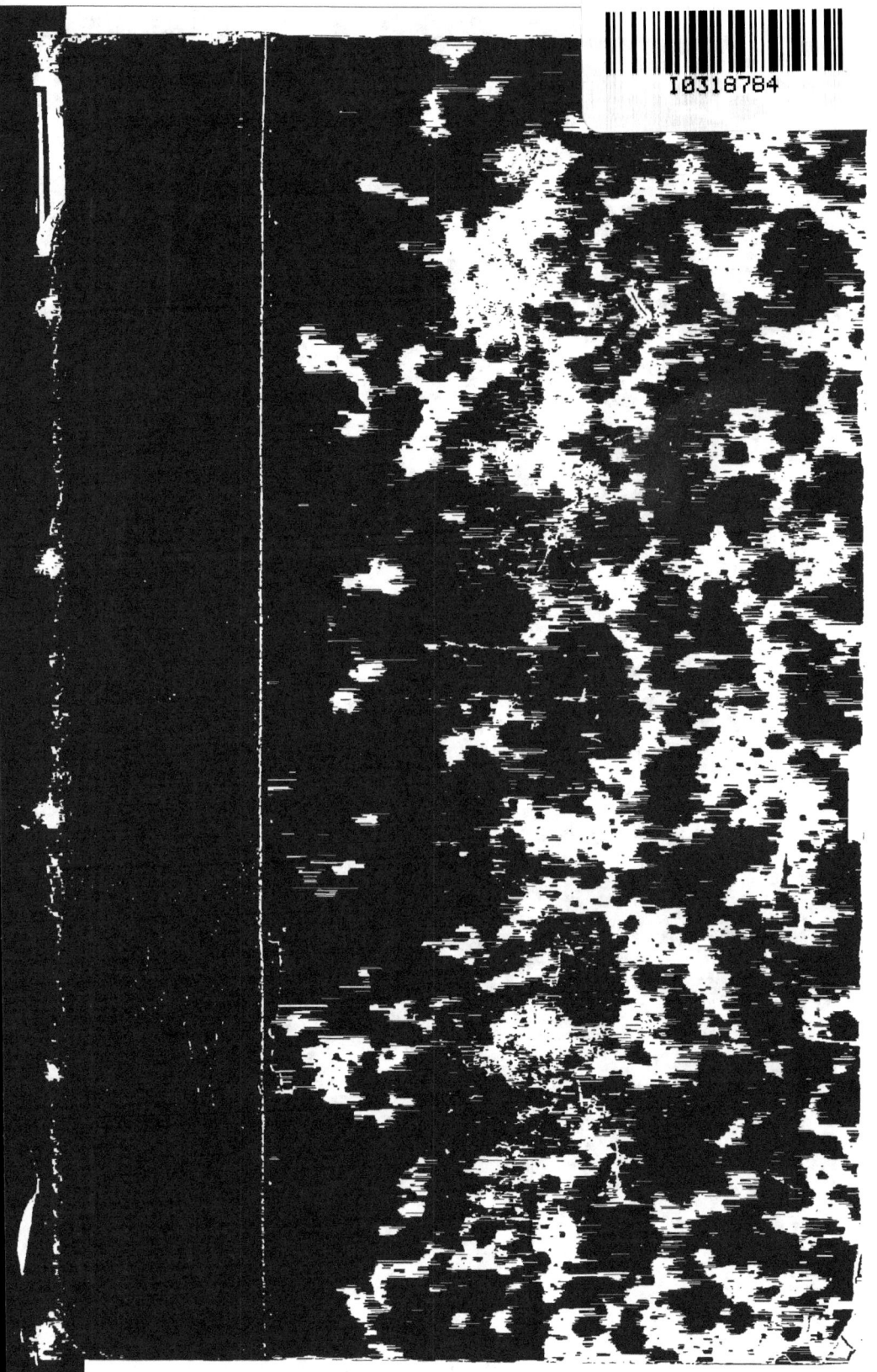

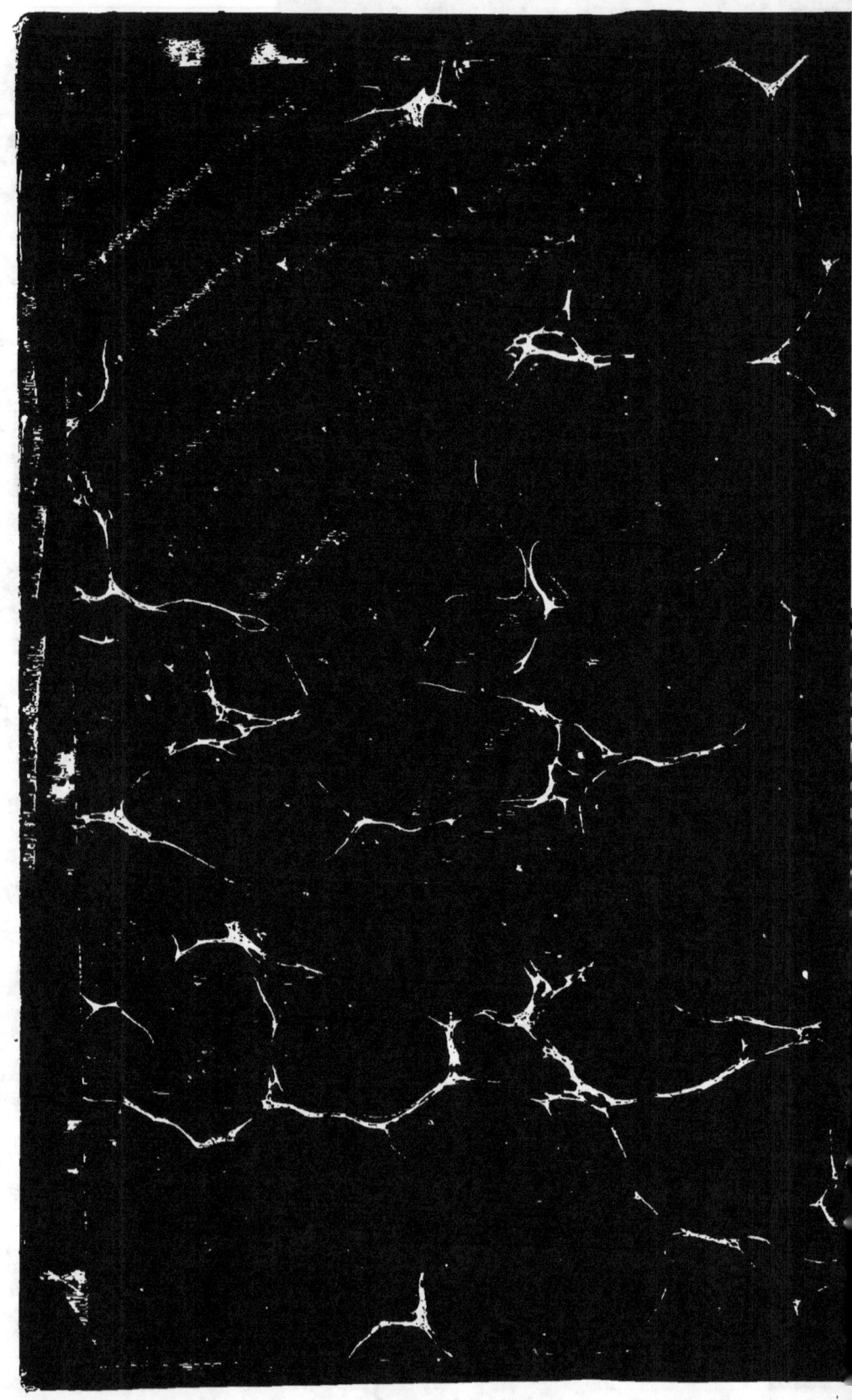

1552

BIBLIOTHÈQUE
DES MÉMOIRES

PENDANT LE 18ᵉ SIÈCLE

LETTRES

DE Mᵐᵉ DU DEFFAND

TYPOGRAPHIE DE H. FIRMIN DIDOT. — MESNIL (EURE)

LETTRES

DE

LA MARQUISE DU DEFFAND

A HORACE WALPOLE

écrites dans les années 1766 a 1780, auxquelles sont jointes

DES

LETTRES DE MADAME DU DEFFAND A VOLTAIRE

ÉCRITES DANS LES ANNÉES 1759 A 1775

PUBLIÉES D'APRÈS LES ORIGINAUX DÉPOSÉS A STRAWBERRY-HILL.

NOUVELLE ÉDITION

AUGMENTÉE DES EXTRAITS DES LETTRES D'HORACE WALPOLE

(revue et complétée sur l'édition originale de Londres 1810)

ET PRÉCÉDÉES D'UNE NOTICE SUR MADAME DU DEFFAND

PAR M. A. THIERS

TOME PREMIER

PARIS

LIBRAIRIE DE FIRMIN DIDOT FRÈRES, FILS ET Cⁱᵉ

IMPRIMEURS DE L'INSTITUT, RUE JACOB, 56

1864

AVIS

DU NOUVEL ÉDITEUR.

C'est après la première édition publiée en Angleterre en 1810 et quatre réimpressions en France, en 1811, 1812, 1824 et 1827, qu'on donne encore une fois au public la correspondance de madame du Deffand. Les notes ajoutées à ces diverses éditions ont été revues avec soin. On y a ajouté beaucoup d'extraits des lettres d'Horace Walpole, dont la correspondance complète, de 1756 à 1797, parut à Londres en 1820 (1).

Dans les précédentes éditions quelques passages concernant de hauts personnages avaient été supprimés. On les a rétablis d'après l'édition originale de 1810.

(1) *Private Correspondence of Horace Walpole, earl of Orford*, now first collected. London, 1820, 4 vol. in-8.

AVIS

Ce qui ajoute un grand prix à cette édition, c'est la Notice placée en tête; publiée dans l'édition de 1824 sous le voile de l'anonyme, elle reparaît aujourd'hui avec le nom de l'auteur, qui débutait alors dans la carrière littéraire, et dont le mérite transcendant ne tarda pas à se faire connaître. On sait quelle renommée il acquit depuis et dans les lettres et dans l'histoire.

Cet écrit nous montre déjà en M. Ad. Thiers un judicieux appréciateur d'un état social dont la Correspondance de Mme du Deffand avec Walpole nous reproduit la vivante image.

Cette Notice qui dans son genre est un petit chef-d'œuvre ne peut qu'ajouter un nouveau mérite aux œuvres littéraires de M. Thiers; elle nous donne une nouvelle preuve de cette facilité, cette sûreté de jugement, cette élégance de style qui caractérisent tout ce qu'il écrit.

J'adresserai donc à M. Thiers mes remercîments et ceux du public pour avoir bien voulu m'autoriser à la reproduire avec son nom, jusque là tenu caché par sa modestie.

A. Firmin DIDOT.

Nous croyons devoir reproduire la note adressée, en 1860, à M. Ludovic Lalanne, directeur de la *Correspondance littéraire*, par M. Taillandier (conseiller à la cour de cassation). Elle contient des détails curieux relatifs à la publication de l'ouvrage de Mme du Deffand.

« On sait que les *Lettres de la marquise du Deffand à Horace Walpole* furent publiées pour la première fois en français, mais avec des notes en anglais, à Londres, en 4 vol. in-12. Cette publication était faite par miss Marie Berry, amie de Walpole et légataire de ses papiers et de ses manuscrits. Les libraires Treuttel et Würtz firent réimprimer ces lettres à Paris, en 1811 et en 1812, en 4 vol. in-8°. Malheureusement la censure crut devoir exiger quelques suppressions, et les passages retranchés ne furent pas rétablis lors de la nouvelle édition des mêmes lettres, publiées à Paris en 1824. Cette dernière édition, quoiqu'elle porte le nom du libraire Ponthieu, a été, nous le croyons, faite par les soins et aux frais de M. Schubart, qui, sans être libraire en titre, se livrait à des opérations de librairie. La Notice sur madame du Deffand, placée en tête, est signée des initiales A. T. Or M. Schubart était alors en relation avec deux hommes de lettres dont un est devenu bien célèbre depuis, MM. Adolphe Thiers et Adolphe Thibaudeau; nous sommes donc porté à croire que cette notice, fort bien faite du reste, doit être attribuée à l'un des deux, sans que nous puissions désigner lequel (1).

« Quoi qu'il en soit, les *Lettres de madame du Deffand à H. Walpole* contribuèrent beaucoup plus à étendre la réputation de cette dame que sa correspondance avec d'Alembert, Montesquieu, le président Hénault, etc., qui avait paru à Paris en 1809, et nous ne comprenons pas comment MM. Didot, Charpentier et autres libraires qui publient aujourd'hui, dans un format commode et à bon marché, tant d'ouvrages qui ne valent pas les lettres à Walpole, n'ont pas encore songé à faire réimprimer ces lettres d'après l'édition originale de Londres et en rétablissant les passages supprimés. Tous les hommes

---

(1) En effet, on sait aujourd'hui que cette Notice est de M. Thiers. (V. l'*Avis* qui précède).

de goût doivent dire, en effet, avec M. de Sainte-Beuve, que
« Madame du Deffand mérite bien ce soin, car elle est un de
nos classiques par la langue comme par la pensée, et l'un des
plus excellents..... »

« Mais que sont devenues les réponses de Walpole à madame du Deffand ? C'est une demande que l'on se fait souvent et à laquelle il est difficile d'adresser une réponse satisfaisante. Nous ajouterons seulement aux observations consignées sur ce point dans une note ajoutée par M. Rathery à son article (1), que ces réponses, dont quelques fragments ont été insérés dans les notes qui accompagnent les éditions précédentes des lettres de madame du Deffand, n'ont point été insérées dans la grande et splendide édition publiée récemment en Angleterre des lettres d'Horace Walpole. Cette édition est intitulée : *The letters of Horace Walpole earl of Orford, edited by Peter Cunningham. New first chronologically arranged*, 9 vol. Bentley, 1857-1859.

« En rendant compte de cet important ouvrage dans son numéro du 21 août 1858, l'*Athenæum* anglais disait : « Pourquoi n'y a-t-il pas parmi les lettres publiées de lettres de Walpole à madame du Deffand ? celle, par exemple, dans laquelle il insistait auprès de sa chère vieille aveugle, pour la décider a puiser dans sa bourse, afin de réparer ses pertes de fortune, avec ces mots : *Ma petite, j'insiste*. Notre demande est moins hostile à l'éditeur que favorable à Horace Walpole, qui, précisément parce que c'était un homme d'esprit, a joui, par-dessus toutes les célébrités passées, de la réputation d'avoir été une sorte de cynique, de sceptique et de sentimentaliste à froid, et dont, cependant, les faits et gestes, si l'on y regarde d'un peu plus près, et si l'on se donne seulement la peine de

---

(1) *Correspondance littéraire*, n° du 10 décembre 1859, article de M. Rathery sur les *Lettres de M. Le Blanc et de la duchesse de Choiseul*, à propos de la correspondance inédite de madame du Deffand.

les réunir et de les apprécier, peuvent très-bien conduire à un jugement quelque peu différent. »

« Et en annonçant le dernier volume de cette édition des lettres de Walpole dans son numéro du 22 janvier 1859, le rédacteur de l'*Athenæum* reproche à l'éditeur, M. Cunningham, de n'avoir pas répondu à ce qu'il avait dit relativement aux lettres de Walpole à madame du Deffand.

« Il est donc peu probable que les réponses de Walpole à madame du Deffand, si elles existent encore, se trouvent en Angleterre, car elles n'auraient sans doute pas échappé à un éditeur aussi intelligent que M. Cunningham, surtout après les avertissements de la presse.

« Puisque nous avons occasion de parler de madame du Deffand, nous croyons devoir consigner ici une anecdote inédite sur cette femme célèbre. Tout le monde sait que madame du Deffand vivait retirée depuis longues années au couvent de Saint-Joseph, rue Saint-Dominique, dans les bâtiments où se trouvent aujourd'hui les bureaux du ministère de la guerre. Elle y était ce que l'on appelait *dame en chambre*, et comme telle nullement astreinte à aucune des règles qui y étaient établies.

« Elle s'y trouvait notamment en 1778, lors du dernier voyage de Voltaire à Paris. Il alla l'y voir le 11 avril (1). On conçoit quel effet dut produire dans un couvent la présence du patriarche de l'incrédulité. Les bonnes religieuses s'agitèrent, et lorsque Voltaire mourut, le 30 mai 1778, six semaines après cette visite à Saint-Joseph, on sut que le curé de Saint-Sulpice refusait de l'enterrer. La nouvelle de cette mort et du refus de sépulture ecclésiastique occasionna une grande sensation parmi les religieuses; elles se réunirent, avec leurs élèves, sous les fenêtres de l'appartement où demeuraient madame du Deffand et mademoiselle Sanadon, sa compagne, qui avait suc-

(1) Lettre de madame du Deffand à Walpole, du 12 avril 1778.

cédé à mademoiselle de Lespinasse, et y firent une espèce d'émeute, comme pour narguer sans doute les deux dames philosophes, à l'occasion de la mort de leur vieil ami.

« Je tiens ces détails de ma mère, qui était alors pensionnaire à Saint-Joseph, et qui fut témoin de cette scène étrange.

« Nous devons ajouter, en terminant, que l'édition des *Lettres de la marquise du Deffand à Horace Walpole*, publiée pour la première fois à Paris, in-8°, l'a été par les soins de M. Artaud de Montor, qui, dans son article *Roger* du supplément à la *Biographie universelle* de Michaud, raconte un fait curieux relativement à cette publication. Dans une lettre de madame du Deffand, publiée intégralement dans l'édition originale anglaise (1), elle appelle Suard et Delille des *polissons*. M. Artaud (il ne se nomme pas, mais il est évident que c'est de lui qu'il parle), d'accord avec M. d'Hauterive, qui lui avait communiqué le livre, pensait qu'il fallait supprimer ces mots si injurieux pour deux hommes de lettres vivants et d'un caractère honorable. Une autre personne, au contraire, voulait maintenir l'accusation, mais demandait des ratures considérables. « La discussion alla jusqu'à Napoléon, ajoute M. Artaud : il devait partir pour sa malheureuse campagne de 1812; il ordonna qu'on mît dans sa voiture les épreuves de l'ouvrage qu'on avait imprimé, sauf à supprimer ce qui déplairait, et il dit : « Je m'ennuie en route; je lirai ces volumes, et j'écrirai de Mayence ce qu'il y aura à faire. » On reçut de Mayence une lettre où il disait : « Ceux qui veulent ôter les mots *des*
« *polissons* ont raison; ceux qui veulent qu'on en ôte davan-
« tage n'ont pas le sens commun, et en cherchant à me plaire,
« ils n'auraient trouvé que le moyen de me déplaire. A deux
« mots près, il faut laisser la cour d'alors telle qu'elle était. »

---

(1) Lettre du 11 mai 1772. — Voyez cette lettre dans le présent volume page 418. Les mots retranchés par la censure ont été rétablis conformément à l'édition anglaise; ils se trouvent à la fin de la lettre.

Il est certain cependant que plusieurs autres passages furent supprimés ; ce qui a fait dire au savant bibliographe M. Brunet que cette édition avait été revue et mutilée par les soins de M. Artaud.

« Quant à ce que dit M. Rathery que M. Beuchot fut l'éditeur des lettres de madame du Deffand publiées en 1809, nous croyons que c'est là une erreur. Barbier, dans son *Dictionnaire des Anonymes*, ne donne aucune indication à cet égard, et M. Beuchot lui-même, lorsqu'il se présenta comme candidat pour la place de bibliothécaire de la chambre des députés, en 1833, fit distribuer une note de ses ouvrages dans laquelle ne figure pas la publication *si incorrecte* de 1809. Il est plus vraisemblable que la *Correspondance* dont il s'agit a été publiée par Auger, qui avait déjà présidé à l'édition donnée par le même libraire, Léopold Collin, des *Lettres de mesdames de Villars, de La Fayette et de Tencin et de mademoiselle Aïssé*, en 1805 (2 vol. in-12).

« Il faut remercier M. le marquis de Sainte-Aulaire d'avoir publié récemment la *Correspondance inédite de madame du Deffand*, où madame la duchesse de Choiseul et l'abbé Barthélemy nous apparaissent sous un jour si nouveau, et en même temps exprimer le regret que sa modestie l'ait empêché d'accomplir le dessein qu'avait formé un homme de beaucoup d'esprit, M. le comte d'Estourmel, de mettre au jour une édition complète des œuvres de cette dame célèbre, dessein que la mort ne lui a pas permis de réaliser. Il est bon de ne pas confondre M. le comte d'Estourmel, dont nous venons de parler, ancien préfet, auteur des charmants *Souvenirs de France et d'Italie*, avec son cousin, feu M. le comte Alexandre d'Estourmel, ancien député et ex-ambassadeur en Colombie. »

NOTICE

SUR

MADEMOISELLE BERRY.

Marie Berry, née en 1762 en Angleterre, où elle mourut en novembre 1852, à l'âge de quatre-vingt-dix ans, est célèbre par l'amitié qu'Horace Walpole lui porta, et par la publication à laquelle cette touchante amitié donna lieu.

Walpole, septuagénaire et désillusionné de la politique, vivait seul, retiré à sa charmante campagne de Strawberry-Hill, où il s'était entouré de quelques amis, dont la conversation lui faisait passer doucement ses derniers jours. Le 11 octobre 1788 Walpole écrivait à lady Osory : « Je n'ai pas recueilli de récente anecdote dans nos champs, mais j'ai fait, ce qui vaut beaucoup mieux pour moi, une précieuse acquisition : c'est la connaissance de deux demoiselles du nom de Berry, que j'ai rencontrées l'hiver dernier, et qui ont par hasard pris une maison avec leur père... Il les a conduites, il y a deux ou trois ans, en France, et elles en sont revenues les personnes de leur âge les plus instruites et les plus accomplies que j'aie vues. Elles sont extrêmement sensées, parfaitement naturelles, franches, sachant parler de tout. Rien d'aussi aisé et d'aussi agréable que leur entretien ; rien de plus à propos que leurs réponses et leurs observations. L'aînée, à ce que j'ai découvert par hasard, entend le latin, et parle français absolument comme une Française. La plus jeune dessine d'une manière charmante... Leur figure a tout ce qui plaît. Marie, la plus âgée, a un visage doux avec de beaux yeux noirs qui l'animent quand elle parle, et la régularité de ses traits emprunte à sa pâleur quelque chose d'intéressant... Le bon sens, l'instruction, la simplicité, la bonne grâce, caractérisent les Berry... Je ne sais laquelle j'aime le mieux. »

Walpole ressentit pour Marie Berry cette tendresse de vieillard que madame du Deffand avait éprouvée pour lui-même : il lui offrit de prendre son nom ; c'était lui proposer de devenir comtesse d'Orford, titre dont il venait d'hériter, en 1791, par la mort de son neveu. Mais le bon sens de miss Marie lui fit refuser cette proposition. Elle n'en continua pas moins de vivre avec lui, ainsi que sa sœur, dans la plus douce intimité; il lui légua ses papiers, parmi lesquels se trouvaient les lettres si spirituelles et si curieuses que madame du Deffand lui avait écrites de 1766 à 1780. Miss Marie en publia le recueil en français, à Londres, en 1810. Il est fâcheux que l'édition de 1824, ajoute M. Taillandier, ait été faite d'après cette dernière, et non en suivant le texte donné par miss Berry.

Marie Berry a publié en outre les charmantes lettres que Walpole lui avait adressées ainsi qu'à sa sœur, et un volume de mélanges intitulé *L'Angleterre et la France* (Paris, 1830, in-8°).

(Article de M. A. Taillandier sur mademoiselle Berry dans la *Nouvelle Biographie générale* publiée par MM. Firmin Didot, t. V, 1855.)

NOTICE

SUR

LA VIE ET LES LETTRES

DE

LA MARQUISE DU DEFFAND.

La correspondance de madame la marquise du Deffand avec Horace Walpole doit être considérée comme l'un des plus curieux monuments historiques du dix-huitième siècle. Ce sont moins les faits cachés, les détails privés et inconnus qu'il faut y chercher, que l'impression produite par les hommes et les choses de ce siècle sur une personne d'un jugement pénétrant et supérieur, quoique souvent partial et injuste. A ce titre, la correspondance de madame du Deffand est d'un grand prix, et ceux qui savent juger les événements par l'effet qu'ils ont produit sur les contemporains l'estimeront comme indispensable à l'histoire du siècle dernier. Mais pour bien apprécier les lettres de madame du Deffand, pour réduire ses impressions et ses jugements à leur juste valeur, il faut avoir une idée exacte de cette femme célèbre, et il est nécessaire pour cela de connaître sa vie, son caractère et ses rapports avec Horace Walpole.

Marie de Vichy Chamroud, marquise du Deffand, naquit en Bourgogne, d'une famille noble, et dans l'année 1697. Elle eut deux frères, dont l'un devint maréchal de camp dans les armées françaises, et l'autre trésorier de la Sainte-Chapelle à Paris. Elle avait une duchesse de Choiseul pour grand'mère, et pour neveu M. de Brienne, archevêque de Toulouse et cardinal de Loménie. Elle se trouva ainsi la parente des ministres Choiseul et Brienne, qui tous deux ont joué un si grand rôle dans le dix-huitième siècle. Elle eut pour tante la duchesse de Luynes, qui fut la constante amie de Marie Leczinska, l'épouse délaissée de Louis XV. On donne ici ces détails pour faire connaître quelles furent, dès son entrée dans le monde, les relations de madame du Deffand.

Elle reçut l'éducation ordinaire aux demoiselles de son rang, et elle fut placée à Paris dans le couvent de la Madeleine de Trenelle. Dès ses premières années elle annonça une beauté piquante et beaucoup d'esprit, et elle alarma ses institutrices ainsi que son directeur par les doutes religieux qu'elle osa concevoir. Son éducation s'achevait pendant les dernières années de Louis XIV, c'est-à-dire au moment où les esprits faisaient un retour général sur eux-mêmes et commençaient à contester tout ce qu'ils avaient admis précédemment. L'éducation soignée qu'on donnait alors aux femmes les faisait participer à toutes les opinions du monde, et madame du Deffand commença avec le siècle à douter et à ne plus croire. On lui envoya Massillon, qui ne réussit pas à la persuader, mais qui, avec sa tolérance habituelle, admira l'esprit et les grâces de l'impénitente demoiselle de Vichy. On ne tarda point à la retirer du couvent pour la marier. Sans consulter ni ses goûts ni son inclination, on l'unit au marquis du Deffand, qui lui offrit un nom et une augmentation de fortune assez considérable.

Madame du Deffand trouva bientôt son époux ennuyeux et faible, et se hâta de le quitter, sous prétexte d'incompatibilité d'humeur. L'époque approchait où allait s'opérer dans les mœurs une de ces révolutions que le caractère français rend toujours si soudaines et si violentes. La société sous Louis XIV avait été galante et digne, décente beaucoup plus que chaste, et surtout croyante, spirituelle et lettrée. Louis XIV et madame de Maintenon, vieillis, voulurent imposer leur réserve, leur dévotion, et pour ainsi dire le repentir de leur vie passée, à une génération qui n'avait participé ni aux fautes ni à la grandeur du règne, et qui n'en sentait plus que la petitesse et la ridicule sévérité. A la mort du roi magnifique, toutes les habitudes qu'il avait introduites furent secouées comme d'odieuses chaînes; tous les genres de joug, jusqu'à celui du respect, furent brisés à la fois; le cercueil du monarque fut outragé, son testament cassé, ses fils naturels déchus de leur rang emprunté, sa vieille épouse éloignée de la cour, son confesseur exilé, sa dévotion tournée en ridicule. La religion, qu'il avait si cruellement protégée, fut attaquée de toutes parts; ses goûts même, abandonnés, s'évanouirent, et partagèrent le sort de tout ce qui lui avait appartenu. Ce nouveau siècle, en un mot, offrit les caractères frappants d'une émancipation violente, à la suite d'une tutelle trop dure.

Son représentant spécial, le duc d'Orléans, avait les grâces, les hautes qualités, les vices séduisants et jusqu'à cette bonté qui se rencontre quelquefois, mais pas toujours, chez les grands corrompus. Calomnié à la cour du dernier roi, où il avait offert le contraste du siècle naissant avec celui qui finissait, il devait entraîner les Français vers tous les genres d'excès et d'indépendance. Le faisceau de toutes les autorités, de toutes les influences, brisé avec le sceptre de Louis XIV, la cour du régent devint une espèce de république, où un Alcibiade dominait par la supériorité de ses qualités et de ses vices. Les grands se rapprochèrent du prince ; les hommes à talents se rapprochèrent des grands, commençant ainsi à sortir de cet état de soumission dans lequel ils vivaient dans les palais de la noblesse, et ressemblant ainsi de moins en moins à ces *fous* chargés jadis d'amuser l'oisiveté des châteaux. C'est de cette vaste dissolution des autorités, des rangs, des opinions et des habitudes anciennes, que surgirent à la fois, et des influences, et des mœurs, et des systèmes nouveaux. C'est de là que sortit la causticité de Voltaire, la critique amère et profonde de Montesquieu : là se forma une philosophie tantôt sensuelle et athée, tantôt austère et religieuse. Au milieu du conflit des autorités publiques naquit l'étude des lois et des gouvernements ; au milieu du désordre des finances, l'étude des moyens d'assurer la prospérité publique ; au milieu du retour général vers les faits, une étude nouvelle et singulièrement heureuse des sciences physiques et mathématiques. Il s'opéra enfin l'une des plus profondes commotions de l'esprit humain, et il en résulta l'ordinaire somme d'erreurs et de vérités qui signalent toujours les grandes époques.

C'est au sein de cette société en travail que fut placée madame du Deffand. Elle était parfaitement propre à y jouer un rôle, par les agréments physiques qui attirent les hommes, par l'esprit qui les retient, par l'indépendance enfin qui convenait aux opinions et aux mœurs du temps. Sa figure avait plus de grâce que d'éclat; son esprit réunissait la promptitude, la justesse à toutes les inconséquences de l'extrême mobilité. Notre sociabilité procure une grande influence aux femmes, en nous groupant autour d'elles, en les faisant le centre de ces réunions où l'esprit prépare le renouvellement des mœurs par celui des idées. Aussi ont-elles toujours joué un rôle marquant dans nos révolutions. Madame du Deffand devint bientôt le centre d'une société nombreuse, et partagea avec mesdames de Tencin et Geoffrin l'honneur de réunir autour d'elle les hommes les plus distingués de son siècle. Elle connut intimement Fontenelle, Montesquieu, Voltaire, d'Alembert, Diderot, en un mot tous les personnages célèbres de la régence et du règne de Louis XV. Elle eut même, dit-on, l'honneur fâcheux pour sa réputation, mais flatteur pour son esprit et sa beauté, d'être remarquée par le régent, et de fixer un moment les goûts passagers de ce prince. On n'a pas le détail des premiers temps de sa jeunesse; on sait seulement qu'elle plut beaucoup et faillit souvent. Dans le relâchement des liens domestiques, elle avait suivi l'exemple général, et comme on vient de le voir, elle avait promptement quitté l'époux que lui avaient donné les convenances de famille bien plus que l'amour. Fatiguée peut-être d'une existence trop agitée, il convint un instant à son imagination fantasque de rentrer dans une carrière plus calme et plus régulière. Elle voulut retourner auprès de son mari ; elle rompit une de ces liaisons qu'elle était prompte à former et à rompre, annonça ses nouvelles résolutions à ses amis, et s'exposa à toutes leurs félicitations. Le marquis du Deffand, charmé de ce retour inattendu, accourut auprès d'elle, dans l'espoir de commencer une nouvelle vie. Mais cette femme trop légère avait trompé elle-même et son époux : cet amour de la régularité n'était que l'effet d'un caprice, ou même, à ce qu'on croit, d'un dépit amoureux. Après très-peu de temps, elle trouva M. du Deffand aussi ennuyeux qu'autrefois, et, six semaines ne s'étaient pas écoulées qu'elle le quitta de nouveau, au grand scandale du monde, et aux dépens de sa réputation, qui reçut en cette occasion une cruelle atteinte. Elle se rejeta dès lors dans le torrent des plaisirs, et contracta pour le président Hénault, l'un des hommes les plus distingués de cette époque, une affection, qui chez elle fut longue parce qu'elle n'était pas vive. La froideur en assura l'égalité et la durée.

On a beau vouloir échapper aux lois de la nature, on a beau les combattre ou les nier, elles sont infaillibles et irrésistibles. Dans la vivacité des goûts on ne peut croire à leur constance, et on a peine à comprendre la perpétuité de l'union conjugale. Cette perpétuité semble une insupportable contradiction avec la mobilité de nos penchants. Mais bientôt nous retombons malgré nous sous l'empire de lois méconnues. Presque toujours, en effet, il y a pour les femmes les plus dissolues un être préféré qui, s'il n'est pas ardemment aimé, est du moins celui auprès duquel l'habitude les reporte plus souvent, et finit par les fixer tôt ou tard : tant il est vrai qu'une affection stable, qui réunisse les commodités et les sûretés de l'habitude, est un besoin impérieux de notre nature ! Le dix-huitième siècle a présenté une foule de ces unions singulières, que les lois condamnaient, mais auxquelles leur durée servait d'excuse. Des individus qui, par désordre de penchants, ou incompatibilité de caractère, avaient rompu des liens légitimes, et avaient promené sur une foule d'objets leurs goûts passagers, finissaient par contracter de dernières unions qui d'abord illicites dans l'origine, s'épuraient par la constance, obtenaient même avec le temps de la part d'un public indulgent et facile des ménagements, des égards, et presque une sorte de respect.

La liaison de madame du Deffand avec le président Hénault n'eut pas ce caractère d'attachement tendre et constant qui rendit intéressantes tant d'autres liaisons du même genre ; mais elle eut un caractère d'habitude qui la rapprochait de l'état de mariage. Le sentiment qui les unissait, fondé presque uniquement sur l'estime réciproque de leur esprit, dut être durable comme l'opinion sur laquelle il était établi. Il fallut un voyage que madame du Deffand fit aux eaux de Forges en 1742, c'est-à-dire à l'âge de quarante-cinq ans, pour qu'elle s'aperçût que le président Hénault et son assiduité ne lui étaient pas inutiles. Elle découvrit alors que la vie de Paris lui était, selon son expression, plus agréable qu'elle ne l'avait cru, et elle dut à l'absence de ne pas ignorer tout à fait le sentiment qui l'attachait à son aucien ami. Néanmoins, trente ans plus tard, elle écrivait froidement à Walpole, en parlant de sa plus vieille affection : « Le président ne passera pas l'hiver ; sa perte me « causera du chagrin, *et fera du changement dans ma vie.* »

Madame du Deffand vécut ainsi jusqu'à l'âge de cinquante-cinq ans. Pour une femme belle, spirituelle, dissipée, et qui n'était ni épouse ni mère, les années devaient être de véritables calamités. Mais au malheur de l'âge s'en joignit un bien plus grand : madame du Deffand fut menacée de devenir aveugle, et bientôt le devint tout à fait. Voltaire écrivait à ce sujet : « Les « yeux de madame du Deffand étaient autrefois bien « brillants et bien beaux. Pourquoi faut-il qu'on soit « puni par où l'on a péché ! Quelle rage a la nature de « gâter ses plus beaux ouvrages ! Du moins madame « du Deffand conserve son esprit, qui est encore plus « beau que ses yeux. »

Qu'on se figure une femme légère, fantasque, n'ayant rien aimé que le plaisir, ne s'étant attachée à aucun objet d'une manière durable, n'ayant éprouvé ni pour un père, ni pour un époux, ni pour des enfants, ces affections douces et régulières qui font le charme de l'intérieur domestique, et on concevra quel dut être pour elle le tourment de la cécité ajouté à celui de l'âge ! Son activité, qui n'avait trouvé à s'exercer dans aucun des devoirs de famille, survivait à sa beauté et à ses yeux, et ne cessait de la tourmenter au sein des ténèbres où elle était plongée. Il lui fallait continuellement entendre à ses côtés le monde qu'elle ne voyait plus, et le besoin de la société se fit sentir chez elle plus vivement que jamais. C'est alors surtout que sa maison devint le cercle le plus brillant de la capitale. Dans la retraite qu'elle avait choisie au couvent de Saint-Joseph se rendaient avec empressement les Français et les étrangers de distinction ; son esprit extraordinaire attira tous les beaux génies du temps ; et bientôt le concours fut général. Les grands seigneurs s'y rencontraient à côté des hommes de lettres et des artistes, et y vivaient sur le pied d'une entière égalité. Ce qui distinguait les soupers de madame du Deffand des dîners de madame Geoffrin, c'était le haut rang de la plupart des convives. Madame du Deffand était surtout fréquentée par les grands seigneurs philosophes : ils venaient chez elle apprendre à fronder les titres, les rangs, les préjugés, les abus enfin sur lesquels reposait leur existence. Dans la maison de madame Geoffrin, du baron d'Holbach, d'Helvétius, les philosophes étaient chez eux ; chez madame du Deffand ils se trouvaient en présence de ceux dont ils séduisaient l'esprit tout en préparant leur ruine. Le caractère de celle-ci ainsi que sa naissance convenaient parfaitement à la nature de ses relations et à la manière de penser qui régnait autour d'elle. Elle était philosophe, plutôt par dégoût de toutes choses que par un juste discernement entre le faux et le vrai, le naturel et le convenu, le bien et le mal. Elle avait parfaitement le caractère de ces grands qui ont trop d'intelligence pour ne pas mépriser les préjugés dont ils vivent, mais qui s'en vengent en affectant de tout mépriser. Par une sorte de pudeur d'esprit ils ont abandonné l'erreur, mais ils redoutent la vérité, feignent de la dédaigner, et errent de doute en doute avec une nonchalance orgueilleuse et affectée.

A peine madame du Deffand était-elle séparée de ce monde qui ne lui inspirait ni amour ni estime, mais dont le bruit l'amusait, qu'elle retombait dans une solitude insupportable, et retrouvait les ennuis d'une activité extrême et inoccupée. Afin de parer à cet inconvénient, elle chercha une compagne qui consentît à s'attacher à sa personne et qui lui procurât une société de tous les instants. Elle fit choix d'une jeune demoiselle, malheureuse et célèbre, et qui a laissé un profond souvenir chez tous les grands personnages de son siècle. Il s'agit de mademoiselle de Lespinasse, qu'elle avait rencontrée en Bourgogne dans la terre de son frère, le comte de Vichy Chamroud. Ce frère, devenu maréchal de camp, s'était retiré dans ses terres, et avait épousé la fille de madame d'Albon. Cette dame avait une autre fille, fruit d'une liaison clandestine, qui n'avait pas été reconnue, mais qui aurait pu passer pour légitime et réclamer le nom de d'Albon, étant née pendant que sa mère était en état de mariage. On lui avait donné le nom de Lespinasse, et pour que l'envie ne lui vînt pas de se faire admettre dans la famille d'Albon et d'en partager les avantages, le comte de Vichy Chamroud l'avait prise auprès de lui, et l'employait à l'éducation de ses enfants. On concevra combien était peu faite pour ce genre de vie une personne que Marmontel a dépeinte de la manière suivante : « C'était,
« dit-il, un étonnant composé de bienséance, de raison,
« de sagesse, avec la tête la plus vive, l'âme la plus ar-
« dente, l'imagination la plus inflammable qui ait existé
« depuis Sapho. Ce feu qui circulait dans ses veines et
« dans ses nerfs, et qui donnait à son esprit tant d'ac-

« tivité, de brillant et de charme, l'a consumée avant le
« temps. Sa présence était d'un intérêt inexprimable;
« elle était un continuel objet d'attention, soit qu'elle
« écoutât, soit qu'elle parlât elle-même. Sans coquet-
« terie, elle nous inspirait l'innocent désir de lui plaire;
« sans pruderie, elle faisait sentir, à la liberté des
« propos, jusqu'où elle pouvait aller sans inquiéter la
« pudeur et sans effleurer la décence (1). »

Madame du Deffand, à la vue de cette étonnante personne, en fut éprise, et voulut, malgré sa famille, en faire sa compagne. Le comte de Chamroud craignait, si mademoiselle de Lespinasse lui échappait, qu'elle ne cédât un jour au désir de revendiquer le titre de demoiselle d'Albon. Madame du Deffand prit ou eut l'air de prendre des précautions que la délicatesse de mademoiselle de Lespinasse rendait inutiles, et réussit facilement à l'arracher à un état qui était devenu insupportable. Mademoiselle de Lespinasse reçut un logement au couvent de Saint-Joseph, à côté de celui de madame du Deffand, et une pension de quatre cents francs, qui, ajoutée à une pension de trois cents qu'elle tenait de sa mère, composait le modique revenu de sept cents francs, que du reste il faudrait quintupler au moins pour le rapprocher des valeurs de notre temps.

Le déplacement de mademoiselle de Lespinasse n'eut d'autre avantage que de la transporter dans un monde qu'elle devait charmer, sans y rencontrer le bonheur. Son existence fut tout aussi pénible auprès de madame

---

(1) Marmontel, Mémoires, liv. VI.

du Deffand, et peut-être plus funeste à sa santé. Obligée à des veilles et à des lectures continuelles, sa faible constitution en reçut une atteinte irréparable. L'amitié exaltée de d'Alembert, de Turgot, de Marmontel, du président Hénault lui-même, dédommageaient cette jeune personne de son malheureux état, mais contribuaient aussi à rendre plus difficiles ses rapports avec madame du Deffand. Celle-ci n'avait plus que sa conversation pour moyen de succès; et à défaut des hommages que n'obtenait plus sa beauté, elle exigeait pour son esprit l'attention la plus empressée et la plus exclusive. Elle ne tarda pas à devenir jalouse de mademoiselle de Lespinasse, et prétendit voir une trahison dans des visites particulières que ses amis lui faisaient quelquefois. Madame du Deffand avait fait de la nuit le jour, et ne se levait jamais que vers cinq ou six heures du soir. C'était en attendant son réveil que d'Alembert, Turgot et autres visiteurs fréquentaient quelquefois la jeune amie qui les charmait. Madame du Deffand en fut instruite, s'en indigna, et prétendit que c'était une conspiration pour lui enlever sa société. Elle cria à l'ingratitude, et rompit avec sa jeune compagne, à laquelle chacun s'empressa d'offrir un asile, une fortune, et tous les témoignages du plus tendre intérêt. Madame du Deffand, condamnée par ses amis, et par le président Hénault lui-même, leur proposa de choisir entre elle et la jeune personne dont elle avait le tort de faire une rivale. Ils n'hésitèrent pas, et elle ne leur pardonna jamais la préférence qu'ils avaient donnée à l'intéressante Lespinasse. Dès cet instant, d'Alembert, Turgot, Marmontel et autres cessèrent de fréquenter madame du Deffand, et l'éloignement qu'elle avait déjà pour ce qu'on appelait les philosophes se changea dès lors en une haine aveugle et ridicule.

Du reste, madame du Deffand avait l'esprit trop libre pour ne pas se rendre indépendante du parti même au milieu duquel elle avait vécu. Douée d'une pénétration extrême, habituée surtout à saisir le mal, parce qu'elle y croyait davantage, elle avait aperçu les travers des philosophes, et elle les leur reprochait amèrement, feignant d'ignorer que l'amour le plus pur de la vérité ne rend pas infaillible. D'ailleurs, niant presque tous les sentiments exaltés, elle n'en pouvait souffrir l'expression. Détachée de toutes choses, elle ne pouvait admettre ce zèle de vérité, cette ardeur de prosélytisme, qui distinguait ses contemporains. Habituée, par le cynisme de la régence, à un extrême naturel, elle détestait l'affectation, le faux enthousiasme, que, dans une grande révolution intellectuelle, la médiocrité mêle toujours à l'enthousiasme sincère du génie. En un mot, madame du Deffand, avec la tournure de son esprit, avec le spectacle que les philosophes étalaient sous ses yeux, avait toutes les raisons et tous les moyens de médire d'eux; et ordinairement personne ne peut être plus sévère envers un parti, que ceux qui ont vécu dans ses rangs.

C'est dans de pareilles dispositions que madame du Deffand rencontra l'Anglais Horace Walpole, et contracta avec lui une liaison intime. Ces deux personnages étaient vraiment faits pour s'unir, et pour médire à eux deux de leur siècle et de leur pays. Devenus l'un et l'autre assez étrangers au monde pour n'y prendre désormais aucun intérêt, ils avaient tout ce qu'il fallait pour en faire, dans leur correspondance, une satire quelquefois vraie et profonde, mais plus ordinairement fausse, inique, décourageante, et par cela même fort étroite. Il n'en faut jamais croire sur les ridicules de l'enthousiasme, sur les torts de l'esprit humain, sur les dangers des grands mouvements, ceux qui ne veulent ni aimer, ni penser, ni se mouvoir. Condamnés à une profonde nullité, leur inertie se dédommage en sarcasmes inutiles ; leur activité s'emploie à dénigrer et haïr, et sans écouter leurs envieuses satires, le genre humain, malgré eux et malgré lui-même, n'en fait pas moins ses inévitables progrès à travers l'erreur et vers la vérité, qu'il voit toujours plus distinctement à mesure qu'il avance.

Horace Walpole, né en 1717, était le troisième fils du ministre Robert Walpole, qui dirigea si longtemps les affaires de l'Angleterre sous la nouvelle dynastie des Brunswick. Héritier d'un grand nom, d'une haute considération et d'une fortune considérable, unissant à ces avantages ceux d'un esprit supérieur, il ne prétendit pas au pouvoir. Après avoir obtenu des places peu importantes sous le ministère de son père, et siégé dans les divers parlements, depuis 1741 jusqu'en 1768, il renonça aux affaires, et se renferma dans une orgueilleuse oisiveté, du sein de laquelle il exerçait une censure amère sur tous les hommes de son siècle qui agissaient ou écrivaient. *N'abusez pas du droit de n'avoir rien fait*, disait Rivarol à je ne sais quel censeur oisif et difficile. C'est ce qu'on aurait pu dire à Walpole, qui, ayant beaucoup voyagé, beaucoup vu, beaucoup appris, dédaignant d'écrire et de gouverner, semblait accabler tous ceux qu'il jugeait du poids de ce qu'il n'avait pas fait, et de ce qu'il aurait pu faire. Froid, sec, voué au célibat, n'aimant rien au monde, si ce n'est ce qu'il appelait la vérité, mais une vérité de médisance, étroite et toujours défavorable aux hommes, il passait sa vie à observer les vices, à les mépriser, à recueillir des antiquités, et à correspondre avec divers personnages célèbres de son temps. Malgré sa répugnance à livrer ses œuvres au public, il n'avait pas laissé de publier un roman et une tragédie (1), mais il rougissait de sa qualité d'auteur et se défendait de l'être. Il écrivait des lettres, parce qu'il pouvait dans le secret d'une correspondance dénigrer librement, et se cacher au public, dont la présence l'intimidait. Rien de plus redoutable que ces êtres qui se vengent sur les hommes de la crainte qu'ils en éprouvent et du doute où ils sont d'obtenir leur estime !

Walpole avait cinquante ans lorsqu'il rencontra madame du Deffand, qui en avait presque soixante-dix, et qui se prit pour lui d'une amitié folle. Cette amitié n'était que l'effet d'une activité de jeunesse conservée dans un corps débile, et au milieu des ténèbres de la cécité. Bientôt ce sentiment acquit chez une femme nerveuse et irritable tous les caractères de la passion, et l'exposa à un joug cruel sous un maître des plus durs. La correspondance de ces deux personnages en

(1) Il a laissé en outre, pour être publiés après sa mort, des mémoires sur les dix dernières années du règne de George II. On possède encore quelques compilations, résultat de ses travaux d'antiquaire.

C.

serait-elle pas déjà très-curieuse comme tableau intérieur du siècle, qu'elle présenterait un phénomène moral tout à fait digne d'observation. Walpole, comme nous venons de le dire, avait cinquante ans, une âme froide, une vanité excessive, et peu de penchant à aimer. L'amitié, ou, pour mieux dire, l'idolâtrie d'une femme aussi célèbre que madame du Deffand, le flattait beaucoup; sa charmante conversation l'amusait. peut-être même ne lui était pas indifférente sous le rapport politique, car il demandait constamment des nouvelles, et madame du Deffand se plaignait dans chacune de ses lettres d'être obligée d'écrire une gazette ; mais il n'avait aucune affection réelle pour sa correspondante, et souvent il était importuné de la tendresse qu'elle avait pour lui. Madame du Deffand était si préoccupée de ce sentiment qu'elle commettait chaque jour les plus étranges imprudences, et Walpole, qui redoutait le ridicule par-dessus tout, lui écrivait les lettres les plus dures, lui disant qu'il ne voulait pas à cinquante ans être le héros d'un roman dont l'héroïne en aurait soixante-dix. Il y ajoutait les paroles les plus humiliantes, et lui exprimait surtout la crainte que ses lettres, ouvertes à la poste, ne devinssent l'amusement de Versailles et de Londres. Sa malheureuse amie faisait des efforts inouïs pour se justifier ; elle sentait quelquefois qu'il convenait de s'irriter de ces propos ; elle s'en plaignait, feignait d'en être blessée, mais revenait toujours plus humble aux pieds du fier Anglais. Alors elle lui faisait dans ses lettres le sacrifice de son pays et des plus grands personnages de son temps. Je suis toute Anglaise, ne cessait-elle de lui répéter ; *votre chose publique* m'intéresse toute seule; je ne m'inquiète en France *que des rentes et des pensions*. — Pour complaire surtout aux antipathies de Walpole, elle lui livrait les philosophes, beaucoup plus que sa propre haine ne l'y aurait portée ; et tandis que ses lettres à Voltaire étaient pleines des expressions les plus adulatrices, celles qu'elle adressait à Walpole exprimaient un inconcevable mépris pour le grand écrivain. Elle ne le trouvait pas précisément impie, léger, inconséquent, ce qui aurait été fort concevable, mais ennuyeux. Il fallait que Walpole, avec l'orgueil d'un maître et une espèce de générosité dédaigneuse, lui ordonnât de n'être pas aussi servile, et de ne pas rabaisser autant les Français les plus illustres.

Il ne cessait de lui reprocher amèrement ses défauts personnels, et de la blâmer de sa personnalité, qui était excessive. Par exemple, on la voit, à l'égard des Choiseul, qu'elle fait connaître à merveille et qu'elle peint de la manière la plus intéressante, malgré sa médisance habituelle, on la voit s'en rapprocher ou s'en éloigner tour à tour suivant le degré d'attention et d'empressement qu'on lui témoigne. Walpole, qui la jugeait sans pitié, lui en faisait la remarque ; et elle ne s'en défendait que faiblement. Lorsque les Choiseul furent exilés à Chanteloup, pour avoir prodigué à madame Du Barry le mépris qu'ils avaient épargné à madame de Pompadour, les grands, les princes s'empressèrent de visiter la famille du ministre disgracié. On s'honorait d'y aller faire acte d'opposition ; et l'opposition que le pouvoir provoque inévitablement, ne pouvant être légale, était intrigante, souvent impertinente, et se manifestait jusque dans la famille du monarque. Les princes du sang eux-mêmes se prononcèrent en faveur du ministre. On allait demander au roi lui-même la permission de désapprouver l'un de ses actes en se rendant à Chanteloup. *Faites ce que vous voudrez*, répondait sèchement Louis XV à tous ; et on allait, ou souvent même on n'allait pas à Chanteloup, content d'avoir manifesté son opposition par une demande restée sans conséquence, et d'avoir satisfait ainsi à l'opinion publique. Madame du Deffand, comblée des bontés de la famille de Choiseul, ne pouvait s'empêcher de remplir ce devoir d'étiquette et d'amitié; elle fit néanmoins attendre sa visite pendant une année, et se décida enfin à se rendre à Chanteloup, malgré les sarcasmes de Walpole, qui lui disait qu'elle n'y allait que pour être caressée. Elle s'y rendit en effet, et ne cessa pendant plusieurs mois de raconter à son ami les détails de l'accueil qu'elle avait reçu. Elle fut sévèrement grondée, et revint à Paris désolée d'avoir déplu à son maître inexorable.

Cette liaison dura environ quinze années et fut un mélange continuel de reproches et de duretés d'une part, et d'amour et de soumission de l'autre. Madame du Deffand vécut ainsi jusqu'à l'âge de quatre-vingt-trois ans, et expira en 1780, sans avoir jamais négligé d'écrire à Walpole. Elle s'éteignit doucement, froidement, sans terreur ni regrets, n'ayant rien laissé qui l'attachât au monde, et quittant ses amis comme une distraction dont elle n'avait désormais plus besoin. Horace Walpole eut encore le temps de voir une partie de notre révolution, et de recevoir à Londres quelques grandes dames avec lesquelles il s'était lié à Paris. On conçoit quel jugement dut porter de l'élan révolutionnaire celui qui jugeait déjà si mal l'élan philosophique. Il mourut en 1797 à Strawberry-Hill, après être devenu pair à la mort de son neveu en 1791, mais sans avoir jamais demandé son installation.

Madame du Deffand avait légué ses manuscrits à Horace Walpole, aux héritiers duquel on dut plus tard la communication de cette précieuse correspondance. Bien qu'on y rencontre beaucoup d'injustice, et une fausseté de caractère très-compatible avec l'extrême naturel de l'esprit; quoiqu'on n'y trouve aucune opinion arrêtée sur aucune des importantes questions de l'époque, cependant on y reconnaît un esprit pénétrant, juste, étendu, souvent même profond. Jamais le mauvais côté de la nature humaine ne fut mieux saisi, plus impitoyablement dévoilé, et jamais la grâce, la vérité imprévue de l'expression ne dédommagèrent mieux de la triste noirceur des choses. C'est enfin un point de vue précieux pour l'étude d'une grande époque; c'est l'enthousiasme philosophique du dix-huitième siècle, son ardeur de nouveauté, son ivresse d'espérance, jugés par deux célibataires froids, blasés, et brouillés avec leurs contemporains. Ce côté est à observer comme un autre; et ceux qui savent par quelles erreurs l'esprit humain doit passer avant de parvenir à la vérité, de combien de ridicules, de travers il est susceptible, même dans ses plus beaux élans, ceux qui connaissent tout ce que le scepticisme railleur, impuissant, peut dire contre les sentiments généreux, contre les opinions prononcées et hardies, ceux-là, peu étonnés des sarcasmes de madame du Deffand et d'Horace Walpole, peu blessés de leur sécheresse, sauront gré à ces deux amis d'avoir si habilement dévoilé le mauvais côté des choses humaines, et à ce titre leur pardonneront d'avoir méconnu le bon qui n'en existe pas moins, quelque effort qu'on fasse pour le nier.

A. T.

LETTRES

DE

LA MARQUISE DU DEFFAND

LETTRES
DE
LA MARQUISE DU DEFFAND
A
HORACE WALPOLE.

LETTRE I.

Samedi, 19 avril 1766 (1)

J'ai été bien surprise hier, en recevant votre lettre ; je ne m'y attendais pas ; mais je vois que l'on peut tout attendre de vous.

Je commence par vous assurer de ma prudence ; je ne soupçonne aucun motif désobligeant à la recommandation que vous m'en faites ; personne ne sera au fait de notre correspondance, et je suivrai exactement tout ce que vous me prescrirez. J'ai déjà commencé par dissimuler mon chagrin ; et, excepté le président (2) et madame de Jonsac (3), à qui il a bien fallu que je parlasse de vous, je n'ai pas articulé votre nom. Avec tout autre que vous, je sentirais une sorte de répugnance à faire une pa-

---

(1) M. Walpole avait quitté Paris le 17 avril, deux jours avant la date de cette lettre et après un séjour de sept mois dans cette ville, où il était arrivé le 14 septembre 1765.

(2) Hénault ; c'est sous le nom de président qu'il est presque toujours désigné.

(3) La sœur du président Hénault.

reille protestation; mais vous êtes le meilleur des hommes, et plein de si bonnes intentions qu'aucune de vos actions, qu'aucune de vos paroles, ne peuvent jamais m'être suspectes. Si vous m'aviez fait plus tôt l'aveu de ce que vous pensez pour moi, j'aurais été plus calme, et par conséquent plus réservée. Le désir d'obtenir, et de pénétrer si l'on obtient, donne une activité qui rend imprudente : voilà mon histoire avec vous ; joignez à cela que mon âge, et que la confiance que j'ai de ne pas passer pour folle, doit donner naturellement la sécurité d'être à l'abri du ridicule. Tout est dit sur cet article, et comme personne ne nous entend, je veux être à mon aise, et vous dire qu'on ne peut aimer plus tendrement que je vous aime; que ' crois que l'on est récompensé tôt ou tard suivant ses mérites; et comme je crois avoir le cœur tendre et sincère, j'en recueille le prix à la fin de ma vie. Je ne veux point me laisser aller à vous dire tout ce que je pense, malgré le contentement que vous me donnez : ce bonheur est accompagné de tristesse, parce qu'il est impossible que votre absence ne soit bien longue. Je veux donc éviter ce qui rendrait cette lettre une élégie ; je vous prie seulement de me tenir parole, de m'écrire avec la plus grande confiance, et d'être persuadé que je suis plus à vous qu'à moi-même. Je vous rendrai compte, de mon côté, de tout ce qui me regarde, et je causerai avec vous comme si nous étions tête à tête au coin du feu.

Mes excuses d'aller à Montmorency (1) ont été très-bien reçues, et peut être irai-je lundi. Je soupai hier chez le président avec madame de Mirepoix (2), M. et madame de Caraman (3); *votre bonne amie* madame de Valentinois (4), et M. Schouwaloff (5);

(1) Chez M. le maréchal duc de Luxembourg.
(2) La maréchale de Mirepoix, était sœur du prince de Beauvau.
(3) Madame de Caraman était la sœur du prince de Chimay, et nièce maternelle de madame de Mirepoix.
(4) La comtesse de Valentinois, belle-sœur du prince de Monaco : elle affectait de haïr les Anglais.
(5) *Il fut le favori, l'on croit le mari de la czarine Élisabeth de Rus-*

on ne proféra pas votre nom. Je soupe ce soir chez madame Dupin (1), avec madame de Forcalquier, et demain je ne souperai pas avec vous. J'ai regardé sur mon livre de poste, et j'ai aussi vu qu'il est très-possible que vous soyez dimanche de bonne heure à Londres :

Je ne vous prie point de m'écrire souvent : saint Augustin a dit : « — Aimez, et faites ce qu'il vous plaira. » — C'est certainement ce qu'il a dit de mieux.

Souvenez-vous que vous êtes mon tuteur, mon gouverneur; n'abandonnez pas mon éducation : je serai toujours très-soumise, mais surtout ne me laissez jamais ignorer tout ce que je dois faire et dire qui pourra contribuer à faciliter et à accélérer votre retour.

Je croyais que Wiart (2) avait commencé cette lettre après ce que j'avais écrit; il n'aurait pas pu, à ce qu'il dit; ainsi je vous l'envoie séparément.

---

sie, et pendant douze ans de faveur il ne se fit point un ennemi. Note de M. Walpole sur la lettre de madame du Deffand.

(1) Madame Dupin, femme de Dupin, fermier-général. Elle était fille de Samuel Bernard. Rousseau prétend que c'est la seule des trois sœurs à qui l'on n'ait point reproché d'écart dans sa conduite. Lord Chesterfield écrivait à son fils, le 23 octobre 1771 : « Je vous conseille de débuter par madame Dupin, qui a encore de la beauté plus qu'il n'en faut pour un jeune drôle comme vous : son âge ne lui laisse pas absolument le choix de ses amants, et je vous réponds qu'elle ne rejetterait pas les offres de vos très-humbles services.... Si la place n'est pas prise, soyez sûr qu'à la longue elle est prenable. » Rousseau avait été le secrétaire de cette dame que fréquentaient tous les beaux esprits.

(2) Le valet de chambre de madame du Deffand, et qui lui servait en même temps de secrétaire. Il entra à son service avant l'année 1758, demeura avec elle jusqu'à sa mort, en 1780.

LETTRE II.

Lundi 21 avril 1766, en réponse à votre lettre d'Amiens.

Si vous étiez Français, je ne balancerais pas à vous croire un grand fat; vous êtes Anglais, vous n'êtes donc qu'un grand fou. Où prenez-vous, je vous prie, que *je suis livrée à des indiscrétions et des emportements romanesques? Des indiscrétions*, encore passe : à toute force cela se peut dire ; mais pour *des emportements romanesques*, cela me met en fureur, et je vous arracherais volontiers ces yeux qu'on dit être si beaux, mais qu'assurément vous ne pouvez pas soupçonner de m'avoir tourné la tête. Je cherche quelle injure je pourrais vous dire, mais il ne m'en vient point ; c'est que je ne suis pas encore à mon aise en vous écrivant ; vous êtes si affolé de cette sainte de Livry (1) que cela me bride l'imagination ; non pas que je prétende à lui être comparée, mais je me persuade que votre passion pour elle vous fait paraître sot et plat tout ce qui ne lui ressemble pas. Revenons aux emportements romanesques : moi l'ennemie déclarée de tout ce qui en a le moindre trait, moi qui leur ai toujours déclaré la guerre, moi qui me suis fait des ennemis de tous ceux qui donnaient dans ce ridicule, c'est moi qui en suis *accusée* aujourd'hui ! Et par qui le suis-je? par Horace Walpole, et par un certain petit Craufurd, qui n'ose pas s'expliquer si clairement, mais qui y donne un consentement tacite. Ah ! fi, fi, Messieurs, cela est bien vilain ; je dirai comme mes chers compatriotes, quand on leur raconte quelque trait dur et féroce : *cela est bien anglais;* mais apprenez, et retenez-le bien, que je ne vous aime pas plus qu'il ne faut,

---

(1) Mad. de Sévigné, que M. Walpole avait coutume d'appeler *Notre-Dame de Livry.*

et je ne crois point par delà vos mérites. Revenez, revenez à Paris, et vous verrez comme je me conduirai. J'ai, je vous l'avoue, une grande impatience que vous puissiez juger par vous-même du succès de vos leçons et des effets de mon indignation. Je commence dès à présent un nouveau plan de conduite; je ne prononce plus votre nom; cela m'ennuie un peu, je vous l'avoue; j'aurais bien du plaisir de pouvoir lire vos lettres avec quelqu'un qui en sentirait le mérite, et avec qui j'en pourrais rire; mais en vérité, quand je me livrerais, à bride abattue, à toute mon imprudence naturelle, je ne trouverais personne qui fût digne de cette confidence. Depuis votre départ, tout ce qui m'environne me paraît être devenu encore plus sot; je crains de tomber dans un ennui insupportable. Quand vous étiez dans les mêmes lieux que moi, je devinais ce que vous pensiez, vous saviez ce que je pensais, et nous ne tardions pas à nous le dire. Ce temps est passé, et Dieu sait quand il reviendra. Soyez Abailard, si vous voulez, mais ne comptez pas que je sois jamais Héloïse. Est-ce que je ne vous ai jamais dit l'antipathie que j'ai pour ces lettres-là? J'ai été persécutée de toutes les traductions qu'on en a faites et qu'on me forçait d'entendre; ce mélange, ou plutôt ce galimatias de dévotion, de métaphysique, de physique, me paraissait faux, exagéré, dégoûtant. Choisissez d'être pour moi tout autre chose qu'Abailard; soyez, si vous voulez, saint François de Sales; je l'aime assez, et je serai volontiers votre Philothée. — Mais laissons tout cela.

Savez-vous que j'espère une lettre de vous, de Calais? mais celle que j'attends avec le plus d'impatience, c'est celle qui sera datée de Londres.

Mon dimanche, hier, fut pitoyable; je comptais sur trois Broglio (1), qui ne vinrent point, parce que leur vieil oncle l'abbé était à l'agonie, et il est mort aujourd'hui à six heures du

(1) Le maréchal, le comte et l'abbé de Broglio.

matin; madame d'Aiguillon (1) ne vint point. Je remplaçai tout cela par le duc de Villars et par M. Schouwaloff. Je veux qu'on dise de ce dernier que j'en ai la tête tournée, et que j'ai absolument oublié les Anglais pour les Russes. Mais je me laisse aller à un sot babil, et j'oublie Jean-Jacques. Madame de Forcalquier me lut, samedi dernier que je soupai avec elle chez sa bonne amie madame Dupin, un petit ouvrage de sa façon en forme de lettres, qui est une apologie de la vieillesse, par où elle prouvait qu'on pouvait être amoureux de quelqu'un de cent ans; cela me dégoûta si fort, que je fus sur le point de chercher à lui démontrer qu'on ne pouvait pas l'être de quelqu'un de quarante. Ce bel ouvrage m'était adressé; je la pressais de me le donner, mais elle fit semblant de le jeter au feu, et moi de croire qu'il était brûlé; cela vous épargnera l'ennui de le lire, car je comptais bien vous l'envoyer (2).

(1) La duchesse douairière d'Aiguillon, née Chabot, était la mère du duc d'Aiguillon, qui fut ministre des affaires étrangères après la chute du duc de Choiseul. Voici le portrait de cette dame par madame du Deffand.

Madame la duchesse d'Aiguillon a la bouche enfoncée, le nez de travers, le regard fol et hardi, et malgré cela elle est belle. L'éclat de son teint l'emporte sur l'irrégularité de ses traits.

Sa taille est grossière, sa gorge, ses bras sont énormes; cependant elle n'a point l'air pesant ni épais : la force supplée en elle à la légèreté.

Son esprit a beaucoup de rapport à sa figure : il est, pour ainsi dire, aussi mal dessiné que son visage, et aussi éclatant : l'abondance, l'activité, l'impétuosité en sont les qualités dominantes. Sans goût, sans grâce et sans justesse, elle étonne, elle surprend, mais elle ne plaît ni n'intéresse.

Sa physionomie n'a nulle expression; tout ce qu'elle dit part d'une imagination déréglée.

C'est quelquefois un prophète qu'un démon agite, qui ne prévoit ni n'a le choix de ce qu'il va dire : ce sont plusieurs instruments bruyants dont il ne résulte aucune harmonie. C'est un spectacle chargé de machines et de décorations où il se trouve quelques traits merveilleux sans suite et sans ordre, que le parterre admire, mais qui est sifflé des loges.

(2) Mme de Forcalquier, que Mme du Deffand ne cesse de présenter comme une idiote, avait de l'esprit et du caractère. Un jour, son mari s'oublia jusqu'à lui donner un soufflet. La comtesse irritée veut lui faire un procès; elle va consulter deux ou trois avocats célèbres, qui lui conseillent de renoncer à cette idée, puisqu'elle n'a pas de témoins : elle revient chez

LETTRE III.

Paris, lundi 5 mai 1766, à midi.

J'ai un million de choses à vous dire, et j'ai une extinction de voix, et peut-être un peu de fièvre. Mon voyage de Versailles s'est passé à merveille; je n'ai point vu la reine; elle se porte fort bien, mais elle ne voit encore personne. J'ai été plus d'une grande heure tête-à-tête avec la grand'maman (1); elle a été

elle, entrée dans le cabinet de M. de Forcalquier, et lui rendant ce qu'elle en avait reçu : « Voilà votre soufflet, Monsieur, lui dit-elle; je n'en peux « rien faire. »

(1) La duchesse de Choiseul, née du Chatel. Le duc son époux a été premier ministre en France, après l'exil du cardinal de Bernis, en 1756. Madame du Deffand était, par sa grand'mère, alliée, à un degré éloigné, avec le duc de Choiseul; c'est la raison pour laquelle elle appelait M. et madame de Choiseul son grand-papa et sa grand'maman, noms par lesquels ils sont toujours désignés dans cette correspondance.

M. Walpole fait le portrait suivant de la duchesse de Choiseul, dans une lettre écrite cette année de Paris à M. Gray :

« La duchesse de Choiseul n'est pas fort jolie, mais elle a de beaux yeux, et c'est un petit modèle en cire, qui, pendant quelque temps, n'ayant pas eu la permission de parler, comme en étant incapable, a contracté une modestie qui ne s'est point perdue à la cour, et une hésitation qui est compensée par le plus intéressant son de voix, et effacée par l'expression la plus convenable. Oh! c'est la plus gentille, la plus aimable et la plus honnête petite créature qui soit sortie d'un œuf enchanté! si correcte dans ses expressions et dans ses pensées! d'un caractère si attentif, si bon! Tout le monde l'aime, excepté son mari, qui lui préfère sa propre sœur, la duchesse de Grammont, espèce d'Amazone, d'un caractère fier et hautain, également arbitraire dans son amour et dans sa haine, et qui est détestée. — Madame de Choiseul, qui aimait avec passion son mari, fut martyre de cette préférence, à laquelle elle se soumit à la fin de bonne grâce; ce qui a servi à la remettre un peu dans son esprit, et l'on croit qu'elle l'adore toujours. — Mais j'en doute. — Elle prend trop de peine à le persuader. » *Voyez* les œuvres du lord Orford, vol. 5, p. 365.

Les remarques suivantes, sur le portrait de la duchesse de Choiseul et de la duchesse de Grammont, sont d'un prélat français, distingué et fort respectable, qui a vécu longtemps dans la société de ces deux dames,

charmante : concluez de là qu'elle m'a beaucoup parlé de vous et comme il me convient qu'on en parle : son mari est prévenu que vous êtes très-aimable. Mme de Beauvau (1), chez qui j'ai soupé, vous aime autant que feu mon ami Formont (2), c'est-à-dire à la folie. Pont-de-Veyle (3) ne cesse de vous louer ; enfin tout

ainsi que dans celle de madame du Deffand. C'est à son esprit observateur et à sa grande mémoire que les premiers éditeurs des lettres de madame du Deffand ont dû plusieurs notes que nous avons conservées après en avoir vérifié l'exactitude.

« La duchesse de Choiseul était telle que l'a peinte M. Walpole, et mérite tout le bien qu'il en dit ; son mari, sans avoir pour elle un amour égal à celui qu'elle avait pour lui, avait néanmoins envers elle les plus justes égards et la plus grande considération ; il n'a jamais cessé de les lui marquer. Par la dernière disposition de son testament, il veut que son corps et celui de madame la duchesse de Choiseul soient enfermés dans la même tombe, à côté de laquelle sera planté un cyprès ; il se plaît dans la pensée qu'il reposera, après sa mort, à côté de celle qu'il a tant chérie et respectée pendant sa vie.

« L'extérieur de madame la duchesse de Grammont semblerait justifier ce qu'en dit M. Walpole. Sa personne était grasse et forte, son teint éclatant, ses yeux vifs et petits, sa voix rauque ; son abord et son maintien pouvaient, au premier coup d'œil, paraître repoussants ; mais les qualités intérieures étaient bien différentes de ce qu'en pensaient ceux dont parle M. Walpole. Son âme était élevée, généreuse et vraie, douce, franche, et pleine de charmes pour ses amis et sa société en général ; son caractère fort et décidé, son affection vive, ferme et attentive à tout ce qui pouvait être utile ou agréable à ceux qui la possédaient ; on ne perdait son amitié que par des actions basses, ou par une conduite perfide. Elle ne manqua jamais aux égards que méritait madame la duchesse de Choiseul, et elle était bonne et affectionnée pour sa nombreuse famille. Madame la duchesse de Grammont se conduisit devant le tribunal révolutionnaire avec une dignité et une noblesse qui étonnèrent ses juges. Elle ne dit pas un mot pour sa propre défense, et ne manifesta son énergie que pour sauver son amie la duchesse de Châtelet, traduite comme elle devant le même tribunal, lequel condamna l'une et l'autre à périr sur le même échafaud. »

(1) La princesse de Beauvau, née Rohan-Chabot, mariée d'abord au comte de Clermont d'Amboise, et ensuite au prince de Beauvau.

(2) M. de Formont, homme de lettres, fort aimé de la société dans laquelle il vivait, et l'un des correspondants de Voltaire.

(3) M. de Pont-de-Veyle était le frère cadet du comte d'Argental, l'ami de Voltaire et du roi de Prusse. Leur mère, madame de Férioles, était la sœur de la célèbre madame de Tencin, belle-sœur du cardinal du même

ce qui m'environne vous regrette, vous désire et est charmé de vous. Jugez, mon cher tuteur, combien cela me rend heureuse! Expédiez toutes vos affaires, et revenez me trouver;

nom. M. Walpole dépeint sa personne et son caractère comme suit :

« Madame du Deffand a un vieil ami dont je dois faire mention : c'est M. de Pontdeveyle, auteur du *Fat puni* et du *Complaisant*, ainsi que des jolis contes du *Comte de Comminges*, du *Siége de Calais* et des *Malheurs de l'Amour*. Ne vous imaginez cependant pas que ce soit un vieillard fort aimable : il peut l'être, mais il l'est rarement. Il possède un autre talent fort différent et fort amusant, l'art de parodier. Il est unique en ce genre; il compose des contes sur les airs de longues danses; il a entre autres adapté le *Daphnis et Chloé* du Régent à l'un de ces airs, et l'a rendu dix fois plus indécent ; mais il est si vieux, et le chante si bien, qu'on lui permet de le faire entendre dans toutes sortes de compagnies. C'est dans les *Caractères de la danse* surtout, auxquels il a adapté des paroles qui expriment toutes les nuances de l'amour, qu'il a réussi le mieux. Mais il n'a pas le moindre talent d'animer la conversation ; il ne parle que rarement, si ce n'est sur des objets sérieux, et même peu encore. Il est bizarre, morose, et plein d'admiration pour son propre pays, comme le seul où l'on puisse juger de son mérite. Son air et son regard sont froids et repoussants; mais lorsqu'on le prie de chanter ou qu'on loue ses ouvrages, ses yeux brillent aussitôt et ses traits s'épanouissent. En un mot, vous le verrez bien exactement représenté, en jetant les yeux sur le poëte extasié de son propre mérite, dans la seconde planche de la *Vie du libertin* de Hogarth, auquel il ressemble si parfaitement par ses traits et par sa perruque même, que vous ne pourriez manquer de le reconnaître sur-le-champ, si vous veniez dans ce pays; car il n'ira certainement pas dans celui où vous êtes.

Voici son portrait par madame du Deffand en 1774.

« L'esprit et les talents de M. de Pondeveyle méritaient toutes les distinctions qui font l'ambition des gens de lettres; mais sa modestie et son amour pour l'indépendance lui firent préférer les agréments de la société aux honneurs de la célébrité. Il évitait tout ce qui pouvait exciter l'envie.

« Ce fut malgré lui que l'on découvrit qu'il était l'auteur de trois comédies qui eurent un grand succès. La crainte de déplaire le rendait fort circonspect dans la conversation.

« Ceux qui ne le connaissaient pas pouvaient penser qu'il n'était pas frappé des ridicules et il les démêlait plus finement que personne. On pouvait penser aussi qu'il n'était pas très-bon juge des ouvrages de goût et d'esprit ; il avait l'air de tout approuver ; il ne se permettait aucune critique, et personne n'était plus en état que lui d'en faire de bonnes, puisque tous les ouvrages qu'on a de lui sont du meilleur ton et du meilleur goût.

vous aurez mille et mille agréments dans ce pays-ci, je vous en suis caution. Un motif de plus doit vous y engager; vous êtes le meilleur des hommes du monde; ce doit être pour vous un grand plaisir de faire le bonheur de quelqu'un qui n'en a jamais eu de véritable dans sa vie. Notre paysan (1) devient déjà celui de tout le monde : on rit des succès qu'il a eus. Il y a un autre homme ici, un Irlandais (2), à qui je ne veux pas de bien, mais qui va avoir du chagrin : sa protection et celle de son frère (3) ne sauveront pas leur parent de la potence (4); les conclusions du rapporteur concluent à la mort, et il sera interrogé aujourd'hui sur la sellette; toutes les apparences annoncent sa condamnation, et on dit qu'il sera jugé mercredi.

Je vis aussi hier le mari (5) de la grand'maman et la belle-sœur (6); il est question d'un souper chez moi pour la fin de la semaine prochaine : je fus contente de tout le monde, mais pour la grand'maman elle n'est qu'adorable; elle aime mon tuteur comme si elle avait autant de discernement que moi. Donnez-moi donc bien vite la permission de lui lire la lettre

« Son extérieur était froid, ses manières peu empressées; on aurait pu le soupçonner d'une grande indifférence, et on se serait bien trompé : il était capable de l'attachement le plus sincère et le plus constant. Jamais aucun de ses amis n'a eu le moindre sujet de se plaindre de lui. Aucune raison, aucun prétexte ne le refroidissait pour eux : il connaissait leurs défauts, il cherchait à les en corriger en leur en faisant sentir les inconvénients; il n'acquiesçait jamais au mal que l'on pouvait dire d'eux. Enfin on peut dire de M. de Pont-de-Veyle qu'il était aimable par son esprit, par ses talents, par ses vertus, et par l'extrême bonté de son cœur. »

(1) David Hume, l'historien. Il fut secrétaire d'ambassade à Paris lorsque le comte de Hertfort y était ambassadeur de la Grande-Bretagne. Dans la société de madame du Deffand, on lui donna le sobriquet de *Paysan du Danube*, parce qu'il était d'un extérieur lourd et grossier.
(2) M. Dillon, archevêque de Narbonne.
(3) Lord Dillon.
(4) Le comte de Lally, qui a commandé à Pondichéry, si fameux par son affreux supplice.
(5) Le duc de Choiseul.
(6) La duchesse de Grammont, sœur du duc de Choiseul.

d'Émile (1); elle est digne de cette confidence, et je vous réponds de sa discrétion; je ne veux jamais rien faire sans votre aveu, je veux toujours être votre chère petite, et me laisser conduire comme un enfant : j'oublie que j'ai vécu, je n'ai que treize ans. Si vous ne changez point, et si vous venez me retrouver, il en résultera que ma vie aura été très-heureuse; vous effacerez tout le passé; et je ne daterai plus que du jour que je vous aurai connu.

Si j'allais recevoir de vous une lettre à la glace, je serais bien fâchée et bien honteuse. Je ne sais point encore quel effet l'absence peut produire en vous; votre amitié était peut-être un feu de paille : mais non, je ne le crois pas; quoi que vous m'ayez pu dire, je n'ai jamais pu penser que vous fussiez insensible; vous ne seriez point heureux ni aimable sans amitié, et je suis positivement ce qu'il vous convient d'aimer. N'allez pas me dire qu'il y a du roman dans ma tête; j'en suis à mille lieues, je le déteste; tout ce qui ressemble à l'amour m'est odieux, et je suis presque bien aise d'être vieille et hideuse, pour ne pouvoir pas me méprendre aux sentiments qu'on a pour moi, et bien aise d'être aveugle pour être bien sûre que je ne puis en avoir d'autres que ceux de la plus pure et sainte amitié; mais j'aime l'amitié à la folie; mon cœur n'a jamais été fait que pour elle. Mais voilà assez parlé de moi; parlons de vous et de vos affaires. Avez-vous vu votre cousin (2)? quelle est sa position? en est-il content? êtes-vous content de lui? Je ne suis pas assez au fait des choses que je désire savoir, pour pouvoir vous bien interroger : dites-moi tout ce qui vous intéresse, si vous voulez me satisfaire. Adieu pour le moment présent; je reprendrai cette lettre demain après l'arrivée du facteur, pour vous répondre ou pour me plaindre.

(1) La lettre à Rousseau sous le nom d'Émile.
(2) Feu Henri Seymour Conway, feld-maréchal de l'armée anglaise, alors secrétaire d'État au département des affaires étrangères.

Mardi 6, à trois heures et demie.

Voilà le facteur, voilà une lettre ; dois-je dire me voilà contente? je n'en sais rien ; ou vous êtes au point que je désire, ou vous vous jouez de moi ; je ne sais pas lequel c'est des deux ; est-ce vérité, est-ce contre-vérité? suis-je à vos yeux intéressante ou ridicule?

Vous êtes pour moi un logogriphe ; j'en tiens tous les rapports, toutes les lettres, et je n'en puis composer le mot ; je n'ignorais pas que vous eussiez infiniment d'esprit, mais je n'en connaissais pas tous les genres ; vous m'en découvrez un nouveau ; il m'étonne, il m'embarrasse ; le Walpole d'Angleterre n'est pas le Walpole de Paris ; enfin, enfin, vous troublez mon pauvre génie : les emportements que vous ne cessez de me reprocher, cette discrétion que vous jugez si nécessaire, tout cela m'est un peu suspect ; mon amour-propre en est un peu blessé ; j'aimerais mieux la vérité toute crue ou toute nue ; je n'ai pas besoin qu'on me dore la pilule. Écrivez-moi donc comme à une bête, mais à une bête bonne enfant, à qui l'on peut tout dire, pourvu qu'on lui dise la vérité. Est-ce que vous pensez que je croie devoir être aimée de préférence à tout? non, non, je me rends plus de justice, et je suis bien décidée à me contenter de tout, à me résoudre à tout, et je m'attends à tout. Ne serait-ce pas une folie à moi de prétendre trouver en vous ce que vous prétendez qui est en moi, du roman, de la folie, des chimères, etc., etc.?

Vous êtes donc assez content de l'état des affaires? Tant mieux ; je m'intéresse à votre gouvernement plus qu'au nôtre. M. de Lally est actuellement sur la sellette ; il sera peut-être jugé dès aujourd'hui ; je vous dirai son sort avant de fermer cette lettre.

Adieu, mon cher tuteur ; ne m'inspirez pas tant de crainte ni de respect.

Il faut que je vous dise une chose que je répugne à vous dire ; je garde vos lettres, et je ne serais pas fâchée que vous gardassiez les miennes ; je me flatte que je n'ai pas besoin de vous assurer que ce n'est pas que je pense qu'elles en vaillent la peine, mais c'est pour me préparer l'amusement de revoir par la suite ce que nous nous sommes dit l'un à l'autre ; je viens d'acquérir un petit coffre pour serrer les vôtres : encore un roman, direz-vous ; allez, allez mon tuteur, vous êtes insupportable.

Mercredi, à dix heures du matin.

M. de Lally fut hier jugé à trois heures et demie, voilà sa sentence : ils étaient trente-cinq juges, toutes les voix ont été à la mort, et deux à la roue ; les gens du roi, au nombre de quatre, délibérèrent pour leurs conclusions ; il y en eut trois pour la mort et un à l'absolue décharge : tous les Dillons et leurs amis partirent pour Versailles immédiatement après le jugement : on dit qu'ils n'obtiendront point la grâce (1).

« La Cour, etc. déclare Thomas-Arthur Lally dûment at« teint et convaincu d'avoir trahi les intérêts du roi, son état
« et la compagnie des Indes ; d'abus d'autorité, et de plusieurs
« exactions et vexations envers les sujets du roi, étrangers et
« habitants de Pondichéri ; pour réparation de quoi et autres
« cas résultant du procès, l'a privé de son état, honneur et
« dignité, l'a condamné et condamne à avoir la tête tranchée

---

(1) On est étonné de la légèreté avec laquelle madame du Deffand parle de cet événement, dans lequel on a vu, selon l'expression de M. Sénac de Meilhan, l'élévation du rang devenir fatale à un homme malheureusement célèbre. « M. de Lally, dit-il, paraissant sur la sellette en cordon-rouge ; Lally, regardé comme un roi dans l'Inde, était un trophée pour la vanité de ses juges. Celui qui connait les replis secrets du cœur humain sera porté à penser que l'orgueil d'avoir à prononcer sur le sort d'un homme élevé en dignité et si supérieur aux accusés qui paraissent d'ordinaire sur le même théâtre, a pu déterminer l'extrême et injuste rigueur du tribunal. »

« sur un échafaud, qui pour cet effet sera placé en place de
« Grève ; ses biens acquis et confisqués au profit du roi ; sur
« iceux préalablement levé dix mille francs au profit des pau-
« vres de la Conciergerie, et trois cent mille livres aux pauvres
« de Pondichéri, suivant la distribution qui en sera ordonnée
« par le roi. »

LETTRE IV.

Paris, samedi 10 mai 1766, à 4 heures après midi.

Vous ne sauriez imaginer à quel point je vous respecte et je vous suis soumise. Je réprime tous mes premiers mouvements de haine, de colère, d'impatience ; vous jugez bien que ce n'est que de ce dernier dont j'ai à me défendre avec vous. Il est quatre heures ; j'avais résolu de ne point demander si le facteur avait des lettres ; et j'ai exécuté pendant trois heures cette résolution ; à la fin j'ai succombé en mourant de peur de faillir inutilement ; me voilà bien rassurée. Je suis on ne peut plus contente de votre lettre du 5 ; j'en avais besoin. Mille nuages s'étaient formés dans ma tête ; j'avais reçu ces jours-ci toutes vos lettres ; je ne sais dans quelle disposition j'étais, mais j'en avais conclu que vous me trouviez une folle, une extravagante, une ridicule. Je prenais le parti de ne vous jamais écrire plus d'une page ; je ne voulais plus abuser de votre patience ni de votre excessive bonté ; je ne voulais rien devoir à vos vertus. Je me flatte peut-être trop aujourd'hui, mais je suis rassurée ; je vous jure, je vous promets, mon cher tuteur, de ne me jamais fâcher contre vous ; je vous avoue que je serai attristée et ennuyée quand je n'aurai point de vos nouvelles, mais je serai très-persuadée que vous n'aurez pas eu le temps de m'en donner. Je sais aussi que vous n'abusez point de l'excès de cette confiance et de cette facilité.

Je puis donc me dire, pendant mes insomnies et dans tous les moments de la journée, que j'ai un ami sincère et fidèle, qui ne changera jamais parce que je ne puis changer; il connaît mes défauts, mes désagréments; qu'est-ce que le temps peut y ajouter? rien, cela est impossible.

Je ne puis concevoir ce que le peu d'habitude que vous avez de notre langue peut vous empêcher de dire; personne, non, personne au monde ne s'exprime mieux que vous, avec plus de clarté, plus de facilité et d'énergie; vous serez ravi de revoir vos lettres, je vous en réponds. Vous peignez le tourbillon où vous êtes, de façon que je crois vous y voir(1). il vous fatigue, j'en conviens, mais il ne vous ennuie pas; vous aurez trop de peine à le quitter. Comme vous ne voulez pas me tromper, vous ne me dites pas un mot de vos projets de retour; ce que vous en écrivez aux autres ne me persuade point; si je perdais l'espérance de vous revoir, je tomberais dans l'abîme des vapeurs. Depuis quelques jours il n'y a que votre idée qui m'en garantit; je ne me porte pas bien, mais cela ira mieux à l'avenir.

Je suis obligée d'interrompre cette lettre, parce qu'il faut que je me lève; demain je la reprendrai, et je vous parlerai de Lally, et je vous donnerai des nouvelles de la reine; le président (2) est allé la voir aujourd'hui.

Dimanche, à deux heures.

La reine est guérie, mais elle est encore faible; elle a reçu le président à merveille ; il lui a demandé quand je pourrais la

---

(1) M. Walpole avait dit : — Je vis dans un tourbillon dont il m'est impossible de vous rendre compte. Je vais à la Cour, je reçois des visites, j'en rends, je cours toute la matinée, je dîne, je joue, j'entends parler de politique, on me demande des conseils, je les donne, on ne les suit pas. — Enfin, comment vous détailler tout cela? Si vous avez trouvé ma tête troublée, actuellement c'est un chaos. »

(2) Le président Hénault était surintendant de la maison de la reine Marie Leczinska, épouse de Louis XV.

voir ; ce ne sera pas sitôt : elle n'a pas encore vu les princes du sang.

Lally fut exécuté avant-hier, vendredi, à cinq heures du soir ; le roi avait accordé à sa famille qu'il le serait à la nuit. Il fit plusieurs tentatives pour se tuer ; la première fut un coup qu'il se donna, à deux doigts au-dessous du cœur, avec la moitié d'un compas qu'il avait caché dans la doublure de sa redingote ; la seconde, en voulant avaler un petit instrument de fer, que les uns disent avoir été fait exprès, et d'autres que ce n'était qu'un cure-dent ; enfin la crainte qu'il ne trouvât quelque moyen de finir avant l'exécution, et de perdre une telle occasion pour l'exemple, détermina à envoyer à Choisy représenter au roi cet inconvénient. Il ordonna qu'on avançât l'exécution, et comme on eut peur aussi qu'il n'avalât sa langue, on lui mit un bâillon. Il est mort comme un enragé ; il devait être conduit à l'échafaud dans un carrosse noir ; mais comme il n'arriva pas à temps (l'heure étant avancée), on le mit dans un tombereau ; il a reçu deux coups ; le peuple battait des mains pendant l'exécution. On a jugé hier trois autres officiers, Cadeville, Chaponnay et Pouilly ; le premier à être blâmé, les deux autres hors de cour et de procès. Le public craignait que Lally n'obtînt sa grâce, ou qu'on ne commuât sa peine ; il voulait son supplice, et on a été content de tout ce qui l'a rendu plus ignominieux, du tombereau, des menottes, du bâillon (1) ; ce dernier

(1) M. Walpole, en réponse à cela, dit : « Ah ! Madame, Madame, quelles horreurs me racontez-vous-là ! Qu'on ne dise jamais que les Anglais sont durs et féroces. — Véritablement ce sont les Français qui le sont. Oui, oui, vous êtes des sauvages, des Iroquois, vous autres. On a bien massacré des gens chez nous, mais a-t-on jamais vu battre des mains pendant qu'on mettait à mort un pauvre malheureux, un officier général, qui avait langui pendant deux ans en prison ? un homme, enfin, si sensible à l'honneur, qu'il n'avait pas voulu se sauver ! si touché de la disgrâce, qu'il cherche à avaler les grilles de sa prison plutôt que de se voir exposé à l'ignominie publique ; et c'est exactement cette honnête pudeur qui fait qu'on le traîne dans un tombereau, et qu'on lui met un bâillon à la bouche comme au dernier des scélérats. Mon Dieu ! que je

a rassuré le confesseur qui craignait d'être mordu ; il a été seulement envoyé par de là des monts. Il y a quelques personnes qui sont affligées, mais en petit nombre ; c'était un grand fripon, et de plus, il était fort désagréable ; il a été condamné tout d'une voix. Cet événement est l'unique sujet des conversations.

suis aise d'avoir quitté Paris avant cette horrible scène ! je me serais fait déchirer ou mettre à la Bastille. »

M. de Meilhan a raconté les particularités suivantes sur la mort de M. de Lally.

« J'étais un soir chez madame la duchesse de Grammont, où se trouvait aussi madame la maréchale de Beauvau. M. de Choiseul entre par une petite porte avec un air triste et un papier à la main. Qu'avez-vous, mon frère, lui demanda la duchesse ? — Voilà l'arrêt de Lally que je porte au roi ; et il se met en devoir de le lire ; puis me regardant : c'est de votre compétence ceci, Monsieur, me dit-il ; voulez-vous bien lire et nous dire votre avis ? Je lis, et quand je suis à ces paroles, *atteint et convaincu d'avoir trahi les intérêts du roi, de l'État et de la compagnie*, je demeure surpris et indigné. Eh bien, dit M. de Choiseul, continuez. — Je n'ai pas besoin, répliquai-je, M. le duc, d'aller plus loin pour voir que cet arrêt est la plus atroce des iniquités. On peut trahir les intérêts du roi par un excès de zèle, ignorance ou impéritie. Une phrase aussi équivoque montre l'embarras des juges, qui n'ont pu le convaincre de *trahison*. S'ils en avaient eu la preuve, ils se seraient exprimés positivement. Tout homme qui entre en contrebande une perdrix ou une bouteille de vin trahit les intérêts du roi, ceux de l'État et ceux de la compagnie des fermes. Suivant l'horrible dispositif de cet arrêt, il mérite donc la mort ! — Mon avis fit quelque impression. M. de Choiseul monta chez le roi, tâcha de le fléchir, mais le trouva trop fortement prévenu contre l'infortuné Lally pour obtenir grâce.

Le fils de M. Lally-Tollendal, dans une lettre éloquente, insérée le 30 septembre 1811 dans le *Journal de l'Empire*, a réclamé avec autant de force que d'indignation contre cette lettre de madame du Deffand, et rappelle, que le 25 mai 1778, soixante-huit conseillers d'État ou maîtres des requêtes cassèrent l'arrêt de condamnation de M. de Lally, sur le rapport de M. Lambert, l'un des magistrats les plus recommandables de son temps, et après trente-deux séances de commissaires nommés à l'effet de réviser cette cause importante

LETTRE V.

Paris, mercredi 21 mai 1766,

Il n'y eut point hier de courrier d'Angleterre; il arrivera sans doute aujourd'hui : je ne compte pas qu'il m'apporte rien. Ce qui vous surprendra, c'est que je ne serai point du tout fâchée; tout au contraire, je serai ravie que vous vous mettiez bien à votre aise avec moi, et que vous ne m'écriviez jamais, que quand vous n'avez rien à faire. Vos lettres me feront mille fois plus de plaisir, parce qu'alors elles auront été un amusement pour vous, et non pas une gêne; pour moi, je veux vous écrire tant qu'il me plaira : je n'ai rien à faire; je n'ai ni de princesse Amélie, ni d'ambassadeurs, ni de bals, ni de Strawberry-Hill; je n'ai que mon effilage et mon chien. Je fais l'un sans y penser et je ne pense guère plus à l'autre.

Presque toutes les fois que je réponds à vos lettres, que l'on a fermé mon paquet, qu'il est à la poste, je m'avise que je vous ai dit mille inutilités, et que j'ai omis de vous dire tout ce qui était le plus important et le plus nécessaire. Par exemple, dans ma dernière lettre, je n'ai point répondu à la vôtre du 13, aux articles qui en valaient bien la peine. Qui m'a dit, dites-vous, que ce n'est que par *complaisance* que vous m'avez lâché le mot *d'amitié?* Eh bien, je n'en doute pas; mais je doute que vous aimiez ceux qui vous haïssent : je crois que vous ne pensez point du tout être obligé de me rendre compte de vos pensées, de vos occupations, projets, etc., etc., mais je vous prie de croire que je suis bien éloignée de l'exiger. Oh! non, non, je ne suis pas folle, ou du moins ma folie n'est pas la présomption ni la prétention, et je n'ai point à vous reprocher de m'induire à tomber dans cet inconvénient. Tout en badinant, tout en jouant, vous me faites entendre la vérité, et vous trouvez le moyen d'en envelopper l'amertume; mais je comprends très-bien que mes premières lettres ne vous ont pas plu : je ne suis pourtant point fâchée de les avoir écrites ; je n'en rougis point. J'ai connu une femme à qui on faisait quelque remontrances sur ce qu'elle n'avait pas un air assez réservé avec des personnages graves et à qui on devait du respect : elle répondit qu'elle avait ving-neuf ans, et qu'à cet âge on avait *toute honte bue;* et moi je dis qu'à mon âge on ne pèche point contre la décence en se laissant aller à des *emportements* d'amitié, et ils ne doivent point effrayer, quand il est bien démontré qu'on n'exige rien. Je ne vous connais pas, ajoutez-vous ; peut-être me trompé-je à votre caractère comme je fais à votre esprit. Vous ne me donnez pas beaucoup d'inquiétude d'avoir porté un faux jugement : je ne me suis point trompée à votre esprit; mais je pourrai me tromper à votre caractère. Cependant permettez-moi de croire que vous n'êtes ni *volage*, ni *ingrat*, ni *méchant* : vous êtes singulièrement bon, et vous êtes, ainsi que feu mon ami Formont, la bonté incarnée, le plus reconnaissant des hommes, et le plus éloigné de toute méchanceté. C'est cette connaissance que j'ai de votre caractère qui me fait et qui me fera toujours vous dire tout ce que je pense, qui me fait applaudir de vous avoir donné mon amitié : il ne peut y avoir qu'un seul inconvénient, qui est grand, il est vrai, mais qu'on ne peut pas appeler dangereux, c'est de ne vous plus revoir. Si cela arrive, je pourrai avoir à me reprocher de m'être laissé aller au goût que j'ai pris pour vous, mais non pas d'avoir fait un mauvais choix, ni d'avoir été indiscrète en vous donnant toute ma confiance.

Je suis comme était feu le Régent (1), je ne vois que des sots ou des fripons; tous les jugements que j'entends porter me sont insupportables; quelques personnes qui paraissent assez

(1) Le duc d'Orléans disait que la société était composée de deux classes d'hommes, les sots et les fripons.

raisonnables parlent de vous, vous louent à peu près bien : j'écoute, j'approuve, je suis contente, et l'instant d'après on vante M. K*** : il a bien de l'esprit, dit-on, de la force, du nerf, mais il est bien Anglais ; il n'est pas si aimable que M. Walpole. Celui-ci a bien plus de douceur, de politesse, bien plus d'envie de plaire : oh ! il est *tout à fait Français*. Je me mords les lèvres, je me tords les mains, je me tais, mais j'enrage, et il me prend un dégoût pour ces gens-là, que je voudrais ne leur parler de ma vie ; cependant je n'ai rien de mieux à faire que de vivre avec eux. Allez, allez, mon tuteur, ne me recommandez pas de parler de vous : à qui voulez-vous donc que j'en parle ? Sera-ce à madame de Luxembourg (1), qui n'a d'estime et de vénération que pour l'Idole (2) ? sera-ce à madame

---

(1) La maréchale duchesse de Luxembourg était la sœur du duc de Villeroi, et avait épousé en premières noces le duc de Bouflers, de qui elle eut un fils, qui mourut à Gênes de la petite-vérole. Elle fut ensuite mariée au maréchal duc de Luxembourg, à la terre duquel (à Montmorency) J.-J. Rousseau demeura longtemps. — *Voyez* ses Confessions, ainsi que ses lettres à madame la maréchale de Luxembourg, dans le volume de *Lettres originales de J.-J. Rousseau*, publiées à Paris en 1798. Voici le portrait que fait M. Walpole de madame de Luxembourg, dans une lettre écrite de Paris en 1765 : « Elle a été fort jolie, fort adonnée au plaisir et fort malicieuse. Sa beauté est passée, elle n'a plus d'amants, et craint l'approche du diable. Cette situation a adouci son caractère, et l'a rendu plus agréable ; car elle a de l'esprit et de bonnes manières. Mais en voyant son agitation continuelle et les inquiétudes qu'elle ne saurait cacher, on serait tenté de croire qu'elle a signé un pacte avec l'esprit malin, et qu'elle s'attend à devoir le remplir dans une huitaine de jours. » *Voyez* les œuvres du lord Orford, tome 5, p. 366.

(2) La comtesse de Bouflers, née Saujon, était l'amie intime du dernier prince de Conti, et cherchait à s'en faire épouser. Comme ce prince était grand-prieur de l'ordre de Malte en France, et qu'il habitait le Temple, madame de Bouflers devint, dans l'imagination vive de madame du Deffand, *l'idole du Temple* ; et c'est sous le nom d'*idole* qu'elle la désigne toujours dans sa correspondance.

M. Walpole en parle ainsi, dans une de ses lettres écrite de Paris : — « Madame de Bouflers, qui a été en Angleterre, est une savante, maîtresse du prince de Conti, dont elle désire beaucoup de devenir la femme. — Elle est un composé de deux femmes, celle d'en haut et celle

de Mirepoix (1), pour qui tout est lanterne magique? sera-ce à madame de Beauvau (2) qui est toujours dans l'enivrement de ses succès; qui, malgré son attachement pour son mari, veut plaire à tout le monde, sans choix, sans discernement? Sera-ce à madame de Jonsac (3)? elle est un être d'une espèce différente de la nôtre; elle est impassible, c'est-à-dire sans passion, sans sentiment; et si elle n'était pas si souvent enrhumée, je croirais que son corps est comme son âme, qu'elle ne sent ni froid ni chaud. Sera-ce enfin à madame de Forcalquier; ce pourrait être à elle plus qu'à personne; mais sa madame Dupin et peut-être aussi son miroir lui ont persuadé qu'elle n'est pas dans la région commune: on démêle cependant qu'elle a de la sensibilité, et la lettre qu'elle m'a chargée de vous envoyer en peut servir de preuve; car assurément tout ce qu'elle vous dit de moi n'est pas une suite des confidences que je lui ai faites; je ne lui parle jamais de vous que pour lui répondre, et je n'ai point avec elle non plus qu'avec nulle autre *des effusions de cœur*.

Encore un autre article à traiter : je dois de la reconnaissance à l'Omnipotence. Je vous écrivais il y a quelque temps que je reconnaissais sa providence; mais si je lâchais la bride comme Voltaire, je dirais que j'ai bien à m'en plaindre. Quel esprit m'a-

---

d'en bas. Il est inutile de vous dire que celle d'en bas est galante et forme encore des prétentions. Celle d'en haut est également fort sensible, et possède une éloquence mesurée, qui est juste et qui plaît ; mais tout est gâté par une prétention continuelle d'obtenir des louanges. On dirait qu'elle est toujours posée pour faire tirer son portrait par son biographe. »

Elle passa une seconde fois en Angleterre au commencement de la révolution de France, en 1789, et demeura quelque temps à Londres avec sa belle-fille, la comtesse Amélie de Boufflers. La comtesse Amélie était petite-fille de la maréchale de Luxembourg, et fut, depuis, la duchesse de Lauzun.

(1) La maréchale duchesse de Mirepoix.
(2) La princesse de Beauvau.
(3) La comtesse de Jonsac, sœur du président Hénault.

t-il donné ? celui qui fait qu'on ne peut être content de soi ni des autres. J'aimerais bien mieux qu'il m'eût traitée comme M. de Sault (1) ; ou comme l'Idole, qui toujours s'aime et s'admire, et qui dans cette contemplation ne voit et ne sent rien que ce qui peut augmenter sa gloire. Que je suis différente d'elle, mon cher tuteur ! tout m'abat, tout m'accable ; si je ne fais pas cas des autres, j'en fais encore moins de moi.

L'héréditaire (2) dîna chez M. de Paulmy (3) ; il y avait vingt-deux personnes ; il avait demandé M. d'Alembert, il l'avait déjà vu à l'Académie des Sciences, et l'avait comblé de louanges et de caresses. Le président donne un pareil dîner samedi prochain. On tuera votre héréditaire à force de repas ; son succès est prodigieux : le grand feu de Paris a pourtant fait tomber celui de la Cour. A propos de la Cour, je n'ai vu ni entendu parler de la grand'maman depuis le 4 de ce mois que je la vis à Versailles ; il n'est plus question de la lettre d'Émile ; le moment de la faire voir est manqué ; vous ne vous souciez pas qu'on y revienne. Belles nouvelles à vous apprendre : les capucins se donnent les airs d'imiter les Anglais : le gardien du couvent de St-Jacques, ces jours ci, s'est coupé la gorge. Vous n'êtes pas curieux de savoir pourquoi, ni moi non plus. Pour le coup, adieu ; je finis en vous disant que je suis femme, très-femme, femmelette, et nullement Française.

(1) M. de Sault-Tavannes. Il se plaignait un jour à M. de Lambert de ce que quelqu'un du nom de Sault voulait prendre le nom de Tavannes. « Il a tort, dit M. de Lambert, tous les Tavannes sont Sault, mais tous les Sault ne sont pas Tavannes. »

(2) Feu le duc de Brunswick, alors prince héréditaire, mort en 1806.

(3) Le marquis de Paulmy, fils du comte d'Argenson, ministre d'État. Il avait été lui-même ministre de la guerre en 1736. Il était de l'Académie française et bel esprit.

LETTRE VI.

Paris, dimanche 26 mai 1766.

Je ne sais pas si les Anglais sont durs et féroces, mais je sais qu'ils sont avantageux et insolents. Des témoignages d'amitié, de l'empressement, du désir de les revoir, de l'ennui, de la tristesse, du regret de leur séparation, ils prennent tout cela pour une passion effrénée ; ils en sont fatigués, importunés, et le déclarent avec si peu de ménagement, qu'on croit être surpris en flagrant délit ; on rougit, on est honteux et confus, et l'on tirerait cent canons contre ceux qui ont une telle insolence. Voilà la disposition où je suis pour vous, et ce n'est que l'excès de votre folie qui vous fait obtenir grâce : ce qui me pique, c'est que vous me trouvez fort ridicule (1). Je ne sais pas comment

(1) Voici comment M. Walpole s'était exprimé. « A mon retour de Strawberry-Hill, je trouve votre lettre, qui me cause on ne peut plus de chagrin. Est-ce que vos lamentations, Madame, ne doivent jamais finir ? Vous me faites bien repentir de ma franchise ; il valait mieux m'en tenir au commerce simple : pourquoi vous ai-je voué mon amitié ? C'était pour vous contenter, non pas pour augmenter vos ennuis. Des soupçons, des inquiétudes perpétuelles ! — Vraiment, si l'amitié a tous les ennuis de l'amour sans en avoir les plaisirs, je ne vois rien qui invite à en tâter. Au lieu de me la montrer sous sa meilleure face, vous me la présentez dans tout son ténébreux. Je renonce à l'amitié si elle n'enfante que de l'amertume. Vous vous moquez des lettres d'Héloïse, et votre correspondance devient cette fois plus larmoyante. *Reprends ton Paris ; je n'aime pas m'amie au gué.* Oui, je l'aimerais assez *au gai*, mais très-peu au triste. Oui, oui, m'amie, si vous voulez que notre commerce dure, montez-le, montez-le sur un ton moins tragique ; ne soyez pas comme la comtesse de la Suze, qui se répandait en élégies pour un objet bien ridicule. Suis-je fait pour être le héros d'un roman épistolaire ? et comment est-il possible, Madame, qu'avec autant d'esprit que vous en avez, vous donniez dans un style qui révolte votre Pylade, car vous ne voulez pas que je me prenne pour un Orondate ? Parlez-moi en femme raisonnable, ou je copierai les réponses aux Lettres Portugaises. »

vous aurez trouvé ma dernière lettre ; c'était un examen de conscience ; elle vous aura peut-être ennuyé à la mort, mais je m'amusai beaucoup à l'écrire : je suis devenue si dissimulée depuis votre départ, que, quand je vous écris, je me laisse aller à dire tout ce qui me passe par la tête : s'il faut encore que je me contraigne, même avec vous, cela m'attristera bien. Vous voulez toujours rire ; l'extravagance est votre élément, et moi je suis triste et mélancolique ; de plus, je ne me porte pas bien ; je vous l'avais mandé, mais cela ne vous fait rien ; vous ne vous informez pas seulement de mes nouvelles ; vous êtes un original où je ne comprends rien ; je crois quelquefois que vous avez de l'amitié pour moi, et puis tout de suite je pense tout le contraire : je n'aime point tous ces virevousses-là ; cependant, à tout prendre, vous me divertissez.

Vous êtes étonnant avec votre Lally. Si vous saviez toutes les horreurs dont il était coupable, combien il a ruiné et fait périr de malheureux ! Joignez à cela que le public était persuadé que son argent le tirerait d'affaire, vous conviendriez qu'il fallait un exemple : qu'importe qu'il fût officier général ? il en méritait davantage un plus grand châtiment. Je suis persuadée que Pondichery n'a été pris que par ses trahisons ; enfin on ne devrait jamais condamner au supplice aucun malfaiteur si on lui avait fait grâce. A l'égard des trois années qu'il a été en prison, elles ont été nécessaires pour l'information de son procès ; il fallait faire venir les preuves des Indes ; enfin, je suis, je crois, tout aussi compatissante que vous, je ne pense pas qu'il soit selon la loi naturelle de faire mourir personne ; mais puisque la loi civile s'en est arrogé le droit, M. de Lally a dû avoir la tête tranchée. A l'égard du bâillon et du tombereau, je les désapprouve ; mais ne croyez point qu'il y ait été fort sensible ; il a fini en enragé : de tous les hommes c'était le moins intéressant, et je crois le plus coupable. Je me perds dans votre esprit ; qu'importe ? je veux toujours vous dire ce que je pense.

Vous ne *reprendrez pas Paris à cause de vos mies* tant gaies que tristes; j'aurai ce soir votre *mie gaie* d'Aiguillon, et votre *mie triste* Forcalquier; et votre *mie ténébreuse* du Deffand aura quatorze personnes à souper, parce que madame de Mirepoix lui en a envoyé demander, ainsi que madame de Montrevel. Voilà votre monnaie; j'aimerais mieux *vous* pour toute pièce, quoique vous ne soyez pas assurément de bon aloi.

Ne m'écrivez plus d'impertinences; il y a tel moment où elles me feraient beaucoup de peine. Ne me parlez plus de votre retour; il y a cinq mois d'ici au mois de novembre, et sept jusqu'au mois de février; je ne veux pas plus penser à cela qu'à l'éternité.

Je vous prie d'être infiniment persuadé que vous ne m'avez point tourné la tête; et que je prétends bien ne me pas plus soucier de vous que vous ne vous souciez de moi : adieu.

LETTRE VII.

Lundi, 26 mai 1766.

Vous m'avez irritée, troublée, et qui pis est, gelée : me comparer à madame de la Suze (1)! me menacer de m'écrire pour réponse une portugaise (2)! ce sont les deux choses du monde que je hais le plus; l'une pour sa dégoûtante et monotone fadeur, et l'autre pour ses emportements indécents. Je suis triste, malade, vaporeuse, ennuyée; je n'ai personne à qui parler; je crois avoir un ami, je me console en lui confiant mes peines,

---

(1) Henriette de Coligny, marquise de la Suze, était la fille du maréchal de Coligny. Elle brillait à Paris, comme bel esprit, au milieu du dix-septième siècle; écrivit des élégies, des madrigaux, admirés par les demi-connaisseurs de son temps, et négligés depuis longtemps. Elle mourut à Paris en 1673.

(2) *Lettres d'amour d'une religieuse portugaise, écrites au chevalier de C. —, officier français en Portugal.* Petit volume de lettres très-passionnées publiées à La Haye en 1688.

je trouve du plaisir à lui parler de mon amitié, du besoin que j'aurais de lui, de l'impatience que j'ai de le recevoir; et lui, loin de répondre à ma confiance, loin de m'en savoir gré, il se scandalise, me traite du haut en bas, me tourne en ridicule, et m'outrage de toutes les manières! Ah! fi! fi! cela est horrible; s'il n'y avait pas autant d'extravagance que de dureté dans vos lettres, on ne pourrait pas les supporter; mais à la vérité elles sont si folles que je passe de la plus grande colère à éclater de rire : cependant j'éviterai de vous donner occasion d'en écrire de pareilles.

J'eus dimanche à souper seize personnes; on ne pouvait pas se tourner dans ma chambre; madame de Forcalquier était assurément celle que j'aime le mieux; j'en suis assez contente : elle a cependant quelquefois des airs à la Walpole, mais je les lui passe en faveur de quelque autre ressemblance que je lui soupçonne. Pour M. de Sault, si l'on ôtait l'article de son nom, qu'on en changeât l'orthographe, et qu'on n'y laissât que le son, il serait parfaitement bien nommé. A propos, je me souviens que l'autre jour, pensant à vous, je vous comparais à un logogriphe; on en tient tous les rapports, on a toutes les lettres, et on n'en trouve pas le mot. Est-ce là le style qu'il vous faut, et à quoi me comparez-vous? à un amphigouri, à une parade; j'aime encore mieux cela qu'aux élégies de madame de la Suze, aux lettres portugaises, et aux romans de mademoiselle Scudéri.

Mardi, 27.

Je vous prends et je vous quitte comme il me plaît; voyez ce qui m'est arrivé hier au soir : je fais copier la lettre que j'ai écrite au président, pour ne pas faire deux éditions.

« Je vais vous causer un moment de trouble, mais il ne
« durera pas : Je ramenai hier madame de Forcalquier; elle
« était dans le fond du carrosse, et moi sur le devant. Vis-

« à vis M. de Praslin (1), l'essieu de derrière se rompit tout
« auprès de la roue ; la roue tomba, nous versâmes sans que la
« glace de devant, ni que celle de la portière, du côté que la
« voiture versa, aient été cassées : mon cocher fut jeté par
« terre, ainsi que les trois laquais qui étaient derrière, personne
« n'a été blessé, et les chevaux, à qui tout cela ne fit rien
« s'en revinrent tous seuls avec l'avant-train à la porte de Saint-
« Joseph : le portier les reçut très-honnêtement, et leur tint
« compagnie jusqu'à ce que mes gens les vinssent rechercher
« pour ramener la voiture. Nous ne fûmes pas si heureuses,
« madame de Forcalquier et moi ; le suisse de M. de Praslin
« nous refusa l'hospitalité. Monseigneur trouverait mauvais
« qu'il nous reçût ; monseigneur n'était point rentré : nous le
« prîmes sur le haut ton ; nous entrâmes malgré lui : le pauvre
« homme était tout tremblant. Monseigneur rentra ; madame
« de Forcalquier proposa à ce suisse de lui aller dire que nous
« étions là. — Oh ! je n'en ferai rien. — Et pourquoi donc,
« s'il vous plaît ? — Parce que je n'oserais ; monseigneur le
« trouverait mauvais ; je ne dois pas quitter mon poste. Un
« laquais d'une mine superbe passe devant la porte ; madame
« de Forcalquier lui demanda un verre d'eau. — Je n'ai ni
« verre, ni eau. — Mais nous en voudrions avoir. — Où voulez-
« vous que j'en prenne ? — Allez dire à M. de Praslin que nous
« sommes là. — Je m'en garderai bien ; monseigneur est retiré.
« Pendant ce temps-là, madame de Valentinois, qui revenait
« de la campagne, et qui était à six chevaux, passe devant
« l'hôtel de Praslin, voit notre voiture, demande à qui elle est,
« vient nous chercher, et nous tire de la chambre du suisse,
« et nous ramène chez nous. Il est bien dommage que M. le
« chevalier de Boufflers (2) ne soit pas ici ; beau sujet de cou-

(1) L'hôtel du duc de Praslin, cousin du duc de Choiseul, et alors ministre des affaires étrangères.
(2) Le deuxième fils de la marquise de Boufflers, connu avantageusement par la vivacité de son esprit et par son talent pour la poésie.

« plets : il est bon d'avertir les voyageurs de ne pas verser
« devant l'hôtel de monseigneur de Praslin. »

Le président me mande : « Le feu ministre de la paix est
« un faquin, ainsi que tout ce qui a l'honneur de lui apparte-
« nir. Si le successeur (1) avait été à sa place, les choses ne se
« seraient pas passées de même, et madame de Forcalquier en
« aurait reçu tout au plus quelque demande honnête pour le
« droit de gîte : il faudrait faire la lecture de votre Relation à
« l'assemblée du dimanche des ambassadeurs. »

La suite de cette aventure est que monseigneur n'a pas compromis sa dignité, en envoyant savoir de nos nouvelles : madame de Forcalquier, ainsi que moi, s'en portent bien : mon cocher a une bosse à la tête et a été saigné : ainsi finit l'histoire.

Je vis hier madame de Luxembourg ; elle était revenue la veille au soir de l'Ile-Adam (2) ; il y a eu des plaisirs ineffables ; elle donne à souper jeudi au prince héréditaire.

LETTRE VIII.

Paris, mardi 3 juin 1766.

En cas que le courrier ait une de vos lettres, je ne la recevrai que demain ; il y a toujours un jour de retard, et comme je vais demain à Montmorency, je n'aurai pas le temps de vous écrire : je prends donc mes précautions, parce qu'il me semble que j'ai beaucoup de choses à vous dire. Je commence par vous rappeler l'aventure de notre versade, il y eut hier huit jours ; je vous envoyai la lettre que j'écrivis au président ; cette lettre a été lue par tous ceux qui ont été chez lui, et tous ceux qui ont été chez lui l'ont contée à tous ceux qu'ils ont vus

(1) Le duc de Choiseul.
(2) La résidence habituelle du prince de Conti.

ainsi rien n'a fait tant de bruit que cette aventure, et n'a donné tant de ridicule à monseigneur de Praslin. Tout le monde s'étonnait qu'il n'eût pas jeté la faute sur ses gens, et qu'il ne fût pas venu ou qu'il n'eût pas envoyé chez madame de Forcalquier et chez moi nous faire des excuses; il y vint hier, qui était justement le jour de l'octave.

Je vis hier M. le duc de Choiseul, qui arriva chez madame de Mirepoix comme j'en sortais. Il me prit par le bras, me fit rentrer, et nous eûmes ensemble une vraie scène de comédie. J'ai fait copier la lettre que j'ai écrite ce matin à madame de Choiseul, pour m'épargner la peine de vous en faire le récit, et je vous l'envoie (1). Jamais on n'a dit autant d'injures que je lui en ai dit; je l'appelai esprit borné, pédant, enfin excrément du ministère: il fit des cris, des rires outrés: je voulus qu'il se mît à genoux pour me demander pardon; il me dit qu'il y était; je lui fis baiser ma main, je lui pardonnai, et nous sommes pour le présent moment les meilleurs amis du monde. Tout cela vous aurait bien diverti si vous aviez été ici; mais vraiment il y a une autre histoire qui fait bien tomber la nôtre: c'est celle de M. de** et de madame de***. Il y a trois semaines qu'elle est arrivée, et il n'y a que quatre jours qu'on la sait: ces deux personnes étant allées souper chez madame de Beuvron (2), ne voulurent point se mettre à table, et au lieu de rester dans la chambre ou dans le cabinet, elles allèrent dans un petit boudoir tout au bout de l'appartement. Après le souper, madame de *** aborda madame de Beuvron avec l'air tout troublé, et tout déconcerté; elle lui dit qu'il lui était arrivé le plus grand malheur du monde. Ah! vous avez cassé mes porcelaines? il n'y a pas grand mal. — Non, madame, cela est bien pis. — Vous avez donc gâté mon otto-

(1) On n'a pas trouvé cette lettre.
(2) La comtesse de Beuvron, née Rouillé, mariée au comte de Beuvron, frère du duc d'Harcourt, et ensuite duc d'Harcourt lui-même.

mane ? — Ah, mon Dieu non, cela est encore bien pis ! — Mais qu'est-ce donc qui est arrivé ! qu'avez-vous pu faire ? — J'ai vu un très-joli secrétaire, nous avons eu la curiosité de voir comme il était en dedans ; nous avons essayé nos clefs pour tâcher de l'ouvrir ; il s'en est cassé une dans la serrure. — Ah ! Madame, cela est-il possible ? il faut que vous le disiez vous-même pour que cela puisse se croire. Un valet de chambre que l'on soupçonnait d'avoir vu cette opération, fut sollicité par prières et promesses d'aller chercher un serrurier pour raccommoder la serrure ; il n'en voulut rien faire, et dit qu'il se garderait bien de toucher à ce qui appartenait à sa maîtresse : la crainte, ou plutôt la certitude d'être dénoncée par cet homme, détermina à le prévenir, en en faisant l'aveu. Voudriez-vous être à la place de M.** ? pour moi, j'aimerais mieux avoir été surprise en mettant la main dans la poche ; il y aurait du moins de l'adresse et moins de perfidie ; cela est horrible : comment peut-on rester dans le lieu où l'on s'est couvert d'une pareille infamie (1) ?

LETTRE IX.

Paris, mardi 17 juin 1766, à 3 heures.

Nous avons tous les deux un pied de nez ; vous, de ne m'avoir pas devinée (2) ; et moi, de ne l'avoir point été ; je voudrais

(1) M. Walpole, en réponse, dit : — « Je ne soufflerai pas un mot de l'histoire de la dame qui est si curieuse sur le dedans d'un secrétaire : mylord H.... se pendrait s'il le savait. Mais réellement le cavalier était bien maladroit d'employer si lourdement son temps dans un boudoir avec la plus jolie femme de France, et une femme un peu disposée à la curiosité. Mon dévot cousin s'y serait pris d'une autre façon. »

(2) Ceci fait allusion à une tabatière portant dans le couvercle le portrait de madame de Sévigné, et renfermant une lettre adressée à M. Walpole en son nom, qu'il ne soupçonna pas d'abord de venir de ma-

savoir qui vous avez pu soupçonner : oubliez votre méprise, je vous la pardonne.

Je suis persuadée que vous êtes fort aise de trouver que ce soit moi, et que l'amitié l'emporte sur la vanité. Si le succès de cette folie n'a pas été tel que je l'espérais, elle m'a du moins bien divertie dans le temps : j'en avais fait le projet plus d'un mois avant votre départ. Rappelez-vous que vous allâtes chez un M. Doumeni, que vous fûtes mécontent du portrait que vous y vîtes. Madame de Turenne (1), à qui je le dis, offrit de me prêter une boîte de M. de Bouillon ; je l'acceptai ; je la donnai à madame de Forcalquier ; elle vous la fit voir dans mon petit cabinet bleu ; vous reconnûtes madame de Sévigné, vous en parûtes content. Le lendemain je remis ce portrait entre les mains de madame de Jonsac, qui se chargea d'en faire faire la copie ; on dit qu'elle est bien. Elle ordonna la boîte, elle a transcrit la lettre ; enfin elle a tout fait ; vous lui devez un mot de remercîment. Mandez-lui que je vous ai conté tous ses soins, elle a beaucoup d'estime et de goût pour vous. Toute cette besogne étant finie, il fallait que cela vous parvînt, et je voulais que ce fût mystérieusement. J'eus dessein de m'adresser à M. Craufurd ; je vous priai de me mander s'il était à Londres, et puis je pensai que je lui causerais bien de l'embarras ; j'eus recours à la grand'maman ; et avec sa bonté ordinaire, elle entra dans toutes mes vues ; elle les perfectionna, se chargea de mon paquet, l'adressa à M. de Guerchi (2), lui écrivit ses instructions, et lui demanda de lui en apprendre la réussite.

Voilà toute l'histoire. Si vous m'aviez devinée, comme je n'en doutais pas, rien n'aurait manqué à mon plaisir ; mais mon

dame du Deffand, mais qu'il crut lui avoir été adressée par la duchesse de Choiseul.

(1) La princesse de Turenne, la bru du duc de Bouillon. La maison de Bouillon est éteinte.

(2) Alors ambassadeur de France en Angleterre.

tuteur n'a pas reconnu sa pupille. Voilà la plus utile leçon que j'aie jamais reçue de lui.

LETTRE X.

Paris, mercredi 9 juillet 1766.

Vous avez si bien fait par vos leçons, vos préceptes, vos gronderies, et, le pis de tout, par vos ironies, que vous êtes presque parvenu à me rendre fausse, ou pour le moins fort dissimulée : je m'interdis de vous dire ce que je pense; quand je suis prête à me laisser aller à vous dire quelques douceurs, je crois entendre ces paroles du Seigneur aux trois Maries (à ce que je crois) *noli me tangere*.

Je possède plus l'Évangile qu'Horace. Oh non, je ne pourrai jamais dire *mon Horace* comme chacun dit; je ne possède point *Horace*, je ne connais point *Horace*; je sais qu'on l'estime, qu'on le prône, qu'on le vante; je ne dis pas qu'on ait tort, mais je ne le connais pas.

Vivez, vivez en paix avec votre sainte (1); livrez-vous tout entier à votre passion pour elle; en conséquence, lisez et relisez ses lettres, et jugez si l'amitié ne peut pas faire sentir et dire des choses mille fois plus tendres que tous les romans du monde. Savez-vous ce qui me fâche le plus contre vous aujourd'hui ? c'est que vous ne répondiez point à ce tour mystique que j'avais pris pour vous forcer à me dire ce que je serais bien aise que vous me dissiez (2) : apparemment que vous improuvez cette tournure, car vous m'avez écrit que, quand vous ne répondiez pas à quelque article de mes lettres, c'était une marque d'improbation. Ah ! vous êtes un plaisant personnage ;

---

(1) Madame de Sévigné.
(2) Elle entend parler de la lettre écrite sous le nom de madame de Sévigné, où on l'engage de revenir au plutôt à Paris.

je vous dirais volontiers comme la capricieuse dans le *Philosophe Marié* ; après avoir fait à son amant l'énumération de tous ses vices, de tous ses ridicules, elle termine ainsi sa longue kyrielle : « Mais, malgré vos défauts, je vous aime à la rage. » Ah! cette citation est *d'une petite emportée*, mais non pas d'une ennuyeuse héroïne de roman.

Non, non, vous vous trompez très-fort, si vous croyez que j'eusse été fâchée de ne pas réussir à vous attraper ; mais je vais vous citer l'opéra :

> Les dieux punissent la fierté,
> Il n'est point de grandeur que le ciel irrité
> N'abaisse quand il veut, et ne réduise en poudre.

Vous m'avez rendue poussière ; je vous le pardonne, n'en parlons plus.

J'ai une chose étonnante à vous dire, et qui le devient cent fois davantage depuis que j'ai reçu votre lettre, parce que vous ne me dites pas un mot de l'affaire dont il s'agit ; voici le fait.

Le baron d'Holbach (1) a reçu, samedi dernier, une lettre de

---

(1) Seigneur allemand établi à Paris, dont l'hôtel était le rendez-vous de tous les encyclopédistes, et de ceux qu'on appelait alors *Philosophes*, à Paris.

Le baron d'Holbach, né à Heidelsheim dans le Palatinat, est mort à Paris, en 1789, à l'âge de soixante-six ans. Il y était venu dès son enfance et y passa la plus grande partie de sa vie. Marié avec mademoiselle d'Aine, sœur de l'intendant de Tours, il la perdit presque aussitôt et obtint à prix d'argent de la cour de Rome la permission d'épouser la sœur de sa femme, qui n'est morte qu'en 1814 à plus de 80 ans.

Comme Helvétius, le baron d'Holbach faisait sa société des gens de lettres ; il se rendit célèbre par son *athéisme pur*, et par plusieurs ouvrages, entre autres son fameux *Système de la Nature*, auquel il est probable que coopérèrent plusieurs de ses convives. Après avoir recherché la société de J.-Jacques, il se brouilla avec lui, et on mit généralement les torts du côté du baron. On ne peut nier qu'il n'eût du savoir et des connaissances, et il suffit pour n'en point douter du témoignage de Rousseau : « C'était, dit-il, un fils de parvenu, qui jouissait d'une assez grande « fortune dont il usait noblement, recevant chez lui des gens de lettres,

M. Hume, remplie de plaintes, de fureurs, contre Jean-Jacques ; il va faire, dit-il, un pamphlet pour instruire le public de toutes ses atrocités ; je n'ai encore vu personne qui ait lu cette lettre (1), mais on dit que M. d'Alembert l'a lue ; il en court des extraits par tout Paris. Milord Holderness avait reçu une lettre de sa femme, le même ordinaire, qui lui mandait avoir donné à dîner la veille à M. Hume, et elle ne lui mande point qu'il lui ait dit un mot de Jean-Jacques ; vous ne m'en dites rien non plus, tout cela me paraît incompréhensible. Donnez-moi, je vous prie, tous les éclaircissements possibles sur cette affaire ; et une fois pour toutes, ne craignez de moi aucune indiscrétion : je pousse la réserve sur tout ce qui me vient de vous jusqu'à la plus grande puérilité. Je garderais vos secrets, si vous me jugiez digne de m'en confier, et je vous sauverai du ridicule de l'intimité d'une liaison qui pourrait nuire à votre considération, et vous faire éprouver des froideurs de l'Idole et de ses adhérents.

LETTRE XI.

Paris, 24 septembre 1766.

J'avais résolu de ne vous point écrire ; non pas que vous soyez mal avec moi, tout au contraire : mais par la crainte que ce ne soit une fatigue, dans l'état de faiblesse où vous êtes, de recevoir des lettres : vous aurez tout au plus celle de la lire, car je prétends bien non-seulement vous dispenser d'y répondre,

---

« et par son savoir et ses connaissances tenant bien sa place au milieu
« d'eux. »

(1) M. Walpole a donné, dans le tome IV de ses OEuvres, édition in-4°, un récit détaillé de cette malheureuse querelle entre Rousseau et M. Hume, qui, selon Marmontel, avait été prédite par M. le baron d'Holbach

mais je vous demande en grâce de n'y point penser. Je vous crois très-malade, et le récit que vous m'avez fait de votre état me donne beaucoup d'inquiétude (1), et à tel point que vous ne pouvez, sans manquer à l'amitié, ne me pas donner de nouvelles deux fois la semaine, comme je vous en ai prié dans ma dernière lettre. Je ne veux pas un seul mot de votre main, mais je vous aurai une vraie obligation de dicter en anglais un bulletin très-circonstancié et très-véridique de votre situation du moment. Je crois vous avoir mandé que Wiart apprenait l'anglais; j'ai eu la précaution de fixer l'heure de ses leçons à celle où le facteur apporte les lettres, pour que celles que je recevrai de vous en anglais puissent être traduites sur-le-champ. Consentez donc, mon tuteur, à m'envoyer régulièrement des bulletins deux fois la semaine : je ne doute pas que la poste de Bath à Londres ne soit régulière; M. de Guerchy me l'a assuré. Si vous restez aux eaux tout le mois de novembre, lui et sa femme vous iront rendre visite. Je voudrais bien être de la partie; mais savez-vous ce que je désirerais? ce serait d'être un vieillard à la place d'une vieille ; j'irais, je vous jure, à Bath pour vous tenir compagnie et vous soigner : je suis très-persuadée, et même je n'en puis douter, que vous ne méritez pas tout ce que je pense pour vous; mais qu'y faire? Ce n'est ni votre faute ni la mienne; nous devons mutuellement, moi, vous épargner les reproches, et vous, m'épargner les réprimandes.

J'ai peur que vos médecins ne soient détestables ; je les crois pires que les nôtres : les uns et les autres peuvent être des empoisonneurs; mais leurs poisons sont différents; les nôtres sont lents, et les vôtres prompts et violents. Donner à un homme comme vous, aussi faible, aussi maigre, pour le guérir de la goutte, des drogues chaudes, et le mettre à l'usage du vin, cela me paraît comme un coup de pistolet dans la tête

(1) M. Walpole souffrait alors d'une forte attaque de goutte.

pour guérir la migraine. J'attends beaucoup des eaux de Bath; mais je ne ferai pas une goutte de bon sang que je n'aie reçu un bulletin en anglais tel que je vous le demande. Ajoutez à ce bulletin un aveu franc et délibéré de l'effet que vous font mes lettres, si elles vous ennuient, si elles vous fatiguent; rien ne peut me déplaire, rien ne peut me fâcher que votre mauvaise santé. Adieu : vous ne vous souciez guère de nos nouvelles, ni moi non plus, en vérité.

LETTRE XII.

Paris, mercredi 24 septembre 1766.

MONSIEUR,

J'ose vous supplier très-humblement de vouloir bien ordonner à un de vos gens de mettre à la poste deux fois la semaine le bulletin de l'état de votre santé; je ne puis vous dire à quel point Madame en est inquiète. Je prends la liberté de vous mander ceci à son insu, parce que je sais qu'elle est dans la résolution de ne vous point écrire pour ne vous pas mettre dans le cas de lui faire réponse, ce qui vous fatiguerait beaucoup dans l'état de faiblesse où vous êtes; mais, Monsieur, je vous demande en grâce de faire mettre un petit bulletin en Anglais deux fois par semaine. J'ai actuellement un maître d'anglais qui vient me donner des leçons tous les jours, et qui traduira ce que vous aurez la bonté de faire mander : ne vous donnez point la peine, Monsieur, d'écrire vous-même.

Je ne puis vous exprimer l'inquiétude où est Madame de votre état : elle me dit à tout moment qu'il faudrait que je partisse pour l'Angleterre; que je pourrais peut-être vous être de quelque utilité et qu'à elle je lui serais d'une grande ressource. Je me trouverais très-heureux, Monsieur, si je pouvais espérer de vous être bon à quelque chose; je ne tarderais pas un moment à partir : je puis vous assurer que cela est très-vrai et très-sincère.

Je puis vous répondre, Monsieur, que s'il existe de véritables amis, vous pouvez vous vanter que vous avez trouvé une amie en Madame comme il y a bien peu d'exemples. Tirez-la d'inquiétude le plus souvent qu'il sera possible : si vous voyiez comme moi l'état où elle est, elle vous ferait pitié; cela l'empêche de dormir et l'échauffe beaucoup.

Je porte une très-grande application à la langue anglaise, pour être en état de traduire vos lettres; mais je prévois que ce ne pourra être que dans quatre ou cinq mois : mais, Monsieur, je vous le répète, ne vous donnez pas la peine d'écrire vous-même, un de vos gens écrira le bulletin en anglais, et mon maître, qui est tous les jours ici à l'heure que le facteur apporte les lettres, le traduira sur-le-champ.

Je vous demande mille pardons, Monsieur, de la liberté que je prends; mais j'ai cru qu'il était de mon devoir de vous informer de l'inquiétude où est Madame de votre santé; cela me donne occasion, Monsieur, de vous remercier des bontés que vous daignez avoir pour moi. Je vous supplie d'être persuadé de mon attachement et de mon respect.

WIART.

LETTRE XIII.

> Mardi 30 septembre 1766, à 4 heures du matin, écrite de ma propre main avant la lettre que j'attends par le courrier d'aujourd'hui.

Non, non, vous ne m'abandonnerez point; si j'avais fait des fautes, vous me les pardonneriez, et je n'en ai fait aucune, si ce n'est en pensée; car pour en parole ou en action, je vous défie de m'en reprocher aucune. Vous m'avez écrit, me direz-vous, des lettres portugaises, des élégies de madame de la Suze ; je vous avais interdit l'amitié, et vous osez en avoir; vous osez me l'avouer : je suis malade et voilà que la tête vous tourne ; vous poussez l'extravagance jusqu'à désirer d'avoir de mes nouvelles deux fois la semaine ; il est vrai que vous vous contenteriez que ce fussent de simples bulletins en anglais, et avant que d'avoir reçu mes réponses sur cette demande, vous avez le front, la hardiesse et l'indécence de songer à envoyer Wiart à Londres pour être votre résident. Miséricorde ! que serais-je devenu? j'aurais été un héros de roman, un personnage de comédie, et quelle en serait l'héroïne ? — Avez-vous tout dit, mon tuteur? écoutez-moi à mon tour.

J'ai voulu vous envoyer Wiart ; ce projet n'était qu'une idée nullement extraordinaire dans les circonstances où je l'aurais exécuté ; j'aurais eu la même pensée pour feu mon pauvre ami Formont, s'il avait été bien malade à Rouen, et qu'il n'eût eu personne pour me donner de ses nouvelles ; voilà votre plus grand grief. Ah ! un autre qui selon moi est bien pis, c'est l'ennui de mes lettres ; vous y trouvez la fadeur, l'entortillé de tous nos plus fastidieux romans; peut-être avez-vous raison, et c'est sur cela que je m'avoue coupable. Je peux parler de l'amitié trop longtemps, trop souvent, trop longuement; mais, mon tuteur, c'est que je suis un pauvre génie ; ma tête ne contient point plusieurs idées, une seule la remplit. Je trouve que j'écris fort mal, et quand on me dit le contraire, qu'on veut me louer, je dirais à ces gens-là : Vous ne vous y connaissez pas, vous n'avez point lu les lettres de Sévigné, de Voltaire et de mon tuteur. Par exemple, celles du 22, où vous me traitez avec une férocité sarmate, est écrite à ravir : — Mais venons à nos affaires ; voilà le procès rapporté : soyez juge et partie, et je vous promets d'exécuter votre sentence : prescrivez-moi exactement la conduite que vous voulez que je tienne ; vous ne pouvez rien sur mes pensées, parce qu'elles ne dépendent pas de moi, mais pour tout le reste vous en serez absolument le maître.

J'intercède votre sainte (1), je la prie d'apaiser votre colère: elle vous dira qu'elle a eu des sentiments aussi criminels que moi, qu'elle n'en était pas moins honnête personne; elle vous rendra votre bon sens, et vous fera voir clair comme le jour qu'une femme de soixante-dix ans, quand elle n'a donné aucune marque de folie ni de démence, n'est point soupçonnable de sentiments ridicules, et n'est point indigne qu'on ait de l'estime et de l'amitié pour elle. Mais finissons, mon cher tuteur, oublions le passé; ne parlons plus que de balivernes, laissons à tout jamais les amours, amitiés et amourettes; ne nous aimons point, mais intéressons-nous toujours l'un à l'autre sans nous écarter jamais de vos principes; je les veux toujours suivre et respecter sans les comprendre; vous serez content, mon tuteur, soyez-en sûr, et vous me rendrez parfaitement contente si vous ne me donnez point d'inquiétude sur votre santé, et si vous ne vous fâchez plus contre moi au point de m'appeler *Madame;* ce mot gèle tous mes sens; que je sois toujours *votre Petite*; jamais titre n'a si bien convenu à personne, car je suis bien petite en effet.

Ne *frémissez* point quand vous songez à votre retour à Paris; souvenez-vous que je ne vous y ai causé nul embarras, que j'ai reçu avec plaisir et reconnaissance les soins que vous m'avez rendus, mais je n'en exigeais aucun. On s'est moqué de nous, dites-vous; mais ici on se moque de tout, et l'on n'y pense pas l'instant d'après.

Il me reste à vous faire une petite observation pour vous engager à être un peu plus indulgent; ce sont mes malheurs, mon grand âge, et je puis ajouter aujourd'hui mes infirmités; s'il était en votre pouvoir de m'aider à supporter mon état, d'en adoucir l'amertume, vous y refuseriez-vous? et ne tien-

(1) Madame de Sévigné.

drait-il qu'à la première caillette maligne ou jalouse, de vous détourner de moi? Non, non, mon tuteur, je vous connais bien, vous êtes un peu fou, mais votre cœur est excellent; et quoique incapable d'amitié, il vaut mieux que celui de tous ceux qui la professent; grondez-moi tant que vous voudrez, je serai toujours votre pupille malgré l'envie.

J'avais écrit tout cela de ma propre main, sans trop espérer qu'on pût le lire; Wiart l'a déchiffré à merveille, et si facilement que j'ai été tentée de vous envoyer mon brouillon, mais je n'ai pas voulu vous donner cette fatigue.

J'attends votre première lettre avec impatience pour savoir de vos nouvelles, mais avec tremblement : m'attendant à beaucoup d'injures, j'ai été bien aise de les prévenir, et je vous préviens que je n'y répondrai pas.

Mercredi 1er octobre, avant l'arrivée du courrier, et par conséquent point en réponse à votre lettre s'il m'en apporte, et que je ne puis encore avoir reçue.

Vous avez raison, vous avez raison, enfin toute raison; je ne suis plus soumise, mais je suis véritablement convertie. Un rayon de lumière m'a frappée à la manière de saint Paul; il en fut renversé de son cheval, et moi je le suis de mes chimères. Je ne sais de quelle nature elles étaient, quel langage elles me faisaient tenir; mais j'avoue qu'elles devaient vous paraître ridicules, et l'effet qu'elles vous faisaient ne me choque plus aujourd'hui. Il y a déjà quelque temps qu'en me figurant votre retour ici, je sentais que votre présence me causerait de l'embarras. Je me disais : *oh! mon Dieu, pourquoi ?* et je trouvais que c'était vos réprimandes que mon jargon m'avait attirées qui me donneraient quelque honte. Brûlez toutes mes lettres (s'il vous en reste) qui pourraient laisser traces de tous ces galimatias. Je suis votre amie, je n'ai jamais eu ni pensée ni sentiment par-delà cela, et je ne comprends pas comment j'étais tombée à user d'un langage que j'ai toujours fui et proscrit, et que vous avez toute raison de détester. Voilà donc un nouveau baptême, et nous allons être l'un et l'autre bien plus à notre aise.

J'ai fait connaissance avec deux ambassadeurs; celui de Venise, qui est un homme tout rond, tout franc; celui de Sardaigne, tout sensé, tout sérieux, qui a été deux ans dans votre pays et qui cause assez bien.

Nous allons perdre madame Greville; je ne veux pas écrire tout ce que j'en pense; je réserve à vous le dire.

Il me prend une terreur; c'est que vous ne voyiez que trop clairement que cette lettre a été écrite avant que j'aie reçu la vôtre. Si j'allais apprendre que vous êtes encore bien malade! — cette pensée me coupe la parole.

Quelquefois les lettres qu'on doit recevoir le mardi n'arrivent que le jeudi; je fermerai celle-ci après l'arrivée du facteur.

Mercredi, après l'arrivée du courrier.

Oh mon Dieu, que je suis contente! vous vous portez bien, voilà tout ce que je voulais; vous jugerez par ce que j'ai écrit ce matin et hier si je suis fâchée contre vous. Il ne me reste plus qu'à vous dire un mot : on ne croit point dans ce pays-ci qu'on puisse être l'amant d'une femme de soixante et dix ans, quand on n'en est pas payé; mais on croit qu'on peut être son ami, et je puis vous répondre qu'on ne trouvera nullement ridicule que vous soyez le mien. Je ne vous garantirai pas que l'on ne vous fasse quelques plaisanteries, mais c'est faire trop d'honneur à notre nation que d'y prendre garde. Je ne sais d'où peuvent venir toutes vos craintes, et vous deviez bien me parler avec la même confiance que je vous parle. J'ai dans la tête que c'est quelque mauvaise raillerie de madame la duchesse d'Aiguillon à milady Hervey qui a troublé votre tête; je n'y ai pas donné le moindre lieu. Il y a longtemps que je connais sa jalousie, mais elle n'est nullement dangereuse. Je ne me suis laissé aller à parler de vous avec amitié et intérêt qu'à mesdames de Jonsac et de Forcalquier, qui vous aiment beaucoup l'une et l'autre, et sans jalousie.

LETTRE XIV.

Paris, dimanche 19 octobre 1766.

Jugez si je suis bien corrigée ; j'ai été depuis le dimanche 5 jusqu'au jeudi 16 sans recevoir de vos nouvelles, sans proférer votre nom, et sans songer à vous écrire, si ce n'est en vous envoyant la suite de la Chalotais (1) par M. Jenkinson (2).

J'ai reçu, jeudi 16, deux lettres, l'une du 3, l'autre du 6, et hier, une du 10 ; toutes trois m'ont fait plaisir. La première (quoiqu'infiniment sèche) est celle qui m'en a fait le plus, parce qu'elle me tirait de l'inquiétude où j'étais de votre santé. La seconde n'était ni bien ni mal. La troisième est parfaite ; il n'y a rien à redire, si ce n'est les louanges que vous m'y donnez. Oh ! mon tuteur, pourquoi vous avisez-vous de flatter

---

(1) *Mémoires de M. de la Chalotais, procureur général au parlement de Bretagne, avec addition.* C'est le premier du nombre infini des pamphlets, factums, exposés, qui parurent sur l'infâme persécution que M. de la Chalotais souffrit de la part du duc d'Aiguillon, commandant pour le roi en Bretagne, et, sous ses ordres, de la part de M. de Calonne. — Ces mémoires sont datés du château de Saint-Malo, prison d'État, où leur auteur se trouvait si étroitement et si rigoureusement détenu, qu'il déclare les avoir écrits : *avec une plume faite d'un cure-dent, de l'en-« cre composée d'eau, de suie de cheminée, de vinaigre et de suif, sur « des papiers d'enveloppe de sucre et de chocolat ;* » ils commencent ainsi : « *Je suis dans les fers, je trouve le moyen de former un mémoire,* « *je l'abandonne à la Providence. S'il peut tomber entre les mains de* « *quelque honnête citoyen, je le prie de le faire passer au roi, s'il est pos-* « *sible, et même de le rendre public pour ma justification et celle de* « *mon fils.* »

(2) Le feu comte de Liverpool.

ma vanité? ne m'en avez-vous pas jugée exempte, et ne m'avez-vous pas traitée en conséquence? Si j'avais eu de l'amour-propre, il y a longtemps que vous l'auriez écrasé; mais c'est un sentiment que je n'ai point écouté avec vous; jamais votre franchise ne m'a blessée, jamais vous ne m'avez humiliée; je serai toujours fort aise que vous me disiez la vérité. Vos craintes sur le ridicule sont des terreurs paniques, mais on ne guérit point de la peur (1); je n'ai point une semblable faiblesse; je sais qu'à mon âge on est à l'abri de donner du scandale : si l'on aime, on n'a point à s'en cacher; l'amitié ne sera jamais un sentiment ridicule quand elle ne fait pas faire des folies; mais gardons-nous d'en proférer le nom, puisque vous avez de si bonnes raisons de la vouloir proscrire; soyons amis (si ce mot n'est pas mal sonnant), mais amis sans amitié; c'est un système nouveau, mais dans le fond pas plus incompréhensible que la Trinité.

Vous vous portez donc bien ? — voilà de quoi il est question; aucun de vos compatriotes ne pourra vous dire que j'en suis bien aise, et s'ils étaient observateurs, ils auraient peut-être trouvé une sorte d'affectation dans l'indifférence que j'ai montrée quand ils ont parlé de vous. J'ai donné à souper à M. et à madame Fitzroy (2) et à mademoiselle Lloyd et à M. Selwyn et à son petit milord (3); peut-être aurai-je ce soir ces deux derniers. Je les en ai laissés les maîtres; j'aimerais autant qu'ils ne vinssent pas, parce que je crains d'avoir beaucoup de monde;

---

(1) Dans la lettre dont il est question, M. Walpole s'était exprimé sur ce sujet comme il suit : « Il y avait longtemps avant la date de notre
« connaissance que cette crainte de ridicule s'était plantée dans mon
« esprit, et vous devez assurément vous ressouvenir à quel point elle
« me possédait, et combien de fois je vous en ai entretenue. — N'allez
« pas lui chercher une naissance récente. Dès le moment que je cessai
« d'être jeune, j'ai eu une peur horrible de devenir un vieillard ridi-
« cule. »
(2) Charles Fitzroy, le premier lord Southampton, et son épouse.
(3) Le comte de Carlisle.

non-seulement j'aurai madame d'Aiguillon, sur qui je ne comptais pas, mais j'imagine qu'elle amènera M. de Richelieu (1). Je ferai vos compliments à madame de Forcalquier ; elle se donne l'air d'être dans vos principes, mais elle n'est pas comme vous ; elle joue ce qu'elle est, et vous, vous jouez ce que vous voulez être et ce que vous n'êtes pas.

Je fus jeudi dernier passer une partie de la journée et la soirée chez elle à une petite maison qu'elle a à Boulogne ; j'y menai madame de Greville : je remets à vous dire ce que je pense de celle-ci, si jamais je vous revois ; mais je ne veux pas vous en écrire, si ce n'est que je lui trouve beaucoup d'esprit. Nous passâmes une très-agréable soirée. Le lendemain vendredi, je soupai chez la grand'maman, à qui je dis que j'avais eu de vos nouvelles ; elle s'informa avec empressement, me répéta qu'elle vous avait écrit, me demanda si vous me parliez d'elle ; je lui dis que non ; elle en fut fâchée, et n'en marqua pas moins de désir de vous revoir, et me chargea de vous faire des reproches : elle me marque beaucoup d'amitié ; et comme elle n'en a point, et que je n'en ai pas plus pour elle, il nous est permis de nous dire les choses les plus tendres ; n'est-ce pas comme cela, mon tuteur, que vous l'entendez ?

Je soupai hier chez le président, avec mesdames de Jonsac, d'Aubeterre (2), et du Plessis-Châtillon (3) ; nous jouâmes à des petits jeux de couvent : je fis vos compliments au président et à madame de Jonsac : le pauvre président s'affaiblit terriblement ; il aura bien de la peine à passer l'hiver.

Voilà, mon tuteur, tout ce que je puis vous apprendre ; j'apprendrai apparemment, par votre première lettre, quand vous

---

(1) Le maréchal duc de Richelieu.

(2) Son mari était le frère aîné du comte de Jonsac, qui avait épousé la sœur du président Hénault. Elle avait épousé en secondes noces le maréchal d'Aubeterre.

(3) Fille du marquis de Torcy, ministre des affaires étrangères à la fin du règne de Louis XIV.

serez de retour à Londres. Ne vous embarrassez point de ce que je pense de vous; laissez-moi mon libre arbitre sur mes pensées; contentez-vous de diriger mes paroles et mes actions, et soyez parfaitement convaincu que ni les unes ni les autres ne vous attireront jamais aucun ridicule. Ne *fremissez* (1) point de revenir en France; que ce ne soit point moi du moins, qui vous empêche d'y revenir; tout ce que je vous dis n'est qu'après vos textes : il est vrai, vos lettres sont comme l'Évangile, qui fournit des textes pour toutes les sectes. Si je ne craignais de faire une trop longue lettre, je vous intenterais un procès sur le jugement que vous portez de Montaigne (2). Adieu, mon tuteur.

LETTRE XV.

Lundi, 20 octobre 1766.

Je suis dans une grande inquiétude; M. Selwyn vint hier chez moi, et me dit qu'un Anglais avait reçu une lettre qui lui apprenait que M. Craufurd était mort en Écosse : je vous laisse à juger l'effet que cela me fit; M. et madame de Fitzroy et leur demoiselle (3) arrivèrent au même instant; ils tâchèrent de me persuader que cette nouvelle était fausse. Ce matin, à dix heures, un nommé M. Dikinson est venu chez moi; il avait appris hier au soir le chagrin où j'étais, et il a eu la bonté d'al-

(1) Mot dont M. Walpole s'était servi dans une de ses lettres, et qui avait fort déplu à madame du Deffand.
(2) Il avait dit dans la lettre ci-dessus mentionnée, et qui était datée de Bath : « Je lis les essais de Montaigne, et m'en ennuie encore plus « que de Bath; — c'est un vrai radotage de pédant; une rapsodie de « lieux communs, même sans liaison. — Son Sénèque et lui se tuent « à apprendre à mourir, — la chose du monde qu'on est le plus sûr de « faire sans l'avoir apprise. »
(3) Mademoiselle R. Lloyd.

ler aux informations, et par tout ce qu'il m'a rapporté, il en résulte que je suis dans le doute; mais je vous avoue que je suis du moins bien inquiète, et que mon âme est bien troublée, non-seulement par rapport à M. Craufurd, que j'estime et que j'aime beaucoup, mais cela m'a jeté un noir dans l'âme sur tout ce qui m'intéresse. Ah, mon Dieu! que vous avez bien raison! l'abominable, la détestable chose que l'amitié! par où vient-elle? à quoi mène-t-elle? sur quoi est-elle fondée? quel bien en peut-on attendre ou espérer? Ce que vous m'avez dit est vrai, mais pourquoi sommes-nous sur terre, et surtout pourquoi vieillit-on? Oh! mon tuteur, pardonnez-le moi, je déteste la vie.

J'admirais hier au soir la nombreuse compagnie qui était chez moi; hommes et femmes me paraissaient des machines à ressort, qui allaient, venaient, parlaient, riaient, sans penser, sans réfléchir, sans sentir; chacun jouait son rôle par habitude: madame la duchesse d'Aiguillon crevait de rire, madame de Forcalquier dédaignait tout, madame de la Vallière (1) jabotait sur tout. Les hommes ne jouaient pas de meilleurs rôles, et moi j'étais abîmée dans les réflexions les plus noires; je pensais que j'avais passé ma vie dans les illusions; que je m'étais creusé moi-même tous les abîmes dans lesquels j'étais tombée; que tous nos jugements avaient été faux et téméraires, et toujours trop précipités; et qu'enfin je n'avais parfaitement bien connu personne; que je n'en avais pas été connue non plus, et que peut-être je ne me connaissais pas moi-même. On désire un appui, on se laisse charmer par l'espérance de l'avoir trouvé; c'est un songe que les circonstances dissipent et qui font l'effet du réveil. Je vous assure, mon tuteur, que c'est avec remords que je vous peins l'état de mon âme; je prévois non-seulement l'ennui, mais à qui puis-je avoir recours? Vous

(1) La duchesse de la Vallière, fille du duc d'Usez; elle avait été une des plus belles femmes de France, et a conservé sa beauté dans un âge fort avancé. Elle est morte vers 1793, âgée de quatre-vingts ans.

LETTRE XVI.

Paris, 27 octobre 1766.

Pour commencer ainsi que vous, je ne suis pas contente, mon tuteur, que vous fassiez faux bond à la prudence, en finissant vos eaux huit ou dix jours plus tôt qu'il ne serait à propos pour qu'elles vous fissent du bien. Vous avez toujours des maux d'estomac, des langueurs; vous me paraissez dans le même état où vous étiez avant de tomber dans les grands accidents où vous avez pensé succomber. Loin de faire ce qu'il faudrait pour les prévenir, vous vous jetez tout au travers les choux; vous allez entrer au parlement. Je me suis fait expliquer quelle était la vie que cela faisait mener; je vous crois un homme perdu; jamais vous ne résisterez à tous les inconvénients qui surviennent; des séances quelquefois de huit ou dix heures, une chaleur infernale dans la salle, un froid glacial quand on en sort; voilà le physique. Une agitation d'esprit, toutes les passions en mouvement; voilà le moral. Mon pauvre tuteur n'a certainement pas la force de résister à tout cela.

Je suis très-contente de la milady Georges (1); elle m'a fort bien fait tous ces derniers temps-ci; elle a un certain revêche qu'on est flatté d'apprivoiser; c'est elle qui vous rendra cette lettre avec la brochure dont je vous ai parlé. La déclaration de d'Alembert aux éditeurs est trouvée de la dernière impertinence. J'ai du regret à madame Greville; c'est une femme qui a véritablement beaucoup d'esprit, mais je n'ai point voulu précipiter mon jugement sur son caractère : je

---

(1) Lady Louise Ker, sœur du marquis de Lothian, et mariée au lord Georges Lenox, frère unique du défunt duc de Richmond.

veux savoir de vous ce que j'en dois juger : les apparences m'en ont donné bonne opinion : j'ai cru remarquer que nous évitions également l'une et l'autre de parler de vous : la conduite était semblable, mais les motifs pouvaient bien être différents. Je crois sa situation malheureuse, son âme sensible : j'ai trouvé des rapports entre nous, qui ne m'ont cependant point entraînée à aucune confiance ; nous nous sommes plu mutuellement en nous observant et en nous tenant l'une et l'autre dans une assez grande réserve. Madame de Mirepoix fait un grand cas d'elle, et m'en a fait de grands éloges.

Madame d'Aiguillon me dit hier que madame Hervey lui mandait que vous vous portiez à merveille, et que vous lui aviez écrit de Bath la lettre la plus charmante et la plus gaie : pour celles que vous m'écrivez, mon tuteur, je les trouve d'un genre tout particulier ; tout y est nouveau, tout y est neuf ; vos réflexions sur la prudence, ce qu'elle devait être dans l'âge d'or, ce qui la rend vertu aujourd'hui, est senti, pesé, et d'une vérité extrême (1).

Je suis bien sûre que vous vous accoutumerez à Montaigne ; on y trouve tout ce qu'on a jamais pensé, et nul style n'est aussi énergique : il n'enseigne rien, parce qu'il ne décide de rien ; c'est l'opposé du dogmatisme : il est vain ; et tous les hommes ne le sont-ils pas? et ceux qui paraissent modestes ne sont-ils pas doublement vains? Le *je* et le *moi* sont à chaque ligne ; mais quelles sont les connaissances qu'on peut avoir, si ce n'est pas le *je* et le *moi* ? Allez, allez, mon tuteur, c'est le seul bon philosophe et le seul bon métaphysicien qu'il y ait jamais eu. Ce sont des rapsodies, si vous voulez, des contradictions per-

(1) M. Walpole avait dit : « Je suis charmé que vous commenciez à « faire bon accueil à la prudence. Il ne vous manquait que celle.... mais « non, ce n'est pas vertu ; ce n'est qu'une cuirasse qui sert de garde « contre les méchants. Il fallait que le monde fourmillât de crimes, avant « qu'on eût pensé à ériger la prudence en vertu. Si jamais il y eut un « siècle d'or, la prudence aurait dû passer pour de la fausse monnaie. »

pétuelles; mais il n'établit aucun système; il cherche, il observe, et reste dans le doute : il n'est utile à rien, j'en conviens, mais il détache de toute opinion, et détruit la présomption du savoir.

Adieu, mon tuteur, je crois que ma lettre du 21 vous aura fort déplu, mais je vous avertis que si vous m'appelez jamais *Madame*, je ne vous appellerai jamais mon tuteur : je ne puis souffrir de votre part aucune punition ; pour des réprimandes, à la bonne heure.

Ah, mon Dieu! je me rappelle que vous me dites que, si j'étais malade, vous m'enverriez votre Wiart; comment pouvez-vous faire aujourd'hui une plaisanterie de ce qui vous a précédemment pensé coûter la vie, et vous avait inspiré pour moi la plus horrible aversion ? Cela est fâcheux, mon tuteur, mais vous avez certainement des accès de folie : je ne veux point croire que la politique aujourd'hui soit de ce nombre, mais j'en aurais cependant quelque soupçon, par la certitude que j'ai de votre désintéressement personnel : vous êtes un être bien singulier, qu'il faudrait n'avoir jamais connu, si on ne doit jamais le revoir.

LETTRE XVII.

Paris, jeudi 30 octobre 1766.

Ah ! quelle folie, quelle folie, d'avoir des amis d'outre-mer, et d'être dans la dépendance des caprices de Neptune et d'Éole ! joignez à cela les fantaisies d'un tuteur, et voilà une pupille bien lotie. Il n'y a point eu de courrier ces jours-ci ; je m'en consolerais aisément si je n'étais pas inquiète de votre santé. Je vous assure qu'il n'y a plus de votre individu que ce seul point qui m'intéresse ; d'ailleurs, je crois que je ne me soucie plus de vous, mais il m'est absolument nécessaire, aussi nécessaire que l'air que je respire, de savoir que vous vous portez bien : il faut que vous ayez la complaisance de me donner régulièrement de vos nouvelles par tous les courriers : remarquez bien que ce ne sont point des lettres que j'exige, mais de simples bulletins : si vous me refusez cette complaisance, aussitôt je dirai à Wiart partez, prenez vos bottes, allez à tire-d'aile à Londres, publiez dans toutes les rues que vous y arrivez de ma part, que vous avez ordre de résider auprès de Horace Walpole, qu'il est mon tuteur, que je suis sa pupille, que j'ai pour lui une passion effrénée, et que peut-être j'arriverai incessamment moi-même, que je m'établirai à Strawberry-Hill, et qu'il n'y a point de scandale que je ne sois prête à donner.

Ah! mon tuteur, prenez vite un flacon ; vous êtes prêt à vous évanouir ; voilà pourtant ce qui vous arrivera, si je n'ai pas de vos nouvelles deux fois la semaine.

Je ne doute pas que vous ne soyez persuadé que la personne de France qui vous aime le mieux, c'est moi ; eh bien, vous vous trompez ; il y en a une autre qui vous aime cent fois davantage, et d'un amour si aveugle, qu'elle ne vous croit aucun défaut, et certainement je ne suis pas de même : avant de vous la nommer, il faut que je vous y prépare par une petite histoire que peut-être vous savez, car tout Paris la sait ; mais vous pouvez l'avoir oubliée, et le pis, c'est que vous l'entendiez pour la seconde fois : — la voici :

L'archevêque de Toulouse avait un grand-père, ce grand-père était mon oncle, cet oncle était un sot, et ce sot m'aimait beaucoup ; il me venait voir souvent. Un jour il me dit : ma nièce, je vais vous apprendre une chose qui vous fera grand plaisir ; il y a un homme de beaucoup d'esprit, du plus grand mérite, qui fait de vous un cas infini ; il vous est parfaitement attaché ; vous pouvez le regarder comme votre meilleur ami, vous le trouverez dans toute occasion ; il n'a pas été à portée de vous dire lui-même ce qu'il pense pour vous ; mais je me suis chargé de vous l'apprendre. Ah! mon oncle, nommez-le moi donc bien vite. C'est, ma nièce,.... c'est le *sacristain des Minimes*. Eh bien, mon tuteur, cette personne qui vous aime tant, c'est mademoiselle Dévreux (1); c'est à son état qu'il faut attribuer cet apologue, car sa personne et son mérite la rendent bien préférable à toutes les princesses, archiduchesses et idoles de comtesses. Cette pauvre Dévreux vous adore, et elle ne veut pas que je sois jamais fâchée contre vous; elle trouve que vous avez toujours raison.

Savez-vous mon tuteur, à quoi je vais m'amuser? à faire des portraits. Je fis hier celui de l'archevêque de Toulouse (2); on le lui lut en lui donnant à deviner de qui il était; il s'y reconnut, comme s'il s'était vu dans un miroir. Si vous le connaissiez davantage, je vous enverrais ce portrait, et je ne sais si je ferais bien, car vous ne faites pas grand cas des productions de ma Minerve. Je pourrai bien quelque jour chercher à vous peindre, mais je ne sais pas si je vous connais bien; enfin, nous verrons.

Votre parlement me tourne la tête : quelle idée vous a pris de vous jeter dans le chaos des affaires! mais à quoi servirait tout ce que je pourrais vous dire sur cela? qu'à vous impatienter et à augmenter le dégoût que je m'aperçois que depuis longtemps vous avez pris pour moi : faites donc ce que vous voudrez : je n'exige de vous que des bulletins de votre santé.

Vendredi à 2 heures.

Un ange ou un diable m'apporte votre lettre de Strawberry-Hill, du 22 : c'est celle qui devait arriver le mardi 28. Je ne puis vous peindre quel est mon étonnement, premièrement de ce que je ne comptais en recevoir que demain, ou même dimanche : et ce qui me surprend à l'excès, c'est ce qu'elle contient.

(1) Femme de chambre de madame du Deffand.
(2) Petit neveu de madame du Deffand, l'archevêque de Toulouse, M. de Loménie de Brienne, fut ensuite archevêque de Sens. C'est lui qui, un peu avant la révolution, fut un si déplorable ministre des finances.

Quoi donc, *Monsieur*, êtes-vous devenu tout-à-fait fou? Voulez-vous m'éprouver? voulez-vous déranger ma tête? que prétendez-vous? *que voulez-vous de moi? n'avez-vous pas quarante-neuf ans?* n'en ai-je pas *soixante-dix?* Est-il permis, à ces âges-là d'avoir des *sentiments*? Qu'est-ce que c'est que ceux de l'amitié? ce n'est qu'un amour déguisé qui couvre de ridicule. Qu'est-ce que c'est encore, que cette inquiétude sur ma santé? que vous importe que je vive ou que je meure? votre projet est-il de me voir? n'êtes-vous pas uniquement occupé de la chose publique? serait-il raisonnable que vous l'abandonnassiez pour moi, quand vous consentez à y sacrifier votre vie? Ah! *Monsieur*, faites des réflexions solides, et ne m'exposez pas au *ridicule* de laisser croire que je compte sur votre amitié. Ne dois-je pas penser tout cela? — Mais non, non, mon tuteur, je suis bien loin de le penser : votre lettre me charme et ne me surprend pas : vos injures, vos duretés, vos cruautés mêmes ne m'ont point fait méprendre à la bonté et à la sensibilité de votre cœur; — mais je ne veux pas vous en dire davantage : vous êtes sujet à des retours qui me mettent en garde contre moi-même et contre vous : tout ce que je me permets de vous dire, c'est que je suis heureuse dans ce moment-ci, mais que je pourrais l'être bien plus parfaitement si vous le vouliez : je n'articulerai point ce qu'il faudrait que vous fissiez pour cela; vous le devinez de reste.

Ce que vous me dites de M. Selwyn est parfait (1): j'y ajoute qu'il n'a que de l'esprit de tête, et pas un brin du cœur : vous définiriez bien mieux que moi ce que je veux dire.

Votre lettre m'a si fort troublée, que je suis comme si j'étais ivre : je remets à demain à continuer celle-ci

(1) M. Walpole avait dit : « De tous les Anglais que vous verrez, c'est
« M. Selwyn qui a le plus véritablement de l'esprit; mais il faudra le
« démontrer; faites en sorte qu'il vous parle mauvais français. Il fait
« tant d'efforts pour parler votre langue en vrai académicien, qu'il ou-
« blie totalement d'y joindre des idées. C'est un beau vernis pour faire
« briller des riens. »

Samedi, 1er novembre à 4 heures.

C'est un malheur pour moi, et un très-grand malheur, que l'amitié que j'ai prise pour vous. Ah! mon Dieu, qu'elle est loin du roman, et que vous m'avez peu connue quand vous m'en avez soupçonnée! je ne vous aime que parce que je vous estime, et que je crois avoir trouvé en vous des qualités que depuis cinquante ans j'ai cherchées vainement dans tout autre : cela m'a si fort charmée, que je n'ai pu me défendre de m'attacher à vous, malgré le bon sens qui me disait que je faisais une folie et que nous étions séparés par mille obstacles; qu'il était impossible que je vous allasse trouver, et que je ne devais pas m'attendre que vous eussiez une amitié assez forte pour quitter votre pays, vos anciens amis, votre Strawberry-Hill, pour venir chercher, quoi? une vieille Sibylle retirée dans le coin d'un couvent. Ah! je me suis toujours fait justice dans le fond de mon âme. Votre lettre de Chantilly m'avait donné de l'espérance, mais presque toutes celles qui l'ont suivie l'ont si bien détruite, que votre dernière, qui est charmante, ne peut la faire renaître. Non, je ne vous reverrai plus : vous vous annoncez pour le mois de février; mille et mille inconvénients surviendront de votre part; et puis ne peut-il pas y en avoir un bien grand de la mienne? Ah! mon tuteur, j'aurais bien désiré, qu'avant le grand voyage que je ne suis pas bien éloignée de faire, vous en eussiez pu faire un en France. Vous voyez à quel point je suis triste; ne m'en sachez pas mauvais gré, et donnez-moi la liberté de me montrer à vous telle que je suis. — Y a-t il un autre plaisir, un autre bonheur, que d'épancher son cœur avec un ami sur lequel on compte uniquement? Adieu, mon tuteur; le papier me manque.

LETTRE XVIII.

Paris, 20 novembre 1766.

Mes numéros (1) vont grand train, ils courent comme un lièvre, tandis que les vôtres marchent à pas de tortue : mais cela est dans l'ordre, votre intention n'est pas de m'attraper : vous serez à cinquante quand je serai à cent, et sans lire nos lettres les dates suffiront pour faire notre histoire. Vous m'avez demandé votre portrait, j'ai cru que c'était la chose impossible, mais comme il faut que je fasse vos volontés, et que je me soumette à toutes vos fantaisies, je viens de vous peindre : c'est une vraie enluminure, vous n'en serez pas content, il est mal écrit, mais comme il n'y aura que vous qui le verrez, je ne me soucie pas qu'il soit éloquent. Je n'ai ni médité, ni réfléchi pour le faire ; mandez-moi naturellement si vous en êtes content ; la vérité, la vérité est tout ce que je désire et que j'attends de vous, c'est votre langage ordinaire, et je m'aperçois que dans ce moment c'est un article que j'ai omis dans votre portrait : c'est pourtant de toutes vos bonnes qualités celle dont je fais le plus de cas, et qui m'attache le plus à vous.

Il faut, mon tuteur, que vous ayez une complaisance, c'est de faire mon portrait et de n'avoir aucun ménagement pour mon amour-propre, je vous en saurai un gré infini, que ce soit au courant de la plume, cela ne sera point inutile, et nous nous en trouverons peut-être fort bien l'un et l'autre.

M. de la Chalotais est à la Bastille (1), ainsi que tous les autres prisonniers : je ne suis point en état de vous rendre

---

(1) M. Walpole et madame du Defffand numérotaient tous deux leurs lettres.
(2) Par la vengeance du duc d'Aiguillon.

compte de tout ce qui regarde cette affaire, je ne saurais m'occuper que de ce qui m'intéresse.

Je soupai l'autre jour chez madame d'Aiguillon (1), elle nous lut la traduction de la lettre d'Héloïse de Pope, et d'un chant du poëme de Salomon, de Prior; elle écrit admirablement bien, j'en étais réellement dans l'enthousiasme : dites-le à milady Hervey, je ne serais pas fâchée que cela revînt à madame d'Aiguilllon. Je voudrais aussi que vous fissiez de temps en temps quelque mention de moi aux Guerchy (2). — N'approuvez-vous pas ce désir de conciliation?

Votre duchesse de Northumberland (3) est ici depuis cinq ou six jours; elle ne fait pas encore grand bruit.

LETTRE XIX.

Dimanche, 4 janvier 1767.

Ah! ne vous épuisez plus en imprécations contre l'amitié. Pourquoi me rappeler sans cesse ce que vous m'avez dit et écrit qui pouvait me détourner d'en prendre pour vous? que vous importe ce que je pense quand vous êtes libre de penser ce que vous voulez? C'est, dites-vous, la peur que je ne me rende malheureuse; c'est une précaution que vous prenez pour moi dans le genre de celle de Gribouille qui se jette dans l'eau de peur de la pluie.

J'aurais des choses infinies à vous raconter, qui, selon toute vraisemblance (si vous étiez fait comme un autre), devraient

---

(1) La mère du duc d'Aiguillon, dont le caractère, a ce qu'il paraît, ne ressemblait nullement à celui de son fils.

(2) La famille du comte de Guerchy, alors ambassadeur de France en Angleterre.

(3) Elizabeth Seymour, duchesse de Northumberland, mère du duc actuel de ce nom.

vous être fort agréables; mais on ne sait sur quel pied danser avec vous : ainsi j'ai résolu de remettre à vous dire à vous-même, quand je vous reverrai, toutes ces sortes de choses : je ne veux rien hasarder dans mes lettres.

Je suis persuadée que vous n'êtes point content de votre portrait; quand je serai en humeur, j'y retoucherai : je retrancherai d'abord ce qui peut avoir rapport à moi, parce qu'en effet cela le gâte, et que cela est très-ridicule; excepté cela, je n'y ferai aucun changement : vous pouvez ne vous y pas reconnaître, mais c'est ainsi que je vous vois.

Vous recevrez dans le paquet que vous portera M. Selwyn le portrait de la grand'maman (1); j'imagine que vous en serez content, quoique je n'aie point un style original comme vous; ce que j'écris est sans feu et sans vie, mon style sent l'imitation; s'il est assez correct, ce dont je doute fort, il est lâche et froid, je le sais bien; c'est ce qui vous déplaît souverainement, et vous avez raison. N'allez pas croire que je quête des louanges; je n'en veux de vous moins que de personne. Vous me combleriez de plaisir si vous preniez la peine de faire de moi un portrait à la rigueur. Pourquoi, quand vous êtes seul à Strawberry-Hill, n'auriez-vous pas cette complaisance? N'allez pas me faire un crime de cette demande.

J'ai quelque petit chagrin de voir partir M. Selwyn; je ne l'ai pas vu fort souvent; je le trouve assez aimable; il est malin, mais je ne le crois pas méchant. Je n'ai encore vu qu'une seule fois milady S***; elle ne partira que dans trois semaines ou un mois; elle me paraît aimable, mais elle est bien jeune; j'ai vu davantage l'ambassadrice (2) : elle a beaucoup de babil et de politesse; je n'ai eu nulle conversation avec l'ambassadeur; ils logent tout auprès de chez moi, et vraisemblablement je les verrai assez souvent.

(1) La duchesse de Choiseul.
(2) La jeune vicomtesse Rochford : le lord Rochford était dans ce temps ambassadeur d'Angleterre en France.

Je vous prie de me mander si vous avez connaissance d'une brochure en deux volumes, qui a pour titre : *Testament du chevalier Robert Walpole* (1)? Il y a au commencement vingt ou trente lettres de monsieur votre père ; mon opinion est qu'elles sont de lui, mais qu'il y en a deux ou trois de falsifiées, et que le commencement du testament est aussi de lui : je mettrai cette brochure dans le paquet que vous portera M. Selwyn, j'y joindrai les Mémoires du procès de la Chalotais, votre traduction des Patagons (2), et les lettres de madame de Sévigné sur M. Fouquet (3), que j'ai fait copier, n'ayant pas pu en trouver un exemplaire imprimé. Mandez-moi si vous voulez *le Phylosophe ignorant* de Voltaire ; je vous l'enverrai par milady S*** ; enfin, chargez-moi de toutes vos commissions ; cela ne tire à aucune conséquence.

LETTRE XX.

Dimanche matin, 18 janvier 1767.

Enfin M. Selwyn part aujourd'hui à midi, chargé de deux paquets pour vous ; il prétend qu'il sera vendredi à Londres et qu'il vous les remettra le même jour.

Je prie le bon Dieu de vous mettre dans une disposition fa-

---

(1) C'était une pièce *forgée* à Paris (par Maubert de Gouvest), à laquelle H. Walpole fit une réponse sous le titre de *Detection of a late Forgery*, etc.

(2) Le chevalier Redmond, officier irlandais au service de France, avait traduit la lettre de M. Walpole sur les Patagons.

(3) On avait dit à M. Walpole que madame de Sévigné avait écrit une relation du procès de M. Fouquet ; madame du Deffand lui répondit : « Il n'y a point de procès de M. Fouquet par madame de Sévigné ; mais « il y a une petite brochure de quelques-unes de ses lettres où il en est « question. »

Ces lettres, adressées à M. de Pomponne, ont été publiées dans les éditions des lettres de madame de Sévigné.

vorable, et de vous rendre un lecteur bénévole ; vous verrez du moins qu'il n'est pas impossible, et qu'il est même très-facile d'écrire, quoiqu'il semble qu'on manque de sujet : **il n'y a qu'à se laisser aller à dire tout ce qui passe par la tête.**

Ah! mon Dieu, que la tête de ce pauvre président est en mauvais état! Je viens de recevoir un billet de sa propre main, dans lequel il me raconte une chute qu'il fit hier dans sa chambre, dont il m'avait fait lui-même le récit hier soir ; il n'a plus du tout de mémoire ; cela me serre le cœur, et me dégoûte bien de la vie. Peut-on désirer de vieillir? Mais parlons d'autres choses.

Je soupai hier au soir chez madame de Forcalquier ; il y avait la duchesse de Villeroi (1), avec qui j'ai lié connaissance. Je l'ai priée à souper demain chez le président, et je la prierai dans huit jours à souper chez moi : elle ne devine pas mon intention ; c'est à cause des comédies qu'elle a souvent chez elle, où joue mademoiselle Clairon ; et puis c'est une hurluberlue, un drôle de corps, que vous ne serez pas fâché de connaître ; elle ne donne point dans l'*idolâtrie* (2) ; enfin, si cela n'est pas excellent, cela est du moins sans inconvénient.

La maréchale de Mirepoix donne vendredi un bal à tous les jeunes gens de la cour et de la ville. Sa figure suit la marche ordinaire, et elle atteindra soixante ans au mois d'avril prochain ; mais son esprit rétrograde, et aujourd'hui il n'a guère plus de quinze ans ; il est inouï d'avoir une aussi mauvaise tête. Elle est brouillée avec M. de Choiseul ; elle a refroidi tous ses amis, ses connaissances, et elle a éteint la tendre amitié que j'avais pour elle ; il me reste encore quelque pointe de goût, mais je ne m'y livrerai pas. J'ai trop, à mes périls, appris à la connaître, je suis cependant fort bien avec elle, ainsi qu'avec l'autre maréchale [3] ;

(1) Sœur du duc d'Aumont.
(2) Elle veut dire qu'elle n'était pas de la société du prince de Conti, au Temple.
(3) De Luxembourg.

mais de ces amis-là je dis comme Socrate : *mes amis, il n'y a point d'amis.* Ce mot-là est très-bon quand il est bien placé.

A propos de Socrate, nous avons ici un comte de Paar, qui a, dit-on, une grande figure triste et froide; il grasseye les *rr*, parle très-lentement et en hésitant. Il disait l'autre jour chez le président : Quel est ce Socrif qui s'empoisonna en mangeant ou buvant des cigales? Eh bien, j'aime mieux entendre ces choses-là que les excellentes maximes de morale de madame de Verdelin (1), et les savantes dissertations de madame d'Houdetot (2); les remarques fines de Montigny (3) : j'en ajouterais encore bien d'autres, mais vous me gronderiez.

Enfin, mon tuteur, j'ai le malheur de passer pour un bel esprit, et cette impertinente et malheureuse réputation me met en butte à tous les étalages et à toute l'émulation de ceux qui y prétendent. Je leur romps souvent en visière, et voilà l'occasion où je m'écarte de vos préceptes de prudence. Cependant hier, chez le président je fus d'une sagesse admirable, je me dis : Je suis à la comédie; écoutons les acteurs, et gardons-nous bien de devenir actrices en leur disant un seul mot : je m'en allai avec la tranquillité de la bonne conscience, c'est-à-dire avec la sécurité de n'avoir choqué personne.

Je ne fermerai ma lettre qu'à six heures du soir. Que sait-on ?

(1) Elle était fille du comte d'Ars, qui la maria aux quinze mille livres de rentes du marquis de Verdelin, vieux, laid, sourd, dur, borgne et brutal. Rousseau parle avec éloge de son esprit et de sa facilité à produire des traits malins et des épigrammes, ce qui ne s'accorde pas avec ce qu'en dit ici madame du Deffand.

(2) Rien n'est plus connu que sa liaison avec Saint-Lambert, liaison que sa durée rendit presque respectable puisqu'elle commença trois ans après le mariage de madame d'Houdetot et ne finit qu'à la mort de Saint-Lambert en 1802. Madame d'Houdetot lui survécut jusqu'en 1813. J.-Jacques parle beaucoup dans ses Confessions de la vive passion qu'elle lui avait inspirée et des efforts qu'il fit pour l'enlever à Saint-Lambert.

(3) L'épouse de M. de Montigny-Trudaine, fils de M. de Trudaine, intendant des finances.

j'en recevrai peut-être une d'ici à ce temps-là qui me fera ajouter quelque chose à celle-ci. Sinon, adieu, tout est dit.

LETTRE XXI.

Jeudi, 22 janvier 1767.

Le courrier d'Angleterre arriva hier et ne m'apporta rien. Je fus, suivant ma louable coutume, fort inquiète; mais je résistai à l'envie que j'avais de vous écrire, ne voulant pas vous accabler.

Venons à mon portrait (1); il est le plus charmant du monde; mais ce qui m'en plaît le plus, c'est : *Censeur, tais-toi, etc.*; cela fait que je me flatte que vous pensez ce qui précède. Mais, mon tuteur, ce n'est pas comme cela que je voudrais être peinte par vous; je voudrais entendre des vérités dures; c'est-à-dire que vous ne me fissiez grâce d'aucun de mes défauts, tel que vous l'auriez fait dans vos moments de colère. N'y en aurait-il point un par hasard? si cela était vrai, envoyez-le moi; soyez bien sûr que vous ne me fâcherez point. Je ne compterais point sur vous, si je n'étais pas bien persuadée que vous me voyez telle que je suis, et par conséquent parfaitement imparfaite. Je suis convaincue que je vous plairais bien moins si j'étais exempte de défauts; j'en juge par la grand'maman; je l'aimerais bien mieux si, avec toutes ses vertus, elle avait quelques faiblesses; elle s'est trop perfectionnée elle-même; toutes les qualités qu'on acquiert ne sont pas d'un aussi grand prix que les premiers mouvements. Mais pour vous, mon pauvre tuteur, vous me serrez le cœur quand vous vous épanchez sur la haine que vous avez pour le genre humain.

---

(1) Le portrait en vers de madame du Deffand, par M. Walpole, commençant par ces mots :
Where do wit and memory dwell.

Comment est-il possible que vous ayez eu tant sujet de vous en plaindre? Vous avez donc rencontré des monstres, des hyènes, des crocodiles? Pour moi, je n'ai rencontré et je ne rencontre encore que des fous, des sots, des menteurs, des envieux, quelquefois des perfides; eh bien, cela ne m'a pas découragée, et ma persévérance à croire qu'il n'était pas impossible de trouver un honnête homme me l'a fait rencontrer. Ne vous avisez pas de me demander qui c'est; c'est un secret que je ne révélerai ni à vous ni à personne; je vois bien que vous croyez le deviner; si cela est, je m'en lave les mains, ce n'est pas ma faute.

Voyez ce que vous aurez pour aujourd'hui; je voulais vous parler de vous et de moi; demain nous dirons autre chose; cette lettre se continuera jusqu'à dimanche inclusivement.

Vendredi 23.

Voulez-vous savoir nos nouvelles? madame de Mirepoix donne aujourd'hui un bal à l'hôtel de Brancas; il y a vingt-quatre danseurs et vingt-quatre danseuses; les habits sont de caractères chinois, indiens, matelots, vestales, sultanes, etc., etc., etc. Chaque femme a son partner; les danseurs et danseuses sont divisés en six bandes, chaque bande de quatre hommes et quatre femmes. M. le duc de Chartres et madame d'Egmont (1) sont à la tête de la première. On répète les danses depuis huit jours chez madame de Mirepoix. La coupable et infortunée madame de Stainville, qui devait figurer avec M. d'Hénin (2), a été tous les jours à ces répétitions. Mardi elle soupa chez Madame de Valentinois, avec toutes ses compagnes et camarades de danse; elle était fort triste; elle avait les yeux remplis de larmes; ce

---

(1) La comtesse d'Egmont était fille du maréchal duc de Richelieu.

(2) Le prince d'Hénin, frère cadet du prince de Chimay, et neveu de madame de Mirepoix. Comme *le prince d'Hénin* était fort petit on l'appelait *le prince des nains*.

n'était pas sans sujet, car à trois heures du matin, son mari la fit entrer dans une chaise avec lui pour la mener à Nancy, et la confiner dans un couvent (1). Vous conviendrez que la prudence ne peut aller plus loin, et qu'on ne pouvait pas choisir un moment plus convenable pour faire un scandale public. Ses parents ont fait tout ce qu'ils ont pu pour l'en détourner, mais ils n'ont pu le persuader. On a pris une autre femme à sa place. Je vous manderai demain des nouvelles du bal.

Je soupai mardi chez la grand'maman, dans un petit appartement au premier, qu'elle a fait accommoder pour l'hiver : elle n'y peut recevoir que très-peu de monde ; nous n'étions que quatre ; elle, madame de Mirepoix, l'abbé Barthélemy (2) et moi : elle m'ordonna de ne point sortir de la journée le lendemain mercredi, qu'elle avait ses raisons pour cela : elle devait souper chez moi. Je lui obéis ; elle arriva à huit heures, et dit à Wiart de ne laisser entrer personne : elle était avec l'abbé Barthélemy. Vers les neuf heures on m'annonça M. de Morfontaine (3) ; je pris un air mécontent, je dis tout bas à la grand'maman : j'espère qu'il ne compte pas souper ici ; et puis je fis des politesses à ce M. de Morfontaine : notre conversa-

(1) La comtesse de Choiseul-Stainville, née Clermont d'Amboise, mariée au frère du duc de Choiseul. Son mari en avait déjà été très-jaloux et malheureusement non sans cause, et la fit enfermer au couvent des filles Sainte-Marie à Nancy, par suite de son intrigue avec le comédien Clairval. Voici à ce sujet le récit du duc de Lauzun dans ses Mémoires.

« Trouvant un jour madame de Stainville baignée de larmes et dans l'état le plus déplorable, je la pressai tellement de me dire ce qui causait ses peines, qu'elle m'avoua en sanglotant qu'elle aimait Clairval, qu'elle l'adorait. Elle s'était dit mille fois tout ce que je pouvais lui dire contre une inclination si honteuse et dont les suites ne pouvaient qu'être funestes. » M. de Lauzun se loue ensuite de la conduite de Clairval dans cette affaire.

(2) Le célèbre auteur du *Voyage du jeune Anacharsis en Grèce*. Né en 1716, mort en 1795.

(3) M. de Morfontaine était intendant de Soissons, et se trouvait alors à Paris. Il différait probablement de beaucoup de M. de Choiseul, par ses manières et sa conversation.

tion dura deux ou trois minutes : après quoi, je pouffai de rire, et je dis : non, ce n'est point M. de Morfontaine, ce n'est point sa voix; c'est M. de Choiseul, j'en suis sûre : je me levai et lui sautai au cou. C'était lui, en effet; mais je n'eus pas le mérite de le deviner, car j'étais prévenue : il n'y eut que lui et la grand'maman d'attrapés par le semblant que je fis de l'être. Il marqua beaucoup de regret de ne pouvoir rester à souper avec nous. La conversation fut fort bonne; il me parut avoir acquis de la solidité; il fit de bons raisonnements : je vous raconterai tout cela quand je vous verrai. Adieu jusqu'à demain.

Samedi 24.

Je viens de relire ce que j'écrivis hier. Ah! mon Dieu, quel galimatias! Vous n'y comprendrez rien : heureusement vous pouvez vous en passer. Le fait est que madame de Stainville a été enlevée par son mari, la nuit du 20 au 21, muni d'un ordre du roi pour la faire recevoir dans un couvent, à Nancy. Tous ses domestiques ont été renvoyés, une de ses femmes menée à Sainte-Pélagie, maison de force. Cette aventure fait grand bruit; on ne parla que de cela au bal d'hier, et excepté la grand'maman (1), qu'on respecte, tous ceux qui lui appartiennent ne sont pas épargnés.

Le bal fut charmant, il a duré jusqu'à neuf heures du matin. Le prix de la beauté a été accordé à madame de Saint-Maigrin (2). La princesse d'Hénin (3), qui était le principal prétexte du bal, fut prise hier, dans l'après-dîner, d'une herpesse millière.

Adieu, mon tuteur : si je n'ai point de vos nouvelles demain,

(1) La duchesse de Choiseul, qui était la belle-sœur de la comtesse de Stainville.
(2) La marquise de Saint-Maigrin, née Pons, épouse du fils aîné du duc de la Vauguyon.
(3) Fille de madame de Monconseil.

je n'ajouterai rien à cette lettre. Je suis indigne de vous écrire, tant je me sens bête.

Dimanche, 25 à trois heures.

Voici une lettre : j'exécuterai tous les ordres qu'elle contient.

Le prix de la beauté n'a point été accordé à madame de Saint-Maigrin ; c'était une opinion très-particulière, et qui s'est trouvée unique ; madame d'Egmont l'a emporté unanimement, et son partner, M. le duc de Chartres (1), était fort bien, et le seul homme qu'on ait pu regarder.

Serai-je longtemps sans savoir de vos nouvelles?

LETTRE XXII.

Mardi, 3 février 1767.

L'irrégularité de la poste est insupportable ; on ne reçoit que le lundi des lettres qui devraient au plus tard être rendues le dimanche. Ainsi il se passe un courrier sans qu'on puisse faire réponse. C'est un petit inconvénient pour vous, parce que votre tiédeur est un bon préservatif contre l'impatience.

M. Selwyn aura une de mes lettres avant que vous receviez celle-ci, parce que je lui ai répondu à celle qu'il m'avait écrite de Calais ; mais je ne vous ferai plus la chronologie des lettres que je recevrai et que j'écrirai ; cela m'ennuie à la mort, et me fait faire des galimatias.

Les Beauvau reviendront ici vers le 20 ; j'en suis bien aise, mais pas trop cependant ; je sais bien les gens qui me déplaisent, mais je ne sais pas ceux qui me plaisent.

(1) Le duc d'Orléans, père du roi Louis-Philippe.

Madame de Jonsac, je l'aime assez, parce qu'elle souhaite ce que je désire; écrivez-moi quelques lignes pour elle que je lui puisse montrer, et traitez-la de votre bonne amie; cette façon lui plaît : réellement je crois qu'elle est ce qui vaut le mieux, je dirais après la grand'maman; mais la cour, la cour ôte la fleur du naturel.

Mon dieu, mon tuteur, vous avez beau dire, nous voyons de même, nous sentons de même, et cela me fait peur; j'en conclus que je ne saurais vous plaire, car tous les défauts me choquent et souvent me dégoûtent; mais en quoi je diffère de vous, c'est sur Montaigne : de qui vouliez-vous qu'il parlât, s'il n'avait pas parlé de lui? il était tout seul à son Strawberry-Hill, il ne faisait aucun système, il n'épousait aucune opinion, il n'avait point de passions, il rêvait, il songeait, aucune idée ne le fixait; il disait : que sais-je? et que sait-on en effet? allez, allez, Horace ressemble plus à Michel qu'il ne croit. Pour moi, je suis la servante très-affectionnée de tous les deux; mais il avait un ami (1), ce Michel : il croyait à l'amitié, et voilà sa différence d'avec Horace.

Adieu, je suis fatiguée, et persuadée qu'il faudra jeter au feu tout ce que j'écris : et à qui est-ce que j'écris? à un Scythe, à un homme de pierre ou de neige; en un mot à un Anglais qui le serait par système, s'il ne l'était par naissance.

Je soupai hier au soir chez madame de Valentinois avec un des plus malheureux et des plus décontenancés des maris, M. de Stainville. Je crois vous avoir mandé qu'il avait mené lui-même sa femme aux Filles de Sainte-Marie de Nancy, où il l'a laissée, et il était de retour à Paris quatre jours après; il a rendu tout le bien, a fait nommer un tuteur qui doit donner à madame de Stainville toutes les choses nécessaires, et même satisfaire toutes ses fantaisies, mais on ne lui donnera pas un écu. Il y a une somme réglée pour l'entretien de ses deux filles; le reste

(1) Étienne de la Boëtie.

du revenu sera mis en séquestre à leur profit. Cette aventure a fait jusqu'à présent le sujet de tous les entretiens, mais aujourd'hui on ne parle plus que du mariage de M. de Lamballe (1) et des procédés de M. le prince de Conti (2).

J'ai une faible espérance d'avoir aujourd'hui une de vos lettres; j'attendrai le passage du facteur avant de fermer celle-ci.

A quatre heures.

Je ne me suis point trompée; voilà deux lettres; une de M. Walpole, l'autre de M. Selwyn : — Commencez par celle-ci. — Elle est de M. Fitzroy. — L'autre est-elle bien longue? — De six pages. Je ne dis mot, je me recueille, et je suis bien aise; et puis je suis fâchée de ce que dans six pages mon tuteur ne me dis pas un mot de la santé de milord Chatham (3) et de ce qui doit s'ensuivre. Vous êtes véritablement tout aussi philosophe que Montaigne : c'est pour moi la suprême louange, car malgré mon excessive partialité, malgré l'ascendant de votre génie sur le mien, je ne trouve aucun esprit aussi éclairé et aussi parfaitement juste que celui de Montaigne. Il n'avait pas comme vous les passions très-fortes; vous avez le courage d'y résister, de leur tenir tête; mais comme vous ne pouvez en détruire le germe, elles produisent aujourd'hui des caprices, et parfois des folies : mais je suis fâchée de n'avoir pas le temps de vous dire toutes les réflexions que vos aveux, ou pour mieux dire, votre confession générale me font faire : il me semble qu'on ne vous tient

---

(1) Le prince de Lamballe, fils unique du duc de Penthièvre, épousa une sœur du prince de Carignan, de la maison royale de Sardaigne. Elle fut, sous le règne suivant, nommée surintendante de la maison de la reine Marie-Antoinette, et devint, à cause de son intimité avec cette princesse, et comme complice des intrigues de la cour, une des victimes qui périrent dans les horribles journées de septembre 1792.

(2) Il fut accusé d'avoir un peu manqué de politesse ou d'attention envers les dames qui se trouvèrent à son mariage.

(3) Le père de Pitt.

que par un fil; on a beau se flatter de l'idée qu'on ait le seul fil, ce n'en est pas moins un fil. J'ai senti une sorte de terreur, quand vous m'avez dit que votre dernier voyage de Paris avait dû être votre dernière escapade : vous avez changé d'avis, mais ce qui vous attire est bien faible contre ce qui peut vous retenir : il faut s'abandonner à la Providence, et vous laisser le maître. Mais je crois sentir, mon tuteur, qu'on aurait moins de peine à quitter la vie si l'âme était contente et satisfaite; on penserait moins à soi, on s'appitoierait moins sur soi-même : vous riez, vous vous moquez de moi, et vous dites : « Toute cette métaphysique n'est que pour me presser de revenir ». Eh bien, il est vrai, je crains de mourir avant de nous revoir.

Tout ce que vous dites de madame de Choiseul est charmant, à une phrase près qui gâte tout, et qui fait que je ne puis transcrire cet article pour le lui envoyer. Pourquoi dites-vous qu'on ne peut pas en devenir amoureux ? il n'y a point de femme qui, avant quarante ans, puisse s'accommoder de cette manière d'être louée. Vous me direz à cela de corriger cette phrase, mais vous avez un pinceau qui ne souffre pas que d'autres y joignent le leur; c'est comme si Coypel, que je suis, avait voulu changer quelque trait de Raphaël, que vous êtes.

Oh! vraiment oui, M. et madame de Choiseul ont été dans une belle colère contre Fréron, et je vous enverrai ces jours-ci la réparation de ce petit faquin, qui lui a été dictée par la grand'-maman : j'ai l'histoire de toute cette affaire que je vous montrerai; elle a été conduite de ma part et de celle de la grand'maman avec une sublime prudence (1).

(1) Voltaire, associa Fréron à son immortalité en lui prodiguant sans cesse des épigrammes. Qu'elle qu'ait d'ailleurs été l'injustice des critiques de Fréron, elles ne furent point inutiles à Voltaire, et lorsque les fumées de l'amour-propre blessé étaient apaisées, Voltaire rendait justice à la sévérité de son goût. Fréron fut moins acharné contre Rousseau que contre Voltaire, et prit même parti pour le philosophe génevois dans sa querelle avec Hume. Ce que dit dans cette lettre madame du Deffand se rapporte à un passage de l'*Année littéraire* dans lequel Fréron avait

Madame de Forcalquier s'apprivoise terriblement ; elle a été excessivement fêtée à la noce Lamballe ; le prince (vous entendez que c'est le Conti) l'a extrêmement courtisée; madame de Luxembourg l'a louée, flattée, caressée, admirée ; gare le fromage (1)! Sa prudence, sa philosophie, qu'on peut peut-être y comparer, pourrait bien tomber par terre. Elle vient de m'envoyer dire tout à l'heure que, si le souper avait été chez moi ce soir, elle m'aurait demandé d'y venir ; je lui ai répondu qu'il était égal que ce fût chez le président, qu'elle pouvait y venir de même, et je lui ai fait la peinture de tout l'effet qu'elle produirait sur chaque personne. Gare, gare le fromage! ils me l'enlèveront, cette belle comtesse, et l'idole la séduira : il faudra s'en consoler et aller au café Saint-Jacques (2).

Madame de Villeroi, à qui Pont-de-Veyle a demandé pourquoi elle ne m'avait pas priée à sa comédie, vient de m'envoyer dire qu'elle était au désespoir de n'avoir point imaginé, que j'aurais été bien aise d'y venir, qu'elle m'aurait gardé une bonne place, mais qu'actuellement il n'y en avait pas une. Cette femme ne

---

attaqué la lettre de Walpole à M. Hume. Mais Horace Walpole, loin de prendre part à la colère de madame du Deffand, s'exprime de la manière suivante à ce sujet :

« Je suis encore redevable à vous et à la duchesse de Choiseul de cette affaire de Fréron, mais elle ne laisse pas de me fâcher. Nous aimons tant la liberté de l'imprimerie, que j'aimerais mieux en être maltraité que de la supprimer. De plus, c'est moi qui avais commencé cette ridicule guerre; il est injuste que j'empêche les autres de prendre la même liberté avec moi. Je ne sais ce que Fréron a dit ; je ne m'en soucie pas : c'est ma règle constante de ne faire jamais réponse à des libelles, et je serais au desespoir qu'on crût que je me fusse intéressé à attirer des réprimandes à ces gens-là. »

(1) Allusion à la Fable de la Fontaine, commençant par ces mots :
« Maître corbeau sur un arbre perché, etc. »

(2) Ceci a rapport à l'histoire que M. Walpole avait contée à madame du Deffand d'un Anglais qui, en allant consoler quelqu'un de la mort d'un ami, lui dit : lorsque j'ai le malheur de perdre un de mes amis, je vais sur-le-champ au café de Saint-Jacques pour en prendre un autre.

vous déplaira pas, c'est le tintamarre personnifié : elle ne manque pas d'esprit ; elle pourrait bien être étourdissante et fatigante à la longue, mais on ne la voit qu'en passade ; elle a tant d'affaires, tant de mouvements! — c'est un ouragan sous la figure d'un vent-coulis : — mais nous aurons des places à sa comédie.

Nouvelle brochure qu'on m'apporte ; *Bélisaire*, histoire romanesque par M. de Marmontel. Ce Marmontel est le protégé de l'âme damnée de d'Alembert. Ce M. de Creütz, envoyé de Suède, dont je vous ai parlé, l'a présenté à votre ambassadrice ; si elle se laisse entourer de ces sortes de gens, je ne la verrai guère : d'ailleurs il me semble que je ne prends point avec eux ; elle me baragouine des compliments, mais elle ne sait trop que me dire. Je n'ai pas le vol de vos ambassadeurs ; votre milady Hertfort ne faisait nul cas de moi ; cela ne m'empêchait pas de la trouver bonne femme : pour son mari, il ne m'a jamais parlé.

Je reprends encore ma lettre pour vous dire que les carabiniers sont à Saumur, et que ces braves gens, remplis de zèle et d'amour pour la chose publique, ont fait une mission dans un couvent ; ils ont prêché la population avec tant d'éloquence, et ils ont eu tant de succès, qu'il en résulte pour l'État sept citoyens de plus.

LETTRE XXIII.

Paris, 20 février 1767.

Je fus hier à la représentation de Molé (1) : mon Dieu, que je vous regrettai ! Mademoiselle Clairon fut admirable ; c'était

(1) Molé, acteur de la comédie française, dont le talent a été justement admiré. Ayant été dangereusement malade et longtemps hors d'état de jouer, mademoiselle Clairon, la célèbre tragédienne, qui était retirée du théâtre, proposa de donner une représentation au bénéfice de

véritablement Melpomène ; la pièce était *Zelmire*, de l'auteur du *Siége de Calais* (1) : elle est faiblement écrite, mais les sentiments, les situations, sont du plus grand intérêt. J'aurais voulu entendre Corneille ; lui seul avait l'énergie, la force et l'élévation qui rendent les grandes passions et la sublimité des grands sentiments. Le jeu de mademoiselle Clairon y suppléa autant qu'il était possible ; cette pièce, avec de grands défauts, fait un plaisir extrême ; le courage, la générosité, la fierté y sont bien rendus ; je fus transportée, ravie ; j'aurais voulu tout de suite rentrer chez moi, me mettre à vous écrire tout ce qui se passait dans mon âme ; elle était remplie de tristesse, mais d'une tristesse préférable aux plaisirs de tous les autres spectateurs ; j'y résistai, je fus chez le président, que je trouvai occupé de ce que la comtesse de Noailles venait de lui mander que la marquise de Duras, sa fille, venait d'être nommée dame du palais ; de ce qu'il avait eu à dîner l'archevêque de Cambray (2) ; de ce qu'il avait vu le matin le prince de Beauvau ; qu'il aurait ce soir mesdames les maréchales (3), etc. enfin mille petites vanités qu'aucun microscope ne pourrait vous faire apercevoir. Mon Dieu, mon Dieu, quelle différence il y a d'une âme à une autre ! J'y en trouve une aussi grande que d'un ange à une huître.

De chez le président, je fus chez la grand'maman, que je trouvai entre l'abbé Barthélemy et le docteur Gatti (4) ; la petite

---

Molé, sur un des théâtres privés de Paris, où elle s'offrait de jouer. Ce projet fut appuyé par plusieurs dames du premier rang, et tellement favorisé, que plus de six cents billets furent distribués. La représentation eut lieu sur le théâtre du baron d'Esclapon, au faubourg Saint-Germain, et son produit fut évalué à un millier de louis pour Molé.

(1) Du Belloy. Né à Saint-Flour, en Auvergne, en 1727, mort en 1775.

(2) Frère du duc de Choiseul.

(3) De Luxembourg et de Mirepoix.

(4) Médecin de Florence, l'un de ceux qui pratiquèrent les premiers l'innoculation de la petite vérole en Italie.

Lauzun (1) y arriva; nous soupâmes tous les cinq; le docteur et la petite femme s'allèrent coucher de bonne heure : le docteur ne manque pas d'esprit; la petite femme est un petit oiseau qui n'a encore appris aucun des airs qu'on lui siffle; elle fait de petits sons qui n'aboutissent à rien; mais comme son plumage est joli, on l'admire, on la loue sans cesse; sa timidité plaît, son petit air effarouché intéresse; mais moi je n'en augure pas trop bien. C'est l'idole (2) qui l'apprivoise, et avec qui elle paraît se plaire; cette idole va tranquillement dîner entre le mari et la femme; elle croit que cela lui donne de la considération. Mon Dieu, que le monde est sot et que j'aurais de plaisir à vous communiquer toutes mes pensées, et mille fois davantage à entendre et découvrir toutes les vôtres! A une heure après minuit, je restai seule avec la grand'maman; elle fut parfaitement à son aise avec moi; je trouvai des rapports infinis entre sa façon de penser et la mienne; elle enfile une plus profonde métaphysique que moi, parce que son esprit a plus de force, et qu'elle se plaît à l'exercer; mais nos sentiments sont les mêmes : elle en veut découvrir la source, le germe,

---

(1) La duchesse de Lauzun, Amélie de Boufflers, fille unique et seule héritière du duc de Boufflers, qui mourut à Gênes. Séparée depuis longtemps de son mari, elle fit deux voyages en Angleterre, sous le nom de duchesse de Biron, le duc de Lauzun ayant pris ce titre à la mort de son oncle le maréchal de Biron. Sa fatale destinée la ramena en France en 1793. Ni sa vertu, ni sa beauté, ne trouvèrent grâce devant ses bourreaux; elle porta avec courage sur l'échafaud une tête dont parle ainsi J. J. Rousseau : « Amélie de Boufflers, dit-il, a une figure, une douceur, une timidité de vierge. Rien de plus aimable et de plus intéressant que sa figure, rien de plus tendre et de plus chaste que les sentiments qu'elle inspire. » Elle avait été heureuse sous son premier nom, et paya bien cher un mariage de convenance, car le duc de Lauzun possédait toutes les qualités, excepté celle de bon mari. On voit que madame du Deffand en parle avec une grande sévérité, mais elle n'était indulgente pour personne, surtout pour les femmes. H. Walpole fait au contraire l'éloge du caractère et de l'amabilité de la duchesse de Lauzun, p. 178, t. V, des œuvres de lord Orford, in-4°.

(2) La marquise de Boufflers.

et moi je ne suis pas si curieuse ; je m'en tiens aux effets. Elle me montra des choses fort bien écrites, peut-être un peu trop abstraites ; je lui dis : Grand'maman, il faudra montrer tout cela à M. Walpole. — Oh ! très-volontiers, dit-elle ; mais jamais rien qu'à vous et à lui.

J'avais vu la veille M. de Choiseul chez madame de Beauvau, où il y avait M. le duc d'Orléans, M. le duc de Chartres, et un monde infini : je voulus m'en aller, Pont-de-Veyle vint pour me donner la main ; M. de Choiseul se leva, repoussa Pont-de-Veyle, me donna son bras et me conduisit jusqu'à l'antichambre, où étaient mes gens. Je lui dis que je souperais le lendemain avec la grand'maman, et il promit de m'y rendre une visite en rentrant, et qu'il me priait de l'attendre. Il ne rentra qu'à deux heures, et il resta avec nous jusqu'à près de trois heures et demie. Je ne puis vous rendre compte de la conversation, mais elle fut aisée, gaie et franche, familière, enfin tout au mieux. Il me parla de vous, il reprocha à sa femme de ne lui avoir pas fait faire connaissance avec vous ; il me demanda quand vous arriveriez ; il en marqua de l'impatience : j'observais mes mots, mes paroles, jusqu'à ma contenance, comme si vous aviez été derrière une jalousie à m'écouter et à m'examiner.

Le petit Lauzun (1) n'est point bien avec lui ; il en est mécontent parce qu'il a joué le rôle d'un sot dans l'aventure de madame de Stainville ; il trouve son voyage (2) ridicule ; il n'a pas voulu lui confier ses dépêches, et il a écrit à M. de Guerchy pour lui recommander d'avoir attention sur sa conduite : la grand'maman l'aime assez : nous avions soupé il y a quelques jours avec lui (je crois vous l'avoir mandé), et nous le trouvâmes assez plaisant : ayez quelques attentions pour lui, mais ne vous en gênez pas le moins du monde.

(1) Le duc de Lauzun puis duc de Biron, si connu par ses aventures, était fils de M. de Gontaud, et neveu par sa mère de la duchesse de Choiseul.
(2) En Angleterre.

Madame d'Aiguillon est enchantée de la lettre que vous lui avez écrite; elle m'en a écorché la traduction. Ah! c'est bien dommage, mon tuteur, de ce que vous ne reviendrez jamais ici : mais non, vous y reviendrez, mais ce sera quand je n'y serai plus. Ne vous fâchez point, ce n'est point pour vous presser de revenir; je ne suis point assez personnelle pour désirer que vous avanciez d'un jour votre départ : je ne suis pas assez extravagante pour exiger rien de vous; je n'ai aucun droit sur vous, aucune raison ne vous oblige à rien faire pour moi; je recevrai tout ce qui me viendra de vous comme une grâce et non comme une dette.

Samedi matin.

Je soupai hier chez le président en nombreuse compagnie, les divinités du Temple (1), les maréchales (2); —je m'y ennuyai à la mort. Ce soir je donne à souper aux Beauvau, avec l'archevêque (3) et Pont-de-Veyle; demain ce sera mon assemblée des dimanches, où vos ambassadeurs sont maîtres de venir quand il leur plaît : des Italiens, des Suédois, des Lapons même y sont admis, tout me paraît égal. Excepté la grand'-maman, que je trouve cependant un peu trop métaphysicienne et abstraite, et madame de Jonsac, qui, à peu de chose près, est fort raisonnable, tout me paraît ridicule, insipide et ennuyeux.

Ne sachant plus que lire, je me suis jetée dans le théâtre de Corneille; il me ravit d'admiration; je lui pardonne tous ses défauts : il n'a jamais la faiblesse de notre nation, mais il manque souvent de l'élégance de notre style.

Adieu pour aujourd'hui; demain je pourrai reprendre cette lettre, surtout s'il m'en arrive une de vous.

(1) Le prince de Conti et la duchesse de Boufflers.
(2) De Luxembourg et de Mirepoix.
(3) L'archevêque de Toulouse, le petit-neveu de madame du Deffand.

Dimanche, à quatre heures.

Je n'espérais point de lettre, et en voilà une ; j'en avais bon besoin, car je suis bien triste : je ne puis vous peindre mon état qu'en vous disant que je me sens le besoin de mourir comme on sent le besoin de dormir ; vous m'avez un peu ranimée : l'idée de vous revoir me donne quelque courage, mais je ne puis plus tenir à l'ennui.

Mon souper d'hier ne m'a fait nul plaisir ; la dame (1) est d'une personnalité intolérable, le mari d'une soumission aveugle, plus par paresse et par indifférence que par excès de passion ; le prélat (2) a de la vivacité et de la justesse ; il a encore assez de droiture, parce qu'il n'a pas encore besoin d'en manquer ; mon ami Pont-de-Veyle ne se soucie de rien que de s'étourdir, de s'amuser ; il préfère ceux qui lui peuvent procurer de la dissipation, c'est pour cela qu'il est si attaché au prince (3).

Oh! ne me demandez point les détails des tracasseries du mariage Lamballe! ce sont de pures misères que je vous raconterai si je vous revois, et vous me ferez taire. Je ne sais si j'irai demain au Temple : je m'y sens une grande répugnance ; mais ce qui me pousse à y aller, c'est que je ne veux pas, en cas que vous veniez, que vous me trouviez mal avec personne, afin de n'être pas pour vous l'occasion du plus petit embarras. J'ai la vertu de l'humilité au plus haut degré, et je vous en ai l'obligation ; ce n'est pas assurément que vous n'ayez flatté mon amour-propre par l'endroit le plus sensible, en ayant pour moi des préférences et des attentions que vous n'avez pour personne, mais elles me font connaître la bonté

---

(1) La princesse de Beauvau. Ce que dit ici madame du Deffand de la princesse et du prince de Beauvau peut être regardé comme d'une grande vérité.

(2) L'archevêque de Toulouse.

(3) De Conti.

de votre cœur, votre sensibilité, votre humanité, et ne relèvent point l'opinion que j'ai de moi-même : je savais bien, mais vous m'avez empêchée d'en jamais douter, que je ne dois pas espérer de trouver dans l'amitié ce qui tient au goût. Ce n'est pas la faute de l'âge ; le goût que j'attends tient moins à la jeunesse qu'à tout autre âge : ce n'est point une séduction des sens, c'est un rapport, c'est une convenance ; enfin, enfin, ce ne serait plus qu'un galimatias, si je continuais à vouloir le définir, et mon tuteur se moquerait de moi.

Oh ! cela est bien plaisant ; je suis tout comme vous : malgré mes plaidoyers pour Montaigne, je ne saurais le lire ; mais en m'ennuyant, je souscris à tout ce qu'il dit. Pour M. Marmontel, vous le définissez à merveille ; enfin vos lettres sont la traduction de mes pensées : vous les éclaircissez, vous les rendez avec vérité et énergie, tandis que je ne fais que les annoncer, les bégayer.

LETTRE XXIV.

Paris, dimanche 8 mars 1767, à quatre heures du soir.

Je vous écris par M. de Fronsac (1) ; madame d'Aiguillon vint hier chez moi me demander si je n'avais rien à envoyer ; je lui dis que non ; je comptais alors vous écrire par la poste, ou ne vous point écrire en cas que je n'eusse point de vos nouvelles aujourd'hui : je vais envoyer cette lettre chez elle, et je la prierai, s'il en est encore temps, de la mettre dans le paquet qu'elle donne à M. de Fronsac, et si ce paquet est fermé, de recommander que M. de Fronsac envoie ma lettre directement chez vous.

(1) Le duc de Fronsac, fils aîné du duc de Richelieu. Il eut toutes les mauvaises qualités de son père, sans posséder aucune de celles qui pouvaient les faire pardonner.

Je suis devenue très-prudente, mon tuteur, et je n'ai pas la plus légère indiscrétion à me reprocher sur ce qui vous regarde. Je ne vous trouve point déraisonnable d'exiger une grande réserve : on est environné d'armes et d'ennemis, et ceux qu'on nomme amis sont ceux par qui on n'a pas à craindre d'être assassiné, mais qui laisseraient faire les assassins. C'est une réflexion que nous fîmes hier, la grand'maman et moi, non pas à l'occasion de vos affaires, car il n'en fut pas dit un mot, mais sur le monde en général.

Je soupai hier avec cette grand'maman, l'abbé Barthélemy, et un M. de Castellane : ce sont deux hommes avec qui l'on peut causer : nous ne proférâmes pas votre nom devant le Castellane ; mais quand il fut parti, je fis lire à la grand'maman l'article de votre lettre qui la regardait (dont j'avais retranché que vous m'aimiez cent fois plus qu'elle); elle en fut on ne peut pas plus contente.

Nous parlâmes ensuite d'une brochure nouvelle, qui a pour titre : *Le Château d'Otrante, par Horace Walpole* : elle n'en avait pas entendu parler, mais je l'avais déjà lue deux fois. J'aurais voulu qu'on eût supprimé la préface, qui est celle de la seconde édition : il y est dit que Shakspeare a beaucoup plus d'esprit que Voltaire : ce trait vous met à l'abri de la critique de Fréron, mais ne peut manquer de vous en attirer bien d'autres (1). Nous avons tenu conseil, la grand'maman, l'abbé Bar-

---

(1) H. Walpole, en réponse, dit : « On a donc traduit mon Château d'Otrante ; c'était apparemment pour me donner un ridicule : à la bonne heure ; tenez-vous au parti de n'en point parler ; laissez aller les critiques ; elles ne me fâcheront point ; je ne l'ai point écrit pour ce siècle-ci, qui ne veut que de la *raison froide*. Je vous avoue, ma petite, et vous m'en trouverez plus fou que jamais, que de tous mes ouvrages, c'est l'unique où je me sois plu ; j'ai laissé courir mon imagination ; les visions et les passions m'échauffaient. Je l'ai fait en dépit des règles, des critiques et des philosophes : et il me semble qu'il n'en vaille que mieux. Je suis même persuadé que dans quelque temps d'ici, quand le goût reprendra sa place, que la philosophie occupe, mon pauvre Château trouvera des admirateurs : il en a actuellement chez nous ; j'en viens de don-

thélemy et moi, car nous sommes tous trois votre ministère, et nous conduisons fort bien vos affaires. Nous avons donc conclu qu'il ne fallait rien dire sur cette brochure, ni la louer ni la blâmer; et surtout qu'il ne fallait pas employer la police pour interdire la critique. Vous pouvez compter sur quatre amis fort prudents et fort zélés, nous trois, et j'y ajoute madame de Jonsac ; je pourrais y ajouter aussi l'ami Pont-de-Veyle, car il vous aime fort. Ce sont les brochures sur J.-Jacques et M. Hume, qui m'ont fait connaître leurs sentiments pour vous, car *sur la chose publique* je suis aussi muette que je suis aveugle. M. de Choiseul, en rentrant, monta chez la grand'-maman. Je suis parfaitement bien avec lui : il ne cesse de dire du bien de moi, mais il me trouve, dit-il, devenue trop circonspecte; j'en fis des plaisanteries avec lui. Pour lui, je le trouve tout aussi gai et tout aussi léger qu'il l'a jamais été. Quand il fut parti, je dis à la grand'maman que je ne pouvais pas désapprouver la sorte de crainte que vous aviez de faire connaissance avec lui ; elle me dit que j'avais tort, et l'abbé dit qu'il faudrait que vous vinssiez dîner avec lui à Paris; qu'il n'y avait jamais que deux ou trois personnes, et que vous y seriez fort à votre aise. Moi je ne le crois pas ; mais alors comme alors, nous en délibérerons. Pour ce qui me regarde, mon tuteur, je ne sais pas quel parti je prendrai ; aucun régime ne me réussit, et mes insomnies ne font qu'empirer. Je ne mange presque plus, et le seul bien que je tire de ma diète, c'est d'avoir moins de vapeurs, mais pas plus de sommeil : cela me fâche d'autant plus, que cela m'oblige à me lever fort tard :

ner la troisième édition. Ce que je viens de dire n'est pas pour mendier votre suffrage; je vous ai constamment dit que vous ne l'aimeriez pas; vos visions sont d'un genre différent. Je ne suis pas tout à fait fâché qu'on ait donné la seconde préface ; cependant la première répond mieux à la fiction ; j'ai voulu qu'elle passât pour ancienne, et presque tout le monde en fut la dupe. Je ne cherche pas querelle avec Voltaire; mais je dirai jusqu'à la mort que notre Shakspeare est mille piques au dessus. »

peut-être que d'ici à votre arrivée cela changera. J'y fais de mon mieux, et, je vous assure, par rapport à vous ; car sans vous je ne me soucierais guère de vivre : tout me choque, tout me déplaît, tout m'ennuie. J'ai eu un ami, M. Formont, pendant trente ans ; je l'ai perdu : j'ai aimé deux femmes passionnément ; l'une est morte, c'était madame de Flamarens ; l'autre est vivante, et a été infidèle, c'est madame de Rochefort. Le hasard m'a fait faire votre connaissance ; vous avez remplacé ces trois pertes, mais vous êtes un étranger, toujours à la veille de devenir notre ennemi : et puis l'Océan, vos affaires, et qui pis est, votre santé, nécessairement nous séparent. Cependant je suis bien aise de vous avoir connu ; c'est mourir tous les jours que de vivre sans aimer rien, et « plutôt souffrir que mourir » c'est la devise des hommes, dit la Fontaine.

Il serait obligeant de ne me pas laisser dans l'inquiétude sur tout ce qui vous regarde. Je n'exige rien ; je m'en rapporte à votre amitié.

Madame la Dauphine (1) a été administrée ce matin ; on ne croit pas qu'elle passe la semaine : elle ne sera regrettée que de quatre personnes, mesdames de Marsan et de Caumont, MM. de la Vauguyon et l'évêque de Verdun. — Elle brutalisa l'autre jour madame de Lauraguais, sa dame d'atours, qui dit à quelqu'un qui était auprès d'elle : *Cette princesse est si bonne qu'elle ne veut pas que sa mort soit un malheur pour personne.*

Adieu, mon bon ami ; adieu, mon tuteur ; venez le plus tôt que vous pourrez. Je crois que ce qui fait ma mauvaise santé, c'est que mon âme a trop de mouvement pour l'étui qui la renferme.

(1) Marie-Josephe de Saxe, seconde épouse du Dauphin, fils de Louis XV.

LETTRE XXV.

Dimanche, 26 avril 1767.

Vous faites beaucoup d'honneur aux *Scythes* (1) ; je trouve qu'ils ne valent pas la critique : cet ouvrage est d'un commençant qui n'annoncerait aucun talent ni génie. Ces Scythes sont des paysans de Chaillot ou de Vaugirard ; les Persans, des gens de fortune devenus gentilshommes ; la Zobéide est une assez honnête fille, dont l'âme n'a pas un grand mouvement, et à qui l'obéissance ne coûte guère : elle se tue parce qu'il faut faire une fin.

Je ne vous aurais jamais envoyé *la Guerre de Genève*. C'est un rabachage de *la Pucelle :* vous n'avez apparemment vu que le premier chant ; il n'y a point de second, mais il y en a un troisième qui est encore au-dessous du premier.

Je vais entendre tout à l'heure la comédie de Henri IV (2), chez madame de Villeroi ; je vous en rendrai compte dans ma première lettre.

Je soupai hier chez votre ambassadeur (3) : il lui manqua sept personnes que M. le prince de Conti avait retenues à l'Ile-Adam, d'où il revient aujourd'hui : nous n'étions que neuf. Madame l'ambassadrice était dans son lit avec la fièvre. Ces neuf étaient mesdames de la Vallière, de Forcalquier, la vicomtesse de Narbonne et moi ; le maître de la maison, les ambassadeurs de Sardaigne et de Venise, M. de Lauzun et monsieur votre neveu (4). Je l'ai prié à souper pour d'aujourd'hui en huit : l'ambassadeur l'aime, et le traite comme son fils.

(1) Tragédie de Voltaire.
(2) *La Partie de Chasse de Henri IV*, par Collé.
(3) Lord Rochford.
(4) Fils d'Édouard Walpole, qui mourut bientôt après.

Ce que vous me dites de vos affaires ne m'éclaircit pas beaucoup plus que ce que j'en apprends dans les gazettes ; mais heureusement il n'est pas nécessaire que j'en sache davantage. Il ne se passe rien ici qui puisse vous intéresser ; mais c'est une espèce d'événement pour nous, que l'appartement à Versailles de feu madame la Dauphine, qui était vacant depuis sa mort, et qui précédemment avait été à madame de Pompadour, vient d'être donné à madame Victoire(1) : il ne reste plus à attendre que le voyage de Marly, qui sera pour le 7. Nous verrons ce qu'il produira : j'en attends l'issue sans aucune impatience(2).

La grand'maman part de demain en huit pour Chanteloup : elle est transportée de joie. Je ne crois pas en effet que sa métaphysique soit semblable à celle de votre ambassadrice. Cette pauvre ambassadrice est abîmée de fluxions et d'ennui : son mari est assez aimable.

Je pourrai vous envoyer une épître d'un nommé la Harpe ; c'est un moine de la Trappe qui le fait écrire à l'abbé de Rancé, pour lui reprocher la folie de son institut. Il y a, à mon gré, de fort bonnes choses ; mais vous ne devez pas avoir le temps de lire, et je ne conçois pas que vous en ayez trouvé pour *les Scythes* et *Genève*. Votre parlement viendra à bout de vous. Si vous le jugez à propos, vous me donnerez de vos nouvelles.

Voulez-vous que je vous envoie la comédie d'*Henri IV* ?

(1) Une des filles de Louis XV.
(2) Madame du Deffand a certainement ici en vue quelques changements politiques qui devaient avoir lieu pendant le séjour du roi à Marly.

LETTRE XXVI.

Paris, dimanche 3 mai 1767.

Il faut commencer par répondre à votre lettre ; et puis après je vous dirai cent mille choses dont peut-être pas une ne vous intéressera, ni ne vous sera agréable ; car, sauf votre respect, il est assez difficile d'attraper ce qui peut vous plaire.

Votre parlement ne finira point, votre cousin (1) ne se déterminera à rien tant qu'il pourra rester dans l'indécision, et vous ne parviendrez point à justifier votre Richard III (2). Comment avez-vous formé un si étrange projet ? et comment se peut-il que vous vous en promettiez beaucoup d'amusement ? Oh ! votre tête est ineffable ; il n'y a que le cardinal de Luynes qui pourrait me l'expliquer, parce qu'il a le talent de faire entendre en un demi-quart d'heure ce que c'est que l'essence et l'existence de Dieu. Tout ce que je comprends, c'est que, grâce à toutes vos fantaisies, vous ne devez jamais vous ennuyer, et vous jouissez de l'avantage le plus grand qu'il y ait au monde. Si l'on me disait de choisir ce que je désire, de former un seul souhait, et qu'il me serait accordé, je dirais, sans hésiter, de ne jamais m'ennuyer ; mais s'il en fallait choisir les moyens, jamais je ne me déciderais. Nous ne sommes pas assez stables dans nos façons de penser pour pouvoir compter que telle ou

---

(1) Le général Conway.
(2) M. Walpole lui avait ainsi annoncé son intention.
« Dans ce moment même je voudrais me donner tout entier à la re-
« cherche d'un fait dans notre histoire qui m'intéresse infiniment, et que
« je n'ai pas le temps d'approfondir ; c'est le règne de notre Richard III,
« qu'on nous donne pour le plus abominable des hommes : un monument
« authentique de son sacre, que j'ai découvert, met extrêmement en doute
« l'assassinat de ses neveux. »

telle chose puisse nous rendre heureux; le vrai bonheur est d'être exempt d'ennui; tout ce qui en préserve est également bon. Gouverner un état ou jouer à la toupie, me paraît égal; mais c'est la pierre philosophale que de s'assurer de ne s'ennuyer jamais. Oh! mon Dieu, bien loin de cela, on doit être bien sûr qu'on s'ennuiera toujours. Mais je m'aperçois que je suis votre méthode quand vous parlez contre l'amitié : pour prouver qu'elle est dangereuse, vous faites éprouver combien elle l'est en effet : je fais de même en vous parlant de l'ennui Nous ne sommes pas sans inconvénient l'un pour l'autre, il en faut convenir.

Je ne suis point étonnée du bon accueil que vous a fait l'héréditaire(1), vous n'êtes point dans l'obscurité dont vous vous flattez; vous auriez plus de calme et moins d'inégalité, si en effet vous étiez un homme obscur : vous êtes envié, estimé, craint, recherché; je ne dirai point haï, parce qu'il faudrait ajouter *aimé :* ce mot est trop mal sonnant, trop indécent pour qu'une honnête femme puisse le prononcer et qu'un honnête homme puisse l'entendre.

Le M. de Surgères qui est mort n'est point le fils de madame de Surgères; il n'avait ce nom que parce qu'il en avait la

---

(1) Le duc de Brunswick, mort des suites des blessures reçues à la bataille de Jéna, alors prince héréditaire. M. Walpole a donné le récit suivant de la conduite de ce prince envers lui :

« Hier j'ai dîné avec vingt-trois personnes chez les Guerchy; j'y
« trouvai le prince héréditaire; c'était un peu incommode, ne lui ayant
« pas été présenté. Je priai M. de Guerchy de lui faire mes excuses; que
« l'année passée j'avais été en France; je prétextai une maladie; mon vi-
« sage et ma maigreur y donnaient un grand air de vérité. — Il me
« combla de politesses, me dit qu'il avait tant entendu parler de moi,
« qu'il avait eu la plus grande impatience de faire connaissance avec
« moi; enfin, tout s'est passé à merveille. Je mets ma prétendue re-
« nommée sur le compte de Paris; car assurément je ne joue pas un
« rôle fort brillant ici, et de jour en jour je cherche à me soustraire à
« la foule. Qu'a-t-on fait dans le grand monde quand on n'y a rien à
« faire ? »

terre; il s'appelait Pudion; il était je ne sais pas quoi dans la maison de M. le Dauphin. Voilà votre lettre répondue.

Je vous promis dans ma dernière lettre de vous rendre compte de la comédie d'*Henri IV*; la pièce ne vaut rien; le premier acte est exécrable, et m'ennuya à la mort: dans le second il y a deux scènes d'un paysan avec deux petites filles qui sont charmantes, et jamais on n'a si parfaitement bien joué que l'acteur qui faisait Lucas. Le troisième acte me fit un plaisir extrême, j'y pleurai de tout mon cœur; ce ne fut point des larmes douloureuses et amères, mais des larmes de plaisir et d'attendrissement. Lisez la pièce; madame Hervey l'a; c'est pourquoi je ne vous l'ai pas envoyée, et vous jugerez, qu'étant bien jouée, elle doit être fort touchante.

Les spectacles de madame de Villeroi sont finis, ou du moins suspendus: je n'y ai pas grand regret, parce que je ne me soucie de rien.

La grand'maman n'est pas encore partie, mais elle part demain à cinq heures du matin; elle fera ses soixante et deux lieues tout de suite, et couchera à Chanteloup, elle est transportée de joie du séjour qu'elle va y faire. Je la regrette; depuis quelque temps je l'ai beaucoup vue; elle croyait m'aimer, elle me le disait, et je lui répondais: Ma grand'maman, vous *savez* que vous m'aimez; mais vous ne le *sentez* pas. Je soupai hier au soir chez elle avec son mari, son oncle, M. de Thiers, l'abbé Barthélemy et madame de Choiseul-Betz (1); cette petite femme mit quelque gêne et quelque contrainte; cependant nous ne nous sommes séparés qu'à deux heures, et, à tout prendre, la soirée fut assez agréable.

(1) La comtesse de Choiseul, née Allemand Betz, mère de M. de Choiseul-Gouffier, longtemps ambassadeur de France à Constantinople, auteur du *Voyage Pittoresque de la Grèce*.

LETTRE XXVII.

Paris, dimanche 12 mai 1767.

Si j'ai donné dans le travers de chercher la pierre philosophale (1), je n'en rougirai point, et je ne m'en repentirai peut-être pas. Si ne pouvant trouver à faire de l'or, on est parvenu à trouver d'autres secrets, on n'a pas perdu son temps : il n'y a de recette contre l'ennui que l'exercice du corps, l'application de l'esprit, ou l'occupation du cœur ; c'est être automate que de se passer de tous les trois ; mais on le devient, ou du moins ont doit le devenir, quand on pousse sa carrière plus loin qu'il ne faudrait.

Bon Dieu, quelle différence de votre pays au nôtre ! Je serais tentée de vous envoyer le discours que l'abbé Chauvelin (2) a fait au parlement pour lui dénoncer la sanction pragmatique ; nos forcenés sont à la glace ; jamais ils ne perdent de vue la prétention du bel-esprit et du beau langage : l'on enragerait chez nous avec *urbanité ;* ce qu'on appelle aujourd'hui éloquence m'est devenu si odieux que j'y préférerais le langage des halles ; à force de rechercher l'esprit, on l'étouffe. Vous autres Anglais, vous ne vous soumettez à aucune règle, à aucune méthode ; vous laissez croître le génie sans le contraindre à prendre telle ou telle forme ; vous auriez tout l'esprit que vous avez, si personne n'en avait eu avant vous. Oh ! nous ne sommes pas comme cela ; nous avons des livres ; les uns sont l'art de penser ; d'autres l'art de parler, d'écrire, de comparer, de juger, etc., etc. Nous sommes les enfants de l'art : quelqu'un de parfaitement naturel chez nous devrait être montré à la

---

(1) D'espérer trouver un parfait ami.
(2) Conseiller au parlement de Paris.

foire; enfin ce serait un phénomène; mais il n'en paraîtra jamais.

Je fus avant-hier, vendredi, entendre mademoiselle Clairon dans *Bajazet* chez la duchesse de Villeroi; elle joua bien, mais elle ne cache pas assez son art; aussi on l'admire, mais elle ne touche pas; le reste des acteurs était affreux, et déshonora la pièce au point que je la trouvai très-mauvaise, et en effet elle pourrait bien ne pas valoir grand'chose; elle est certainement de mauvais goût, puisque le bon goût est ce qui approche de la nature, ou ce qui imite parfaitement ce qu'on veut représenter. Si vous saviez votre d'Urfé aussi bien que moi mon Scuderi, vous trouveriez que la scène de *Bajazet* devrait être au bord du Lignon, qu'Acomat est le grand Druide Adamas; Bajazet, Céladon; et Atalide, la bergère Astrée.

Quoi! vous avez le front d'être content du troisième chant de *la Guerre de Genève!* oh! cela me surprend bien. Je n'aurais jamais osé vous envoyer une telle rapsodie, de telles ordures, de pareilles infamies, qui ne sont sauvées par aucun trait d'esprit; je ne me mêle plus de ce qui vous regarde, sans quoi je vous aurais envoyé une épître d'un moine de la Trappe, où il y a à mon gré de grandes beautés; mais j'ai supprimé avec vous tous soins et toutes attentions, en ne faisant rien, en ne disant rien et même ne pensant rien (car il est à propos d'aller jusque-là), on évite de déplaire, on se procure de la tranquillité à soi-même, on ouvre les lettres qu'on reçoit sans crainte et sans terreur, on est sûr de n'y rien trouver qui choque; on s'en tient là, parce qu'à toute force on se passe de ce qui fait plaisir.

Je vous remercie de vos livres (1), j'en ferai la distribution.

---

(1) Quelques-uns des livres imprimés à Strawberry-Hill, que madame du Deffand avait demandés à M. Walpole pour M. l'abbé Barthélemy et M. de Pont-de-Veyle.

Quelle idée que votre Richard III! j'aurais passé cette fantaisie à notre abbé de Longuerue (1); mais votre tête, votre tête! ah! je ne dis pas ce que j'en pense.

LETTRE XXVIII.

Paris, samedi 23 mai 1767.

Vous voulez que j'espère vivre quatre-vingt-dix ans? Ah! bon Dieu, quelle maudite espérance! Ignorez-vous que je déteste la vie, que je me désole d'avoir tant vécu, et que je ne me console point d'être née? Je ne suis point faite pour ce monde-ci ; je ne sais pas s'il y en a un autre ; en cas que celui-ci soit, quel qu'il puisse être, je le crains; on ne peut-être en paix ni avec les autres, ni avec soi-même; on mécontente tout le monde : les uns, parce qu'ils croient qu'on ne les estime ni ne les aime pas assez, les autres par la raison contraire ; il faudrait se faire des sentiments à la guise de chacun, ou du moins les feindre, et c'est ce dont je ne suis pas capable; on vante la simplicité et le naturel, et on hait ceux qui le sont ; on connaît tout cela, et malgré tout cela on craint la mort, et pourquoi la craint-on? Ce n'est pas seulement par l'incertitude de l'avenir, c'est par une grande répugnance qu'on a pour sa destruction, que la raison ne saurait détruire. Ah! la raison, la raison! qu'est-ce que c'est que la raison? quel pouvoir a-t-

---

(2) L'abbé de Longuerue, l'un des plus savants hommes de son temps, a écrit un grand nombre d'ouvrages sur des points obscurs de l'histoire, auxquels madame du Deffand compare les doutes de M. Walpole sur l'histoire de Richard III. Sa conversation était pleine de saillies.

Un jour, les moines de l'abbaye du Jard lui ayant demandé le nom de son confesseur, il leur répondit : « Je vous le dirai, quand vous m'au-« rez dit qui était celui de notre père Saint-Augustin. »

C'est l'abbé de Longuerue qui disait des tragédies de Racine : « Qu'est-ce que cela prouve? »

elle? quand est-ce qu'elle parle? quand est-ce qu'on peut l'écouter? quel bien procure-t-elle? elle triomphe des passions? cela n'est pas vrai? et si elle arrêtait les mouvements de notre âme, elle serait cent fois plus contraire à notre bonheur que les passions ne peuvent l'être ; ce serait vivre pour sentir le néant, et le néant (dont je fais grand cas) n'est bon que parce qu'on ne le sent pas. Voilà de la métaphysique à quatre deniers, je vous en demande très-humblement pardon ; vous êtes en droit de me dire : contentez-vous de vous ennuyer, abstenez-vous d'ennuyer les autres. Oh! vous avez raison ; changeons de conversation.

Vous m'avez alarmée pour votre sourde (1) ; mais je ne sais pas quel est le mal Saint-Antoine ; je l'ai demandé (non pas encore à un médecin), et l'on m'a dit que c'était une manière de peste ; s'il est vrai, cela doit être contagieux, je suis ravie qu'elle soit guérie. Je le suis aussi, quoique j'aie toujours des insomnies, et passablement de vapeurs ; mais je m'y accoutume.

J'ai reçu avant-hier une lettre de Voltaire ; je serais assez tentée de vous l'envoyer ; elle vaut mieux que son poëme de Genève ; mais je me contenterai de vous en transcrire un article ; il me fait l'éloge de la Czarine : « Je suis, dit-il, son cheva-
« lier envers et contre tous. Je sais bien qu'on lui reproche quel-
« ques bagatelles au sujet de son mari, mais ce sont des affaires
« de famille dont je ne me mêle point ; et d'ailleurs, il n'est pas
« mal qu'on ait une faute à réparer, cela engage à faire de
« grands efforts pour forcer le public à l'estime et à l'admira-
« tion. » Il joint à sa lettre un petit imprimé sur les panégyriques, plein d'éloge de cette Catherine.

Jean-Jacques est un grand fou ; il vous donne quelques remords ; je le comprends aisément : on doit éviter de faire le malheur de personne, mais surtout de ceux qui nous estiment

(1) Henriette Hobart, comtesse douairière de Suffolk.

et nous aiment. Je ne sais ce que c'est que mon bon mot : hors celui de saint Denis, je ne sache pas en avoir jamais dit.

LETTRE XXIX.

Paris, dimanche 31 mai 1767.

Rien dans le monde ne peut me procurer de sommeil; et quoique vous l'espériez, vos lettres n'auront point cette gloire; elles me font beaucoup de plaisir, mais elles me laissent comme elles me trouvent; c'est l'effet que vous en désirez, et j'ose me flatter d'être très-conforme en tout point à ce que vous souhaitez que je sois, que je reconnais être très-raisonnable, et qui sera, je vous le jure, un état permanent.

L'histoire de Jean-Jacques est admirable (1); elle n'a pas fait grande sensation sur tous les gens que j'ai vus : il est si décidé fou, que personne n'oserait chercher quelque ombre de bon sens dans tout ce qu'il a jamais fait : il m'est revenu que l'idole (2) est la première à raconter toutes ses folies; pour le prince (3), qui pousse les principes encore plus loin, il persévère à n'en pas dire un mot.

Je ne puis vous dire à quel point je suis étonnée des éloges que vous faites du poëme de Genève; si j'étais à portée de le lire avec vous, je ne vous laisserais point de repos que vous ne me fissiez comprendre et sentir ce que vous trouvez de si char-

---

(1) C'était sa fuite de la maison de M. Davenport, dans le Derbyshire, sans en avoir prévenu, et en laissant une lettre pleine d'injures pour son hôte obligeant.
(2) Elle (la comtesse de Boufflers) avait été un peu de ses plus grands admirateurs.
(3) De Conti. Le prince de Conti (Louis-François de Bourbon), quatrième descendant du frère du Grand-Condé.

mant et de si spirituel. J'aurais pu vous envoyer, par M. votre neveu, une épître d'un nommé La Harpe, où il y a des choses qui me plaisent infiniment (1). Je pourrais charger le chevalier de Barfort, qui part demain avec madame de Chabot, de la lettre que j'ai reçue de Voltaire, et d'un écrit sur les panégyriques qu'il m'a envoyés, et aussi du dernier mémoire de la Chalotais; mais je crois plus à propos de supprimer toute espèce de soins et d'attentions, de conformer ma conduite à la vôtre, en ne chargeant point les gens de mon pays de vous parler de moi, comme vous ne chargez point ceux qui reviennent du vôtre de me parler de vous; enfin, enfin, jamais prédicateurs, ni chez vous ni chez nous ne peuvent se vanter d'avoir fait une plus belle conversion, je n'y trouve de fâcheux que la honte et les remords qui restent. Oh! les justes doivent être bien plus heureux que les pécheurs pénitents.

Je n'aime point les arrangements que vous prévoyez; je voudrais que votre cousin ne quittât point sa place (2), je le désirerais pour lui, et encore plus pour vous; on a plus besoin d'occupations que vous ne pensez, et celles qu'on recherche ne nous garantissent pas si certainement de l'ennui que celles qui nous viennent chercher. Votre Richard III ne suppléera point à l'occuption que vous donnent les affaires : peut-être me trompé-je, mais je suis comme le jardinier dans la comédie de l'*Esprit de Contradiction*, je juge le monde et les hommes par mon jardin. Votre scène avec votre Irlandaise est charmante, elle m'aurait bien divertie (3): j'aime à la folie à voir

(1) L'épître d'un moine de la Trappe à l'abbé de Rancé.
(2) Le général Conway, qui était ministre des affaires étrangères.
(3) M. Walpole l'avait décrite comme il suit : « Après dîner, ma comédienne (madame Clive) m'a proposé de passer chez elle. J'y ai trouvé un de mes neveux (feu M. Robert Cholmondeley) et sa femme, qui a de l'esprit; une autre femme (madame Griffiths) qui a fait des comédies, et qui est très-précieuse; et une jeune et jolie Irlandaise (madame Balfour), sauvage comme une Iroquoise, parlant sans cesse par bonté de cœur, et avec le patois le plus marqué qu'il est possible; les autres riaient à gorge

bien contrefaire ; c'est un talent qu'a d'Alembert, et qui fait que je le regrette (1). Je dois souper mercredi chez Montigny (2), ils m'ont offert de prier mademoiselle Clairon ; je l'ai accepté. Je rêve à ce que je lui demanderai de réciter ; ce pourra bien être le songe d'Athalie, et peut-être le rôle de Viriate dans *Sertorius*, qu'on dit être son triomphe. Je vous rendrai compte d'aujourd'hui en huit de ce que j'aurai entendu. Vous ne me parlez point de votre sourde ; se porte-t-elle bien ?

Madame de Peire est morte ce matin à sept heures et demie ; elle envoya, il y a deux jours, son perroquet à madame de la Vallière, et son catacoa à madame d'Aiguillon : ces dames étaient ses amies intimes, mais les perroquets les consoleront. Madame d'Aiguillon la jeune est arrivée hier à Paris; son mari est encore en Bretagne, en horreur à toute province.

Ma correspondance avec la grand'maman est assez vive; mais elle aura demain son mari : il y restera jusqu'à jeudi. Je vois avec plaisir qu'elle est heureuse ; elle a de la raison et de la

déployée, et la pauvre petite créature était charmée qu'on la trouvât si aimable. Moi, je souffrais mort et passion, j'étouffais de rire, je craignais de la choquer, et je trouvais malhonnête que la compagnie en usât de la sorte. Elle caressait mon chien, demandait son nom, le prononçait de la manière la plus gauche, me contait les visites qu'on lui avait rendues sur son mariage; enfin, elle était si naturelle, si naïve, et si franche, et se servait d'exclamations si burlesques, que je restais immobile, ne sachant si je devais l'aimer ou la croire une imbécile. Tout d'un coup ma nièce (madame Cholmondeley) a crié : Allons, madame, quittons ce personnage. — Non de mes jours je n'ai jamais été si surpris ; c'était une dame très-bien née, très-polie, et qui a les manières les plus comme il faut. Il est vrai qu'elle était née en Irlande, mais elle n'en a pas le moindre accent. C'était une scène qu'on avait ménagée pour me divertir, et j'en ai été si parfaitement la dupe, que tous les éclats de la compagnie ne m'avaient pas dessillé les yeux. »

(1) Elle avait cessé de voir d'Alembert depuis la querelle qu'elle avait eue avec mademoiselle de Lespinasse et leur séparation.

(2) M. de Montigny-Trudaine, qui avait succédé à son père, M. de Trudaine, dans sa place d'intendant des finances.

jeunesse, et il en résulte de la force et du courage. Sa santé est bonne ; l'abbé Barthélemy lui est véritablement attaché ; et c'est un homme tel qu'il le faut pour une compagnie journalière ; elle a aussi Gatti, et un M. de Castellane dont elle fait plus de cas qu'il ne mérite : elle ne reviendra que pour Compiègne, c'est-à-dire les premiers jours de juillet.

On dit que votre ambassadeur partira à la fin de cette semaine pour Londres ; il y a huit jours que je n'ai entendu parler d'eux ; c'est madame de Forcalquier qui est leur favorite ; elle fait des petits soupers fins chez eux, et elle leur trouve prodigieusement d'esprit. Monsieur votre neveu était aussi fort empressé pour elle ; je ne sais si j'aurai leurs excellences ce soir : je les ai priées pour mes dimanches une fois pour toutes.

Le prince, l'idole, et toute leur clique reviennent aujourd'hui de l'Ile-Adam ; le prince, sa belle-fille (1) et l'idole partiront le 20 de juin pour les eaux de Pougues, où ils resteront tout le mois de juillet ; la cour partira le 7 de juillet pour Compiègne, où elle restera jusqu'au 29 août. Vous ne me parlez point de vos Patagons, que la gazette dit être arrivés en Angleterre.

LETTRE XXX.

Paris, samedi 6 juin 1767, à 3 heures après midi.

Votre lettre, du 30 et du 2, que je reçois dans le moment n'a pour ainsi dire point interrompu la lecture que je fais depuis cinq ou six jours : elle m'en a semblé la continuation ; ce sont les *Lettres de Pline*. Je me proposais de vous en beaucoup parler, mais je les laisse là, aimant bien mieux parler de la vôtre. Je suis cependant bien peu en état aujourd'hui d'écrire

(1) La comtesse de la Marche, née princesse de Modène, mariée au fils unique du prince de Conti.

et de penser; mon âme, tout immortelle qu'elle est, est terriblement soumise à son enveloppe, et j'aurais bien du penchant à ne l'en pas distinguer ; mais je n'ai sur cela aucun système, et j'approuve extrêmement votre opinion sur vos réflexions et les conséquences que vous tirez (1) ; ce sujet entrera dans nos conversations. Soyez bien sûr que tout ce que vous pourrez me conter m'intéressera ; vous serez plutôt fatigué de mes questions que je ne le serai de vos histoires : osez-vous craindre de mettre ma patience à bout après les épreuves où vous l'avez mise? Pouvez-vous ignorer? mais... je me tais.

Soyez certain que je n'ai point l'intention de vous picoter, ni de vous faire aucun reproche. Il y a trop de malentendu entre nous : et rien n'est plus nécessaire pour constater à tout jamais notre amitié, que de nous entretenir avec la plus parfaite confiance; vous valez mille fois mieux que moi, et loin que je prétende m'humilier par cet aveu, ma vanité y trouve son compte, parce que tout de suite je crois que je suis la seule personne digne de vous avoir pour ami et d'être le vôtre. Je vous dirai toutes vos vérités, c'est-à-dire tout ce que je pense de vous; vous me rendrez la pareille, et nous ne nous tromperons ni l'un ni l'autre. Votre âme est plus ferme que la mienne ; mais la mienne est moins variable que la vôtre : mais c'est assez parler de votre valeur intrinsèque.

Vous me demandez mon mot de Saint-Denis; cela est bien plat à raconter, mais vous le voulez.

M. le cardinal de Polignac (2), beau diseur, grand conteur, et d'une excessive crédulité, parlait de saint Denis, et disait que

---

(1) Voici comment M. Walpole s'était exprimé : « Je crois une vie future; Dieu a tant fait de bon et de beau, qu'on devrait se fier à lui sur le reste. Il ne faut pas avoir le dessein de l'offenser. La vertu doit lui plaire; donc il faut être vertueux. Mais notre nature ne comporte pas la perfection. Dieu ne demandera donc pas une perfection qui n'est pas naturelle. Voilà ma croyance; elle est fort simple et fort courte. Je crains peu, parce que je ne sers pas un tyran. »

(2) L'auteur de l'anti-Lucrèce.

quand il eut la tête coupée, il la prit et la porta entre ses mains. Tout le monde sait cela ; mais tout le monde ne sait pas qu'ayant été martyrisé sur la montagne de Montmartre, il porta sa tête de Montmartre à Saint-Denis, ce qui fait l'espace de deux grandes lieues.... Ah! lui dis-je, Monseigneur, je crois que dans une telle situation, *il n'y a que le premier pas qui coûte.*

Cela est conté à faire horreur, je ne sais rien faire de commande, et je suis bien loin dans ce moment-ci d'avoir de la facilité.

LETTRE XXXI.

Paris, dimanche 5 juillet 1767, à dix heures du matin.

Vous n'étiez pas dans la plus agréable disposition le 29 et le 30, qui sont les dates de votre dernière lettre. Ce n'est pas que je m'en plaigne, elle est froidement honnête, et vous ne m'y grondez plus, ainsi je n'ai rien à dire ; mais je voudrais savoir si je suis enfin parvenue à vous contenter, et si je suis parfaitement corrigée de tout ce qui vous déplaisait. Ce qui me fait craindre que cela ne soit pas, c'est que je crois entrevoir que votre séjour ici vous inquiète, et que la complaisance qui vous y amène vous coûte beaucoup ; mais, mon tuteur, songez au plaisir que vous me ferez, quelle sera ma reconnaissance. Je ne vous dirai point combien cette visite m'est nécessaire : vous jugerez par vous-même si je vous en ai imposé sur rien, et si vous pourrez jamais vous repentir des marques d'amitié que vous m'avez données. Vous faites une récapitulation des personnes que vous pourrez voir, vous n'aurez d'embarras que le choix, et le choix sera extrêmement libre. Vous avez beau me dire que vous ne viendrez ici que pour moi, je ne m'en souviendrai que pour vous en être obligée, et non pas pour exiger de vous de me voir un quart-d'heure de plus qu'il ne vous conviendra. Vous vivrez avec mes connaissances, si cela vous convient; avec les Rochefort (1), Maurepas (2) et d'Egmont (3), si cela vous est plus agréable; enfin, je resterai tranquille dans ma cellule; vous m'y viendrez trouver quand vous voudrez; et jamais vous n'entendrez ni plaintes, ni reproches, ni raisonnements, ni sentiments, ni romans; nous dirons un jour le diable de la jeunesse, le lendemain nous trouverons qu'il n'y a qu'elle d'aimable; mais je persisterai toujours à vous dire que vous ne devez pas craindre la grand'maman, qu'elle a un goût infini pour vous, et que vous serez ingrat si vous ne lui marquez pas de l'empressement et de l'amitié. Elle est aujourd'hui la seule personne qui en soit digne; elle est revenue mercredi de Chanteloup, je l'ai vue tous les jours. Avant-hier, je soupai chez elle avec la petite Lauzun et l'abbé Barthélemy; nous n'étions que nous quatre; vous fûtes regretté; elle a retenu la phrase de votre lettre sur la Czarine, où vous me dites positivement les mêmes choses qu'elle m'en avait écrit, elle l'a retenue mot pour mot. Je m'étais malheureusement engagée hier à souper chez madame de Forcalquier, laquelle, par parenthèse, s'est réchauffée pour moi; la grand'maman (4) m'envoya prier de la part de son époux de venir souper chez elle, je ne pus accepter, mais j'y fus à minuit; le ministre me demanda quand vous viendriez, et j'eus le chagrin de répondre que je n'en savais rien. La grand'maman partira jeudi ou vendredi pour Compiègne. L'idole (5) et son temple sont aux eaux jusqu'à la fin du mois; la

(1) La comtesse de Rochefort née Brancas. Sa conduite fut aussi pure que son esprit était élevé. Le duc de Nivernois fut un de ses plus grands admirateurs.

(2) Le comte de Maurepas, alors ex-ministre. Il reprit le ministere après l'avénement de Louis XVI.

(3) La comtesse d'Egmont, fille du duc de Richelieu. C'était une des plus belles femmes de son temps, l'une de celles à qui Rousseau lut ses Confessions, et la seule, dit-il, qui, à cette lecture, parut émue et tressaillit visiblement.

(4) La duchesse de Choiseul.

(5) La duchesse de Boufflers.

madame de Luxembourg partira samedi pour une campagne où elle sera douze ou quinze jours; les Mirepoix, les Beauvau iront à Compiègne le 15, où ils resteront tout le voyage, qui sera jusqu'au 26 d'août; vos ambassadeurs iront dans le même temps, ainsi que tous les étrangers que je vois : il ne me restera que madame d'Aiguillon (qui est tantôt à Ruel, tantôt à Paris, et avec qui je suis fort bien), de la Vallière, de Forcalquier, de Crussol, etc., et puis la maison du président, que madame de Jonsac me rend très-agréable. Voilà, mon tuteur, l'état des choses; je me flatte que vous ne vous ennuierez point. Je dois vous prévenir que vous me trouverez très-près de la décrépitude; cela ne devra point vous surprendre ni vous fâcher : je n'en suis pas de plus mauvaise humeur, je me soumets paisiblement, et avec assez de courage, aux malheurs qu'on ne peut éviter, et j'aurais bien du plaisir à pouvoir vous dire un vers de Voltaire sur l'amitié :

> Change en bien tous les maux où le ciel m'a soumis.

A propos de Voltaire, je vous garde sa lettre et ma réponse dont la grand'maman a été très-contente; il n'y a point répliqué, et c'est ce qui m'étonne.

Mon Dieu, que nous aurons de sujets de conversation! nous n'aurons pas besoin de recourir à la métaphysique; je vous accablerai de questions, et je compte bien me mettre au fait de ce qui me regarde et vous intéresse : notre commerce en deviendra par la suite beaucoup plus agréable et intelligible. Tenez, mon tuteur, je ne puis pas m'empêcher de vous le dire, j'ai de l'amitié pour vous, et votre excessive franchise est ce qui m'attache le plus. Je ne vous suis bonne à rien, je dois passer le reste de ma vie loin de vous, mais ce m'est une consolation de savoir qu'il existe une personne qui mérite l'estime et qui en a pour moi. Vous me pardonnez bien cette petite douceur, elle n'excède point ce qui est d'usage pour tout le monde, il n'y a de différence que de la vérité au compliment.

Je finis, parce que je ne veux pas fatiguer plus longtemps mon secrétaire ; il n'est rentré dans ses fonctions que d'aujourd'hui ; il a été très-malade, et m'a causé des inquiétudes mortelles.

Adieu, mon tuteur, que je n'aie rien à combattre avec vous, n'ayez nulle espèce de défiance de moi, exceptez-moi, s'il se peut, des règles que vous vous êtes prescrites, n'ajoutez point volontairement de la froideur à l'indifférence.

A trois heures après midi.

J'ai laissé reposer Wiard, je reprends ma lettre. Le ministre (1) me dit hier que rien n'était plus étonnant qu'on eût donné une pension à Jean-Jacques ; qu'on n'avait point d'argent à jeter par les fenêtres ; à la sollicitation de qui ? en vertu de quoi ? que cela n'avait pas de bons sens. Effectivement je trouve ses réflexions justes (2) : nous ne donnerions point ici une pension à un banni de chez vous ; mais on dit que cette pension ne sera pas payée, non par mauvaise volonté, mais par impossibilité. Je vous conseille de ne vous en pas mettre en peine, vos réparations vont bien par delà vos torts.

Je m'aperçois que je n'ai point répondu à l'article principal de votre lettre, votre *plaidoyer pour la jeunesse* (3). Il est vrai pour l'ordinaire que la jeunesse n'est pas corrompue, que ses fautes sont moins criminelles, parce qu'elles ne sont pas ré-

---

(1) Le duc de Choiseul.
(2) A la sollicitation de Walpole le gouvernement anglais avait accordé une pension à J.-J. Rousseau.
(3) M. Walpole avait dit : « On veut imposer quand on cesse de plaire ;
« et quand on est à l'âge de plaire, assurément on ne s'avise pas
« de plaire par la sagesse. La jeunesse, qu'on prétend ne rien savoir,
« sait son intérêt sur cet article essentiel. Ah ! ma petite, passé vingt-cinq
« ans, que vaut tout le reste ? La science, le pouvoir, l'ambition, l'a-
« varice, la gloire, les talents, ne troqueraient-ils pas leurs grandes pos-
« sessions contre les folies et la gaieté, contre les défauts même de la
« jeunesse ? »

fléchies, ni de propos délibéré; les agréments de la figure lui tiennent lieu de bons sens et d'esprit; mais toutes les liaisons qu'on peut former avec la jeunesse ne tiennent qu'aux sens, et c'est peut-être tout ce qu'il y a de réel pour bien des gens; et je crois avoir remarqué, sans me tromper, que ceux qui dans leur jeunesse n'ont eu que des affections de ce genre, perdent toute existence dans leur vieillesse; ils ne tiennent à rien, et leur âme est pour ainsi dire dans un désert, quoiqu'ils soient environnés de connaissances, de parents et d'amis. Je plains ces gens là; ce n'est pas leur faute : nous sommes tels que la nature nous a faits; on peut, *peut-être* (et c'est un peut-être), régler sa conduite, mais non pas changer ses sentiments ni son caractère.

Je n'ai pas bien entendu ce que vous me dites sur la grand-maman; elle a toute la vérité et la naïveté de la première jeunesse, mais elle y joint les réflexions de l'expérience : elle est vieille, elle est jeune, elle est enfant; je serais bien étonnée si en la voyant un peu souvent, vous ne vous en accommodiez pas extrêmement.

J'aime cent mille fois mieux César qu'Alexandre : la folie ne me fera jamais excuser les crimes, surtout quand ils sont produits par un orgueil infernal; enfin, quelque soumission que je me sente entraînée à avoir pour toutes vos pensées, je ne suis point de votre avis sur bien des points de votre lettre.

J'en reçois une dans ce moment de Pont-de-Veyle, qui est avec le prince (1). L'idole lui a débité toutes les nouvelles de votre pays; que M. Pitt est devenu imbécile; que M. de Bedford prend le dessus, que les affaires sont plus embrouillées que jamais, ce qui retardera la fin du parlement, et que M. Conway sera bien traité. Ce pauvre Pont-de-Veyle ! je suis fâchée qu'il ait fait un pacte avec ces gens là; mais c'est la crainte de l'ennui qui l'y a déterminé; je l'aime beaucoup ce Pont-de-Veyle, il

---

(1) M. de Conti, aux eaux de Pougues.

m'a toujours été fidèle, et c'est peut-être la seule personne dont je n'aie jamais eu occasion de me plaindre; nous nous connaissions il y a cinquante ans, avant que vous fussiez au monde. A propos de cinquante ans, il y a à peu près ce temps là que j'ai été mariée; il était dans l'ordre des choses possibles que vous eussiez été mon fils : j'ai bien du regret que cela ne soit pas.

Adieu; Wiart n'est pas en état d'écrire plus longtemps des balivernes, j'ai d'autres lettres à écrire, je vais changer de secrétaire. Wiart ne *saute que pour vous*.

LETTRE XXXII.

Lundi, 3 août 1767, à 7 heures du matin.

Votre pauvre sourde (1)! Ah! mon dieu, que j'en suis fâchée, c'est une véritable perte et je la partage. J'aimais qu'elle vécût, j'aimais son amitié pour vous, j'aimais votre attachement pour elle, tout cela, ce me semble, m'était bon. Il n'en est pas de même du cousinage (2); je trouve qu'il m'est bien contraire; c'est lui qui vous met tout à travers les choux; sans lui, qu'auriez-vous été faire dans cette galère? Votre Strawberry-Hill, suivant ce que vous dites vous-même, vous aurait suffi; mais vous êtes devenu politique, ambitieux, pour vos cousins, sans y avoir aucun intérêt personnel, et ce qui est ineffable, sans une amitié fort tendre, si l'on vous en croit. Oh! vous aurez bien des choses à m'apprendre; mais la première, et dont je suis la plus curieuse, ce sera de me définir votre caractère, car je veux mourir si j'y comprends rien; je ne saurais douter de votre sincérité, et j'y ai autant de foi qu'à la mienne, cependant, comment accorder vos contradictions? Votre expérience vous a amené à mé-

(1) Henriette-Hobart, comtesse douairière de Suffolk, qui mourut à Marble-Hill, le 24 juillet 1767.
(2) Elle parle ici du général Conway et de sa famille.

priser tous les hommes, vous fait détester l'amitié, vous a rendu insensible; et en même temps vous sacrifiez votre santé, votre tranquillité, votre vie aux intérêts de ceux dont vous ne vous souciez point! Ah! convenez que cela est incompréhensible. Votre conduite avec moi est bien plus intelligible, malgré toutes ses contradictions apparentes; aussi sais-je bien à quoi m'en tenir et je ne vous demanderai jamais d'éclaircissements sur cet article; je sais pourquoi je vous suis attachée : ni le temps, ni l'absence, ni vos variations ne me feront jamais changer pour vous; vous êtes sincère et bon, vous êtes variable mais constant, vous êtes dur mais sensible, oui sensible, et très-sensible, quoi que vous puissiez dire, vous êtes noble et fier, généreux, humain; hé bien! n'est-ce pas assez pour que vous puissiez être impunément fantasque, bizarre et quelquefois un peu fou? ce portrait vous plaît-il plus que l'autre?

Vous avez, dites-vous, relu mes lettres. Ah! c'est à quoi je ne me serais pas attendue; je n'aurais jamais imaginé que ce qui vous a été si ennuyeux en détail, eût pu vous plaire en total; mais il faut que ce soit comme les aliments : ils ne sont ni bons ni mauvais par eux-mêmes, et ils ne font du bien ou du mal que suivant la disposition où l'on est.

J'aime vos lettres à la folie, mais je me garde bien de les relire; il y a des nuances si différentes, qu'elles forment des époques; mais laissons tout cela, je ne vous ai que trop parlé de vous et de moi : parlons de votre duc d'York (1).

J'avais peur qu'on ne le critiquât, qu'on ne se moquât de lui; on n'en est point charmé, comme on l'a été du prince héréditaire, mais on n'en dit point de mal : il se conduisit fort bien avec le roi; on en rapporte seulement quelques ingénuités, celle-ci par exemple : on lui nomma mesdames de Choiseul, de Grammont, de Mirepoix, de Beauvau et de Châteaurenaud (celle-ci a soixante-sept ou soixante-huit ans); on lui dit

(1) Édouard duc d'Yorck, frère de George III.

que c'étaient les dames du roi ; il comprit que c'étaient ses maîtresses ; il approuva madame de Choiseul, ne désapprouva pas mesdames de Grammont et de Beauvau, toléra même madame de Mirepoix ; mais pour madame de Châteaurenaud, il avoua qu'il ne pouvait le comprendre ; cela a beaucoup fait rire.

Le prince de Ligne n'est point le beau-fils de la princesse de Ligne du Luxembourg, c'est son cousin ; il est de ma connaissance, je le vois quelquefois ; il est doux, poli, bon enfant, un peu fou ; il voudrait, je crois, ressembler au chevalier de Boufflers, mais il n'a pas, à beaucoup près, autant d'esprit ; il est son Gilles (1).

Vous aurez à Londres, le 12 ou le 13 de ce mois, un homme de mes amis, c'est M. Poissonnier (2) ; il est médecin, il dessale l'eau de mer, il a été en Russie ; je l'ai chargé d'un livre pour vous ; ce sont des lettres du président de Montesquieu (3) ; celui à qui elles s'adressent les a fait imprimer par fatuité, mais quoique ces lettres ne fussent pas faites pour soutenir l'impression, elles ne m'ont pas ennuyée, et la célébrité de l'auteur leur donne quelque valeur.

---

(1) Madame de Staël a publié, en 1809, un volume de *Lettres et pensées* qui n'est qu'un extrait des très-nombreux ouvrages écrits par le prince de Ligne.

(2) Voltaire en parle dans sa correspondance. Il trouva le secret de rendre potable l'eau de mer.

(3) *Lettres familières du président de Montesquieu, baron de Brède, à divers amis de l'Italie.* Voici ce que M. Walpole en dit dans sa réponse à Madame du Deffand : « Les lettres sont écrites avec gentillesse, « et voilà tout. »

LETTRE XXXIII.

Dimanche, 23 août 1767, à 7 heures du matin.

Enfin, enfin, il n'y a plus de mer qui nous sépare ; j'ai l'espérance de vous voir dès aujourd'hui (1) ; j'aurais été certainement tête-à-tête sans vos variations ; mais comptant que vous partiriez le lundi 17, et que vous arriveriez le jeudi 20, je n'avais point contremandé mon dimanche, et j'avais seulement eu soin de n'avoir que vos plus particulières connaissances, excepté madame de Villeroi, qui était engagée quinze jours d'avance, et j'avais prié mademoiselle Clairon ; je l'aurai donc aujourd'hui à sept heures ; les spectateurs seront mesdames de Villeroi, d'Aiguillon, de Chabrillant, de la Vallière, de Forcalquier, de Montigny. Les hommes, de Sault, et Pont-de-Veyle, le président et madame de Jonsac, qui ne resteront point à souper.

J'ai fait prier, hier, madame Simonetti (2) d'envoyer chez moi au moment de votre arrivée ; si vous voulez venir chez moi, comme je l'espère, vous aurez sur-le-champ mon carrosse ; mais si, comme je le crains, vous voulez rester chez vous, je vous enverrai à souper, du riz, un poulet, des œufs frais, en un mot ce qui vous conviendra.

Je me flatte que demain vous dînerez et souperez avec moi tête-à-tête ; nous en aurons bien à dire. Je suis comblée de joie : mais j'ai en même temps une peur terrible ; attendez-vous à me trouver bien bâton rompu.

(1) M. Walpole arriva à Paris le 23 août 1767, il en partit le 9 octobre suivant.

(2) Madame Simonetti tenait l'hôtel garni du Parc-Royal, rue du Colombier, où M. Walpole logeait ordinairement pendant ses séjours à Paris.

Sans cette maudite compagnie que j'ai si sottement rassemblée et qui, comme je vous l'ai dit, doit arriver à sept heures, vous m'auriez trouvée chez vous à la descente de votre chaise ; cela vous aurait fort déplu, mais je m'en serais moquée.

Allons, mon tuteur, si vous n'êtes pas las à mourir, venez souper chez moi, ou du moins venez me voir un moment. Mais, bon ! qu'est-ce que je dis, vous n'arriverez point aujourd'hui ; j'ai calculé les postes, et si vous avez couché à Arras, vous aurez quarante et une lieues à faire. Enfin, si vous arrivez, et que vous ne vouliez pas me voir aujourd'hui, que j'aie du moins de vos nouvelles avant de me coucher. Mandez-moi ce que vous voulez pour votre dîner de demain, et quelle est votre heure.

Vous trouverez chez vous tous vos charmants bijoux *Julienne*(1), et un misérable petit déjeuner, une petite jatte, et un petit pot au lait pour votre usage journalier, et aussi pour moi, quand j'aurai la fantaisie d'aller prendre du thé avec vous.

Oh ! je ne saurais me persuader qu'un homme de votre importance, qui tient dans sa main tous les ressorts d'un grand État, et par concomitance ceux de toute l'Europe, se soit déterminé à tout quitter pour venir trouver une vieille sibylle. Oh ! cela est bien ridicule ; c'est avoir toute *honte bue* que d'avoir pu prendre un tel parti ; toutefois, je l'avoue, j'en suis bien aise.

LETTRE XXXIV.

Paris, vendredi 9 octobre 1767, à 10 heures du matin.

Que de lâcheté, de faiblesse, et de ridicule je vous ai laissé voir (2) ! je m'étais bien promis le contraire ; mais, mais… oubliez tout cela, pardonnez-le-moi, mon tuteur, et ne pensez plus a

(1) Un tableau et quelques autres articles achetés à la vente de M. Julienne.
(2) M. Walpole avait quitté Paris ce jour.

votre petite que pour vous dire qu'elle est raisonnable, obéissante, et par-dessus tout reconnaissante ; que son respect, oui, je dis respect, que sa crainte, mais sa crainte filiale, son tendre, mais sérieux attachement, feront, jusqu'à son dernier moment, le bonheur de sa vie. Qu'importe d'être vieille, d'être aveugle ? qu'importe le lieu qu'on habite ? qu'importe que tout ce qui environne soit sot ou extravagant? Quand l'âme est fortement occupée, il ne lui manque rien que l'objet qui l'occupe; et quand cet objet répond à ce qu'on sent pour lui, on n'a plus rien à désirer.

Après votre départ je restai un peu interdite, je montai dans ma chambre. M. Craufurd m'avait mandé qu'il viendrait entre quatre et cinq, et il ne vint qu'entre six et sept. Je reçus la visite de Madame de Luxembourg, qui vint avec la marquise de Boufflers (1); celle-ci a toujours l'air de venir d'être surprise en flagrant délit ; elle est toujours troublée, mais son trouble ne ressemble pas à celui du tuteur : elle fit, ainsi que tout le monde, des exclamations sur les mouchettes ; je dis à la maréchale que j'étais fâchée qu'elle ne fût pas venue seule (à l'oreille s'entend). Elle me proposa d'aller avec elle à l'Opéra-Comique. J'hésitai, je lui dis que je n'étais point habillée : elle me dit que je viendrais la trouver quand je voudrais ; mais comme elle vit mon indécision, elle se fâcha, je lui promis que j'irais ; j'avais peine à m'y résoudre, parce que j'attendais M. Craufurd ; je ne voulais point perdre sa visite, j'attendais de lui des choses un peu plus intéressantes qu'un opéra-comique, cependant je trouvais beau et héroïque d'aller au spectacle avec les maréchales, dans les circonstances où j'étais ; je fis donc courir après la maréchale, qui était déjà dans son carrosse, pour lui dire que j'irais sûrement, mais que je lui demandais la permission d'y mener M. Craufurd, à quoi elle consentit de très-bonne grâce, et avec plaisir.

Adieu, j'attends votre lettre.

(1) Sœur du prince de Beauvau, et mère du chevalier de Boufflers.

Samedi 10, à une heure après-midi.

Voilà cette lettre de Chantilly que j'attendais hier, et qui apparemment trouva le paquet fermé quand elle fut portée à la poste; je commence par vous en remercier, et par vous assurer que j'en suis très-contente; je serais bien tentée de vous faire une citation de *mon frere* Quinault, mais vous me gronderiez, et je ne me permettrai plus rien qui puisse vous fâcher, et jamais, jamais je ne vous écrirai un mot qui puisse vous forcer à me causer du chagrin par vos réponses; j'aime mieux étouffer toutes mes pensées que de vous en laisser voir aucune qui puisse vous fatiguer, ou vous ennuyer, ou vous déplaire. Ce que je pense pour vous est tellement devenu ma propre existence, que tant que je vivrai il est impossible que j'aie aucune idée différente; mais vous, mon tuteur, qui aviez six ou sept choses dans la tête, et de qui tous les jours de la semaine sont différents les uns des autres, votre style doit être plus varié que le mien; tout ce que vous m'écrivez me sera également agréable, laissez-vous aller à me dire tout ce qui vous passera dans l'esprit; ne songez point à moi en m'écrivant, ne me parlez que de vous, ne vous occupez point de mon bonheur; n'ayez point de conduite avec moi; laissez-vous aller tout naturellement, mais surtout, surtout n'ayez jamais le dessein de rien changer à ma façon de penser pour vous; ce serait inutilement que vous y travailleriez, vous détruiriez mon bonheur en voulant l'assurer.

Vous ne savez pas la folie qui me passe par la tête. Si vous pouviez donner à vos lettres le son de votre voix, votre prononciation, je serais aussi heureuse une fois la semaine que je le suis tous les jours quand vous êtes ici. Oh! voilà, direz-vous la petite qui s'égare; *he! po-int dutout, au contreire* (1); et pour preuve, parlons d'autres choses.

(1) Ces mots en lettres italiques sont divisés de la manière dont M. Walpole les prononçait en parlant français.

Ah! mon tuteur, que le petit Craufurd est fou, et quel dommage! Je désespère qu'il devienne jamais raisonnable; il me confirme bien dans ce que je pense sur les Anglais : je crois qu'il n'y a chez eux que les imbéciles qui ne soient pas extrêmes; ceux qui ont de l'esprit sont ou excellents, ou détestables, ou insensés.

LETTRE XXXV.

Paris, mardi 27 octobre 1767.

Vous êtes content de ma première lettre, vous le serez de toutes les autres, au moins à certains égards; mais je ne vous réponds pas de suivre exactement votre exemple : je n'ai pas tant de dignité que vous; je ne suis ni aussi raisonnable ni aussi calme, parce que je ne suis pas aussi froide; mais, mon tuteur, pourvu que l'on fasse de son mieux, on n'est pas tenu à davantage.

Je soupai hier avec la grand'maman (1); je lui remis votre lettre, qu'elle m'avait envoyée sur-le-champ; elle en est charmée; elle la fit lire tout haut par l'abbé Barthélemy, en présence du Selwyn et du président (*Hénault*), à qui elle était venue rendre une petite visite avant souper.

J'écrivis hier au soir au comte de Broglio; je lui fis le récit d'une petite aventure; et pour n'avoir pas l'embarras de la dicter deux fois, j'en ai fait faire une copie que je vous envoie.

M. du Châtelet (2) a le régiment du roi; on ne sait pourquoi on a tant tardé à le nommer.

(1) La duchesse de Choiseul.
(2) Le marquis du Châtelet était le fils de la marquise du Châtelet, qui a fait un Commentaire sur Newton; c'est la célèbre *Émilie* de Voltaire. Son fils fut nommé ambassadeur de France en Angleterre après le rappel du comte de Guerchy.

Adieu, mon tuteur, je suis trop engourdie aujourd'hui, demain je serai peut-être plus animée.

Mercredi, à dix heures du matin.

Je vous ai annoncé hier une histoire; je croyais qu'on n'aurait qu'à la copier; on a fait partir ma lettre, il faut la dicter de nouveau, ce qui m'est très-pénible; cependant je la fis raconter hier par M. de Choiseul; je pourrai vous l'écrire cet après dîner; mais j'attendrai que le facteur soit passé : si par hasard il m'apportait une lettre, cela me mettrait de bonne humeur, et vous auriez l'histoire; si je n'ai point de lettre, vous vous en passerez; adieu; à tantôt.

A 4 heures.

Point de courrier. Voici l'histoire : elle est d'environ huit jours. Le roi, après souper, va chez madame Victoire; il appelle un garçon de la chambre, lui donne une lettre, en lui disant: Jacques, portez cette lettre au duc de Choiseul, et qu'il l'a remette tout-à-l'heure à l'évêque d'Orléans; Jacques va chez M. de Choiseul, on lui dit qu'il est chez M. de Penthièvre (1), il y va; M. de Choiseul est averti, et reçoit la lettre, trouve sous sa main Cadet, premier laquais de madame de Choiseul. Il lui ordonne d'aller chercher partout l'évêque, de lui venir promptement dire où il est; Cadet au bout d'une heure et demie revient, dit qu'il a d'abord été chez monseigneur, qu'il a frappé de toutes ses forces à la porte, que personne n'a répondu; qu'il a été par toute la ville sans trouver ni rien apprendre de monseigneur. Le duc prend le parti d'aller à l'appartement dudit évêque, il monte cent vingt-huit marches, et donne de si furieux coups à la porte, qu'un ou deux domestiques s'éveillent et viennent ouvrir en chemise. Où est l'évê-

(1) Père du prince de Lamballe et de la dernière duchesse douairière d'Orléans.

que?..... Il est dans son lit depuis dix heures du soir.... Ouvrez-moi sa porte....L'évêque s'éveille....Qu'est-ce qui est là ?.... C'est moi, c'est une lettre du roi.... Une lettre du roi ! hé ! mon Dieu, quelle heure est-il ?..... Deux heures, et prend la lettre. Je ne puis lire sans lunettes.....Où sont-elles ?..... Dans mes culottes. Le ministre va les chercher, et pendant ce temps-là ils se disaient : Qu'est-ce que peut contenir cette lettre ? L'archevêque de Paris est-il mort subitement? quelque évêque s'est-il pendu? ils n'étaient ni l'un ni l'autre sans inquiétude. L'évêque prend la lettre ; le ministre offre de la lire; l'évêque croit plus prudent de la lire d'abord ; il n'en peut venir à bout, et la rend au ministre, qui lut ces mots : « Monseigneur l'évêque d'Orléans, mes « filles ont envie d'avoir du cotignac (1); elles veulent de très-« petites boîtes, envoyez-en chercher si vous n'en avez pas, je « vous prie..... » Dans cet endroit de la lettre il y avait une chaise à porteurs dessinée ; au-dessous de la chaise, « d'envoyer « sur-le-champ dans votre ville épiscopale en chercher, et que « ce soit de très-petites boîtes; sur ce, monsieur l'évêque d'Or-« léans, Dieu vous ait en sa sainte garde.

« Signé, Louis. »

Et puis plus bas, en post-scriptum : « La chaise à porteurs ne « signifie rien ; elle était dessinée par mes filles sur cette feuille « que j'ai trouvée sous ma main. »

Vous jugez de l'étonnement des deux ministres; on fit partir sur-le-champ un courrier ; le cotignac arriva le lendemain ; on ne s'en souciait plus. Le roi lui-même a conté l'histoire, dont les ministres n'avaient point voulu parler les premiers. Si nos historiens étaient aussi fidèles que l'est ce récit, on leur devrait toute croyance. M. de Choiseul nous dit que le roi avait fort bien traité M. du Châtelet (2), quand il lui a fait son remercîment;

(1) Marmelade de coings, pour laquelle la ville d'Orléans est en réputation.
(2) Le marquis du Châtelet fut créé duc sous Louis XVI. C'est lui qui

qu'il avait toujours eu l'intention de lui donner son régiment ; mais qu'il avait voulu faire toutes les informations ; que toutes lui avaient été très-favorables, et qu'il comptait sur ses soins pour maintenir son régiment, etc., etc.

LETTRE XXXVI.

Paris, dimanche 8 novembre 1767.

Vos lettres sont très-plaisantes, et je ne conçois pas trop bien que vous ayez tant de répugnance à écrire ; on dirait que c'est un divertissement pour vous ; c'en est un du moins pour ceux qui les reçoivent.

Je voudrais avoir à vous mander des nouvelles de la cour de Louis XIV, je serais sûre de ne vous point ennuyer ; mais à la place de cela, je ne puis vous parler que de ce que je fais, et rendre mes lettres des journaux très-plats. Vous me direz, avec votre vérité ordinaire, si ce genre vous ennuie ; je vais vous en faire faire l'essai, et je commence, pour vous rendre compte de ma semaine, par dimanche, premier de ce mois. J'eus ce jour là à souper quatorze personnes, dont M. et madame de Beauvau et madame de Poix (1) étaient du nombre. Madame de Beauvau me demanda de vos nouvelles, me chargea de vous faire ses compliments.

Le mardi j'étais engagée chez madame de Valentinois, je préférai de rester chez le président, et je ne fus chez elle qu'à minuit.

Le mercredi, je passai la soirée, moi sixième, chez votre am-

remplaça le maréchal de Biron dans le commandement des gardes françaises. On dit qu'il avait la prétention d'être le fils de Voltaire.

(1) La princesse de Poix. Elle était la fille unique du prince de Beauvau, de son premier mariage avec une sœur du duc de Bouillon, et mariée au prince de Poix, le fils aîné du maréchal de Mouchy-Noailles.

bassadeur; il y avait milady Holland (1), les milords Clanbrassill et Carlisle; Selwyn était chez madame de Praslin (2), il vint nous trouver à minuit. Madame de Forcalquier vint à la même heure; elle avait été priée, mais elle resta avec sa bonne amie madame Dupin, pour la consoler; elle venait d'apprendre que son fils était mort le 3 de mai à l'Ile-de-France, où il était relégué au lieu d'avoir été pendu; mais les entrailles de mère dans les âmes vertueuses, sensibles, honnêtes! et puis quand on a de grands principes, on a de grandes douleurs, on fait de profondes réflexions; — enfin on retient madame de Forcalquier, qui rend tout cela d'une manière fort pathétique.

Le jeudi, les Beauvau et leur fille, la comtesse de Noailles et sa fille soupèrent chez le président, j'y fus admise pour diminuer l'ennui de madame de Beauvau.

Le vendredi, encore chez le président avec mesdames de Luxembourg, de Lauzun, l'Idole (3) : je ne me souviens pas du reste. Hier, samedi, encore chez le président avec mesdames de Maillebois (4), de Biron et de Broglio (5); je voudrais que celle-ci fût aimable, parce qu'il me paraît qu'elle me trouve telle. Avant tous ces soupers que je vous raconte, j'ai fait une visite tous les jours chez le petit Craufurd, et j'y ai trouvé éternellement milord March; il n'est pas sans prétention à l'esprit, mais il s'y perd; je l'aime mieux que M. de Sault, mais pas tant que M. de Saint-Laurent. J'y rencontrai M. de Lauraguais : M. Craufurd dit qu'il a de l'esprit, il n'eut pas ce qui s'appelle

---

(1) Lady Caroline Lenox, sœur du feu duc de Richmond et de lady Sarah-Bunbury. Elle avait épousé le premier lord Holland, père du célèbre Charles Fox.

(2) La duchesse de Praslin, épouse du ministre des affaires étrangères.

(3) Madame de Boufflers.

(4) La comtesse de Maillebois, née le Voyer d'Argenson, sœur du marquis de Paulmy, et mariée au comte de Maillebois, fils du maréchal de Maillebois.

(5) La comtesse de Broglio, née Montmorency, tante maternelle de la duchesse de Lauzun.

le sens commun; pédanterie, extravagance, dissertations, galimatias, étalage de science, il n'omit rien pour se montrer le plus sot homme de France. Écoutez ce que madame de Belzunce m'en a raconté, et dont elle a été témoin. M. de Maurepas lui disait : M. le comte, vous savez tout ce qu'on peut savoir en fait d'art et de science ; vous savez sans doute plusieurs langues ; savez-vous le Grec ? non, dit-il en hésitant, je ne m'y suis point appliqué ; ce que j'en sais *c'est par sentiment*.

Comment trouvez-vous tout ce que je viens d'écrire ? Il est bien plaisant de remplir tant de pages de tant de riens ; mais en vous écrivant actuellement je crois danser sur la corde, avoir entre mes mains un équilibre, de peur de tomber à droite ou à gauche. Tant que cet exercice ne vous déplaira pas, je m'y tiendrai ; naturellement j'aimerais mieux dire mes pensées que mes actions ; mais il faut conserver ses amis à quelque prix que ce soit.

LETTRE XXXVII

Paris, vendredi, 20 avril 1767.

Le pauvre Selwyn partit hier à cinq heures ; il ne voulut point me voir, il m'écrivit un petit billet tout embrouillé ; il ne visait pas à l'académie dans cet instant, mais il était tout troublé, tout affligé ; réellement il nous regrette ; il me manquera beaucoup, c'est un jour noir excellent ; j'éprouve en toute occasion la vérité de tout ce que vous me dites. Il prétend qu'il sera ici au mois de mai ; il a été question entre lui et moi d'une plaisanterie, que je ne veux pas absolument qui ait aucune suite ; il devait m'envoyer sept poupées, représentant le roi, le chancelier, un pair, etc. Je ne souffrirais pas certainement qu'il m'en fît présent, il serait impossible que chaque poupée ne coûtât pour le moins un louis ; cette plaisanterie deviendrait fort chère et fort ridicule; je ne jouirais pas du plaisir de les voir, et ce serait payer bien cher le plaisir de les montrer, et certainement, très-certainement, je voudrais les payer, et suis très-résolue de ne les point recevoir en présent; je me confie à vous, mon tuteur, pour lui faire perdre cette idée, et qu'il n'en soit plus question.

Il y a une femme qui me fait à merveille; elle me marque de l'estime, du goût, de l'empressement; vous lui trouvez de l'esprit et moi aussi; elle a du trait, de l'éloquence; mais elle a une véhémence, une force, une autorité qui épouvante, qui atterre; ce sont des ouragans, des tempêtes; elle animerait douze corps comme le mien : enfin, je suis avec elle si frêle, si débile, si imbécile, que je me fais pitié; je suis dans l'incertitude du parti que je prendrai, je serais bien aise d'avoir quelque liaison suivie. Serait-elle mon fait? je n'en sais rien; ce qui est de fâcheux, c'est que je n'ai pas à choisir; dites-m'en votre avis : ne comprenez-vous pas que c'est madame de Broglio?

Lundi, à sept heures du soir.

J'eus hier douze personnes, et j'admirais la différence des genres et des nuances de la sottise : nous étions tous parfaitement sots, mais chacun à sa manière; tous semblables, à la vérité, par le peu d'intelligence, tous fort ennuyeux; tous me quittèrent à une heure, et tous me laissèrent sans regret. Il y a trois jours que je n'ai soupé chez le président; je voulais y aller ce soir et m'envoyer excuser chez M. de Creutz, où il y aura vingt personnes; le président m'a rejetée en me mandant que madame de Jonsac, ne comptant point sur moi, avait prié madame du Roure, et apparemment cette madame du Roure qui a eu un procès avec feu madame de Luynes (1), pour lui avoir

(1) La duchesse de Luynes, tante de madame du Deffand.

enlevé une succession, et qui craint de rencontrer une personne au fait de ses friponneries : quoi qu'il en soit, je n'irai pas, et je suis encore indécise de ce que je ferai ; je pourrais souper tête-à-tête avec M. Craufurd ; mais il me quitterait à onze heures. Aller chez M. de Creutz (1) me paraît terrible ; mais passer ma soirée seule est encore pis : dites-moi ce que je ferai, mon tuteur ; mais quoique je me pique de vous deviner dans cette occasion-ci, je n'entends point votre réponse. Ah ! mon Dieu, pourquoi sommes-nous de différentes nations ? pourquoi n'avoir pas la même patrie ? il ne m'importerait que vous fussiez Gascon, Normand, Picard, je trouverais des accommodements à tout cela ; mais avec un Anglais, il faut jeter son bonnet par-dessus les moulins. C'est un mauvais dicton, qui veut dire : n'y plus penser, ne s'en plus soucier, etc.

Mercredi, à neuf heures du matin.

J'ai soupé hier chez la grand'maman ; ma disposition était fort triste, et la compagnie que je trouvai ne l'égaya pas : c'est la première fois que je me suis ennuyée chez elle ; je rentrai chez moi à une heure, pénétrée, persuadée qu'on ne peut être content de personne. Je crois que je ne recevrai plus jamais de vos nouvelles, et si je veux me rassurer contre la crainte de votre oubli, je tombe dans la crainte que vous ne soyez malade ; peut-être serai-je rassurée, et que c'est par quelque inconvénient étranger à tout cela, que je n'ai point eu de lettres ; mais jusqu'à ce que j'en reçoive je serai bien malheureuse. Épargnez-moi, je vous prie, toute espèce de réprimandes et de corrections : il ne dépend pas de moi d'être affectée comme vous voudriez que je le fusse ; contentez-vous que je ne vous laisse voir ce que je pense, que quand je ne peux pas faire autrement.

(1) Le comte de Creutz, ministre de Suède à Paris.

LETTRE XXXVIII.

Paris, vendredi 11 décembre 1767, à 2 heures.

Je reprends pour cette fois le journal; j'ai trouvé un lecteur pour votre Richard III; ainsi ne tardez pas un seul moment à me l'envoyer. Ce lecteur est un nommé M. Mallet, Génevois (1); c'est une connaissance que M. Craufurd m'a fait faire, et dont je crois que je me trouverai fort bien; mon étoile est singulière, ce n'est que dans les autres nations que je trouve ce qui me convient : il y a une princesse Lubormirska, qui me plaît beaucoup, et à qui je ne déplais pas, qui serait pour moi une très-bonne société, et elle s'en retournera en Pologne dans le courant de l'année prochaine. Tous mes compatriotes ne me sont ni ne me peuvent être d'aucune ressource; mais je me dis, pour me consoler, qu'il serait bien tard pour former des liaisons, et qu'il me suffit aujourd'hui de m'assurer du lendemain; cependant, mon tuteur, je ne saurais m'empêcher de porter mes vues un peu plus loin, et d'espérer au printemps ou à l'été prochain. Je me fais un plaisir d'entendre votre Richard III. Je maudis bien mon éducation; on fait quelquefois la question si l'on voudrait revenir à tel âge : oh! je ne voudrais pas redevenir jeune, à la condition d'être élevée comme je l'ai été, de ne vivre qu'avec les gens avec lesquels j'ai vécu, et d'avoir le genre d'esprit et de caractère que j'ai; j'aurais tous les mêmes malheurs que j'ai eus; mais j'accepterais avec grand plaisir de revenir à quatre ans, d'avoir pour gouverneur un Horace, qui

---

(1) Très-connu sous le nom de *Mallet-du-Pan*. Il rédigeait au commencement de la révolution française la partie politique du *Mercure*, dont le ton fut réprouvé par les deux partis. Après avoir essuyé plusieurs persécutions, il se réfugia en Angleterre, et publia à Londres un papier périodique sous le nom de *Mercure britannique*.

me ferait tout apprendre, langues, sciences, etc., et qui m'empêcherait bien de devenir pédante ou précieuse ; il me formerait le goût, le jugement, le discernement ; il m'apprendrait à connaître le monde, à m'en méfier, à le mépriser et à m'en amuser ; il ne briderait point mon imagination, il n'éteindrait point mes passions, il ne refroidirait point mon âme, mais il serait comme les bons maîtres à danser, qui conservent le maintien naturel, et y ajoutent la bonne grâce. Ces pensées causent des regrets, font faire de tristes réflexions, et confirment l'idée que j'ai toujours eue, que personne n'a tout l'esprit et tout le mérite qu'il aurait pu avoir.

Il va paraître une estampe coloriée de Louis XV ; on dit qu'elle est fort belle ; en êtes-vous curieux ? vous ne pourrez l'avoir que le mois prochain.

Une présidente d'Aligre (1), grande amie et protectrice de la demoiselle l'Espinasse, vient de mourir ; je croyais qu'elle lui laisserait quelque rente ; jusqu'à présent on n'en a pas connaissance.

Cette présidente d'Aligre n'a rien laissé à la demoiselle ; on prétend qu'elle s'enivrait les derniers jours de sa vie pour éviter les horreurs de la mort. M. le prince de Conti affiche de grands regrets de sa perte : il avait eu, dit-on, ses bonnes grâces.

Je n'ai point encore entendu parler de mademoiselle Lloyd (2) ; cela m'impatiente. J'ai grande envie d'avoir vos estampes. La grand'maman vient à Paris mardi ; elle m'a dit que l'époux lui avait demandé à souper avec moi en secret ; vous ne saurez des nouvelles de ce souper que dans trois semaines ; cela fait une correspondance fort vive, mais le proverbe italien dit : *chi va piano va sano, et chi va sano va lontano*.

---

(1) Épouse du président d'Aligre, [...] président du parlement de Paris, mère de M. d'Aligre [...].

(2) Feu mademoiselle Rachel Lloyd, qui se trouvait lors de ce voyage à Paris avec lord et lady Pembroke.

Mardi 15, à huit heures du matin.

Enfin j'ai vu mademoiselle Lloyd; j'ai les trois Horaces (1); ils sont entre les mains de M. Mariette, pour les faire encadrer. Vous êtes extrêmement ressemblant. Qu'est-ce que cela me fait? j'en suis cependant fort aise. J'eus hier la visite de milady Pembroke (2) et de son frère; ils souperont tous chez moi dimanche. Je vous dirai, dans quelques jours, quel succès a sa beauté : peu de gens l'ont encore vue.

LETTRE XXXIX.

Paris, mercredi 2 décembre 1767.

Il y a longtemps que je n'ai lu les lettres de madame de Sévigné à M. de Pomponne; mais, autant qu'il peut m'en souvenir, elles sont beaucoup plus tendres que les miennes. Il y a des gens dont l'amitié a ce caractère : l'agrément du style peut sauver l'ennui de ce langage, et le faire paraître simple et naturel; il ne choque que bien peu de personnes dans madame de Sévigné. Il est vrai que, dans les lettres de madame de Scuderi à Bussi, les tendresses dont elles sont pleines sont un jargon insupportable. Je ne sais pas si vous les avez lues, je les trouve odieuses; apparemment que les miennes y ressemblent : cela me surprend, mais il faut qu'on ne puisse pas se juger soi-même. Vous n'avez nul intérêt à me trouver des ridicules que je n'ai pas; et, puisque vous trouvez mes lettres ridicules, il faut en effet qu'elles le soient. Ah! je puis dire, avec la der-

---

(1) Trois gravures du portrait de M. Walpole, qu'il avait envoyées à madame du Deffand par mademoiselle Lloyd.

(2) Elisabeth Spencer, sœur du duc actuel de Marlborough, et veuve de feu le comte de Pembroke.

nière vérité que jamais je ne les ai crues ni bonnes ni amusantes, et que je vous ai toujours su un gré infini de votre complaisance à vouloir bien en recevoir, et à vous donner la peine d'y répondre ; je tâcherai d'en retrancher tout ce qui vous y choque, de les rendre une simple gazette : nos lettres, moyennant cela, deviendront des nouvelles à la main ; nous y parlerons de nous-mêmes avec la même indifférence que l'on parle de tout ce qui se passe. Sera-t-il permis de faire des questions sur ce qui intéresse ? Oui-dà, je le crois ; et pour en faire l'essai, je vous prie de me mander comment se porte M. votre frère, si sa santé ne vous donne plus d'inquiétude, et si vous profiterez de la situation présente des affaires pour arranger les vôtres. Je ne suis point en peine des miennes ; la grand'maman y veille pour moi. Je lui donnai hier à souper avec mesdames de Mirepoix et de la Vallière, et quelques hommes de ses familiers. J'aurais bien des choses à vous dire, si la confiance m'était permise ; mais c'est la plus forte marque de tendresse, par conséquent il faut se l'interdire.

Le président ne va pas bien ; il a de la fièvre, un gros rhume ; je ne crois pas qu'il passe l'hiver ; sa perte me causera du chagrin, et fera un changement dans ma vie. La reine est très-mal, sa fin est très-prochaine.

Je suis surprise de ne point entendre parler de M. Selwyn : est-ce que je l'ai excédé aussi de mes tendresses ? je suis en vérité une vieille bien ridicule. Adieu.

LETTRE XL.

Mardi, 12 janvier 1768, à 5 heures du soir.

Au nom de Dieu, mon tuteur, finissez vos déclamations, vos protestations contre l'amitié. Ne nous tourmentons point l'un et l'autre, moi, en vous vantant ce que vous détestez, et vous, en blâmant ce que j'estime, laissons là l'amitié, bannissons-la; mais n'ignorons pas le lieu de son exil, pour la retrouver s'il en était besoin; voilà la grâce que je vous demande; et la promesse que je vous fais, c'est de ne jamais prendre son nom en vain.

Je me flatte que vous remercierez la grand'maman de la lettre de madame de Sévigné (1); elle s'est donné mille soins pour l'avoir; ce n'est pas sa faute si elle ne vous a fait nul plaisir, mais vos envies sont comme celles des femmes grosses, ce ne sont que des caprices; si on ne les satisfait pas sur-le-champ, il n'est plus temps d'y revenir.

Je ne sais en vérité plus quel homme vous êtes; le panégyriste de *Richard III* et l'auteur du *Château d'Otrante* doit être un être bien singulier; des rêves, ou des paradoxes historiques, voilà donc à quoi vous allez employer votre loisir; et Catherine II, ne vous réconcilierez-vous point avec elle?

Je vous demande pardon du jugement que j'ai porté sur M. Montagu, ce n'a été que sur ce que vous m'en aviez dit précédemment que je l'ai cru votre ami; actuellement je ne ferai plus de semblables fautes. Mais Fanni et Rosette (2), comment sont-elles avec vous? sont-elles comprises dans la proscription? Selon Voltaire, vous devez vous trouver seul dans l'univers; on croirait difficilement trouver la félicité dans cet état, mais vous dites qu'il fait la félicité de votre vie. Félicité! oh! le grand mot! Hélas! mon tuteur, que je vous crois loin de la connaître! Vous m'avez souvent accusée d'affectation; n'en seriez-vous pas plus coupable que moi? Oh! je n'ai pas d'affectation, moi, et surtout avec vous; aujourd'hui qu'il faut que je m'observe, notre commerce m'en devient bien moins agréable; mais n'importe, je serais fâchée de le perdre. Vous me paraissez un être

(1) Une des lettres manuscrites de madame de Sévigné, qui se trouve dans le recueil conservé à Strawberry-Hill.
(2) Deux chiennes favorites de M. Walpole

si supérieur à moi, que je ne sais quel langage il faudrait vous tenir, ni de quoi je pourrais vous entretenir. Les affaires de votre chose publique ne vous intéressent plus, à plus forte raison celles de la mienne; les détails de sociétés vous paraîtraient puérils : cela est embarrassant; il faut pourtant essayer de tout.

Il est arrivé ici ces jours passés un fils du duc de Courlande; on l'a arrêté depuis quatre jours, et on l'a mis à la Bastille; on dit que c'est pour de fausses lettres-de-change, et d'autres escroqueries.

Mademoiselle Sanadon (1) s'occupe de son ameublement; elle logera, à Pâques, dans le dehors du couvent; l'appartement est fort joli; elle est comblée de joie, et me témoigne sa reconnaissance d'une manière fort sensible et naturelle; je suis extrêmement contente de lui avoir rendu service; j'en recueillerai le fruit, car elle me sera une grande ressource; ce sera un fond de compagnie qui m'en procurera d'autres; je retiendrai plus aisément quelqu'un à souper, ayant quelqu'un avec moi, que si j'étais seule. Enfin, moi, qui ne fais ni de *Château d'Otrante*, et qui m'intéresse encore moins aux morts qu'aux vivants, qui n'ai point de *Richard III* qui m'occupe, qui n'ai enfin ni goût ni talent, qui ne peux ni jouer ni travailler, qui ne trouve aucune lecture qui me plaise, et qui ne peux pas supporter l'ennui, je m'accroche où je peux : une mademoiselle Sanadon me devient une ressource.

Ne soyez point choqué de la manière peu respectueuse dont je vous parle de vos ouvrages, j'en fais beaucoup de cas; voilà la troisième fois que j'achète le *Monde* (2), à cause de vos huit discours; je l'avais prêté, on ne me l'a pas rendu. J'aime fort vos réflexions, et mille fois mieux que vos rêves où votre savoir,

---

1) Elle était la nièce du père Sanadon, connu par une traduction d'Horace et des poésies latines.

(2) *The World*, ouvrage périodique dans le genre du *Spectateur* d'Adisson.

et par-dessus tout vos lettres, même quand elles m'outragent. Adieu.

LETTRE XLI.

Paris, mercredi 30 janvier 1768.

Bon! comment cela se fait-il? je reçus hier une lettre de Selwyn, j'en reçois aujourd'hui une de vous, cette aventure est sans exemple; mais qu'importe, quand le bien arrive, qu'on s'y soit attendu ou non?

Je me suis pressée de répondre à Selwyn, et de lui donner mes commissions pour vous et le petit Craufurd. Il faut bien vous le répéter : M. du Châtelet (1) sera à Londres vendredi ou samedi au plus tard; si ma lettre le prévient, épiez son arrivée, et ne différez pas à vous faire remettre ce qu'il a pour vous; il y a un ballot de la grand'maman; savoir ce qu'il contient n'est pas mon affaire (2); la mienne a été de vous envoyer un petit paquet pour M. Craufurd et le second chant de la *Guerre de Genève*.

Il y a des nouveautés sans doute; il y en a de Voltaire, toujours sur les mêmes sujets; il y a des recueils, des romans, des tragédies : notre littérature est aussi abondante en productions qu'elle est stérile en imagination. Est-ce que vous voulez que je vous envoie ces rapsodies? Mon goût ne doit pas être bon, il est souvent contraire au vôtre. Vous m'avez fait relire les romans de Crébillon; ce sont les mauvais lieux de la métaphysique; il n'y a rien de plus dégoûtant, de plus entortillé, de plus

(1) Alors ambassadeur de France en Angleterre, où il avait remplacé le comte de Guerchy.

(2) Il contenait les portraits au lavis de la duchesse de Choiseul et de madame du Deffand, dans les caractères de grand'maman et de petite-fille; madame de Choiseul donnant une poupée à madame du Deffand. Le lieu de la scène est le salon de madame du Deffand. Ce dessin a été fait par M. de Carmontelle, si connu par ses Proverbes.

précieux et de plus obscène; est-il possible que quelqu'un qui aime le style de madame de Sévigné (qui en excepte seulement les tendresses), estime Crébillon et conseille de le lire? Je fus hier à une tragédie chez la duchesse de Villeroi; elle fut applaudie à tout rompre, tout le monde était devenu fontaine en la lisant, et l'on fut aux sanglots en l'écoutant; ni la lecture ni la représentation ne m'ont causé la plus petite émotion; cette pièce s'appelle *l'Honnête criminel*; l'auteur s'appelle Fenouillot, la grand'maman dit *Fouille au pot*; il y a un rôle qui est excellent; c'est un misanthrope, qui est plus fondé à l'être que celui de Molière; il n'a pas tant d'esprit, il n'est pas si éloquent, mais il est encore plus naturel, et en vérité il me plaît davantage : tout le reste de la pièce a des situations forcées, d'où il naît des sentiments faux, outrés et nullement intéressants. Je suis fâchée de ne vous l'avoir pas envoyée; vous l'aurez par la première occasion.

J'attends votre *Richard*, j'ai déjà prévenu madame Meynières (1) avec qui je suis fort bien; je n'ai pas osé la prier de la traduire, cela est aujourd'hui au-dessous de sa dignité, mais je lui ai demandé un traducteur : elle me propose un nommé Suard. Je vous ai déjà dit que M. de Montigny s'offrait lui-même; mais je n'ai pas opinion de son style; enfin, que *Richard* arrive, et nous verrons ce que nous en ferons.

Ha, ha! mais j'en suis fort aise; tout l'attirail de la grandeur (2); on veut pouvoir dire *c'est toi qui l'as nommé*; je vous exhorte à vous défendre d'une fausse modestie, c'est de tous les genres de gloriole celle qui me choque le plus, j'aime mieux l'orgueil à découvert que celui qui a le masque de la modestie. Vous ne devez pas être ravi, mais il serait ridicule que vous fussiez fâché. Mais de quoi est-ce que je me mêle? c'est bien à

---

(1) Madame la présidente de Meynières, ci-devant madame Belot.
(2) Ceci a rapport au mariage de la nièce d'Horace Walpole, la comtesse douairière de Waldegrave, fille naturelle de sir Édouard Walpole, avec le duc de Glocester.

moi d'enseigner! je voudrais que vous fussiez bien avec elle, qu'elle se souvînt qu'elle est *du sang d'Hector,* que c'était bien de l'honneur pour elle, et qu'elle s'en honorât encore aujourd'hui. Je voudrais savoir ce que dira l'Idole; voilà un bel exemple (1); elle a bien une dame d'honneur, elle ne manquera pas de portraits, mais ce sera tout, ou je suis trompée.

LETTRE XLII.

Mardi, 23 février, à 6 heures du matin.

Votre *Richard* devrait être arrivé; je suis fâchée qu'il n'y en ait pour moi qu'un exemplaire, j'en aurais voulu donner un à madame de Meynières, et à deux ou trois autres personnes à qui j'aurais fait plaisir : j'en aurais gardé un que Wiart aurait traduit. S'il partait quelqu'un de Londres pour venir ici, envoyez-m'en trois ou quatre exemplaires. Madame de Meynières a beaucoup d'empressement de le lire; elle me propose de le faire traduire par un nommé M. Suard, qui a fait des journaux; il écrit bien, à ce que l'on dit; si cela vous convient madame de Meynières lui parlera, lui donnera mon exemplaire, il traduira tout de suite et préviendra les mauvaises traductions qu'on en pourrait faire.

Je suis bien fâchée d'être aussi ignorante, d'avoir été si mal élevée, de n'avoir aucun talent, ou de n'être pas bête à manger du foin; cette dernière manière serait peut-être la meilleure, je m'ennuierais moins, je dormirais mieux et je ne ferais pas de mauvaises digestions; je passe presque toutes les nuits sans fermer l'œil; alors c'est un chaos que ma tête : je ne sais à quelle pensée m'arrêter; j'en ai de toutes sortes, elles se

(1) Il s'agit du mariage de la comtesse de Boufflers avec le prince de Conti.

croisent, se contredisent, s'embrouillent; je voudrais n'être plus au monde, et je voudrais en même temps jouir du plaisir de n'y plus être. Je passe en revue tous les gens que je connais et ceux que j'ai connus qui ne sont plus; je n'en vois aucun sans défaut, et tout de suite je me crois pire qu'eux. Ensuite il me prend envie de faire des chansons, je m'impatiente de n'en avoir pas le talent; en voici cependant une qui ne m'a pas coûté, vous le croirez aisément: c'est sur un vieil air que j'aime beaucoup.

> Vous n'aurez plus à vous plaindre
> De mon trop d'empressement,
> Ouvrez mes lettres sans craindre
> D'y trouver du sentiment.
> Je sens, je sens
> Que je peux, sans me contraindre,
> Prendre un ton indifférent.

Que dites-vous de l'excommunication du duc de Parme (1)? on dit que le premier mouvement ici a été de renvoyer le nonce. Le parlement agira-t-il? Qu'est-ce qu'il fera? je n'en sais rien et je ne m'en soucie guère. Il est malheureux pour vous que j'aie si peu de curiosité et si peu de talent pour raconter: aussi ne me canoniserez-vous jamais (2).

(1) Le duc Ferdinand de Parme, petit-fils de Louis XV, et élève du célèbre abbé de Condillac, frère de l'abbé de Mably, succéda en 1765 à son père don Philippe, infant d'Espagne et duc de Parme. En 1768 le pape Clément XIII ayant voulu exercer dans les états de Parme une juridiction qui n'appartient qu'aux souverains, le duc Ferdinand s'y opposa et fut excommunié par le saint-père.

M. Walpole dit à ce sujet, dans sa réponse : « Je n'ai rien à dire à l'excommunication de Parme; je ne me soucie guère ni de lui ni du pape. Bientôt ce sera comme si Jupiter avait ôté l'entrée du Capitole à l'évêque de Londres. Votre pape est une vieille coquette qui, par bienséance, congédie un amant qui l'avait quittée. »

(2) Comme il avait fait en donnant à madame de Sévigné le nom de *Notre-Dame de Livri*.

Adieu, je ne continuerai cette lettre qu'après en avoir reçu une de vous.

Mercredi 24, à 5 heures du soir.

Voici votre lettre. Vous avez donc ce beau tableau(1) ? je suis aussi piquée que vous, que la grand'maman soit aussi peu ressemblante. Je vous remercie du contentement que vous me marquez de ce que la mienne est parfaite ; vous me trouverez digne d'être le pendant de l'hôtel de Carnavalet (2) ; et nous figurerons fort bien l'une et l'autre dans un château gothique.

Je ne pus m'empêcher de vous regretter hier au soir. Je soupai chez les Montigny avec les Pembroke. J'avais arrangé cette partie pour leur faire entendre mademoiselle Clairon ; elle joua deux scènes de Phèdre dans la perfection. Je demandai à M. de Montigny s'il n'avait point reçu le ballot que vous m'envoyez ; rien n'arrive d'Angleterre, c'est l'Amérique. Milord Pembroke m'a confirmé qu'il irait à Londres le mois prochain, il y sera fort peu ; ne manquez pas à m'envoyer par

---

(1) Le portrait d'elle-même et celui de madame de Choiseul, au sujet desquels M. Walpole s'était exprimé comme suit : « Me voici le plus content des hommes ; je viens de recevoir le tableau. J'ai arraché toutes les enveloppes dont il était barricadé, et enfin je vous retrouve. Oui, vous, vous-même. Je savais, par inspiration, que M. de Carmontelle devait vous peindre mieux que jamais Raphaël n'a su prendre une ressemblance ; cela se trouve exactement vrai au pied de la lettre. Vous êtes ici en personne ; je vous parle : il ne manque que votre impatience à répondre. La tulipe, votre tonneau, vos meubles, votre chambre, tout y est, et de la plus grande vérité. Jamais une idée ne s'est si bien rendue. Mais voilà tout ! pour la chère grand'maman, rien de plus manqué. Jamais, non jamais je ne l'aurais devinée. C'est une figure des plus communes. Rien de cette délicatesse mignonne, de cet esprit personnifié, de cette finesse sans méchanceté et sans affectation ; rien de cette beauté qui paraît une émanation de l'âme, qui vient se placer sur le visage de peur qu'on ne la craigne au lieu de l'aimer. Enfin, enfin, j'en suis bien mécontent. »

(2) L'hôtel de madame de Sévigné à Paris, au Marais, dont M. Walpole avait un dessin, qui est maintenant à Strawberry-Hill, dans la même chambre où est le portrait de madame du Deffand.

lui trois ou quatre exemplaires de votre Richard en cas que vous ne trouviez pas une occasion plus prompte. On en a déjà vu ici des extraits dans les papiers d'Angleterre, on dit du bien du style.

LETTRE XLIII.

Paris, mercredi 16 mars 1738.

En vérité, si je voyais votre lettre du 11 entre toutes autres mains que les miennes, j'en rirais de bon cœur; votre insolence et votre gaîté y sont tout à leur aise. Je vous attraperais bien si je faisais cesser notre correspondance, vous perdriez un des plus grands plaisirs que vous puissiez avoir, celui de dire avec un ton délibéré toutes les folies qui vous passent par la tête. J'eus la sottise hier de me fâcher à la lecture de votre lettre; mais en la relisant ce matin, elle m'a fait un effet bien différent; le portrait que vous faites de vous-même me fait regretter de ne pouvoir pas juger s'il est fidèle; avec le jaune, les rides et la maigreur, vous devez avoir quelque chose de fou dans la physionomie, car, *Monsieur*, vous devez savoir qu'il n'y en a point de trompeuse; mais comment mon portrait vous a-t-il permis de me dire tant d'impertinences? osez-vous, en le regardant, vous moquer d'une aussi jeune et belle dame? en vérité vous n'y pensez pas. Vous allez donc vous adonner aux bals; on me lisait hier dans les mémoires de Gourville, qu'on le trouva avec son maître à danser qui lui apprenait la courante, quand on vint l'arrêter pour le mettre à la Bastille. Plusieurs années après, étant exilé en Angoumois, il donnait des bals, s'adonnait à la danse; il se tirait bien de toutes, excepté de la courante qu'il n'avait point rapprise depuis la Bastille. Si vous n'avez point lu ces Mémoires, lisez-les; il y a des endroits très-divertissants. Ah! je voudrais bien vous faire lire ce que je lis actuellement et que le petit-fils (1) m'a prêté ; ce sont des lettres de madame de Maintenon à madame des Ursins, depuis 1706 jusqu'au second mariage de Philippe V : il ne tiendra qu'à vous de les lire. Vous ne me faites point perdre l'envie de lire votre tragédie (2), tout au contraire, traduisez-m'en du moins quelque chose. Je m'attends à des reproches au lieu de remercîments, pour les brochures que je vous ai envoyées ; vous avez déjà reçu le *Galérien* : vous avez beau dire, le comte d'Olban (3) est un très-bon homme, c'est faire le délicat que de n'en être pas content. J'ai assisté hier à la lecture du *Joueur* (4), à l'imitation de l'Anglais ; tout le monde y a fondu en larmes, excepté moi ; je l'ai trouvée très-ennuyeuse ; quand elle sera imprimée, vous l'aurez ; c'est mon affaire que de calmer votre gaîté.

Je suis bien fâchée que mon amour-propre soit intéressé à

(1) Le duc de Choiseul.
(2) La *Mère mystérieuse*, dont M. Walpole lui avait rendu le compte suivant, à l'occasion de l'*Honnête criminel*, qu'elle lui avait envoyé :
« L'Honnête Criminel me paraît assez médiocre. La religion protes-
« tante n'y a que faire. Je m'étais attendu à quelque dénouement beau-
« coup plus intéressant. Je ne suis pas même charmé du comte d'Olban,
« qui a trouvé grâce à vos yeux. Il me semble qu'il ne dit rien que de
« fort commun. Mais ce que je trouve de détestable, c'est le langage, qui
« est partout d'un prosaïque bas et même rampant. Ma propre tragédie
« a de bien plus grands défauts, mais au moins elle ne ressemble pas au
« ton compassé et réglé du siècle. Je n'ai pas le temps de vous en parler
« aujourd'hui, et je ne sais pas si je dois vous en parler. Elle ne vous
« plairait pas assurément : il n'y a pas de beaux sentiments ; il n'y a
« que des passions sans enveloppe ; des crimes, des repentirs et des hor-
« reurs. Il y a des hardiesses qui sont à moi, et des scènes très-faibles et
« très-longues, qui sont à moi aussi ; du gothique, que ne comporterait
« pas votre théâtre, et des allusions qui devraient faire grand effet, et
« qui peut-être n'en feraient aucun. Je crois qu'il y a beaucoup plus de
« mauvais que de bon ; et je sais sûrement que depuis le premier acte
« jusqu'à la dernière scène, l'intérêt languit au lieu d'augmenter : peut-il
« y avoir un plus grand défaut ? »
(3) Personnage de Nanine.
(4) Le *Beverlety* de Saurin. Ce drame souvent remis au théâtre a été repris à la Comédie française en 1820.

cacher votre lettre ; si vous m'y traitiez un peu moins mal, que vous ne me rendissiez pas un personnage si ridicule, j'aurais beaucoup de plaisir à la montrer à la grand'maman, avec qui je soupe ce soir.

Je reçus une lettre du petit Craufurd en même temps que la vôtre, j'en suis fort contente ; il dit qu'il est toujours fort malade ; mais à son style, je juge qu'il se porte mieux ; il croit que son père ne sera pas des nouvelles élections, et apparemment ni lui non plus ; j'aime bien mieux que vous soyez danseur que sénateur.

Adieu, mon mignon, cela répond à m'amie (1) ; dansez toujours et ne grondez jamais. Je ne trouve plus rien à vous dire ; il faut que le ton élégiaque me soit plus naturel que le bouffon ; mais patience, peut-être cela changera-t-il.

LETTRE XLIV.

Paris, lundi 21 mars 1768, à 3 heures après midi.

Mademoiselle Sanadon dîne en ville, je me suis fait lire toute la matinée, je ne sais que faire ; par désœuvrement, pour chasser l'ennui, je vais vous écrire tout ce qui me passera par la tête ; ce ne sera pas grand'chose, et sur cette annonce je vous conseille de jeter ma lettre au feu sans vous donner l'ennui de la lire.

Mes soupers des dimanches sont déplorables ; j'en faisais hier la réflexion ; je me tourmente pour avoir du monde, nous étions douze, il n'y avait personne que j'écoutasse ni dont j'eusse envie de me faire écouter, et cependant, je l'avoue, j'aime mieux cela que d'être seule. Je n'ai point mal dormi cette nuit, et ce

(1) M. Walpole lui avait donné ce nom dans la lettre à laquelle celle-ci sert de réponse.

matin j'ai lu une trentaine de lettres de madame de Maintenon. Ce recueil est curieux ; il contient neuf années, depuis 1706 jusqu'à 1715. Je persiste à trouver que cette femme n'était point fausse; mais elle était sèche, austère, insensible, sans passion ; elle raconte tous les événements de ce temps-là, qui étaient affreux pour la France et pour l'Espagne, comme si elle n'y avait pas un intérêt particulier : elle a plus l'air de l'ennui que de l'intérêt ; ses lettres sont réfléchies ; il y a beaucoup d'esprit, d'un style fort simple ; mais elles ne sont point animées, et il s'en faut beaucoup qu'elles soient aussi agréables que celles de madame de Sévigné ; tout est passion, tout est en action dans celles de cette dernière ; elle prend part à tout, tout l'affecte, tout l'intéresse : madame de Maintenon, tout au contraire, raconte les plus grands événements, où elle jouait un rôle, avec le plus parfait sang-froid ; on voit qu'elle n'aimait ni le Roi, ni ses amis, ni ses parents, ni même sa place ; sans sentiment, sans imagination, elle ne se fait point d'illusions, elle connaît la valeur intrinsèque de toutes choses, elle s'ennuie de la vie et elle dit : *il n'y a que la mort qui termine nettement les chagrins et les malheurs*. Un autre trait d'elle qui m'a fait plaisir : *il y a dans la droiture autant d'habileté que de vertu*. Il me reste de cette lecture beaucoup d'opinion de son esprit, peu d'estime de son cœur, et nul goût pour sa personne ; mais je le dis, je persiste à ne la pas croire fausse. Autant que je puis vous connaître, je crois que ces lettres vous feraient plaisir ; cependant je n'en sais rien, car depuis feu Protée, personne n'a été si dissemblable d'un jour à l'autre que vous l'êtes (1).

Vous avez actuellement votre Pétrarque (2), je ne comprends pas qu'on puisse faire un aussi gros volume à son occasion. Le

---

(1) Jamais peut-être madame de Maintenon n'a été mieux jugée : les femmes savent très-bien s'apprécier quand elles ne sont point contemporaines.

(2) *Mémoires pour servir à la vie de Pétrarque* par l'abbé de Sade.

fade auteur! que sa Laure était sotte et précieuse! que la cour d'amour était fastidieuse! que tout cela était recherché, *agrimaché*, maniéré! et tout cela vous plaît! Convenez que vous savez bien allier les contraires.

On joue cette semaine cinq comédies chez madame de Villeroi, peut-être irai-je demain si je me porte bien et si je n'ai rien à faire : peut-être souperai-je avec la grand'maman chez madame d'Anville (1); cette femme ne vous déplairait peut-être pas, elle n'a pas les grands airs de nos grandes dames, elle a le ton assez animé, elle est un peu entichée de la philosophie moderne; mais elle la pratique plus qu'elle ne la prêche.

Madame la duchesse d'Antin mourut hier; c'était la sœur de feu M. de Luxembourg. Cette perte sera très-indifférente à la maréchale, à moins qu'elle ne l'empêche d'aller voir aujourd'hui jouer le *Galérien* chez madame Villeroi.

J'eus il y a deux jours la visite de madame Denis et de M. et madame du Puis (2); ils disent qu'ils retourneront dans deux ou trois mois retrouver Voltaire qui les a envoyés à Paris pour solliciter le payement d'argent qui lui est dû : ils pourraient bien mentir, je n'ai pas assez de sagacité pour démêler ce qui en est; il y a des choses plus intéressantes que je ne cherche point à pénétrer; tout ce qui me paraît difficile à comprendre, je l'abandonne.

Adieu. Je ne sais quand je reprendrai cette lettre ni même si je la continuerai.

Mardi 22.

Oh! oui, je la continuerai parce que la demoiselle Sanadon dîne encore dehors.

---

(1) La duchesse d'Anville, née La Rochefoucault, mère du duc de La Rochefoucault, qui bien qu'il se fût déclaré, au commencement de la révolution, pour le parti populaire, fut assassiné entre sa mère et son épouse, à peu de distance de son château de la Roche-Guyon.

(2) Madame du Puis, était la petite nièce de Corneille, protégée par Voltaire, et vivait avec son mari.

J'ai fait plusieurs connaissances nouvelles; je suis comme madame de Staal (1), qui cherchait à en faire, parce qu'elle était, disait-elle, fort lasse des anciennes; on parierait, sans crainte de perdre, qu'on ne serait pas plus content des unes que des autres, mais il y a le piquant de la nouveauté.

Je viens d'écrire à Voltaire; je lui demande s'il n'a pas le projet d'aller voir sa Catherine; je lui dis que ce serait le comble de la folie; on soupçonne que c'est son projet, mais je ne le crois pas.

On dit qu'il va paraître un arrêt du parlement pour diminuer le nombre des couvents, et fixer l'âge où l'on pourra faire des vœux; ce sera l'ouvrage de M. de Toulouse; je vous renvoie à la gazette pour ces sortes de nouvelles, je ne saurais m'occuper de ce qui ne m'intéresse point; je suis à peu près comme un homme que connaissait mon pauvre ami Formont; il disait: *Apprenez que je ne m'intéresse qu'aux choses qui me regardent :* tout le monde est peut-être de même, mais il y a des gens qui étendent les regards sur beaucoup d'objets. Les miens sont fort circonscrits; et de la chose publique, il n'y a que les rentes et les pensions qui m'intéresent. Ces sentiments sont un peu bas, mais du moins ils sont naturels. En voilà assez pour aujourd'hui, je ne fermerai cette lettre qu'après avoir reçu la vôtre; c'est le vent d'ouest, à ce qu'on m'a dit, qui les amène le mardi et le samedi; celui de nord est le plus fréquent, ainsi je ne les attends jamais que le mercredi ou le dimanche.

Dites-moi comment vous trouvez cette phrase de ma lettre à Voltaire.

« Ne voyez jamais votre Catherine que par le télescope de
« votre imagination, laissez toujours entre elle et vous la dis-
« tance des lieux à la place de celle du temps; faites un roman
« de son histoire et rendez-la aussi intéressante, si vous le
« pouvez, que la Sémiramis de votre tragédie. »

(1) Madame de Staal née de Launay, avec qui madame du Deffand avait été très-liée.

Mercredi matin, 25.

Cette maison de La Rochefoucauld est une tribu d'Israël, ce sont d'honnêtes et bonnes gens. La grand'maman s'accommode fort de madame d'Anville; il n'y a point de morgue dans toute cette famille; il y a du bon sens, de la simplicité; mais je ne prévois pas que je forme une grande liaison avec eux; si j'étais moins vieille, cela se pourrait, mais à mon âge on ne construit rien; c'est le temps où tout s'écroule. S'il ne me vient point de lettres, celle-ci sera finie.

LETTRE XLX.

Paris, dimanche 3 avril 1768.

Votre lettre du 24 mars n'a pas été mise à la poste sur-le-champ, puisqu'elle ne me parvient qu'aujourd'hui. Je viens de recevoir en même temps une lettre de Voltaire; je satisferai votre curiosité en vous en faisant l'extrait.

« Quand j'ai un objet, Madame, quand on me donne un
« thème, comme par exemple, de savoir si l'âme des puces
« est immortelle; si le mouvement est essentiel à la matière;
« si les opéra-comiques sont préférables à *Iane* et à *Phèdre*,
« ou pourquoi madame Denis est à Paris, et moi entre les
« Alpes et le mont Jura; alors j'écris rapidement, et ma
« plume va comme me voilà.

« L'amitié vous offrira ce que je puis vous dire jusqu'à
« mon dernier moment, et cela ne sera peut-être pas loin.

« J'ai été pendant quarante ans le courtier de l'Europe, et
« je me suis lassé de ce métier. J'ai eu chez moi près de trois
« ou quatre cents Anglais, qui tous, en retournant leur patrie,
« que presque pas un n'a songé à me remercier de leur départ.

« excepté un prêtre écossais nommé Brown (1), ennemi de
« M. Hume, qui a écrit contre moi, et qui m'a reproché d'aller
« à confesse, ce qui est assurément bien dur.

« J'ai eu chez moi des colonels français avec tous les offi-
« ciers, pendant plus d'un mois; ils servent si bien le Roi,
« qu'ils n'ont pas seulement eu le temps d'écrire ni à madame
« Denis ni à moi.

« J'ai bâti un château comme Béchamel, et une église comme
« le Franc de Pompignan; j'ai dépensé cinq cent mille francs
« à ces œuvres profanes et pies; enfin d'illustres débiteurs de
« Paris et d'Allemagne, voyant que ces munificences ne me
« convenaient point, ont jugé à propos de me retrancher les
« vivres pour me rendre sage; je me suis trouvé tout d'un coup
« presque réduit à la philosophie; j'ai envoyé madame Denis
« solliciter les généreux Français, et je me suis chargé des
« généreux Allemands.

« Mon âge de soixante-quatorze ans et des maladies conti-
« nuelles me condamnent au régime et à la retraite; cette vie
« ne peut convenir à madame Denis, qui avait forcé la nature
« pour vivre avec moi à la campagne; il lui fallait des fêtes
« continuelles pour lui faire supporter l'horreur de mes déserts,
« qui, de l'aveu des Russes, sont pires que la Sibérie pendant
« six mois de l'année; on voit de sa fenêtre trente lieues de
« pays, mais ce sont trente lieues de montagnes de neige et de
« précipices : c'est Naples en été et la Laponie en hiver; ma-
« dame Denis avait besoin de Paris; la petite Corneille en avait
« encore plus besoin. J'ai fait un effort pour me séparer d'elles
« et pour leur procurer des plaisirs, à la tête desquels je mets
« celui qu'elles ont eu de vous rendre leurs devoirs.

« J'ai reçu de Hollande une princesse de Babylone; j'aime
« mieux les *Quarante écus*, que je ne vous envoie point, parce
« que vous n'êtes pas arithméticienne; la Princesse part sous

(1) Né en 1722, dans le comté de Perth; mort en 1787. Il a écrit un
nombre assez considérable d'ouvrages de théologie.

« l'enveloppe de madame la duchesse de Choiseul ; si elle vous
« amuse, je ferai plus de cas de l'Eurphrate que de la
« Seine. »

Je n'ai point encore reçu cette *Princesse de Babylone*, mais je l'ai lue ; il y a quelques traits plaisants, mais c'est un mauvais ouvrage, et, contre son ordinaire, fort ennuyeux. Il ne me répond point sur l'article de ma lettre où je lui parlais de la Czarine ; je ne serais point étonnée qu'il l'allât trouver. On m'attribue un bon mot sur les philosophes modernes, dont je ne me souviens point, mais je l'adopterais volontiers. On disait que le roi de Prusse ou le roi de Pologne vantait beaucoup nos philosophes d'avoir abattu la forêt de préjugés qui nous cachait la vérité ; on prétend que je répondis : *Ah! voilà donc pourquoi ils nous débitent tant de fagots.*

Il est arrivé un accident effroyable ces jours-ci dans un couvent appelé la Présentation ; sept petites filles couchant dans la même chambre, une d'elles mit une chandelle sous son pot de chambre pour la reprendre quand les religieuses qui avaient soin d'elles seraient retirées : elle s'endormit en lisant ; le feu prit à son lit qui était à côté de la porte, le feu gagna la porte et tous les autres lits. Cinq ont été absolument brûlées, deux autres se jetèrent par la fenêtre ; l'une a le visage brûlé et l'autre les pieds et beaucoup d'autres parties du corps ; on ne put entrer dans la chambre, parce que la porte était en feu ; jugez quelle désolation pour les pères et mères de ces enfants. Il y avait trois demoiselles de Ligny ; c'est l'aînée qui a mis le feu ; la cadette qui n'a que dix ans, est une de celle qui se sont sauvées, l'autre est mademoiselle de Modave ; les trois autres brûlées s'appellent Lusignan, Briancourt, Bélanger ; il y avait beaucoup de filles de condition dans cette maison.

Milady Pembrocke part aujourd'hui pour l'Ile-Adam ; elle y restera tout le voyage ; on n'en reviendra que le dimanche. La pauvre Lloyd est laissée pour les gages.

Le Chabrillant, petit gendre de madame d'Aiguillon, a perdu, au trente et quarante soixante et treize mille francs; il avait dépensé, depuis son mariage, quarante mille écus en équipages, en habits, etc. Le jeu ici est terrible; M. de la Trémouille, à la même séance que le petit Chabrillant, qui se passait chez un M. de Boisgelin, cousin de celui qui est chez vous, perdit cent cinquante-six mille livres, et le maître de la maison quarante-huit; c'est un M. le chevalier de Franc qui a gagné toutes ces sommes; il n'y avait que ces quatre personnes. Je ne saurais comprendre comment, dans un pays policé, on ne puisse pas trouver quelque expédient pour remédier à un tel déréglement.

La reine et le président vont fort mal.

LETTRE XLVI.

Paris, mardi 12 avril 1768.

Vous m'avez cité la *Nouvelle Héloïse*; permettez, à mon tour, que je vous raconte une petite histoire. Feu le cardinal d'Estrées, âgé de soixante et dix, quatre-vingts, ou cent ans, c'est tout de même, se trouva un jour avec madame de Courcillon, plus belle qu'un ange, plus précieuse que tout l'hôtel de Rambouillet, d'un maintien, d'une sagesse, d'une réputation merveilleuse. Les charmes de cette belle dame ragaillardirent le vieux cardinal; il avait de l'esprit, de la grâce: il lui dit des galanteries, il voulut même baiser sa main; elle prit un ton sévère, le repoussa, le traita fort mal : ah! madame, madame! s'écria le vieux cardinal, *vous prodiguez vos rigueurs*. Soudain sa flamme s'éteignit, et comme dit madame de Sévigné, *il lui vit des cornes*.

Je n'en verrai jamais à la grand'maman : elle n'est que trop bonne, trop indulgente, trop modeste; elle veut être parfaite, c'est son défaut, et le seul qu'elle puisse avoir. Quoique je compte assez sur ses bontés pour l'avouer de tout ce qu'elle peut dire de moi, j'affirme et je proteste qu'elle n'a point concerté avec moi, ni ne m'a communiqué la lettre que vous avez reçue d'elle : apparemment c'était une réponse à ce que vous lui avez écrit ; je ne lui parle jamais de vous, que quand elle m'interroge ; si vous ne vous en rapportez pas à ma prudence, rapportez-vous-en du moins à mon amour-propre ; mais laissons là toutes ces noises et ces chicanes, elles sont ennuyeuses pour vous, et fort peu divertissantes pour moi : il vaut bien mieux conter des histoires : en voici une tragique et bien singulière.

Un certain comte de Sade, neveu de l'abbé auteur de *Pétrarque*, rencontra, le mardi de Pâques, une femme grande et bien faite, âgée de trente ans, qui lui demanda l'aumône ; il lui fit beaucoup de questions, lui marqua de l'intérêt, lui proposa de la tirer de sa misère, et de la faire concierge d'une petite maison qu'il a auprès de Paris. Cette femme l'accepta ; il lui dit de venir le lendemain matin l'y trouver ; elle y fut ; il la conduisit d'abord dans toutes les chambres de la maison, dans tous les coins et recoins, et puis tout au mieux dans le grenier : arrivés là, il s'enferma avec elle, lui ordonna de se mettre toute nue ; elle résista à cette proposition, se jeta à ses pieds, lui dit qu'elle était honnête femme ; il lui montra un pistolet qu'il tira de sa poche, lui dit d'obéir ; ce qu'elle fit sur-le-champ. Alors, il lui lia les mains, et la fustigea cruellement ; quand elle fut toute en sang, il tira un pot d'onguent de sa poche, en pansa ses plaies, et la laissa : je ne sais s'il la fit boire et manger, mais il ne la revit que le lendemain matin ; il examina ses plaies, et vit que l'onguent avait fait l'effet qu'il en attendait ; alors il prit un canif, et lui déséquetta tout le corps ; il prit ensuite le même onguent, et en couvrit toutes les blessures, et s'en alla. Cette femme, désespérée, se démena de façon qu'elle rompit ses liens, et se jeta par la fenêtre qui donne sur la rue. On ne dit point qu'elle se soit blessée en tombant ; tout le peuple s'attroupa autour d'elle ; le lieutenant de police a été informé de ce fait ; on a arrêté M. de Sade ;

il est, dit-on, dans le château de Saumur; l'on ne sait pas ce que deviendra cette affaire, et si l'on se bornera à cette punition, ce qui pourrait bien être, parce qu'il appartient à des gens assez considérables et en crédit; on dit que le motif de cette exécrable action était de faire l'expérience de cet onguent.

Voilà la tragédie; tâchez de vous en distraire, et écoutez ce petit conte.

Un curé de village élevait un petit garçon nommé Raimond; quand il en était content il l'appelait Raimonet. Raimond était gourmand : il allait dans le jardin manger les fruits; le curé ne le trouvait pas bon. Un matin, avant que de dire sa messe, le curé s'alla promener et surprit Raimond à un espalier de muscat, dont il mangeait avec grand appétit : le curé fut en grande colère, et fouetta bien fort le petit Raimond : et puis tout de suite il alla à la paroisse dire sa messe et ordonna au petit Raimond de venir lui répondre, comme il avait coutume. Le petit drôle, bouffi de colère, fut obligé d'obéir; le curé commence sa messe, se retourne, dit : *Dominus vobiscum*. Point de réponse......*Dominus vobiscum; Raimond, réponds donc.* Point de réponse.... *Dominus vobiscum; Raimonet, réponds donc* : — *et cum spiritu tuo, fichu fouetteur!* Il faudrait que cela fût bien conté, pour faire rire.

SUITE.

Mercredi 13, à onze heures.

Depuis hier j'ai appris la suite de M. de Sade. Le village où est sa petite maison, c'est Arcueil; il fouetta et déchiqueta la malheureuse le même jour, et tout de suite il lui versa du baume dans ses plaies, et sur ses écorchures; il lui délia les mains, l'enveloppa dans beaucoup de linges, et la coucha dans un bon lit. A peine fut-elle seule; qu'elle se servit de ses draps et de ses couvertures pour se sauver par la fenêtre; le juge d'Arcueil lui dit de porter ses plaintes au procureur général et au lieutenant de police. Ce dernier envoya chercher M. de Sade, qui, loin de désavouer et de rougir de son crime, prétendit avoir fait une très-belle action, et avoir rendu un grand service au public par la découverte d'un baume qui guérissait sur-le-champ les blessures ; il est vrai qu'il a produit cet effet sur cette femme. Elle s'est désistée de poursuivre son assassin, apparemment moyennant quelque argent : ainsi il y a tout lieu de croire qu'il en sera quitte pour la prison.

Le fils de l'idole, qui n'est pas encore de retour de ses voyages, mais qui arrive bientôt, doit épouser mademoiselle Désaleurs, fille de celui qui a été à Constantinople ; sa mère est Lubomirska, qui s'est remariée à M. de Liré ; elle en est séparée, et elle est dans un couvent ; sa fille a dix-sept ans (1) ; elle est jolie, elle a vingt-deux mille livres de rentes, elle est nièce de madame Sonin, et c'est Pont-de-Veyle qui fait ce mariage.

Je soupai, hier au soir, chez le président avec la milady (2), que, de plus en plus, je trouve aimable, et avec ma bonne amie Lloyd, qui ne m'a pas encore démis le poignet (3) : mais à la fin elle y parviendra.

Si je reçois cet après-dîner une lettre, je joindrai la réponse à ceci ; sinon ceci partira toujours.

La traduction de *Tacite*, par l'abbé de la Bletterie, auteur

---

(1) La comtesse Amélie de Boufflers.

(2) Lady Pembroke. En parlant de cette dame, dans une autre lettre qu'on ne publie pas, madame du Deffand dit : « J'aime beaucoup la milady (Pembroke) ; plus je la vois, plus je la trouve aimable. Sa simplicité, son naturel, sa douceur, sa modestie, ont quelque chose de piquant. Sans être vive, elle est animée ; elle a de la justesse dans les jugements qu'elle porte, et je lui crois du discernement. Sa politesse, toutes ses manières sont extrêmement nobles. J'ai le projet d'aller souper dimanche à son hôtel garni, entre elle et ma bonne amie Lloyd. Si j'en reviens, sans que mes poignets soient démis, je vous prierai d'en rendre grâce à Dieu. »

(3) Elle veut dire en secourant sa main, manière de saluer générale en Angleterre dans toutes les classes.

de la *Vie de Julien*, paraît depuis quelques jours; on en a tiré deux mille exemplaires, qui sont tous enlevés; j'en ai pris deux, un pour moi, l'autre pour vous, si vous en avez envie.

J'ai fait une réponse à Voltaire, dont la grand'maman est fort contente; mais je ne vous l'enverrai pas que vous ne me la demandiez.

A 2 heures.

Voilà votre lettre, j'en suis contente. Considérez, je vous prie, qu'on n'a pas le temps de se brouiller et de se raccommoder à mon âge.

Vous ne me répondez point sur le portrait que je vous ai fait de madame de Maintenon; vous n'en êtes peut-être pas content; je ne le suis pas des épithètes que vous mettriez sous les quatre portraits (1). Voyez celles que j'y mettrais : à madame de Maintenon, prudence, persévérance; madame des Ursins, à peu près la même que vous; celle de la grand'maman, j'ajouterais à la raison, la justice et la bonté; et pour moi, l'affectation, le roman, etc. On m'y reconnaîtrait d'abord.

(1) M. Walpole avait dit dans sa lettre, à laquelle celle-ci sert de réponse : « Je serais charmé, à mon retour en France, de lire les Lettres de madame de Maintenon et de la princesse des Ursins. Je ne crois pas cependant que ces lettres ressemblent aux vôtres et à celles de madame de Sévigné. Que de fausseté, d'hypocrisie, ne doit-on pas trouver dans la correspondance de ces deux créatures ambitieuses, adroites, glorieuses, pleines de bon sens, et cherchant à l'envi à se tromper et à se surpasser l'une l'autre! Je voudrais avoir les portraits de ces deux femmes ensemble, non pas pour faire pendant, mais pour opposer au tableau de vous et de la grand'maman. J'y écrirais sous le vôtre, le naturel; sous celui de la grand'maman, la raison; sous la Maintenon, l'artifice; et sous la princesse, l'ambition. Savez-vous ce qui s'en suivrait? le grand nombre aimerait, leur vie durant, à être les dernières, et après leur mort, d'avoir été les premières. »

LETTRE XLVII.

Paris, dimanche 22 mai 1765.

Du taffetas pour *des coupures* ne voudrait rien dire ; mais s'il y a pour des coupures, on peut bien ne pas le comprendre, si on n'en a jamais entendu parler ; mais on voit que cela veut dire quelque chose, et on s'informe (1). Enfin tout est éclairci, cela a extrêmement diverti la grand'maman, et sauf votre respect et la soumission que j'ai à vos décisions, je crois que vous feriez bien de lui écrire un mot : elle est à Chanteloup, fort occupée à faire un petit ouvrage sur un pot de chambre et des petits pois que j'ai reçus il y a aujourd'hui quinze jours sous le nom de la grand'maman, avec une lettre de l'abbé Barthélemy ; le tout imaginé, donné, et composé par madame de la Vallière. M. de Choiseul était dans la confidence ; il y a eu des lettres à l'infini ; l'abbé a recueilli toutes les pièces, il en formera un roman, une histoire ou un poëme, qui sera dédié à M. de Choiseul.

Ce chevalier de Listenai (2), dont je vous ai parlé, est positivement celui avec lequel vous avez soupé ; il est parti aujourd'hui pour Chanteloup. Je le trouve un bon homme, doux, facile, complaisant ; en fait d'esprit, il a à peu-près le nécessaire, sans sel, sans sève, sans chaleur, un certain son de voix ennuyeux ; quand il ouvre la bouche, on croit qu'il bâille, et qu'il va faire bâiller ; on est agréablement surpris que ce qu'il

---

(1) La duchesse de Choiseul avait fait prier M. Walpole par madame du Deffand de lui envoyer du *taffetas pour des coupures*. M. Walpole, qui n'avait pas compris qu'il s'agissait du taffetas d'Angleterre pour mettre sur les coupures, envoya des coupures de taffetas de différentes espèces : méprise qui amusa beaucoup madame de Choiseul.

(2) À la mort de son frère aîné, il prit le titre de Beauvau-Craon.

dit n'en est ni sot, ni long, ni bête; et vu le temps qui court, on conclut qu'il est assez aimable.

Je ne connais point M. de Monaco (1); mais il y a vingt-cinq ans que je lui trouvais l'air d'un héros de roman, non pas d'Astrée ni de Clélie, mais de la princesse de Clèves, ou de la reine de Navarre. Je ne connais pas non plus le petit Rochechouart; M. Selwyn m'en paraît coiffé. Je crois que vous voyez un peu en beau le baron de Breteuil (2), homme d'esprit, c'est beaucoup dire; sa manière ne me déplaît pas; et il m'aurait peut-être plu davantage, s'il m'avait paru faire plus de cas de moi; mais après m'avoir vue quelquefois, il m'a laissée là. On a beau se flatter qu'on juge sans prévention, notre amour-propre entre toujours dans les jugements que nous portons.

Je ne puis vous rendre raison de la conduite de madame de Guerchy; je me suis enfin lassée d'envoyer et de me faire écrire chez elle; elle ne voit encore que ses parents et ses plus intimes amis. Il n'y avait que treize ou quatorze personnes à la noce de sa fille (avec le comte d'Ossonville), et jamais enterrement ne fut plus triste. Je trouve M. Élie de Beaumont (3)

(1) Le prince de Monaco, qui se trouvait alors en Angleterre, père du prince Joseph de Monaco, marié à l'une des filles de la duchesse de Stainville.

(2) Alors en Angleterre. Il fut depuis ambassadeur à Naples et à Vienne. De retour en France en 1783, le baron de Breteuil fut nommé ministre d'État au département de Paris et de la maison du roi. Il montra beaucoup d'acharnement contre le cardinal de Rohan dans l'affaire du *Collier*. En 1789, il fut remis à la tête du ministère, après le renvoi de M. Necker. L'époque du retour de ce ministre fut celle du départ de M. de Breteuil. Après qu'il eut quitté la France, Louis XVI lui confia un pouvoir illimité pour traiter avec les cours étrangères. En 1802, il rentra en France, et il est mort à Paris en 1807.

(3) Homme de robe et homme de lettres, qui a commencé à se faire connaître par son *Mémoire pour la famille de Calas*, dont Voltaire avait embrassé la cause avec tant de chaleur. Madame Élie de Beaumont, sa femme, s'est également distinguée dans le monde littéraire, par les *Lettres du marquis de Rozelle*, roman qui n'est pas sans mérite, et par quelques autres ouvrages.

un impertinent; il y a quelque temps que je le rencontrai avec sa femme chez votre ambassadrice : ils me parlèrent l'un et l'autre de votre *Richard*, qu'ils louèrent; ils devaient me venir voir, et je n'en ai point entendu parler. M. de Nivernois est, ce me semble, le mâle de l'idole (1); tout cela est ridicule. Mon Dieu, mon Dieu, qu'il y a peu de gens supportables! mais de gens qui plaisent, il n'y en a point. Plus ma prudence augmente, plus j'observe; car moins on parle, plus on réfléchit. Je trouve tout le monde détestable; celle-ci (madame de Forcalquier) est honnête personne, mais elle est bête, entortillée, obscure, pleine de galimatias qu'elle prend pour des pensées; celle-ci (madame de Jonsac) (2) est raisonnable, mais elle est froide, commune : tout est conduite, ses propos, ses attentions; cette autre (madame d'Aubeterre) (3) jabote comme une pie, son élocution est celle des filles d'opéra; cette autre (la duchesse d'Aiguillon) parle comme une inspirée, ne sait presque jamais ce qu'elle dit, et tout ce qu'elle veut conclure, c'est qu'elle est un grand esprit, qu'elle est savante, brillante, etc., etc. Voilà la peinture d'un cercle, il y en aurait bien d'autres à peindre qui seraient encore bien pis, car du moins dans celui-ci il n'y a pas trop de fausseté, de jalousie, ni de mauvais cœur. Il est très-vrai qu'il n'y a que la grand'maman qu'on puisse aimer, et qui dégoûte de tout le reste.

Enfin, vous êtes donc content de cette lettre de madame de Sévigné. Je souhaite que vous puissiez avoir les trente-trois autres; mais j'en doute. La première, qui vous a tant déplu, venait de M. de Castellane; c'était de celles qu'on avait mises au rebut; il n'en a que de celles à sa fille, et elle fut prise au hasard.

(1) Le duc de Nivernois, Louis-Jules-Mancini, né à Paris en 1716. Il fut un des plus magnifiques seigneurs et un des hommes les plus aimables de son temps.
(2) Sœur du président Hénault.
(3) Nièce du président et de madame de Jonsac.

La reine (1) reçut avant-hier l'extrême-onction ; elle est peut-être morte au moment présent. On dit que le roi ira à Marly tout de suite, et y passera six semaines, et qu'ensuite il ira à Compiègne ; ces arrangements ne m'intéressent que par rapport à la grand'maman ; son retour en est dépendant.

J'ai fait vos compliments à madame de Forcalquier ; elle les a reçus très-agréablement, et consent avec plaisir à vous donner la troisième place dans notre loge. Je vis hier votre ambassadrice ; l'ambassadeur (2) ne voit encore personne ; il a été fort malade. J'aurai ce soir à souper peut-être vingt personnes, entre autres M. Saint-John, qui m'apporta du thé, du teffetas pour des coupures, avec une grande lettre de M. Selwyn. Il me paraît qu'il n'a pas le projet de venir ici cette année. Il me dit qu'il ne compte plus retrouver le président ; mais qu'il espère encore me revoir, que je suis moins vieille que sa mère, qui se porte bien et qui ne mourra pas si tôt.

C'est une chose assez fâcheuse que toutes les lettres soient ouvertes ; cela gêne beaucoup. Mandez-moi où en est la *Cornélie* (3) du président ; je suis fâchée que vous ayez entrepris cet ouvrage.

(1) Marie Leczinska, fille de Stanislas, roi de Pologne, et femme de Louis XV.

(2) Le comte d'Harcourt.

(3) Tragédie du président Hénault, qu'il avait composée dans sa première jeunesse, et dont M. Walpole a fait imprimer un certain nombre d'exemplaires à Strawberry-Hill. Cette tragédie n'a point été imprimée en France dans les œuvres du président Hénault. Voltaire a dit du président :

>   Les femmes l'ont pris souvent
>   Pour un ignorant agréable ;
>   Les gens en us pour un savant.

LETTRE XLVIII.

Paris, dimanche 26 juin 1768.

Vous êtes un être ineffable, vous êtes l'éternité ou le commencement, le vide ou le plein, incompréhensible de toute manière. J'abandonne la recherche de tout ce qui est de ce genre, et je conclus qu'il ne m'est pas nécessaire de le comprendre. Vous êtes un second Daniel : vous devinez fort bien ce qu'on a rêvé ; mais votre science ne va pas si loin que la sienne, puisque vous n'en tirez pas le pronostic.

Ah ! oui, je vous permets toute licence : mon indulgence est extrême, elle va jusqu'à souffrir ce qu'on ne peut empêcher.

Le grand-papa se porte bien, mais la reine n'est plus ; elle mourut vendredi 24, entre dix et onze heures du soir. Le roi est à Marly pour plusieurs jours. Je crois que la grand'maman reviendra la semaine prochaine. Je suis très-déterminée à ne lui pas dire un mot de ma pension (1). Je ne doute pas qu'elle ne fasse son devoir de grand'maman, ainsi que son époux celui de grand-papa : si l'amitié ne les engage pas, mes sollicitations seraient inutiles ; je suis fort tranquille sur cet article.

Voulez-vous que je vous envoie notre pièce du *Joueur* ? Je l'ai excessivement approuvée. L'auteur, qui est M. Saurin, en a été flatté, et me l'a apportée avec de jolis vers. Je ne vous envoie plus rien de Voltaire, parce qu'il dit toujours les mêmes choses, et je trouve que la prédiction du chevalier de Boufflers, *pour dans cinquante ans*, est déjà arrivée ; que tous les écrits sur cette matière sont aussi superflus, aussi plats et

---

(1) Madame du Deffand jouissait d'une pension de six à dix, que lui faisait Marie Leczinska.

aussi ennuyeux, que s'ils étaient contre les sorciers et les magiciens.

Votre *Cornélie* (1) n'est point encore arrivée; mais M. de Montigny en a eu des nouvelles, et il m'a dit qu'elle ne pouvait pas tarder. Le président est fort sensible à cette marque d'amitié; mais il est dans la crainte que cet ouvrage ne lui attire des critiques. Madame de Jonsac et moi nous le rassurons, en lui disant que, comme elle ne sera pas en vente, il sera le maître de ne la donner qu'à qui il voudra. Je voudrais que madame Greville en reçût un exemplaire de ma part.

J'ai, dites-vous, l'esprit critique; et vous, vous l'avez orgueilleux : cela peut-être, et je le crois; mais je m'ennuie, et vous vous amusez; vous trouvez des ressources en vous; je ne trouve en moi que le néant, et il est aussi mauvais de trouver le néant en soi, qu'il serait heureux d'être resté dans le néant. Je suis donc forcée à chercher à m'en tirer, je m'accroche où je peux, et de là viennent toutes les méprises, tous les mécontentements journaliers, et un dégoût de la vie qui est peut-être bon à quelque chose. Il me fait supporter patiemment les délabrements de la vieillesse, et diminue la vivacité et la sensibilité pour toutes choses.

Ne sachant que lire, j'ai repris, à votre exemple, l'*Héloïse* de Rousseau; il y a des endroits fort bons; mais ils sont noyés dans un océan d'éloquence verbiageuse. Je crayonne les endroits qui me plaisent : ils sont en petit nombre; en voici un :

« Les âmes mâles ont un idiome dont les âmes faibles n'ont pas la grammaire. »

Dites-moi quel est un Anglais dont madame de Forcalquier m'a donné la connaissance; il me paraît comme un assez bon homme; on l'appelle le général Irwin (2). Je regrette tant soit

(1) Les exemplaires de la tragédie du président Hénault, imprimée à Strawberry-Hill.
(2) D'abord page d'honneur de Lionel, duc de Dorset, lorsque ce seigneur occupait la place de lord lieutenant d'Irlande. Il obtint ensuite

peu la milady Pembroke et la bonne fille Lloyd; je les aimais mieux que deux princesses polonaises, dont l'une s'appelle Radzivill et votre Lubomirska. Je suis quelquefois effrayée quand je passe en revue tout ce que je connais; je ne suis plus étonnée qu'il y ait si peu d'élus; pour peu que Dieu fût plus difficile que moi, il n'y en aurait point du tout.

Ma relation avec la grand'maman n'est plus de la même vivacité que dans les commencements: c'est plus ma faute que la sienne; je n'aime point à écrire : vous direz avec raison que vous n'êtes pas payé pour le croire. Adieu.

Je vais tout-à-l'heure chercher dans les Nouvelles de la reine de Navarre le sujet de votre tragédie (1).

LETTRE XLIX.

Paris, mardi 28 juin 1768.

Vous me faites beaucoup plus d'honneur que je ne mérite ; vous ne savez pas que, quand on me demande mon avis (2), je ne sais plus quel il est; toutes mes lumières sont premiers mouvements; je ne juge que par sentiment; si je demande à mon esprit une opération quelconque, je reconnais alors que je n'en ai point du tout. Cependant le désir de vous complaire va me faire parler; je vous demande de me pardonner tout ce que je dirai de travers.

Le style me paraît très-bien ; si j'y trouve quelques fautes,

---

un régiment, se maria, et se livra à de folles dépenses, qui le plongèrent dans de grands embarras.

(1) *La Mère mystérieuse.*
(2) M. Walpole avait communiqué à madame du Deffand la lettre qu'il avait reçue de Voltaire, en date du 8 juin, et sa réponse, sur laquelle il lui demande son opinion.

je les attribue à la traduction (1), ce sont des riens; il y a une seule phrase qui, quoique noble et juste, pourra choquer Voltaire; la voici :

« *N'ayant rien dit, que ce que je pensais, rien de malhonnête ni messéant à un homme de condition, etc.* »

Ces mots « *homme de condition* » blessent une oreille bourgeoise; ils lui paraîtront une vanité, et peut-être il dira qu'il ne savait pas que les gens de condition eussent des priviléges différents des autres quand ils se font auteurs (2). Voilà la critique que vous avez à craindre de lui, et il n'y a pas grand mal : d'ailleurs votre lettre est charmante : rien n'est plus poli, plus élégant; enfin j'en suis enchantée. Vous ne pouviez pas vous dispenser de lui parler de votre préface (3). Je viens de me la faire relire; elle est terrible; il n'est pas vraisemblable qu'il l'ignore, mais s'il l'ignorait, il l'apprendrait un jour, et en ce cas il est bon de le prévenir : il y a de la noblesse et de la franchise dans

---

(1) La lettre de M. Walpole à Voltaire était écrite en anglais; il l'avait traduite pour madame du Deffand, qui n'entendait pas cette langue.

(2) C'était une faute commise dans la traduction. M. Walpole l'explique ainsi à madame du Deffand : « Ne soyez pas en peine de *l'homme de condition* (gentleman); c'est la faute de ma traduction, et non pas de ma lettre. Il fallait traduire *honnête homme*; mais venant d'employer le mot *malhonnête*, et ne voulant pas le répéter, je me suis servi d'un mot qui ne rendait pas le véritable sens de ce que j'avais dit. C'était avec raison que je craignais de me servir de termes équivoques, ce qui m'a fait écrire en anglais, dont je me trouve bien.

« Du reste, n'allez pas dire des injures de votre jugement. C'est précisément votre pensée que je vous demande, parce que je sais qu'elle est toujours juste, quand vous parlez ou raisonnez de sang-froid. Si je ne faisais pas cas de ce jugement-là, vous savez très-bien que je ne vous le demanderais point.

« Je ne vois pas le moyen de lui dérober la préface après avoir donné promesse de la lui envoyer. Il aurait fallu donner une autre tournure à ma lettre. Je crois, comme vous, qu'elle le fâchera. Mais est-il possible qu'il s'avoue offensé de ce qu'on lui conteste le rang du premier génie? Moi, je me ferais brûler pour la primauté de Shakspeare. C'est le plus beau génie qu'ait jamais enfanté la nature. »

(3) La préface du *Château d'Otrante*, roman de M. Walpole.

ce procédé. Vous vous tirez d'affaire aussi bien qu'il est possible, et cela était très-embarrassant ; car, je le répète, elle est terrible, et je ne conçois pas, le connaissant comme je fais, que s'il l'a lue, il vous l'ait pardonné.

Il me vient dans l'esprit que n'ayant rien à faire, il ne serait pas fâché de vous attirer à une correspondance littéraire, qui se tournerait en discussion, en dispute, et lui donnerait l'occasion de se venger de vous. Vous avez décidé que Shakspeare avait plus d'esprit que lui : croyez-vous qu'il vous le pardonne ? c'est tout ce que je peux faire, moi, de vous le pardonner ; mais malgré cela votre lettre est très-bien : vous déclarez qu'il serait indigne de vous rétracter, que vous n'avez dit que ce que vous pensiez, qu'il n'a pas besoin d'être flatté, etc., tout cela est à merveille, et vous prendrez le parti qu'il vous plaira, suivant la conduite qu'il aura.

Vous auriez très-mal fait de lui parler de votre lettre à J.-Jacques. Eh, mon Dieu ! pourquoi lui en auriez-vous parlé ? pour lui faire votre cour, pour l'adoucir ? Oh ! vous êtes trop fier, et vous êtes incapable d'une pareille lâcheté.

J'aurais été bien aise et très-honorée que vous lui eussiez parlé de moi(1) ; le motif qui vous en a empêché est une marque d'amitié à laquelle je suis fort sensible ; mais je ne crains point d'entrer dans vos querelles, d'épouser tous vos intérêts : ainsi, à l'avenir, ayez moins de ménagement, et donnez-moi toutes sortes de marques de confiance, excepté celle de demander mes avis. Hélas ! hélas ! en puis-je donner, moi qui ai besoin de guide et de conseil à tous les instants de ma vie ?

Je ne sais si vous devez envoyer votre préface à Voltaire, et si vous ne feriez pas aussi bien de ne lui en plus parler ; s'il l'a lue, c'est inutile ; s'il ne l'a pas lue, pourquoi le forcer à la lire ?

---

(1) M. Walpole avait dit, dans sa lettre à madame du Deffand : « J'avais voulu lui vanter l'amitié dont vous m'honorez ; mais de peur qu'il ne vous sût mauvais gré de ne lui avoir point parlé de cette préface, j'ai bu ma gloire, et n'en ai pas soufflé. »

ne suffit-il pas de lui en avoir fait l'aveu? ne serait-ce pas une sorte de bravade, si vous en faisiez davantage? Je suis fâchée d'avoir laissé tomber mon commerce avec lui ; ce n'est pas le moment de le reprendre, il y aurait de l'affectation.

LETTRE L.

Paris, mardi 19 juillet 1768.

Vous voilà donc revenu de chez M. de Richmond, et peut-être êtes-vous de retour aujourd'hui de chez M. Conway. J'aime assez que toutes vos courses soient finies ; mais savez-vous, mon cher Monsieur, ce que je n'aime point du tout? c'est l'ironie. C'est votre genre favori : gardez-le pour vos ennemis, et ne l'employez jamais pour moi. Vous vous récriez : sur quoi est fondé ce reproche? le voici : sur ce que je dois être accablée, dites-vous, de l'abondance de vos lettres ; il y avait aujourd'hui huit jours que je n'en avais reçu ; et si je ne m'étais pas interdit d'épiloguer, et si je ne m'étais pas décidée à trouver tout bon, je pourrais critiquer le petit papier où il n'y a pas trois pages complètes ; mais je dis, comme le Barnabite des épigrammes de Rousseau :

> Ceci pour nous n'est encor que trop bon ;

c'est bien moi qui vous accable de lettres ; mais comme je n'exige point de réponse, je ne vous en fais point d'excuse. Je me divertis à vous écrire : ne me lisez pas, si vous voulez ; mais laissez-moi jaser tant qu'il me plaît.

Je suis bien aise que vous ayez écrit à la grand'maman ; cela me plaît dans tous les sens et de toutes les façons. Je ne l'ai encore vue qu'une fois, qui était samedi, le grand-papa y était : mais demain je soupe avec elle ; et s'il n'y a que notre petit cercle, je lui lirai la lettre de Voltaire et votre réponse ; je l'ai fait voir hier au grand abbé, qui en a été très-content ; j'ai supprimé *l'homme de condition.*

Vraiment, vraiment, je savais la grossesse de milady S...... Je loue votre discrétion ; c'est apparemment parce que vous vous défiez de la mienne, que vous ne voulez pas m'apprendre ce qui regarde milord *** : je l'apprendrai, je le crois, mais ce ne sera pas par des Anglais ; je n'en vois plus, excepté votre général (1). Il a l'air d'un juge du peuple de Dieu ; je le crois peu instruit de ce qui regarde les filles d'Israël ; le grand-papa en sait plus long que lui, et c'est lui que j'interrogerai. Adieu.

Bon ! je croyais n'avoir plus rien à vous dire ; je viens de relire votre lettre, elle me fournit beaucoup d'autres choses. J'ai eu mille fois envie de vous envoyer l'écrit de Sainte-Foix sur le Masque de Fer ; mais j'ai craint vos dédains ; je vois que vous le savez par cœur ; vous voulez pourtant l'avoir, je vous l'enverrai par la première occasion ; je me ferais scrupule de vous en faire payer le port. Les trois suppositions qu'il fait sont toutes trois absurdes, mais la troisième, qui est le duc de Monmouth, est la plus absurde de toutes, elle n'a pas le sens commun : le fait est vrai, et ce Masque de Fer, pouvait devenir un homme bien considérable, s'il avait connu sa naissance, ou, pour mieux dire, s'il avait pu la révéler (2) : il ne mourut qu'en

---

(1) Le général Irwin.

(2) Madame du Deffand a ici en vue une autre supposition au sujet du *Masque de Fer*, la seule qui ne soit pas en contradiction avec le sens commun ou avec la notoriété générale, et qui, depuis qu'il est certain qu'un tel personnage a existé, prouve assez la nécessité où l'on fut de le dérober à la société, et la convenance de le traiter avec les égards qu'on lui a montrés. Cette supposition, une fois admise, semble en effet être confirmée par toutes les petites circonstances qu'on connaît sur l'air, les habitudes, et les particularités de ce prisonnier mystérieux.

Madame du Deffand a donc supposé que ce personnage ne pouvait être que le frère aîné de Louis XIV, un fils de la reine Anne d'Autriche, qui, d'après la manière dont elle vivait alors avec le roi son époux, ne pouvait être regardé comme son enfant.

L'éditeur de la Vie de Voltaire, par M. de Condorcet, donne dans une note sur cet ouvrage, le développement de cette idée : « Le Masque de

1704 ; et je me souviens d'en avoir entendu parler dans ma jeunesse et dans mon enfance ; ce serait un sujet de conversation, en allant, ou en revenant de Ruel.

Fer était sans doute un frère, et un frère aîné de Louis XIV, dont la mère (Anne d'Autriche) avait ce goût pour le linge fin sur lequel M. de Voltaire s'appuie. Ce fut en lisant les mémoires de ce temps qui rapportent cette anecdote au sujet de la reine, que, me rappelant ce même goût du Masque de Fer, je ne doutai plus qu'il ne fût son fils ; ce dont toutes les autres circonstances m'avaient déjà persuadé. On sait que Louis XIII n'habitait plus depuis longtemps avec la reine ; que la naissance de Louis XIV ne fut due qu'à un heureux hasard, habilement amené ; hasard qui obligea absolument le roi à coucher au même lit avec la reine. Voici donc comment je crois que la chose sera arrivée.

« La reine aura pu s'imaginer que c'était par sa faute qu'il ne naissait point d'héritiers à Louis XIII. La naissance du Masque de Fer l'aura détrompée. Le cardinal (de Richelieu), à qui elle aura fait confidence du fait, aura su, pour plus d'une raison, tirer parti de ce secret. Il aura imaginé de tourner cet événement à son profit et à celui de l'État. Persuadé, par cet exemple, que la reine pouvait donner des enfants au roi, la partie qui produisit le hasard d'un seul lit pour le roi et la reine fut arrangée en conséquence. Mais la reine et le cardinal, également pénétrés de la nécessité de cacher à Louis XIII l'existence du Masque de Fer, l'auront fait élever en secret. Ce secret en aura été un pour Louis XIV jusqu'à la mort du cardinal Mazarin. Mais ce monarque, apprenant alors qu'il avait un frère, et un frère aîné, que sa mère ne pouvait désavouer, qui peut-être portait d'ailleurs des traits marqués qui annonçaient son origine ; faisant réflexion que cet enfant, né durant le mariage, ne pouvait, sans de grands inconvénients et sans un horrible scandale, être déclaré illégitime après la mort de Louis XIII, Louis XIV aura jugé ne pouvoir user d'un moyen plus sage et plus juste que celui qu'il employa pour assurer sa propre tranquillité et le repos de l'État ; moyen qui dispensait de commettre une cruauté que la politique aurait représentée comme nécessaire à un monarque moins consciencieux et moins magnanime que Louis XIV. Il me semble que, plus on est instruit de l'histoire de ces temps-là, plus on doit être frappé de la réunion de toutes les circonstances qui prouvent en faveur de cette supposition. »

L'existence de ce prisonnier d'État ne fut connue dans le monde qu'en 1704. Lorsqu'on le transporta du château de Pignerol à l'île de Sainte-Marguerite, on a remarqué, avec justesse, qu'aucun personnage distingué n'avait disparu en Europe ; de sorte que ce ne pouvait être aucun homme qui eût déjà joué un rôle important sur le théâtre du monde. Les trois suppositions de M. de Saint-Foix, que c'était ou M. le duc de Beaufort, le héros de la Fronde ; ou le comte de Vermandois, le fils naturel

LETTRE LI.

Jeudi 21, a 8 heures du matin.

Comme je n'ai pas d'autres manières de juger des autres, qu'en les jugeant par moi-même, je suis persuadée que vous avez la plus grande impatience d'avoir la réponse de Voltaire. — Hé bien, hé bien ! la voici ; c'est à la grand'maman qu'il l'a envoyée : elle l'avait reçue hier matin ; le soir nous en fîmes la lecture, je la priai de me la remettre, et de me donner la lettre de Voltaire pour elle, parce que la poste partait ce matin, et que je serais bien aise qu'il n'y eût pas un moment de perdu ; vous recevrez donc le tout dimanche ou lundi.

Je n'ai point eu le temps d'examiner la lettre de Voltaire : elle m'a paru extrêmement polie ; mais c'est la première escarmouche, pour établir une petite guerre entre vous et lui, sur Shakspeare. Au nom de Dieu ne donnez point dans ce pan-

---

de Louis XIV et de la duchesse de la Vallière ; où le duc de Monmouth, paraissent donc également contraires au bon sens et à toute possibilité. On ne doit pas regarder comme moins ridicule l'idée produite par quelques écrivains de ces derniers temps, que c'était un certain Magni ou Mattioli, secrétaire ou ministre d'un duc de Mantoue, qui avait contrarié les intérêts et trahi les secrets de la France. Les ministres et la police de ce temps-là n'avaient pas coutume de traiter des ennemis subalternes avec tant de cérémonies et d'égards. Mais quand on admettra, que ce mystérieux personnage avait des droits sacrés et imprescriptibles ; que la découverte de son existence (quels que fussent d'ailleurs son origine ou son état) pouvait devenir dangereuse pour le prince qui occupait le trône, il faudra convenir que, placé dans des circonstances fort délicates et fort difficiles, Louis XIV a adopté les moyens les moins cruels pour assurer sa propre conservation.

Sous le consulat, un petit conte faisait descendre Bonaparte du Masque de Fer. Le premier Consul trouva l'ouvrage si ridicule et cette flatterie si gauche, que Fouché eut ordre d'en faire arrêter la publication. Il en circula cependant quelques exemplaires.

neau; tirez-vous de cette affaire le plus poliment qu'il vous sera possible, mais évitez la guerre; c'est le sentiment et le conseil de la grand'maman; c'est celui du grand abbé, et par-dessus tout, c'est le mien; je suis bien sûre que ce sera aussi le vôtre (1).

J'ai résisté, comme de raison, au désir de faire faire une copie de ce que je vous envoie, parce que, la poste partant ce matin, je n'ai pas voulu risquer de manquer son départ; j'aurais pu attendre un courrier de M. du Châtelet, il ne vous aurait point coûté de port; mais j'ai cru que vous ne regretteriez pas les frais, et que vous êtes plus impatient qu'avare.

Voici la grâce que je vous demande : c'est de me renvoyer la lettre de Voltaire à la grand'maman, de me faire faire une copie de sa lettre à vous, et de votre réponse, et tout cela le plus promptement qu'il vous sera possible.

Je viens de relire la grande lettre de Voltaire; en vérité je la trouve parfaitement bien; celle qui est pour la grand'maman

(1) Ainsi qu'on en peut juger par ces extraits, c'est aussi le parti qu'il veut prendre. « Venons à la lettre de Voltaire, elle est très-belle, mais ne me persuade nullement que les merveilleuses beautés de Shakspeare ne rachètent pas ses fautes. Ce que Voltaire n'arrivera jamais à me persuader encore, c'est que ces deux vers de Racine :

De son appartement cette porte est prochaine,
Et cette autre conduit dans celui de la reine

(*Titus et Bérénice.*)

ne soient parfaitement ridicules; et si vos bienséances et la rime réduisent vos poëtes à la nécessité de faire le plan de l'hôtel, je dirai que cette gêne-là est très-absurde. Mais vous verrez, par ma réponse, que je lui passe tout ce qu'il veut. Je n'ai jamais pensé entrer en lice avec lui.

« Quant à cette lettre à la grand'maman, vous voyez la bonne foi de cet homme-là! Il me recherche, il me demande mon *Richard*, je le lui envoie, et puis il en parle comme si je m'étais intrigué à le lui faire lire. Sa vanité est blessée de ce qu'on a osé lui donner un rival, et il a la faiblesse de se démasquer, et la faiblesse plus grande encore, de vouloir le rejeter sur la part qu'il prend à l'honneur de Corneille et de Racine. »

vous choquera beaucoup (1), mais vous sentez bien que Voltaire ne doit pas savoir que vous en avez connaissance : ne laissez donc rien échapper dans votre réponse qui puisse le lui faire soupçonner, et surtout renvoyez-la-moi promptement.

LETTRE LII.

Paris, mardi 23 août 1768.

Il y a aujourd'hui un an que ce ne fut point une lettre qui m'arriva, mais une personne qui interrompit les belles scènes de *Phèdre* que récitait mademoiselle Clairon ; vous en souvenez-vous (2)? Ah, mon Dieu, non ! Ce sont les gens oisifs, les têtes romanesques qui font de telles remarques.

Il faut que vous ayez fait en votre vie grand usage des finesses et des astuces, vous en trouvez partout. J'ai voulu savoir s'il ne fallait pas remettre à votre retour à vous faire voir toutes les misérables petites brochures, qui ne méritent pas beaucoup d'impatience : au lieu de me dire si vous les voulez, vous ne songez qu'à vous défendre des piéges que je vous tends. Oh ! ils sont très-inutiles avec vous ; on n'a nulle difficulté à découvrir ce que vous pensez, et si l'on s'y trompe, ce n'est pas assurément votre faute, c'est qu'on est volontairement aveugle. Je me contente de l'aveuglement où le sort m'a condamnée ; et heureusement, ou malheureusement, je n'en ai pas d'autre.

La description que vous me faites de votre petit monarque (3)

(1) La lettre de Voltaire à madame la duchesse de Choiseul est du 15 juillet 1768. A cette lettre était jointe une longue réplique de Voltaire à la réponse d'Horace Walpole.
(2) Il s'agit de l'arrivée de M. Walpole, le 23 août 1767.
(3) Le roi de Danemarck, Christian VII, se trouvait alors en Angleterre. M. Walpole le dépeint ainsi à madame du Deffand. : « Ah ! ma petite, on « vous a trompée ; ce n'est pas le roi de Danemarck qui vient de dé-
« barquer dans notre île, c'est l'empereur des Fées. C'est une poupée

est plaisante ; je vois d'ici le révérencieux Bernstorff : cet homme n'est pas sans mérite ; mais il s'en faut bien qu'il en ait autant qu'on lui en trouve ici ; c'est un homme factice, il n'a rien de simple ni de naturel, mais il veut être honnête homme, judicieux, solide, etc., etc., et je crois qu'il l'est devenu ; mais c'est son ouvrage, et non, je crois, celui de la nature. Je vous renverrais à madame Dupin, si vous la connaissiez, pour vous expliquer ce galimatias.

Je vous vois occupé pendant huit ou dix jours de votre petit Poinçon (1). Quand nous arrivera-t-il? On se prépare ici à le très-bien recevoir, et à lui rendre tous les honneurs qu'il voudra admettre à son *incognito*. Il sera pour moi comme s'il était à Londres, je ne le connaîtrai que par récit et je préférerai ceux de Londres à ceux de Paris. On me conta hier un trait du chevalier de Montbarey (2) qui me parut plaisant. Il y a un M. du Hautoy qui a perdu un procès ; il est condamné à payer douze ou treize cent mille francs : il s'en faut de plus de cent mille écus que tout son bien monte à cette somme. On en parlait au jeu

« que la grand'maman pourrait vous présenter dans un tableau. Son
« visage n'est pas mal ; il est assez bien fait, et son air, dans un micros-
« cope, et très-imposant. Il est poli, sérieux, fort attentif, et sa cu-
« riosité déjà usée. Il est accompagné d'une chevalerie entière de cordons
« blancs, ce qui fait que cette cour ambulante a tout l'air d'une croisade.
« Le premier ministre (le baron de Bernstorff), cordon bleu comme le
« roi, est un Hanovrien, personnage assez matériel, mais qui plie sa ma-
« térialité à chaque parole ; car il se prosterne quasi à terre quand il
« parle à son maître. Au-dessus du premier ministre est le favori (le
« comte Holke), jeune fat, à qui la faveur tourne la tête, et qui, je crois,
« est charmé de montrer à nous autres qu'il ose être favori en titre
« d'office. L'incognito est très-mal observé ; la majesté du diadème perce
« les nuées du mystère.
« Voilà de grands mots ; si vous n'en voulez pas, gardez-les pour ma-
« dame Dupin. Hier, le petit monarque fut à l'opéra, et s'y ennuya comme
« les sultans de Crébillon. Il n'a point d'oreilles pour la musique ;
« peut-être qu'il aimera la vôtre. Pardonnez cette escapade ; mais vous
« savez que je suis incorrigible sur votre opéra. »
(1) Voyez les *Contes de la mère l'Oie*.
(2) Oncle du prince de Montbarey, depuis ministre de la guerre.

de Mesdames; elles le plaignaient extrêmement, et tout le monde, à l'envi, marquait y prendre un grand intérêt, entre autres une certaine femme qu'on appelle madame Berchény (1), qui est enthousiaste, exagérative, hardie, etc. Le chevalier de Montbarey, qui était présent, dit d'un ton tranquille, qu'il espérait qu'il arriverait à M. du Hautoy ce qu'il avait vu arriver à plusieurs autres, à qui leur malheur avait causé leur fortune, par les grâces qu'on leur avait accordées pour les dédommager de leur perte. Le lendemain le chevalier, passant dans la galerie, fut abordé par cette dame Berchény, qui lui dit d'un ton fier et arrogant : apprenez, M. le chevalier, que vous ne fîtes et ne dîtes hier que des sottises. Lui, sans s'émouvoir, avec un regard assez méprisant, lui dit : *Ah ! Madame, il fait trop chaud pour faire des sottises ; il m'arrive quelquefois d'en entendre, et vous me prenez sur le fait.*

Nous avons une oraison funèbre de la reine, par M. de Pompignan, évêque du Puy (2), qui est le chef-d'œuvre de la platitude.

Je suis fâchée d'avoir commencé la cinquième page, parce que j'ai regret à laisser du papier blanc.

Je pourrais remplir cette page de discussions sur nos théâtres, sur nos ouvrages dramatiques, etc., mais je m'en tirerais mal : tout ce que je sais, c'est que Voltaire a raison et que vous n'avez pas tort, c'est-à-dire que je suis de votre avis sur l'exposition qu'il ne faut pas rendre trop claire, et sur l'unité du lieu, dont il ne faut pas faire le plan ; mais il faut se garder de croire que l'extrême licence soit nécessaire au génie, et doive l'augmenter (3); les règles sont les maîtres à danser, qui perfectionnent la bonne grâce qu'on a reçue de la nature.

(1) Elle était une des dames d'honneur de Mesdames, filles de Louis XV. Il y avait un régiment de hussards de Berchény au service de France.
(2) Frère de M. le Franc de Pompignan, premier président de la cour des aides de Montauban.
(3) M. Walpole avait dit dans sa lettre : « J'admire comme vous le style

Je lis de nouveaux Mémoires de Bussi qui m'amusent assez. Voici la liste des brochures que je peux vous envoyer, marquez-moi celles que vous désirez :

Le masque de fer; La Relation de la mort du chevalier de la Barre; L'Expulsion des jésuites de la Chine; La Profession de foi du théiste; Conseils à l'abbé Bergier; Discours aux confédérés de Pologne (1).

Mercredi 24, à trois heures.

Ah! que je m'ennuyai hier au soir chez le président! c'étaient cependant des gens que j'estime et que j'aime assez, mais qui ont la prétention de l'esprit sans en avoir un brin. Ces sortes de gens sont fatigants, fastidieux, insupportables. Je veux que l'on consente à n'être rien, quand la nature l'a ainsi ordonné; mais tout ce qu'on fait malgré ses ordres m'est odieux. J'ai passé

« et le goût de Voltaire, mais je suis très-éloigné de me payer de ses
« raisonnements; rien de plus faux et de plus frivole que ce qu'il donne
« pour des arguments dans la dernière lettre qu'il m'a adressée. Je n'ai
« jamais pensé de vanter notre théâtre, ni de lui donner la préférence sur
« le vôtre. J'ai préféré Shakspeare à lui Voltaire. C'est un faux-fuyant
« pour sa gloire blessée, quand il donne le change, et prétend que je
« mets Shakspeare au-dessus de Racine et de Corneille. Rien de plus faux
« que tout ce qu'il débite sur ses trente mille juges à Paris; exagération
« outrée. Je douterais fort que dans tout le monde il y eût trente mille
« personnes capables de juger les ouvrages de théâtre. Encore ne con-
« naît-il pas son Athènes. Dans la lie du peuple athénien, le moindre
« petit artisan jugeait de l'élégance et de la pureté de sa langue, parce
« qu'il entrait au théâtre; au lieu que Voltaire dit que les trente mille
« juges décident à Paris, parce que le bas peuple n'entre point au spec-
« tacle. Pour ses beautés d'exposition, je m'en moque. Quoi de plus tri-
« vial, de plus ennuyeux et de plus contraire à l'attente, ressort ingénieux
« pour exciter les passions, que ces froides expositions usitées dans la
« première scène des tragédies? Quelle petitesse de génie, que d'être ré-
« duit à décrire l'emplacement des appartements, de peur que l'audience
« ne s'arrête au milieu d'un grand intérêt pour examiner si une amante
« malheureuse devait entrer sur la scène par telle ou telle porte! Il fau-
« drait qu'il y eût force maîtres de cérémonies parmi les trente mille
« juges pour que de telles expositions fussent nécessaires. »

(1) Tous ces écrits sont de Voltaire.

une mauvaise nuit, depuis trois jours je ne me porte point bien, je suis ennuyée et encore plus ennuyeuse. Je vous trouve bien bon de conserver une telle correspondance ; elle doit vous fatiguer et vous contraindre. Quel besoin en avez-vous ? quel plaisir peut-elle vous faire ? Croyez que je fais toutes les réflexions qui se peuvent faire ; elles ne sont pas gaies ; mais par qui apprendrons-nous la vérité, si ce n'est par nous-mêmes ? Quand je trouve des gens qui m'ennuient, je me dis : je suis pour eux ce qu'ils sont pour moi ; quand j'en rencontre qui me plaisent, j'imagine leur plaire aussi, et c'est en quoi souvent je me trompe.

Adieu, vous n'avez que faire de tout cela.

LETTRE LIII.

Paris, dimanche 11 septembre 1768.

Où êtes-vous ? où allez-vous ? que devenez-vous ? cette lettre vous trouvera-t-elle arrivé à Strawberry-Hill, vous y attendra-t-elle, ou bien à Londres ? aurez-vous suivi l'itinéraire projeté ? ne vous aura-t-on point retenu ? n'aurez-vous point été pris de la goutte ? lisez la fable des Deux Pigeons, et faites-en l'application. Vous aurez bien des choses à dire ; pour moi, qui suis le pigeon sédentaire, j'en ai bien peu à raconter. Quelques soupers avec la grand'maman depuis le retour de Compiègne, un avec son mari, que je trouvai assez froid. Pour la grand'maman, elle est toujours la même, elle n'est que ce qu'elle veut être ; ainsi elle est toujours bien, toujours bonne, mais elle est toujours errante. D'ici à Fontainebleau, qui est pour le 6 d'octobre, elle ne sera pas trois jours de suite dans le même lieu. Des Choisy, des Bellevue (1), des Saint-Hubert et des entrepôts à Paris, voilà son histoire.

(1) Différentes maisons de plaisance du roi de France, où madame de Choiseul, en qualité de femme du premier ministre, était obligée de suivre la cour.

Je fus hier à la comédie; on jouait *Alzire* : je ne trouve point que ce soit une bonne pièce; il me semble que rien n'y est amalgamé; ce sont différents caractères qu'on a voulu peindre, mais qui ne jouent point bien ensemble. Il y a les plus belles tirades du monde; chaque personnage y fait de très-belles réflexions, de très-belles définitions, dont celui qui les écoute n'a que faire. Le seul rôle d'Alvarès me paraît bon; aucun des autres ne me plaît, et puis cela est rendu à faire horreur. On a bien de la peine à avoir du plaisir, mais je ne le cherche plus, j'y ai renoncé, *c'est vainement qu'il se cache*. Si je fais autant de progrès tous les ans, que j'en ai fait cette dernière année, la mort sera bien peu de chose pour moi; il y aura bien peu de différence entre elle et la vie.

Nous attendons le petit Poinçon au commencement du mois prochain. Je suis bien trompée, s'il n'y aura pas beaucoup de tracasseries à l'occasion de la conduite des princes avec lui.

Je n'entends plus parler de Voltaire et je n'en suis point fâchée; il faut que j'aime infiniment les gens pour avoir du plaisir à leur écrire; il faut pouvoir dire ce qu'on fait, ou ce qu'on pense : en qui peut-on avoir cette confiance? elle est souvent dangereuse pour ceux qui l'ont, et encore plus souvent ennuyeuse pour ceux pour qui on l'a. Il n'y aurait que deux plaisirs pour moi dans ce monde, la société et la lecture. Quelle société trouve-t-on? des imbéciles qui ne débitent que des lieux communs, qui ne savent rien, qui ne sentent rien, qui ne pensent rien; quelques gens d'esprit pleins d'eux-mêmes, jaloux, envieux, méchants, qu'il faut haïr ou mépriser. Enfin tout ce qui est, est bien; c'est un bonheur de n'avoir rien à regretter; il vaut mieux avoir vécu que d'avoir à vivre. Vous pensez peut-être que j'ai des vapeurs, que je suis bien triste? *oh! po-int du tout* (1); moins que vous ne m'avez vue; mais c'est assez

(1) Ces mots sont écrits comme les prononçait M. Walpole quand il parlait français.

parler de moi, je vous en demande pardon. Mais de quoi remplirais-je mes lettres? serait-ce de vous? qu'est-ce que j'en sais? qu'est-ce que vous m'en dites ; que vous voyagez ; que vous avez vu le petit Poinçon ; que vous ne vous souciez plus de le revoir. Je pourrais vous parler de la belle comtesse (1), de la grosse duchesse (2), des importantes maréchales (3), des idoles (4), etc., etc. ; mais qu'est-ce que tout cela vous ferait? y prenez-vous quelque intérêt? *oh! po-int du tout*.

J'ai chargé l'ambassadeur d'un paquet pour vous, contenant cinq petites brochures, dont aucune ne vous fera plaisir. Je ne sais plus que lire, tout m'ennuie, excepté le huitième tome des Lettres de madame de Sévigné (5), où il y en a de madame de La

---

(1) De Forcalquier.
(2) La duchesse douairière d'Aiguillon.
(3) De Luxembourg et de Mirepoix.
(4) Les comtesses de Boufflers.
(5) Le *Recueil des Lettres de diverses personnes amies de madame de Sévigné*, forme le huitième volume de l'édition de 1754 des Lettres de madame de Sévigné. M. Walpole, dans sa réponse à ce que dit madame du Deffand, s'exprime ainsi : « Mais ce dont je ne suis pas aussi satisfait c'est que le huitième tome (de madame de Sévigné) vous dégoûte d'écrire. Je ne trouve rien de plus médiocre que ce tome-là, excepté une lettre du cardinal de Retz, et une admirable de madame de Grignan à Pauline ; tout le reste me paraît d'une platitude extrême. Madame de La Fayette est sèche, madame de Coulanges indifférente, et son mari un gourmand, et bouffon médiocre. Ah! que c'était bien ma sainte qui dorait tous ces gens-là! Mais elle, elle-même ne doit pas vous décourager. Votre style est à vous comme le sien est à elle. Si vous essayiez à l'imiter, vous perdriez les grâces d'originalité, et peut-être n'y réussiriez-vous pas. Enfin je vous prie d'être contente de vos lettres ; je le suis infiniment. »
Dans une lettre en réponse à celle de Walpole, madame du Deffand lui dit : « Nos goûts ne sont pas les mêmes en fait d'ouvrages : vous aimez Crébillon, et je le déteste ; des lettres du huitième tome (de madame de Sévigné) vous n'aimez que celles de madame de Grignan ; vous détestez celles de madame de La Fayette, et moi j'aime celles de madame de La Fayette. Elle ne pense pas à bien dire ; elle n'a point de plaisanterie de coterie : c'est une femme d'esprit d'assez mauvaise humeur, qui n'était point aimable, mais qui n'était point caillette ; elle était triste, ainsi que

Fayette, de M. et de madame de Coulanges : elles m'ont fait plaisir; mais elles m'ont dégoûtée d'écrire.

LETTRE LIV.

Paris, mercredi 5 octobre 1768.

Personne ne rend mieux ce qu'il pense que vous ; tout ce que vous dites a le caractère de la vérité; aussi n'êtes-vous jamais ni fade ni languissant, mais vous êtes changeant, une espèce de Protée, tantôt fontaine, tantôt volcan, oiseau, poisson, singe, ours, etc., etc.; mais qu'on patiente, et l'on vous retrouve sous votre véritable forme. Il m'arrive quelquefois de penser à vous, et de chercher ce que vous pensez de moi : un peu de bien, un peu plus de mal, et puis je dis : mais c'est qu'il n'y pense jamais qu'au moment qu'il m'écrit, et même dans ce moment il n'y pense guère; la plupart de ses lettres pourraient être adressées aussi bien à d'autres qu'à moi; il n'y a que l'intention qu'il a de m'écrire qui me les rende personnelles ; et cette intention est une gêne et une contrainte que la bonté de son cœur lui impose : il croit me devoir de la reconnaissance, et ses lettres sont la monnaie avec laquelle il s'acquitte; cette monnaie n'est point fausse, elle est pour moi de grande valeur; mais c'est de la monnaie dont j'aimerais mieux la grosse pièce.

Vos regrets de milady Hervey (1) et de milady Suffolk me touchent sensiblement; je sais ce que c'est que la perte des amis; c'en est en même temps une grande que de perdre ses connaissances; mais vous avez des goûts, des talents, du courage, de la fermeté, rien ne vous est absolument nécessaire. Rien,

moi; je ne l'aurais peut-être pas aimée, mais j'aurais bien moins aimé madame de Coulanges. »

(1) Elle était morte au mois d'avril précédent.

c'est trop dire; mais vous n'êtes pas menacé de perdre ce que vous aimez le mieux.

Le petit cousin (1) que vous avez ici est fort aimable; s'il vivait avec vous, il acquerrait bientôt ce qui peut lui manquer; il a certainement de l'esprit, il est naturel, il a de la grâce, mais il manque d'usage du monde; je me suis un peu établie sa gouvernante, il me plaît, et je voudrais qu'il plût autant aux autres; cela viendra, mais vous savez qu'ici nous jugeons ordinairement sur l'écorce.

Ah! vraiment, ce que vous me mandez de Voltaire ne me surprend pas; je pourrais vous raconter un manége de lui avec le président qui vous confirmerait bien dans l'opinion que vous en avez; mais cela serait trop long, et ne vous amuserait pas à proportion de la fatigue que cela me donnerait; je me crois très-mal avec lui, et qu'il est fort mécontent de la grand'maman. Vous avez évité un grand piége en terminant votre correspondance. Il voudrait engager le président à répondre à un écrit où l'on attaque sa *Chronologie*; il lui offre d'être son champion en lui prêtant sa plume; il croit avoir terrassé la religion; il cherche une nouvelle guerre; il aurait voulu vous amener par ses douceurs à vous jeter dans ses griffes; mais vous n'avez pas été le souriceau. Comme vous lisez La Fontaine, cela n'a pas besoin d'explication (2).

Votre cousin me dit l'autre jour l'application qu'on avait faite d'une de ses fables au petit roi Poinçon, visitant les universités, les bibliothèques; c'est celle où le singe passe dans un cercle sans toucher les bords; je ne me ressouviens plus du titre, je ne saurais me donner la peine de le chercher (3).

---

(1) M. Robert Walpole, il fut ensuite ministre plénipotentiaire à la cour de Lisbonne.
(2) *Le Cochet, le Chat, et le Souriceau*.
(3) *Le Singe et le Léopard*.

LETTRE LV.

Paris, dimanche 30 octobre 1768.

Ah! je suis bien éloignée de vous croire guéri, et je vous tiens encore plus malade de l'esprit que du corps; mes lettres sont pour vous ce que sont les pâtés de Périgueux que J. Wilkes reçoit dans sa prison; il les trouve remplis de poisons, et s'il y en a en effet, c'est celui qu'il y met. Nous avons un dicton ici qui dit : quand Dagobert voulait noyer ses chiens, il disait qu'ils étaient enragés. Pour moi, je crois que vous l'étiez un peu quand vous avez écrit cette charmante lettre que je reçois. La belle comparaison que vous faites d'une phrase de ma lettre, dans laquelle je dis que *craignant de vous perdre, je regarde comme un malheur de vous avoir connu!* Je ne crois pas que la religieuse portugaise d'abord eût un amant goutteux (1); et s'il le devenait, je crois qu'elle ne s'en soucierait plus guère. Mais, Monsieur, j'ai cru qu'il n'était pas indécent, ni trop passionné, de dire de son ami ce qu'on dit tous les jours de son chien; je suis persuadée, par exemple, que si les couches de Rosette (2) ont été fâcheuses, vous aurez dit dans ces instants, que vous étiez fâché de vous y être trop attaché, etc.

Votre *beau-frère* (3) a le plus grand succès ici; on lui rend tous les honneurs dus à la majesté, il n'est pas question d'incognito; il arriva le vendredi 21, à Paris; le lundi 24, il fut à Fontainebleau; on le conduisit dans son appartement, qui est celui de feu madame la dauphine (4); le roi était à la chasse;

(1) M. Walpole était alors tourmenté de la goutte.
(2) Chienne favorite de M. Walpole.
(3) C'est par allusion au mariage de Christian VII avec une princesse d'Angleterre que madame du Deffand qualifiait ce roi : *votre beau-frère.*
(4) Marie Josèphe de Saxe, mère de Louis XVI, de Louis XVIII, et de Monsieur comte d'Artois. Elle est morte en 1765.

dès qu'il en fut de retour, il lui envoya dire que quand on était vieux, il fallait faire une toilette avant que de se laisser voir : la toilette faite, M. de Duras (1) fut le chercher, et le conduisit chez le roi, lequel alla au devant de lui jusqu'à la porte de son cabinet, l'embrassa très-cordialement, et le conduisit vis-à-vis deux fauteuils, lui donnant celui de la droite; ils ne s'assirent point, causèrent debout un quart-d'heure. Le roi le reconduisit jusqu'à la porte dudit cabinet, en lui disant : votre majesté ne veut pas que j'aille plus loin. Le Danois retourna chez lui, et jusqu'à huit heures du soir il reçut les présentations de tout ce qu'il y avait de grands seigneurs à la cour. A huit heures, M. de Duras vint le chercher pour le mener souper avec le roi dans les cabinets. Il fut à table à la droite du roi, ensuite madame de Mirepoix, après M. de Bernstorff, tout le reste au hasard. Pendant le souper, les rois se parlèrent de leurs familles : le nôtre dit qu'il avait perdu beaucoup d'enfants, que ceux qui lui restaient lui étaient bien précieux, mais qu'il en avait un grand nombre d'autres : ce sont mes sujets, dit-il, et je pourrais en effet être le père du plus grand nombre. Sa Majesté danoise dit : mais Votre Majesté a d'anciens serviteurs qui sont de son âge : M. le duc de Choiseul. — Oh! non, dit le roi, il pourrait être mon fils. — Comme votre sujet, répondit M. de Choiseul. Ensuite notre roi dit à l'autre : Quel âge croyez-vous qu'a madame de Flavacourt? — Vingt-quatre ans. — Elle en a cinquante-quatre bien sonnés. On ne vieillit donc point à la cour de Votre Majesté.

Le pâté de Périgueux de Wilkes est un article de la gazette d'Amsterdam.

Le mardi, le souper fut chez la grand'maman, le mercredi chez le roi avec Mesdames et tous les princes. Le jeudi il revint à Paris (2), débarqua à l'Opéra-Comique, soupa le soir chez

(1 Le duc de Duras, Emmanuel-Félicité de Durfort, gentilhomme de la chambre du roi, alors de service.
(2) Pendant le séjour du roi de Danemarck en Angleterre, avant

M. de Duras; on lui donna après souper la représentation de *la chasse d'Henri IV*. Depuis ce jour-là il a été à tous les spectacles. Après-demain, mardi, madame de la Vallière lui donne à souper; mercredi 2, il retourne à Fontainebleau; le vendredi 4, M. le duc d'Orléans lui donnera un bal; le samedi 5, il reviendra à Paris; le mardi 8, madame de Villeroi lui donnera la tragédie de *Didon*, jouée par mademoiselle Clairon; il soupera ensuite chez elle. Le mardi 13, autre spectacle chez madame de Villeroi, et le souper, chez M. le duc de Villars. Par-delà cela je croyais ne plus rien savoir, mais je me rappelle que le 27 il doit aller à Chantilly, où il y aura de grandes fêtes. Cela s'appelle-t-il une gazette? Je peux ajouter que M. de Bernstorff soupe chez moi ce soir, avec votre cousin secrétaire (1), le petit Craufurd, et le général. Ce général part mardi; il a été excessivement content de ce pays-ci, et par-dessus tout du grand-papa et de la grand'maman; il vous dira tout cela, car il compte vous voir, sans en vérité que je l'en aie prié.

LETTRE LVI.

Paris, dimanche 13 novembre 1768.

Il n'y a rien de si incompréhensible que vous; Dieu ne l'est pas davantage; mais s'il n'est pas plus juste, ce n'est pas la peine d'y croire. Votre dernière colère est de la plus extrême extravagance; mais je me garderai bien de chercher à vous le

---

de venir en France, Horace Walpole écrivait à Georges Montagu: « Je
« suis venu à la ville pour voir le roi de Danemarck. Il est si petit qu'on
« le jugerait sorti d'une noisette, comme nos princes des contes de fées;
« cependant il n'est ni mal bâti ni grêle; il est pâle sans doute et son
« visage est maigre, mais je ne le trouve pas laid du tout. Son air est
« plus noble que léger, et si l'on considère qu'il n'a pas vingt ans, on le
« trouve aussi bien que peut l'être un roi de marionnettes. »
(1) M. Robert Walpole.

démontrer; vous avez la tête fêlée, j'en suis sûre; je m'en étais toujours un peu doutée, mais pour aujourd'hui j'en suis convaincue. Comme la mienne est fort saine, c'est à moi à me conduire de façon à éviter à l'avenir de pareilles scènes.

Je vous dis donc, avec la plus grande vérité, que vous avez réussi dans votre projet; l'amitié, tout ainsi qu'à vous, m'est devenue odieuse; attendez-vous, si vous voulez, à en trouver dans mes lettres; vous verrez si je suis incorrigible. Oh! non, je ne le suis pas, l'injustice me révolte et me fait le même effet que vous fait le romanesque. Je suis bien aise que vous vous portiez mieux; vous avez tiré un bon parti de votre maladie, en lisant l'Encyclopédie; ne me condamnez pas, je vous prie, à une pareille lecture, je n'estime aucun des auteurs, ni leur goût, ni leur savoir, ni leur morale.

Je viens de recevoir quatre volumes de Voltaire; une nouvelle édition de son *Siècle de Louis XIV*, avec beaucoup d'augmentations, font les deux premiers volumes; les deux derniers sont le *Siècle de Louis XV* jusqu'à l'expulsion des Jésuites inclusivement; je vous les enverrai, si vous voulez.

Je ne crois pas vous avoir conté un fait assez singulier; il parut, il y a un an ou deux, une *Vie d'Henri IV*, par M. de Buri. Il y a environ six mois qu'il a paru une petite brochure dont la police a arrêté le débit, qui a pour titre: *Examen de la nouvelle histoire de Henri IV, de M. de Burri, par le marquis de B...* Il y a dans cette brochure une critique amère et sanglante de la chronologie du président (1); nous avons été occupés pendant quatre mois à empêcher qu'il en eût connaissance, je me fis amener un M. Castillon, qui travaille au journal encyclopédique, pour obtenir de lui de ne point faire l'extrait de ce petit ouvrage; il me le promit et m'a tenu parole. Il y a six semaines ou deux mois que le président reçoit une lettre de Voltaire qui lui parle de cette brochure et lui transcrit l'article qui le regarde, et

---

(1) *Abrégé chronologique de l'Histoire de France.*

un autre qu'on peut appliquer à une personne bien considérable (1). Nous fûmes bien déconcertés; le président ne fut point aussi troublé que nous l'appréhendions. Il fit une réponse fort sage; Voltaire lui a récrit trois lettres depuis cette première; il veut absolument qu'il réponde, et comme le président persiste à ne le vouloir pas, il lui offre de répondre pour lui; le président y consent, pourvu que Voltaire y mette son nom. Voltaire lui a d'adord dit qu'il croyait que l'auteur de cette critique était la Beaumelle (2); depuis il dit que c'était un marquis de Belestat, lequel ne sait ni lire ni écrire; ce n'est ni l'un ni l'autre, on en est sûr; mais vous savez qui on soupçonne avec juste raison? Voltaire, oui, Voltaire lui-même. C'est de cela qu'on peut dire, cela est *ineffable*. Oh! tous les hommes sont fous ou méchants, et le plus grand nombre est l'un et l'autre.

Nous ferons crever le petit Danois, il est impossible qu'il résiste à la vie qu'il mène; c'est tous les jours des bals, des opéras comiques, des comédies, à toutes les maisons royales qu'il visite. Le roi le comble de présents et d'amitiés, le traite comme son fils; je pourrais vous dire mille traits de leur conversation, mais cela m'ennuierait; c'est un petit oiseau bien sifflé; son mentor (3) ne le perd pas de vue, et comme il est la décence même, il le conduit fort bien; j'ai fort envie que nous en soyons débarrassés, je ne jouirai point de la grand'maman tant qu'il sera ici.

La milady Pembroke ne touche pas du pied à terre; vos Anglaises aiment furieusement le plaisir: elle fut à l'Ile-Adam (4) mardi, où il y a tous les jours opéra et comédie; elle en revint hier, elle soupera aujourd'hui chez moi, et ira, après souper, au bal chez M. de Monaco; elle retournera demain à l'Ile-Adam, où elle restera apparemment jusqu'au 22, qui sera la fête de

(1) Le duc de Choiseul.
(2) Voltaire avait raison.
(3) M. de Bernstorff.
(4) Chez le prince de Conti.

M. de Soubise ; le 24, au Palais-Royal ; le 28, à Chantilly (1) jusqu'au 30. Le départ est pour le 8 de décembre, je voudrais déjà y être.

LETTRE LVII.

Paris, mercredi 7 décembre 1768.

Je voudrais, en revanche de vos nouvelles, pouvoir vous en mander d'intéressantes de ce pays-ci ; c'est ce qui est impossible. Sa majesté danoise a jeté d'abord tout son feu ; excepté quelques louanges qu'il donne de temps en temps à Voltaire et au feu président de Montesquieu, il ne dit rien qu'on puisse répéter ; tous les éloges qu'on peut faire de lui consistent à n'avoir rien dit, ni rien fait de ridicule et de mal à propos ; il est, dit-on, comme une figure de cire ; on croirait qu'il ne voit ni n'entend ; il n'a point paru sensible à aucune des fêtes qu'on lui a données ; quand au spectacle le parterre applaudit, il bat des mains. A Chantilly on représenta le *Sylphe ;* l'acteur qui chanta :

> Vous êtes roi ; jeune et charmant,
> Et vous doutez qu'on vous adore, etc.,

se tourna vers lui. Tout le monde battit des mains, et lui avec les autres : de là on a jugé qu'il était imbécile. Je suspends mon jugement ; je crois que c'est un enfant fatigué, ennuyé et étourdi de tout ce qu'on lui fait voir et entendre ; j'en ai fait une petite relation au général Irwin, à qui j'ai mandé de vous la communiquer. Le roi part après-demain vendredi, et j'espère que nous n'en entendrons plus parler. Il y aurait de quoi faire des volumes des vers qu'on a faits pour lui, tous plus

(1) Chez le prince de Condé.

plats et plus mauvais les uns que les autres. Il y en a de l'abbé de Voisenon, qui sont affreux, et que beaucoup de gens trouvent excellents, parce qu'ils sont de l'abbé de Voisenon, qui est un bel-esprit à la mode, et qui en effet a fait d'assez jolies choses; comme, par exemple, *la Fée Urgèle, Isabelle et Gertrude,* deux opéras-comiques.

Nous n'avons point ici de Wilkes; ce mâle vous donne de l'inquiétude; ce sont des femelles (1) qui nous en donnent; mais comment vous expliquer cela? il n'est pas possible.

LETTRE LVIII.

Paris, jeudi 15 décembre 1768.

Il me prend une si forte envie d'écrire, que je n'y puis résister. Je n'ai point reçu de lettres hier mercredi, je n'en recevrai peut-être point dimanche, celle-ci ne partira que lundi, mais qu'importe?

Vous avez dû recevoir le *François II* (2) du président; la préface m'en avait plu, j'ai voulu lire la pièce, le livre m'a tombé des mains. La curiosité m'a pris de relire votre Shakspeare; je lus hier *Othello,* je viens de lire *Henri VI.* Je ne puis vous exprimer quel effet m'ont fait ces pièces; elles ont fait à mon âme ce que le lilium (3) fait au corps, elles m'ont ressuscitée. Oh! j'admire votre Shakspeare, il me ferait adopter tous ses défauts; il me fait presque croire qu'il ne faut admettre aucune règle, que les règles sont les entraves du génie; elles refroidissent, elles éteignent; j'aime mieux la licence, elle laisse aux passions toutes leurs brutalités, mais en même temps toutes

---

(1) Allusion à la faveur et au pouvoir de madame Du Barry, qui augmentait chaque jour.
(2) Tragédie historique du président Hénault.
(3) Drogue dont on se sert contre les évanouissements.

leurs vérités. Que de différents caractères, que de mouvements, que de chaleur! Il y a bien des choses de mauvais goût, j'en conviens, et qu'on pourrait aisément retrancher; mais pour le manque des trois unités, loin d'en être choquée, je l'approuve : il en résulte de grandes beautés. Le contraste d'Henri VI avec des héros et des scélérats m'a ravie; tout est animé, tout est en action. Ah! voilà une lecture qui me plaît et qui va m'occuper quelque temps. Si je me portais mieux, si j'avais plus de force, je vous rendrais plus vivement le plaisir qu'elles m'ont fait, mais je suis abattue par les insomnies.

Voici des vers où l'on fait parler sa majesté danoise :

> Peuple frivole qui m'assommes
> De vers, de bals et d'opéras,
> Je suis ici pour voir des hommes ;
> Rangez-vous messieurs de Duras.

Voilà tout ce que j'ai à vous dire pour aujourd'hui.

Samedi, 17.

Savez-vous que l'Idole a marié son fils (1) à mademoiselle Désaleurs (2); la maréchale de Luxembourg a donné des boucles d'oreilles magnifiques : au repas du lendemain il y avait quatre-vingts personnes, mais pas un prince du sang, mais pas un seul; par dignité, par bienséance, etc., etc. (3). On est depuis mardi à Montmorency, on n'en reviendra que le 24; j'y suis fort invitée; mais je n'irai point. Je n'ai qu'à me louer de toutes leurs politesses ; j'y ai répondu avec discrétion, et sous prétexte de ma santé, je n'ai pris nulle part à tout cela. Je crois que je vais faire une connaissance qui me sera peut-être utile, M. Pome (4) :

(1) Le frère aîné du chevalier de Boufflers.
(2) Fille de Désaleurs, qui avait été ambassadeur de France à Constantinople.
(3) Elle veut parler ici de l'absence du prince de Conti.
(4) Médecin alors en vogue.

mes insomnies deviennent trop fortes, j'observe depuis plusieurs jours le plus sévère régime, et je ne m'en trouve pas mieux.

J'ai interrompu Shakspeare pour une brochure de Voltaire qui a pour titre : *l'A , B , C*. Il y a seize dialogues ; on m'en a lu quatre ce matin, et je n'en lirai pas davantage ; il n'y a rien de plus ennuyeux ; je suis très-fâchée de le lui avoir demandé. Depuis quelque temps il m'envoie ses petits ouvrages, il y en a par-ci par-là d'agréables ; le plus joli de tous est la fable du Marseillais. Je ne puis parvenir à voir le discours de d'Alembert au roi danois ; il est, dit-on, de la dernière insolence. On ne parle plus de ce petit roi ; nous avons d'autre sujets de conversation ; ils sont plus sérieux, mais c'est de quoi je ne vous parlerai pas ; si vous étiez ici, vous vous en occuperiez, j'en suis sûre ; mais votre maudite goutte a dérangé tous vos projets, a détruit tous mes châteaux. Le président traîne toujours sa déplorable vie, je passe presque toutes les soirées chez lui, excepté quand la grand'maman est à Paris ; il y a longtemps qu'elle n'y est venue, et elle n'y reviendra pas sitôt, mais peut-être par la suite passerai-je bien du temps avec elle.

Dimanche 18.

Je vis hier le grand abbé, qui arrivait de Versailles. La grand'-maman ne se porte point bien, elle a des indigestions, des maux d'estomac, de la toux, des insomnies, elle maigrit. On dit que son esprit est tranquille ; je le souhaite, mais j'en doute ; elle ne viendra pas ici de longtemps, le roi ne quittera Versailles que le 27, qu'il ira passer deux jours à Bellevue pour faire détendre et tendre son appartement (1). On prédit plusieurs événements pour le commencement de l'année ; mais je ne saurais croire à ces prophéties, cependant je ne laisse pas de les craindre (2).

(1) Qui avait été tendu de noir à la mort de la reine.
(2) Elle veut parler de la disgrâce du duc de Choiseul, par le pouvoir

Je fus hier priée à souper chez milady Pembroke, avec tous Anglais; car il y en a qui ne me renient pas, mais je n'y fus point; j'étais priée chez madame de Mirepoix; j'y fis un souper fort agréable; de la conversation, de la gaîté; nous n'étions pas tous fils de ducs et pairs (comme disait M. de Bezons); mais nous n'en étions pas moins tous gens de bonne compagnie; ces sortes de soupers sont fort rares, et ce n'est ordinairement que chez la grand'maman que l'on en fait de semblables; chez le président, chez moi et partout ailleurs, ils sont déplorables.

J'ai lu ce matin *Richard III* (1). Oh! l'effroyable bossu! comment vous est-il venu l'idée de le justifier? Quand il aurait été un peu moins laid et un peu moins scélérat, c'était toujours un monstre; il faut avoir un grand amour pour la vérité, pour se plaire à faire des recherches sur un tel personnage. Mais, comme dit Fontenelle, il y a des hochets pour tout âge, et il y en a de tout genre: je n'en trouve point pour moi, il n'y a presque plus rien qui m'amuse ni qui m'intéresse. Le premier dialogue de l'*A, B, C* (2), de Voltaire, est le moins ennuyeux des quatre que

---

croissant de madame Du Barry, du duc d'Aiguillon et du chancelier Maupeou, qui en firent leur instrument.

(1) *Richard III*, tragédie de Shakespear.

(2) Voici comment Grimm parle, dans sa correspondance, de l'A, B, C: (février 1769). « Sur la fin de l'année dernière, le patriarche de Ferney nous fit présent de l'A, B, C, traduit de l'anglais de M. Huet. Dans cet A, B, C, qui consiste en plusieurs dialogues entre madame A, madame B et M. C, on fait au président de Montesquieu son procès sur plusieurs chefs d'accusation. Je crois avoir déjà remarqué que plusieurs reproches faits à cet illustre philosophe ne sont peut-être pas sans fondement; mais qu'il faut être assez juste, lorsqu'on juge à toute rigueur, pour dire le bien comme le mal. Tout le mal qu'on dit dans l'A, B, C, de l'*Esprit des Lois* est peut-être très-fondé; peut-être pourrait-on en dire davantage sans blesser la vérité; mais il n'est pas moins vrai que ce livre a produit une révolution dans les têtes, non-seulement en France, mais même en Europe, et que tous les souverains à qui leur mérite permet d'aspirer à la véritable gloire, ont fait de ce livre leur bréviaire. Tout livre qui fait penser est un grand livre. »

Saurin fit quelques représentations à Voltaire sur l'acrimonie de ses

j'ai lus, c'est un parallèle de Grotius, de Hobbes et de Montesquieu. Il conclut que Grotius était un savant, Hobbes un philosophe, Montesquieu un bel-esprit; il rabaisse autant qu'il peut celui-ci. Dans la dernière lettre qu'il m'a écrite, il me parle encore de cette brochure contre le président; il me dit qu'il ne fait que d'apprendre qui en est l'auteur et il ne me le nomme point. Précédemment il l'avait attribuée à trois auteurs, d'abord à la Beaumelle, ensuite à un M. Beloste, et puis au marquis de Belestat; aujourd'hui ce n'est plus aucun des trois, c'en est un autre. Il a fait un tour d'écolier. M. de Choiseul a reçu une lettre de lui qu'il écrivait à sa nièce, où il lui raconte l'inquiétude qu'il a d'être mal avec M. de Choiseul pour avoir écrit contre la Bletterie; il lui dit les raisons qui l'y ont engagé, et la méprise de la suscription prouvera à M. de Choiseul la vérité de tout ce qu'il dit, parce qu'il est bien clair qu'il ne comptait pas que le ministre vît jamais cette lettre! Ne voilà-t-il pas un tour bien ingénieux et bien neuf? Voici une épigramme que l'on croit être de Dorat, contre qui Voltaire en avait fait une que je vous ai envoyée.

Bon Dieu! que cet auteur est jeune à soixante ans!
Bon Dieu! quand il sourit comme il grince les dents!
Que ce vieil Apollon a bien l'air d'un satyre!
Sa rage est éternelle et son génie expire.
Ah! qu'il fait de beaux vers! qu'il montre un mauvais cœur!
Qu'il craint peu le mépris, pourvu qu'on le renomme!
    Que j'admire ce grand auteur!
    Et que je plains ce petit homme!

---

critiques, mais Voltaire ne pardonnait pas à Montesquieu d'avoir tympanisé les poëtes dans *ses Lettres persannes*.

LETTRE LIX.

Paris, 14 janvier 1769.

Je veux mourir si j'ai jamais l'intention de vous gronder et de vous picoter ; mon estime pour vous va jusqu'au respect et même à la crainte ; mais j'ai souvent des accès de haine pour moi-même, de tristesse, de repentir, de remords ; je me crois insupportable à tout le monde, et qu'on me trouve aussi haïssable que je le suis. Dans ces moments, malheur à vous et à la grand'maman, quand il me prend envie de vous écrire ; ce n'est que vous deux qui avez le privilége exclusif de supporter ma tristesse ; mais la grand'maman est plus patiente que vous, elle me réconcilie avec moi-même ; une soirée passée avec elle me donne du courage pour plusieurs jours. Mais gare l'arrivée de la poste !

Ah ! pourquoi, me direz-vous, étant aussi craintive, n'évitez-vous pas toutes querelles et toutes noises ? Hélas ! hélas ! dans le temps qu'on fait mal, on ne s'aperçoit pas qu'on a tort ; et puis on a des repentirs, des remords, en huit jours de temps on vieillit de dix ans, on avance à pas de géant au bout de sa carrière ; on meurt, personne ne vous regrette ; ainsi finit l'histoire. Ceci est l'histoire particulière. L'histoire générale est tout autre chose ; elle ne consiste actuellement qu'en conjectures. On prétend que demain est le grand jour, jour où une toilette décidera peut-être du destin de l'Europe, de la destinée des ministres, etc. (1). Il y a des paris ; le petit nombre est pour la robe

(1) La présentation de madame Du Barry à la cour de Louis XV. Cet événement eut lieu à la fin d'avril suivant. Dans une lettre du 3, madame du Deffand dit : « Enfin, ce qu'on craignait tant est arrivé. — Je ne sais « quelle en sera la suite. Madame du Barry est à Marly ; elle va tous « les soirs au salon avec madame du Béarn ; dans peu on n'en parlera « plus. »

de chambre, je suis de ceux-là. Le grand nombre est pour le grand habit; on s'appuie sur le témoignage des tailleurs, des couturières, des maîtres à danser. Ce sont bien en effet des prophètes qu'on peut croire. Tout cela dépend d'un degré de chaleur, et ce degré est, dit-on, au plus haut; on n'aime plus le jeu ni la chasse, les dames des soupers sont négligées, les courtisans désœuvrés, ils ne sont point encore admis dans les sacrés mystères, ils ont le ton frondeur; ils en changeront bien vite, si la toilette change. Mes grands parents (1) n'ont pas l'air d'être inquiets, leur gaîté se soutient; mais mon étoile leur portera malheur. Leur intention actuelle est de me donner des preuves solides de leur amitié; c'est un symptôme de chute et de disgrâce. S'il leur arrive malheur, j'en serai fâchée, parce que je les aime; mais par rapport à moi, je ne m'en soucierai guère, j'en vivrais davantage avec eux : et qu'est-ce que peut procurer la fortune de mieux que de vivre avec les gens qu'on aime?

Je suppose que vous êtes au fait de la divinité en question; c'est une nymphe tirée des plus fameux monastères de Cythère et de Paphos. Non, non, je ne puis croire tout ce que l'on prévoit; on peut surmonter les plus grands obstacles, et être arrêté par la honte; on brave les plus grands dangers, et on est arrêté par les bienséances; enfin nous verrons. Je vous écrirai lundi : j'ai perdu ou j'ai gagné. J'ai perdu, vous apprendra la présentation; j'ai gagné, qu'elle n'est point faite. Mais cela n'assurera pas qu'elle ne le soit par la suite.

Cette lettre-ci vous sera rendue par milord Fitz William; j'attendrai quelque autre occasion pour vous apprendre la suite de tout ceci.

Ne me grondez plus, mon ami, je vous en conjure, ne m'appelez plus *Madame*; c'est une punition qui m'est odieuse, c'est pour moi ce qu'est le fouet pour les enfants. Vous êtes un précepteur trop sévère, vous êtes intolérant.

(1) Le duc et la duchesse de Choiseul.

Je ne sais pas pourquoi je m'obstine à me soucier de vous. Adieu. Le président est toujours dans le même état.

LETTRE LX.

Dimanche, 29 janvier 1769.

Que répondre à votre lettre? rien du tout; c'est le parti que je prends pour celle-ci et pour toutes les autres; je n'ai point de promesse à vous faire, mais je m'en fais à moi-même et j'y serai fidèle.

Ce que je craignais pour mercredi n'est point arrivé (1), mais le glaive est toujours suspendu; je crains que cette année-ci ne soit fort orageuse; je vous manderai par monsieur votre cousin ce que je croirai qui en vaudra la peine: il envoie un courrier tous les quinze jours, et dit que cette voie est sûre.

Lundi

Hier, après que je vous eus écrit ce que vous venez de lire, quelqu'un me vint dire que la présentation se devait faire sur les six ou sept heures du soir; je ne voulus point faire fermer ma lettre, pour pouvoir vous mander ce grand événement; nous sûmes le soir qu'il n'était point arrivé; j'avais chez moi les dames d'Aiguillon et de Forcalquier, radieuses comme des soleils, mais jetant des rayons différents; ceux de la première étaient brillants, ceux de la seconde moins lumineux, mais réfléchis. Ce sont deux dames bien contentes (2), cependant je persiste à croire leur triomphe douteux. La grosse me dit que

(1) La présentation de madame Du Barry.
(2) La duchesse douairière d'Aiguillon était mère du duc d'Aiguillon, qui, en protégeant et en poussant madame du Barry, parvint enfin à faire sortir le duc de Choiseul du ministère, et à le supplanter.
Madame de Forcalquier se rangea du parti opposé au duc de Choiseul

M. de la Vauguyon avait été chargé par le roi d'informer Mesdames (1), et que madame Du Barry avait été chez leurs dames d'honneur (c'est le protocole). On a nommé plusieurs dames qui devaient la présenter, mais cela ne s'est point vérifié, et l'on prétend aujourd'hui que ce sera le premier gentilhomme de la chambre qui la présentera au roi et chez Mesdames, et fera les honneurs. Voilà ce qui fut dit hier au soir ; ce matin j'ai reçu un billet du grand abbé (2), qui m'avertissait d'aller souper ce soir chez la grand'maman, qui partirait peut-être demain matin pour aller à Tuguy, chez son petit oncle (3). J'étais doublement désespérée ; premièrement, parce que je craignais que la présentation ne fût faite, ce qui n'était pas impossible, parce qu'elle aurait pu l'être à neuf heures du soir ; ou qu'il ne fût absolument décidé qu'elle se ferait aujourd'hui ; secondement, de ce que j'étais dans l'impossibilité d'aller souper chez la grand'maman, étant engagée chez milord Carlisle, qui n'avait invité que les personnes que je lui avais nommées, dont la belle comtesse de Forcalquier était. J'avais écrit à l'abbé mon désespoir, mais que j'arriverais malade chez le milord, que je sortirais de très-bonne heure, et que je me rendrais chez la grand'maman. Un instant après, autre billet de l'abbé, par lequel il m'apprenait que la grand'maman ne venait point à Paris aujourd'hui et qu'elle pourrait bien n'y venir que jeudi.

Mardi, 31 à midi.

La journée d'hier n'a rien produit de nouveau ; j'ai appris seulement quelques circonstances du dimanche ; c'est en effet M. de la Vauguyon qui fut apprendre à Mesdames la présentation ; Madame (4) lui demanda si c'était de la part du roi qu'il lui annonçait cette nouvelle ; non, dit-il, c'est M. de Richelieu

(1) Les filles de Louis XV.
(2) L'abbé Barthélemy.
(3) Le comte de Thiers.
(4) Madame Adélaïde fille de Louis, XV, non mariée.

qui m'a chargé de le dire à votre altesse royale. Madame lui tourna le dos et le congédia. On est persuadé que ce qui a empêché la présentation, dimanche, a été la foule prodigieuse de monde, et qu'elle se fera en coup fourré; mais enfin elle n'est pas encore faite. La grand'maman vient ce soir à Paris; je souperai avec elle chez la petite Choiseul-Betz, et ce sera demain que je pourrai vous mander de vraies nouvelles.

Samedi dernier, qui a été le dernier jour où les dames soupèrent dans les cabinets, le roi dit à la maréchale de Mirepoix : je vous prie de venir souper avec moi mercredi; il ne dit rien à mesdames de Choiseul et de Grammont; il les reconduisit quand elles sortirent, et leur dit : *Mesdames, vous voyez que je vous reconduis bien loin.* Ce souper de mercredi devient fort curieux. Ces deux dames reconduites seront-elles invitées? Mesdames de Châteaurenaud et de Flavacourt sont toutes les deux malades, et dans leur lit; madame de Beauvau vient de perdre sa belle-mère, madame la duchesse de Saint-Pierre; elle sera trois semaines sans pouvoir aller à la cour; madame de Mirepoix soupera-t-elle seule de femme, ou trouvera-t-elle madame Du Barry présentée, et l'aura-t-elle pour compagnie? Sa position est embarrassante; nous verrons comment elle s'en tirera. C'est M. de Richelieu qui est d'année; ce sera lui qui présentera madame Du Barry. Tout ceci ne serait que des misères s'il n'y avait pas une terrible suite à craindre; je ne sais pas si la grand'maman ne partira pas demain pour Tugny; c'est le prélude de tous les chagrins que je prévois.

Votre cousin, avec qui je soupai hier chez milord Carlisle, me dit qu'il aurait une occasion sûre pour vous faire tenir cette lettre; j'en suis bien aise parce qu'elle ne partirait de longtemps, s'il fallait attendre son courrier.

Peut-être tous ces détails vous intéressent fort peu : si cela est, vous me le direz. J'attends les nouvelles de M. Wilkes (1), mais je crois qu'elles n'arriveront que dimanche.

(1) Son expulsion de la chambre des communes.

LETTRE LXI.

Paris, lundi 16 février 1769.

Voyez votre lettre du 31. Vous avez dû recevoir hier ma lettre de la même date; c'était une espèce de journal. Puisque vous êtes curieux de nos nouvelles, que vous voulez bien paraître y prendre quelque intérêt, je vais le continuer.

Mardi 31, je sortis de bonne heure pour aller chez le président et de là souper avec la grand'maman chez la petite Choiseul-Betz; je la trouvai pour moi telle qu'elle est toujours, et telle qu'il faut être pour qu'on l'adore. Il y avait douze personnes; ainsi il n'y eut point de conversations particulières : elle me dit qu'elle partirait le lendemain à six heures pour Tugny, chez son petit oncle.

Je crois vous avoir dit, dans mon précédent journal, que, le dernier souper que le roi avait fait avec ces dames, en les quittant, il avait dit à madame de Mirepoix, qu'il la priait à souper pour le mercredi suivant; qu'il avait reconduit mesdames de Choiseul et de Grammont, en leur disant : Mesdames, je vous reconduis loin, fort loin, tout au plus loin. Tout le monde resta persuadé que la présentation serait pour le lendemain dimanche, ou tout au plus tard pour le mercredi ou jeudi, vous savez qu'il n'en a rien été. La grand'maman se décida à partir le mercredi; madame de Grammont pria beaucoup de monde à souper chez elle pour ce jour-là. Ce jour-là, le grand-papa reçut, entre les trois ou quatre heures de l'après-midi, un billet du roi qui lui ordonnait d'avertir ces dames d'aller souper avec lui. La grand'maman était par monts et par vaux; madame de Grammont ne contremanda personne, mais elle partit sur-le-champ pour Versailles; elle et madame de Mirepoix soupèrent avec le roi. Madame de Beauvau, qui n'avait point été invitée et qui ne pouvait pas l'être, étant dans les premiers jours de deuil de la duchesse de Saint-Pierre (1), sa belle-mère, fut chez madame de Grammont et fit les honneurs de son souper. Le roi fut de très-bonne humeur, et invita ces dames pour aujourd'hui à un petit voyage à Trianon jusqu'à demain mardi après souper : jeudi, il ne se passa rien.

Le vendredi après-dîner j'eus assez de monde. Sur les huit heures on vint me dire que le roi était tombé de cheval auprès de Saint-Germain ; qu'il avait un bras cassé, et qu'on ne savait pas s'il pourrait être transporté à Versailles ; que MM. de Choiseul et de Praslin étaient partis sur-le-champ. Je ne puis vous peindre mon effroi, tout ce qu'il y a de plus funeste se présenta en foule à mon esprit. Je fus chez le président, et nous sûmes vers les dix heures que le roi était de retour à Versailles, qu'il n'avait point le bras cassé, que tout le mal consistait à une contusion depuis l'épaule jusqu'au coude, il garda hier le lit toute la journée ; on n'a pas osé le saigner, et pour donner au sang un certain mouvement, on lui a, dit-on, fait prendre quelques gouttes du général la Motte (2) dans un bouillon ; je n'en sais point de nouvelles aujourd'hui ; si j'en apprends, je les ajouterai à ceci. Revenons au samedi. Après le souper du président, je fus chez la princesse (3) ; madame de Grammont me fit des reproches de ce que je n'étais pas venue souper, son accueil fut des plus gracieux ; il y avait, outre le maître de la maison, le Toulouse, le cadet Chabot, le marquis de Bouflers et l'abbé de Breteuil ; ils défilèrent l'un après l'autre, et nous restâmes près d'une heure, la princesse, la duchesse et moi. La princesse me mit en valeur autant qu'elle put ; la

(1) La duchesse de Saint-Pierre, née Colbert. Elle était sœur du marquis de Torcy, ministre des affaires étrangères à la fin du règne de Louis XIV, et mère, par son dernier mariage, du marquis de Clermont-d'Amboise, premier mari de la princesse de Beauvau.
(2) Remède de charlatan.
(3) La princesse de Beauvau.

duchesse fut la plus accorte, la plus obligeante, et même la plus confiante; il semblait que j'eusse sa livrée; l'intérêt du grand-papa était le point de réunion, elle saisit même deux ou trois occasions de louer la grand'maman. Je refis de nouveaux paris contre elle et madame de Beauvau; elles, qu'elle serait présentée demain, et moi, qu'elle ne le serait pas.

Voilà le premier point de mes récits. Venons au second. C'est le plus difficile à vous expliquer. M. de la Vauguyon (1) a eu une conduite abominable; il est certain qu'il a voulu persuader à madame Adélaïde qu'il était de son intérêt et de son devoir de se soumettre de bonne grâce à la volonté du roi, et il a joint à ces beaux propos toute la gaucherie qui en pouvait augmenter l'infamie. Madame Adélaïde en a été indignée; elle a écrit au roi. Le reste n'est que conjectures. On juge que cette lettre a retardé la présentation, mais on ne croit pas qu'elle en ait fait perdre le dessein. M. de Richelieu joue dans tout cela un rôle misérable. M. d'Aiguillon, qui est *visiblement caché*, est chef de toutes ces intrigues; il vient de présenter une requête au conseil du roi, pour qu'il soit permis de demander que le parlement et les pairs soient informés des libelles faits contre lui (2). On prétend qu'il se flatte que sa requête sera refusée, parce que c'est contre la politique de faire agir le parlement. Cette affaire a été en délibération jeudi dernier, on a remis la décision à la huitaine. De neuf voix, il y en a déjà eu cinq pour lui accorder sa demande : MM. de Choiseul sont du nombre de ceux-là; il ne peut pas s'en plaindre puisqu'il paraît que c'est ce qu'il souhaite; mais si cet avis prévaut, il aura fait une bien fausse démarche, parce que le parlement examinera bien rigou-

(1) Le duc de la Vauguyon avait été gouverneur du dauphin, fils de Louis XV; il était le grand protecteur des jésuites, et à la tête de ce qu'on appelait en France le parti dévot. C'est le père du duc de la Vauguyon, pair de France.

(2) Relativement aux affaires de la Bretagne pendant son gouvernement dans cette province, et à ses différents avec M. de la Chalotais, procureur général du parlement de Rennes.

reusement sa conduite, qui, dit-on, est fort éloignée d'être irréprochable ; il y en a qui prétendent qu'il a un assez grand parti dans le parlement ; que M. de Saint-Fargeau est pour lui, et madame de Forcalquier lui donne tous les Fleury. La grosse duchesse (1) n'est pas plus instruite des affaires de son fils que le public. La belle comtesse (2) a redoublé ses voiles, et elle joue le rôle du mystère mille fois mieux que madame Vestris le rôle d'Aménaïde ; c'est le seul que je lui aie vu jouer ; je suis bien éloignée de la trouver une grande actrice ; on dit que sa figure, son maintien, ses gestes, sa manière d'écouter, sont au plus parfait ; voilà de quoi je ne puis pas juger ; mais elle a la voix sourde, froide ; nulle sensibilité ; elle a des cris assez douloureux ; mais mon opinion est qu'elle ne sera que très-médiocre ; elle ne sera jamais si détestable et si admirable que mademoiselle Dumesnil, et elle n'égalera jamais mademoiselle Clairon. Je vous fais l'horoscope que dans quatre mois il ne sera plus question d'elle.

LETTRE LXII.

Paris, lundi 13 février 1769.

C'est mon insomnie qui me fait commencer cette lettre ; je ne la fermerai peut-être de longtemps ; j'attendrai que monsieur votre cousin ait une occasion de la faire partir.

Votre lettre du 5, que je reçus hier, m'apprend que j'ai gagné mon pari contre le comte de Broglio ; je soutenais que M. Wilkes serait expulsé. J'ai jusqu'ici gagné tous mes paris ; j'en ai hasardé un nouveau qui pourrait bien être un peu téméraire, c'est que la présentation ne se fera pas avant Com-

(1) La duchesse d'Aiguillon.
(2) Madame de Forcalquier.

piègne. Mon idée est qu'elle ne se fera jamais; je ne vois pas qu'il doive s'ensuivre ni bien ni mal qui puisse arriver indépendamment de cette présentation : c'est une action indécente qui ne peut avoir d'autre but, d'autre fin, que de satisfaire la vanité de cette créature. J'ai toujours dit que je ne parierais pas qu'on ne pût par son moyen faire tous les bouleversements possibles; mais qu'il n'était pas nécessaire qu'elle fût présentée pour cela. Après les grands objets, les grandes spéculations, on est occupé de savoir quel parti prendront les dames des soupers (1) en cas que cette présentation ait lieu. La grand'maman est toujours à Tugny; je n'ai eu de ses nouvelles qu'une seule fois par l'abbé Barthélemy; je ne les ai pas non plus fatigués de mes lettres, je n'ai écrit qu'une seule fois à l'abbé. Mes vivacités sont fort calmées; ainsi il trouve que tout naturellement je suis le conseil que vous me donnez de ne pas mettre trop de chaleur dans l'intérêt que je prends à ceux avec qui je suis liée.

La requête de M. d'Aiguillon n'a point été admise; on voulait qu'il y fît de grands changements, il a mieux aimé la retirer; il voulait qu'on crût qu'il désirait d'être jugé par le parlement, il aurait été bien attrapé si on y avait consenti; mais il savait bien que cela n'arriverait pas. Sa conduite a paru une fausseté très-plate, un enfant l'aurait découverte.

Je ne sais ce que pense votre cousin, ni ce qu'on pense de lui; mais je sais que le séjour de votre ambassadrice ici est très-suspect; on la croit d'intelligence avec M. de la Vauguyon et les jésuites (1). Pour moi, je ne puis me figurer que cette femme soit propre à rien.

Je vis hier votre ambassadeur; votre cousin me l'amena; il parle le français comme sa langue naturelle. La milady Pem-

(1) Les dames de la société intime de Louis XV, et qui, comme épouses de ses ministres ou des grands officiers de sa maison, étaient, en vertu de leurs places, admises à ses soupers particuliers.

broke part mercredi. Elle s'est assez divertie ici ; mais je pense qu'elle nous quitte sans peine ; le séjour de Paris ne peut plaire aux gens de votre nation, j'en suis intimement persuadée : tout au plus le bon Éléazar (1), et peut-être Lindor (2), ne s'y déplaisent-ils pas.

L'idole est la plus grande déesse qui ait jamais descendu sur terre ; elle est liée avec toutes les puissances ; elle les domine toutes : on n'ose la contredire. Elle disait l'autre jour que M. Chauvelin avait eu les plus grands succès en Corse, les plus grands avantages, la plus excellente conduite : en vain voulut-on alléguer des faits qui prouvaient le contraire, elle n'en voulut jamais démordre. En vérité, le monde est bien plat et bien sot ; mais ce qu'il y a de pis, c'est qu'il est bien ennuyeux.

M. de Vaux a été nommé hier général ou commandant de nos troupes en Corse, malgré l'*admirable* conduite de M. Chauvelin. Comprenez-vous qu'on ait l'assurance qu'a l'idole ? Quand personne n'ignore que M. de Choiseul, avant le départ du Chauvelin, avait lu en plein conseil ses instructions, qu'après les fautes du Chauvelin, il les a relues une seconde fois, et que M. Chauvelin est convenu lui-même d'avoir outrepassé ses ordres, dans une lettre que M. de Choiseul a fait voir à tout le monde, il faut une grande hardiesse et une extraordinaire présomption pour se flatter d'en imposer de cette sorte ; mais je crois que ce l'on voit ici se voit partout, et que tous les mondes possibles se ressemblent ; il y a partout des idoles. On serait bien heureux de pouvoir se suffire à soi-même ; mais malheureusement on n'est pas plus content de soi que des autres. Mais je ne me laisserai point aller aux réflexions.

Je serai fort aise que vous connaissiez votre cousin ; je n'ai eu aucune sorte d'ouvertures avec lui, je ne sais ce qu'il pense

(1) Le général Irwin.
(2) M. Selwin.

de notre ministre; je soupçonne qu'il n'en est pas content, et qu'il aurait du penchant pour le parti d'Aiguillon (1); c'est ce que je n'ai point tenté de pénétrer, et que j'aurais vraisemblablement tenté inutilement; d'ailleurs je me suis fait un principe que j'observe très-exactement, de ne me mêler de rien, de ne me faire parente d'aucune maison. Je suis attachée a la grand'maman en qualité de sa petite-fille; elle ne se méfie point de moi; mais je ne suis pas dans sa confidence au même degré que le grand abbé (*Barthélemy*). Je vois rarement le grand-papa; il est bien loin d'être réservé, car tout lui échappe. J'ai beaucoup d'espérance qu'il se maintiendra; l'aversion, l'horreur et le mépris qu'on a pour ses adversaires, ses rivaux, est ce qui fait sa force et fera sa stabilité. Il a fait bien des fautes; l'entreprise de Corse est peut-être la plus grande; je l'ai dit dès les commencements à la grand'maman, et puis le choix du Chauvelin a été misérable.

Toutes ces belles réconciliations dont je vous ai parlé sont des platitudes qui ne mènent à rien. On veut s'assurer du parlement, et si vous connaissiez celui qui en est premier président (2), dont on veut s'assurer, vous hausseriez les épaules. C'est une bête brute, qui a été prise *à Bordeaux,* ainsi que la dame présentante. Ah! mon ami, si vous voyiez tout cela par vous-même, nous vous ferions grande compassion. Ah! ne craignez pas que je me passionne pour l'intérêt de qui que ce soit; excepté la grand'maman, que j'aime très-raisonnablement, sans chaleur, sans passion, tout le reste m'est de la dernière indifférence.

Les dames d'Aiguillon et de Forcalquier ne sont point mécontentes de moi; mais elles doivent l'être du public, car l'objet qui les intéresse est en exécration. On prétend, comme je vous l'ai déjà dit, que milady Rochfort tracasse avec le la Vauguyon; vous pourriez en savoir quelque chose; si cela est, votre ministère choisit bien mal ses gens.

(1) On commençait déjà à vouloir porter le duc d'Aiguillon au ministère.
(2) M. d'Ormesson.

Ce que je vous ai dit des turcs et des Russes (1) était au propre, c'est la guerre que je crains. Vous secourez, dit-on, la czarine; nous, le roi de Suède; et d'encore en encore nous nous ferons la guerre, et nous ne nous reverrons plus. Je lis les gazettes, je raisonne avec l'envoyé de Danemarck, voilà où je m'instruis de la politique.

Plaignez-moi du moins, je vous prie, de ce que je ne vous verrai point; songez quel plaisir j'aurais de causer avec vous, et que dans l'exacte vérité je ne peux causer avec personne. Quand vous connaîtrez votre cousin, vous me manderez quel usage j'en peux faire, et vous lui direz celui que vous croyez qu'il pourrait faire de moi. Adieu.

LETTRE LXIII.

Paris, dimanche 12 mars 1769.

Votre lettre du 2, que je devais recevoir mercredi 8, n'est arrivée qu'aujourd'hui; et comme on ne perd pas tout d'un coup toutes ses mauvaises habitudes, j'ai eu un mouvement de crainte que vous ne fussiez malade.

Je suis du dernier bien avec Voltaire; j'ai reçu une lettre de lui de quatre pages aujourd'hui, en même temps que la vôtre; il me comble d'amitiés et d'attentions; il nous envoie à la grand'maman et à moi, tout ce qu'il fait : il y a quelquefois un peu de bourre, mais il y a toujours une facilité charmante.

Je ne vous enverrai point Saint-Lambert (2) rien selon mon goût n'est plus fastidieux, excepté huit vers que voici :

« Malheur à qui les dieux accordent de longs jours!
« Consumé de douleur vers la fin de leur cours.

(1) La guerre entre la Russie et la Turquie avait éclaté au mois d'octobre 1768.
(2) Le poëme *des Saisons*.

« Il voit dans le tombeau ses amis disparaître,
« Et les êtres qu'il aime, arrachés à son être.
« Il voit, autour de lui, tout périr, tout changer ;
« A la race nouvelle il se trouve étranger,
« Et quand à ses regards la lumière est ravie,
« Il n'a plus, en mourant, à perdre que la vie. »

Rien n'est si beau à mon avis que cette peinture de la vieillesse ; j'aurais voulu que les expressions du quatrième vers eussent été plus simples ; mais le mot *être* est du style à la mode. Ce Saint-Lambert est un esprit froid, fade et faux ; il croit regorger d'idées et c'est la stérilité même ; sans les roseaux, les ruisseaux, les ormeaux et leurs rameaux, il aurait bien peu de choses à dire. En un mot je ne vous l'enverrai point ; c'est assez de l'ennui de mes lettres, sans y ajouter les œuvres des encyclopédistes. Quelqu'un, qu'on ne m'a point nommé, disait d'eux, qu'ils poussaient leur orgueil jusqu'à croire qu'ils avaient inventé l'athéisme.

Rien n'est si ineffable que milady S*** et ses aventures. D'où vient qu'elle est intéressante avec tant de folie et d'effronterie ? Est-ce qu'elle est extrêmement naturelle ? Est-ce qu'elle est extrêmement vraie ? Comment cela se peut-il avec tant de coquetterie ? A-t-elle un degré de bonté qui puisse servir d'excuse à ce qu'on a bien de la peine à n'appeler que fragilité ? Enfin, on ne comprend rien à tout ce qui se passe chez vous, et mon mot favori *ineffable* est fait pour l'Angleterre et ses habitants. Adieu.

LETTRE LXIV.

Paris, samedi 1er avril 1769.

Mon usage est de répondre sur-le-champ à vos lettres ; je les reçois avant que de me lever ; j'ai ma toilette à faire, les visites arrivent; il faut sortir pour souper; enfin je suis toujours pressée; je réponds mal à vos lettres le même jour, parce que je ne les ai lues que superficiellement. J'ai eu tout le temps de relire avec attention la dernière; j'en suis très-contente.

Votre analyse de Saint-Lambert a débrouillé tout ce que j'en pensais; c'est un froid ouvrage et l'auteur un plus froid personnage. Les Beauvau se sont faits ses Mécènes. Ah! qu'il y a des gens de village et des trompettes de bois! Peut-être y a-t-il encore quelques gens d'esprit, mais pour des gens de goût, pour de bons juges, il n'y en a point.

Le prétendant à la couronne de Pologne (1), en attendant son élection, s'occupe à faire la musique et les paroles d'un opéra qu'il veut faire représenter apparemment à l'Isle-Adam ou au Temple, car je me persuade que ce ne sera pas aux Italiens; c'est une fête qu'il veut donner à M. le duc de Chartres à l'occasion de son mariage (2). Le sujet est Ariane abandonnée par Thésée dans l'île de Naxos; elle y a trouvé Bacchus, et elle suit le conseil de mademoiselle Entier, médiocre actrice, à qui on disait, en lui faisant répéter un rôle d'amante abandonnée : Qu'est-ce que vous feriez, Mademoiselle, si vous vous trouviez dans cette situation, si votre amant vous quittait: *Ce que je ferais? J'en prendrais un autre.* Jugez des talents de cette actrice, et jugez de l'intérêt dont sera le drame de Sa Majesté Polonaise. J'ai conté, et non pas lu à la grand'maman, qui me l'a fait conter au grand-papa, le canevas de votre poëme (3),

---

(1) Le prince de Conti. A la mort d'Auguste, électeur de Saxe, on dit qu'il aspirait au trône de Pologne.

(2) Avec la fille unique du duc de Penthièvre.

(3) C'est d'après l'idée qu'on avait que le prince de Conti formait des vues sur le royaume de Pologne, que M. Walpole, qui, dans ses lettres à madame du Deffand, avait toujours appelé madame Geoffrin *la reine-mère de Pologne*, d'après le voyage qu'elle avait fait à Varsovie, sur la demande expresse de Stanislas s'exprime de la manière suivante : « Que dit la reine mère de Pologne de cette prétention? Ma foi, vous

qui a eu un succès infini. Effectivement rien n'est d'un meilleur ton.

Adieu. J'ai mal à la tête, des douleurs dans les entrailles, je me sens très-échauffée; cela ne me fait rien; il me semble que je suis toute prête à faire mon paquet et à partir. Cette disposition me vient peut-être de ce que j'en suis encore bien loin; tout comme on voudra.

Dites-moi pourquoi, détestant la vie, je redoute la mort? Rien ne m'indique que tout ne finira pas avec moi; au contraire je m'aperçois du délabrement de mon esprit, ainsi que de celui de mon corps. Tout ce qu'on dit pour ou contre ne me fait nulle impression. Je n'écoute que moi, et je ne trouve que doute et qu'obscurité. *Croyez*, dit-on, *c'est le plus sûr;* mais comment croit-on ce que l'on ne comprend pas? Ce que l'on ne comprend pas peut exister sans doute, aussi je ne le nie pas; je suis comme un sourd et un aveugle-né; il y a des sons, des couleurs, il en convient; mais sait-il de quoi il convient? s'il suffit de ne point nier, à la bonne heure; mais cela ne suffit pas. — Comment peut-on se décider entre un commencement et une éternité, entre le plein et le vide? aucun de mes sens ne peut me l'apprendre; que peut-on apprendre sans eux? Cependant si je ne crois pas ce qu'il faut croire, je suis menacée d'être mille et mille fois plus malheureuse après ma mort, que je ne le suis pendant ma vie. A quoi se déterminer, et est-il possible de se dé-

« aurez une guerre civile dans la rue Saint-Honoré. Voilà le canevas d'un
« beau poëme épique; le poëme s'ouvre; le maréchal d'Alembert ha-
« rangue son armée d'encyclopédistes, s'agenouille pour demander la bé-
« nédiction du ciel, se souvient qu'il n'y a point de Dieu, invoque sainte
« Catherine de Russie : un poignard tombe à ses pieds; il accepte l'augure
« et trace un manifeste, sur le sable, contre les rebelles. On vient de lui
« dire que son ami, le général Marmontel, vient d'être fait prisonnier par
« un exempt de police. Le maréchal fait une belle satire contre la police, et
« se retire dans sa tente, où sa bien-aimée (*mademoiselle de l'Espinasse*)
« lui apporte une armure complète qu'elle a obtenue de Vénus. Rien de si
« facile, comme vous voyez, de surpasser Homère et Virgile; il n'y man-
« que que les paroles. Adieu. Jetez au feu cette folie. »

terminer? je vous le demande, à vous qui avez un caractère si vrai, que vous devez, par sympathie, trouver la vérité, si elle est trouvable (1). C'est des nouvelles de l'autre monde qu'il faut m'apprendre, et me dire si nous sommes destinés à y jouer un rôle.

Je fais mon affaire de vous entretenir de ce monde-ci. D'abord je vous dis qu'il est détestable, abominable, etc. Il y a quelques gens vertueux, du moins qui peuvent le paraître, tant qu'on n'attaque point leur passion dominante, qui est pour l'ordinaire dans ces gens-là l'amour de la gloire et de la réputation. Enivrés d'éloges, souvent ils paraissent modestes; mais le soin qu'ils prennent pour les obtenir en décèle le motif, et laisse entrevoir la vanité et l'orgueil. Voilà le portrait des plus gens de bien. Dans les autres sont l'intérêt, l'envie, la jalousie, la cruauté, la méchanceté, la perfidie. Il n'y a pas une seule personne à qui on puisse confier ses peines, sans lui donner une maligne joie et sans s'avilir à ses yeux. Raconte-t-on ses plaisirs et ses succès? on fait naître la haine. Faites-vous du bien? la reconnaissance pèse, et l'on trouve des raisons pour s'en affranchir. Faites-vous quelques fautes? jamais elles ne s'effacent; rien ne peut les réparer. Voyez-vous des gens d'esprit? ils ne seront occupés que d'eux-mêmes; ils voudront vous éblouir, et ne se donneront pas la peine de vous éclairer. Avez-vous affaire à de petits esprits? ils sont embarrassés de leur rôle, ils vous sauront mauvais gré de leur stérilité et de leur peu d'intelligence. Trouve-t-on, au défaut de l'esprit, des sentiments? aucuns, ni de sincères ni de constants. L'amitié est une chimère, on ne reconnaît que l'amour; et quel amour! Mais en voilà assez, je ne veux pas porter plus loin mes réflexions; elles sont le produit de l'insomnie; j'avoue qu'un rêve vaudrait mieux.

(1) M. Walpole, dans sa réponse, dit : « Et c'est à moi que vous vous
« adressez pour résoudre vos doutes! Je crois fermement à un Dieu
« tout-puissant, tout juste, tout plein de miséricorde et de bonté. Je suis
« persuadé que l'esprit de bienveillance et de bienfaisance est l'offrande
« la moins indigne de lui être présentée. »

LETTRE LXV.

Mercredi 24 mai 1769.

Si vous êtes encore aujourd'hui dans votre petit château, je m'en réjouis; loin de mourir de froid, vous devez mourir de chaud; vous devez être environné de tous les rossignols, vous devez être content d'être loin de la ville, de ne plus entendre parler de Wilkes, ni des Waux-hall; enfin, vous devez être content, et comme je vous veux du bien, j'en suis fort aise.

Sachez, je vous prie, une fois pour toutes, que vous me faites infiniment trop d'honneur quand vous prétendez que je dois penser comme vous; vous avez infiniment plus de lumières, plus de fermeté, de courage, de constance, de talent, de ressource, que moi, qui suis faible, incertaine, portée à la mélancolie, ayant besoin d'appui, ne connaissant plus de plaisir que celui de la conversation; la société m'est devenue nécessaire; c'est le plus grand besoin de ma vie; et vous voulez qu'il me soit aussi indifférent qu'à vous de vivre avec des gens faux ou sincères! N'est-il pas insupportable de n'entendre jamais la vérité? cela ne vous fait rien à vous, vous n'observez que pour vous moquer, vous ne tenez à rien, vous vous passez de tout, enfin, enfin, rien ne vous est nécessaire; le ciel en soit béni, vous êtes heureux, non pas à ma manière, mais à la vôtre, qui vaut cent fois mieux.

Tout le bien que vous m'avez dit de M. de Liancourt (1) m'a donné envie de le connaître; on me l'a amené; il est infiniment content de vous, il m'a très-bien raconté votre fête, il vous trouve très-aimable, il se loue beaucoup de vos attentions, de

(1) François-Alexandre-Frédéric, duc de La Rochefoucault, pair de France.

votre politesse; je l'ai trouvé fort naturel, fort simple; je ne sais d'où vient qu'il passe ici pour un sot; j'ai plus de foi à vos jugements qu'à ceux de mes compatriotes. Venons à la grand'-maman.

Je suis ravie qu'elle soit à Chanteloup, et qu'elle n'ait aucun rôle à jouer. J'aurais bien des choses à vous dire, mais la discrétion que je professe m'impose silence. Je trouverai peut-être quelque occasion, et j'en profiterai. Je passai hier la soirée avec les deux maréchales; je les verrai encore ce soir. Voilà les personnes qu'il faut voir pour étudier le monde et le bien connaître. Oh! que la grand'maman est peu faite pour ce monde-là, et qu'elle est bien à Chanteloup, avec son abbé, son petit oncle (1), ses moutons, ses manufactures, ses paysans, ses curés, ses chanoines, quoiqu'il y ait entre ces deux derniers de grandes divisions sur qui aura le pas à la procession de demain (2). L'abbé me fait un journal de tout ce qui se passe; il vous divertirait; notre correspondance est assez agréable, et fort gaie.

Votre ambassadeur (3), qui est le meilleur homme du monde, qui se couche tous les jours à onze heures, donna hier à souper au grand-papa, à sa sœur, à tout le corps diplomatique, à mesdames de Beuvron, de Lauraguais, de Luxembourg, et de Lauzun; ces deux dernières vinrent chez madame de Mirepoix en sortant de chez l'ambassadeur. Cette compagnie n'était pas assortie, mais ce souper s'était arrangé à Marly, chez le grand-papa, entre toutes les dames qui s'y trouvèrent. Adieu.

(1) Le comte de Thiers.
(2) Le jour de l'Ascension.
(3) Simon, comte d'Harcourt, alors ambassadeur d'Angleterre en France.

LETTRE LXVI.

Paris, dimanche 11 juin 1769.

Je ne suis point comme vous, je ne m'applaudirai jamais de mon indifférence : c'est un genre de bonheur que je ne connais point, et que je n'ambitionne pas ; ceux qui en jouissent s'en vantent rarement, et ceux qui le possèdent véritablement ne me font point d'envie ; je ne souhaite ni de leur ressembler ni de vivre avec eux ; je doute très-fort que vous ressembliez en rien à ces gens-là ; si cela est vrai, je vous en félicite ; mais je ne vous en estime pas davantage.

Convenez qu'on dit bien des paroles oiseuses, qu'on se croirait bien peu soi-même, et que, quand on veut parler sans avoir rien à dire, on ne dit rien qui persuade.

Je reçois dans cet instant un billet de la grand'maman ; il m'a fait plaisir ; son amitié ne me laisse rien à désirer ; elle me garantira toute ma vie de l'ennuyeux bonheur de ne rien aimer, et de ne l'être de personne. Je vois avec grand plaisir que le terme de son retour approche ; il n'y a plus qu'elle et ceux de sa société qui me plaisent véritablement ; c'est un autre climat que l'air qu'on respire dans son petit appartement. Depuis huit jours j'ai fait plusieurs courses : j'ai été à Versailles, chez les Beauveau ; à Châtillon, chez les Montigny ; à Ruel (1), à Montmorency (2). Tous ces gens-là sont dignes du bonheur de l'indifférence ; je me flatte qu'ils le possèdent, puisqu'ils le communiquent. La grosse duchesse reçut fort bien madame votre nièce (3).

(1) Chez la duchesse douairière d'Aiguillon.
(2) Chez la maréchale de Luxembourg.
(3) Madame Cholmondeley.

Je reçus hier une lettre de la Bellissima (1), qui devrait être dans le recueil des pièces choisies. Votre cousine voudrait que je vous en écrivisse une dans ce genre ; elle croit que ce serait la première lettre ridicule que vous auriez reçue de moi, elle ignore que ce ne serait qu'un nouveau genre. Oh ! non, je n'ai point de talent pour la plaisanterie ; je ne puis écrire que ce je pense et ce que je sens ; et comme je perds tous les jours la faculté de l'un et de l'autre, je touche au moment de n'avoir plus rien à dire. Les nouvelles ne m'intéressent point ; on ne peut les confier à la poste, et quand on le pourrait, je n'ai pas le talent des gazettes. J'ai beaucoup vu M. de Lille (2), je lui ai fait raconter votre fête (3) ; il a rapporté le plan de votre château : il se croit très-bien avec vous ; vous lui avez confié vos projets ; il ne vous attend qu'au mariage de M. le Dauphin. Les deux personnes qui lui plaisent le plus, c'est vous et milord

(1) La comtesse de Forcalquier.
(2) Officier de cavalerie fort aimable en société.
(3) Dans une lettre adressée à Georges Montagu, Horace Walpole donne sur cette fête les détails suivants :

« Strawberry vient d'offrir un coup d'œil magnifique. Mardi, toute la France y a dîné : M. et madame du Châtelet, M. le duc de Liancourt, les ministres d'Espagne et de Portugal, les Holderness, les Fitzroy... enfin nous étions vingt-quatre à table. Tout mon monde arriva à deux heures ; j'allai le recevoir jusqu'aux portes du château, avec la cravate de Gibbins et une paire de gants brodés jusqu'aux coudes, qui avaient appartenu à Jacques 1er. Les domestiques français ne pouvaient se lasser de me regarder ; je suis persuadé qu'ils ont cru fermement que c'était là le costume des gentilshommes de province anglais. Après avoir visité les appartements nous nous rendîmes à l'imprimerie, où j'avais fait composer d'avance quelques vers traduits en même temps par M. de Lille, qui se trouvait de notre compagnie. Dès que mes vers furent sortis de dessous presse, nous allâmes voir la grotte et le jardin de Pope. A notre retour nous trouvâmes dans le réfectoire un dîner magnifique ; le soir nous nous promenâmes et prîmes le thé, le café, et la limonade, dans la galerie, qu'éclairaient mille bougies ; après quoi nous jouâmes au wisk et à la bête jusqu'à minuit. On nous servit alors un souper froid, et à une heure ma société s'en retourna à Londres, aux acclamations de cinquante rossignols qui étaient venus, en leur qualité de vassaux, rendre hommage à leur seigneur. »

Holderness; il ne sait positivement lequel a le plus d'esprit et d'agrément, mais l'un et l'autre vous en avez presque autant que notre ambassadeur (1). Oh! cet homme a bien du discernement! pour moi, qui n'en ai pas tant que lui, je lui trouve quelques talents, mais peu d'esprit; du plat, du grossier, du familier, le ton d'un parvenu; mais je le verrai cependant quelquefois; il raconte assez bien ce qu'il a vu, ce qu'il a entendu, et j'aime mieux ses récits que les raisonnements sur la morale, et les descriptions du bonheur champêtre de la Bellissima et de sa tendre amie madame Boucault. Votre nièce a du goût, ses jugements sont prompts et justes : elle vous plaira quand vous la connaîtrez; je n'ai point d'engouement pour elle, et comme de raison elle n'en a point pour moi, mais nous nous convenons assez.

Votre article de M. Liancourt m'a fait plaisir (2); je vous appliquerai ce vers de Corneille dans *Nicomède :*

> Vous avez de l'esprit, si vous n'avez du cœur.

Mais comment cela se peut-il? je crois, moi, qu'on n'a de l'esprit qu'autant qu'on a du cœur. C'est le cœur qui fait tout connaître, tout démêler; tout est de son ressort; j'en excepte l'arithmétique, et toutes les sciences que je n'estime pas plus que celle-là. La comparaison de l'éducation à l'inoculation prouve ce que je dis. D'Alembert ne l'aurait pas faite. Allez,

---

(1) Le comte du Châtelet.
(2) M. Walpole avait dit de M. de Liancourt : « Je ne suis pas surpris
« qu'il vous ait plu; c'est, de tous vos Français celui qui me revenait
« le plus. Il a beaucoup d'âme, et point d'affectation. Je me moque bien
« de ceux qui le croient sot. Il peut le devenir en perdant son naturel,
« et en pratiquant les sots. Il est vrai qu'il y a peu d'apparence qu'il
« y tombe. Il n'y a que la bonne tête et le cœur encore meilleur de la
« grand'maman qui sachent résister à toutes les illusions. La sottise est
« à peu près comme la disposition à la petite-vérole; il faut que tout
« le monde l'ait une fois dans la vie. Plusieurs en sont bien marqués;
« et l'inoculation même, qui répond à l'éducation, étant prise quelquefois

allez, il n'y a que les passions qui fassent penser. Vous jugerez par cette lettre que je n'en ai point, parce qu'assurément elle est aussi bête que celle de la Bellissima.

Je vous serais obligée de me parler de votre santé.

LETTRE LXVII.

Paris, dimanche 25 juin 1769.

Serait-ce bien tout de bon que vous vous excusez de la stérilité de vos lettres quand vous ne les remplissez pas de nouvelles? Je pourrais vous faire une belle citation de madame de Sévigné, mais elle vous déplairait, et j'observe religieusement de me tenir à mille lieues de tout ce qui peut vous choquer.

Oh! vous n'êtes point fâché qu'on vienne voir votre château : vous ne l'avez point fait singulier, vous ne l'avez pas rempli de choses précieuses, de raretés, vous ne bâtissez pas un cabinet rond, dans lequel le lit est un trône, et où il n'y a que des tabourets, pour y rester seul, ou ne recevoir que vos amis. Tout le monde a les mêmes passions, les mêmes vertus, les mêmes vices ; il n'y a que les modifications qui en font la différence; amour-propre, vanité, crainte de l'ennui, etc., c'est ce qui remue tout ce qui est sur terre; les uns font la cour à madame Du Barry, les autres la bravent; ceux-ci ont une conduite réservée, et s'en glorifient; ceux-là souffrent le martyre de ne s'y pas livrer à corps perdu ; enfin tous ont des motifs différents, et tous ne sont guère dignes d'estime.

Il me semble qu'autrefois vous n'aimiez point tant le duc de Richmond ; je suis fort aise quand je vous vois penser qu'on peut trouver quelqu'un d'estimable, je suis toute prête à être

« de mauvais lieu, corrompt le sang et laisse des traces encore plus mau-
« vaises que la maladie naturelle. »

persuadée que cela est impossible. Mon rôle actuel est celui d'observateur, je ne vois rien qui ne me confirme dans le plus souverain mépris pour tout ce qui respire. En vérité, j'en excepte la grand'maman ; c'est peut-être la seule personne qui soit parfaitement exempte de reproche ou de blâme ; mais elle est parfaite, et c'est un plus grand défaut qu'on ne pense, et qu'on ne saurait imaginer ; c'est l'assemblage de toutes les vertus qui forment son être ; on n'est point digne d'elle, on ne peut atteindre à sa sphère ; enfin, enfin, je vous le dis en secret, on l'adore ; mais, mais, ose-t-on l'aimer ? Il y a déjà huit semaines qu'elle est absente, et elle ne doit revenir que le 15 du mois prochain pour aller tout de suite à Compiègne. Ma correspondance avec elle et sa compagnie est très-vive ; je fais la chouette à trois personnes : à elle, à l'abbé Barthélemy, et au baron de Gleichen (1). Vous pensez que cela me fait grand plaisir, vous supposez que j'aime à écrire ; il n'en est rien. Cependant il y a des moments (mais ils sont rares) que j'aurais peine à m'en passer. Cette nuit que j'ai eu une parfaite insomnie, je vous ai écrit quatre pages de ma propre main ; j'étais fort contente ; je vous ai dit tout ce que je pensais ; mais après trois heures de sommeil, et la réception de votre lettre, j'ai plié mon griffonnage ; et quoique j'en sois fort contente, je ne vous l'enverrai point, car c'est vous qui aimez les nouvelles, et non pas moi ; et il n'y en avait point certainement dans ce que je vous ai écrit cette nuit ; mais il faut vous en dire actuellement.

J'ignore ce qui cause l'incertitude de nos ambassadeurs (2) ; je ne vois personne dans ce moment-ci qui soit bien au fait de toutes choses. Il n'est pas douteux que les cabales et les intrigues ne soient dans ce moment-ci dans la plus grande vivacité ; on peut parier en sûreté de conscience ; les vents soufflent de toutes parts ; déracineront-ils les arbres ? je n'en sais rien. La

(1) Envoyé extraordinaire de Danemarck en France.
(2) Le comte et la comtesse du Châtelet à Londres.

madame de M*** (1) joue un rôle indigne ; elle cherche à faire des recrues pour diminuer sa honte, mais jusqu'à présent sans grand succès. D'autres ont poussé l'honnêteté et la dignité jusqu'à l'insolence (2). Enfin de toutes parts on ne trouve rien digne d'être loué, approuvé et même toléré. L'autre jour à la campagne, pendant le wisk du maître de la maison (*le roi*), le chef de la conjuration (*duc de Richelieu*) établit un petit lansquenet pour l'apprendre à la dame (*madame Du Barry*) ; c'était un jeu de bibus ; il y perdit deux cent cinquante louis. Le maître du logis se moqua de lui, lui demanda comment il avait pu perdre autant à un si petit jeu ; il y répondit par une citation d'un opéra :

Le plus sage s'enflamme et s'engage sans savoir comment.

Le maître rit et toute la troupe.

Votre cabinet est-il fini? Vos autres ouvrages que j'ignore sont-ils bien avancés ? quels sont vos projets quand tout cela sera fini? ne devez-vous pas faire un ermitage au bout de votre jardin ? Oh ! vous travaillez pour la postérité, pour votre mémoire Si vous vous amusez, vous avez raison ; mais je ne comprends pas bien, qu'excepté la justice qui doit faire penser à assurer le bien des autres après soi, on peut s'occuper et s'intéresser sérieusement à ce qu'on pensera et l'on dira de nous quand nous ne serons plus. Adieu, le papier manque.

(1) La maréchale de Mirepoix. Elle fut la première femme de distinction qui parut en public à Versailles avec madame Du Barry.
(2) En refusant de voir madame Du Barry ou de se trouver avec elle en société. De ce nombre était le prince de Beauvau, frère de madame de Mirepoix, et sa femme.

LETTRE LXVIII.

Paris, mardi 18 juillet 1769.

Vous souhaitez que je vive quatre-vingt-huit ans, et pourquoi le souhaiter, si votre premier voyage ici doit être le dernier? Pour que ce souhait m'eût été agréable, il fallait y ajouter : je verrai encore bien des fois ma Petite, et je jouirai d'un bonheur qui n'était réservé qu'à moi, l'amitié la plus tendre, la plus sincère et la plus constante qui fut jamais.

Je vous espérais plus tôt, mais vous avez voulu rendre vos années complètes (1). Ah! ne craignez point mes reproches; je n'ai que des grâces à vous rendre, tous les jours je m'applaudis d'avoir si bien placé mon amitié; nul autre que vous ne la connaît si bien et n'en est si digne; aussi je puis vous jurer que vous l'avez sans partage. La grand'maman arrive demain avec son grand abbé; je passerai la soirée avec eux, et je m'en fais un grand plaisir; c'est immense tout ce que nous aurons à nous dire. C'est grand dommage que vous ne puissiez faire la partie carrée.

On attend ces jours-ci la Bellissima. La grosse duchesse partit lundi pour Véret et elle reviendra en même temps que vous. Le Compiègne finira le 1er septembre; Paris sera moins désert qu'il ne l'est aujourd'hui, et j'en serai bien aise, car je n'aimerais pas que vous n'eussiez que moi à voir.

Je ne veux point parler de votre arrivée, je ne veux rien dissiper du plaisir que j'aurai de vous revoir, je renferme tout ce que je pense, je le réserve pour vous; mais ne craignez point les grandes effusions, vous devinerez ma joie et mon plus grand soin sera de la contenir; nous aurons tant de sujets de conver-

---

(1) M. Walpole vint à Paris cette année.

sation, qu'il me sera facile de ne vous pas parler de moi. Il y a deux ans que je ne vous ai vu, et je ne sais par quel enchantement il me paraît qu'il y a très-peu de temps que nous nous sommes séparés ; je me rappelle tout ce qui s'est passé en votre absence, mais avec peine ; tout cela n'a fait que des traces très-légères ; le moment de votre départ, celui de votre arrivée, ce sont-là mes deux seules époques ; tout ce qui est entre deux est presque effacé ; quand je me ressouviens d'un fait, d'un événement, je ne sais où le placer, si c'était avant ou après votre départ ; vous aiderez à ma mémoire.

Adieu : mon plaisir est troublé, je l'avoue ; je crains que ce ne soit un excès de complaisance qui vous fasse faire ce voyage.

LETTRE LXIX.

Paris, mercredi 3 août 1769.

Avec les meilleurs procédés du monde, vous conservez toujours un ton sévère ; vous me blâmez de prévoir l'avenir. Dans le fond vous avez grande raison, car je crois qu'il sera bien court pour moi, surtout si mes insomnies continuent comme elles sont ; il y a plus de huit jours que je ne dors pas plus de deux ou trois heures par nuit ; je ne puis pas en deviner la cause, je ne souffre de nulle part et je n'ai point d'agitation ; mais je tombe en ruines ; ce sont les ruines de Chaillot ou de Vaugirard ; je suis un grand contraste à la description que vous me faites de votre petite cabane : je la crois charmante ; je comprends que l'occupation de la construire, de l'orner, vous a fait passer d'agréables moments ; je doute que n'ayant plus rien y à faire, sa jouissance vous rende aussi heureux. Mais je ne sais ce que je dis ; on veut toujours juger des autres par soi-même : on a tort. Rien n'est si différent que les goûts ; on peut s'accorder sur les choses de raisonnement, mais rarement, et peut-être jamais, sur celles de sentiment. Pour bien des gens la musique n'est que du bruit; les uns aiment le bleu, l'autre le rouge; pour vous c'est le *vert de pois* (1); je n'avais jamais entendu parler de ce vert-là.

Mais, mais, je trouve de la plus grande singularité la facilité qu'on a à vous demander des présents; rien n'est plus ridicule et plus indiscret.

Vous me faites un grand plaisir de m'apprendre que David Hume va en Écosse. Je suis bien aise que vous ne soyez plus à portée de le voir, et moi ravie de l'assurance de ne le revoir jamais. Vous me demanderez ce qu'il m'a fait? Il m'a déplu. Haïssant les idoles (2), je déteste leurs prêtres et leurs adorateurs. Pour d'idoles, vous n'en verrez pas chez moi; vous y pourrez voir quelquefois de leurs adorateurs, mais qui sont plus hypocrites que dévots; leur culte est extérieur; les pratiques, les cérémonies de cette religion sont des soupers, des musiques, des opéras, des comédies, etc. Cela convient à biens des gens; pour moi, tout cela m'est devenu en horreur, je ne me plais que dans mon tonneau, en compagnie de quatre ou cinq personnes avec qui je cause.

Je crois que la grand'maman sera de retour de Compiègne quand vous arriverez; je ne lui dirai point le jour que je vous attends; si le vent ne s'y oppose pas, ce doit être un samedi? je m'arrangerai à souper chez moi ce jour-là, et à n'avoir le lendemain dimanche que nos amis les plus féaux. Depuis que la grand'maman est à Compiègne, je ne lui ai écrit qu'une fois, parce que je ne veux point lui donner la fatigue de me répondre; j'apprends de ses nouvelles par tout le monde, et l'on me dit qu'elle se porte bien : d'ailleurs, je vous avouerai que mes insomnies éteignent un peu ma vivacité. Ah! j'entends que vous dites :

(1) M. Walpole avait dit à madame du Deffand que les murs de la chambre de la chaumière, dans son jardin, étaient vert de pois.
(2) Il s'agit de la société du prince de Conti au Temple.

« A quelque chose le malheur est bon ». Mon ami, n'ayez pas peur, prenez courage, il n'y a que patience à avoir, tout cela ne saurait durer longtemps. Je crois que je n'ai été mise au monde que pour être de quelque utilité aux autres ; quand j'aurai satisfait à cet article, qui est déjà bien avancé, je dirai bon soir la compagnie, bonsoir.

Je prendrai sur moi d'arrêter votre logement pour le 15.

LETTRE

D'HORACE WALPOLE A GEORGES MONTAGU.

Paris, 7 septembre 1769.

J'ai reçu vos deux lettres en même temps. Je pourrais sans doute acheter ici bien des choses qui vous plairaient, mais depuis que milady Holderness a assiégé la douane de ses cent quatorze robes, les ports sont gardés au point qu'un contrebandier seul pourrait faire entrer quelque chose en Angleterre sans acquitter les droits ; vous ne vous soucierez pas, je pense, de payer soixante-quinze pour cent d'amende pour les marchandises d'occasion. Tout ce que j'ai acheté il y a trois ans n'a passé qu'à la faveur de l'artillerie du duc de Richmond ; mais la vaisselle est, de tous les objets de luxe, ce qu'il y a de plus difficile à faire parvenir ; considérée comme métal, elle n'est pas mise au nombre des objets de contrebande ; mais, par le fait, on la rend telle, et les douaniers n'étant pas assez philosophes pour séparer la forme de la matière, mettent brutalement votre vaisselle en morceaux, et ne vous en rendent que la valeur intrinsèque : compensation qui ne vous accommoderait guère sans doute, en votre qualité de membre du parlement ; renoncez donc à vos générosités, à moins que vous ne les puissiez réduire au format de l'Elzévir, et vous contenter d'un objet assez petit pour tenir dans la poche. Ma vieille amie (1) a été charmée de votre souvenir : elle m'a fait promettre de vous adresser, en retour, mille compliments ; elle ne peut concevoir pourquoi vous ne venez pas à Paris. N'ayant jamais trouvé, par elle-même, de différence entre vingt-trois et soixante-treize ans, elle s'imagine que rien au monde ne saurait empêcher un homme de faire sa volonté ; et, si elle n'était point aveugle, nulle considération ne l'arrêterait : vous la verriez à Strawberry. Elle fait des couplets, elle les chante : elle se rappelle tous ceux qu'on a faits ; et, ayant passé de l'âge des folies à l'âge de la raison, elle réunit toute l'amabilité du premier à la sensibilité du second, sans avoir la vanité de l'un, ni l'impertinence pédantesque de l'autre. Je l'ai entendue discuter, avec toutes sortes de gens, sur toutes sortes de matières, et jamais je ne l'ai vue dans son tort. Elle humilie les savants, redresse leurs disciples, et trouve des sujets de conversation pour tout le monde. Tendre comme madame de Sévigné, elle n'a aucun de ses préjugés ; son goût est même plus étendu. Malgré l'extrême faiblesse de sa constitution, son courage lui fait supporter une vie de fatigue qui m'excéderait s'il me fallait demeurer avec elle ; par exemple, après avoir soupé à la campagne, rentrons-nous à une heure du matin ? elle propose d'aller promener sur les boulevards, par le motif qu'il est trop tôt pour se coucher ; hier même, quoiqu'elle fût indisposée, j'eus beaucoup de peine à lui persuader de ne pas veiller jusqu'à trois heures, par amour pour la comète ; elle avait, à cet effet, prié un astronome d'apporter ses télescopes chez le président Hénault, pensant que cela pourrait m'amuser : enfin sa bonté pour moi est telle, que, malgré mon âge, je ne suis pas honteux de me livrer à des plaisirs que j'avais abandonnés chez moi ; non, je mens ; j'en rougis et je soupire après mon pauvre Strawberry, tout en songeant que je n'aurai

(1) Madame du Deffand.

probablement jamais le courage de venir revoir cette bonne et sincère amie, qui m'aime autant que le faisait ma mère. Mais quelle folie de penser à l'avenir! Ah! je l'avoue, cette idée m'afflige. Au reste, qu'est-ce que l'année qui vient? Une bulle qui crèvera peut-être pour elle et pour moi, avant que nous arrivions au bout de l'almanach. Qu'est-ce que les projets qu'on forme dans ce monde fragile? Je les compare aux châteaux enchantés de nos contes de fées; toutes les portes en sont gardées par des géants ou des dragons; de même la mort ou les maladies ferment toutes les issues qui nous offriraient un passage. Quoique nous puissions vaincre parfois tous les obstacles, et parvenir jusqu'à l'endroit le plus reculé du château, cependant, celui qui place là ses espérances n'est qu'un audacieux aventurier; quant à moi, je m'assieds gaîment sur le seuil, avec les malheureux, et je ne cherche jamais à pénétrer, à moins que les portes ne s'ouvrent d'elles-mêmes.

La chaleur est étouffante, et je suis forcé d'avouer qu'on achète ici, au coin des rues, des pêches bien meilleures que tout ce que produisent à grands frais nos vergers. Lord et lady Darce demeurent à quelques pas de chez moi; milord est venu en France pour un motif assez délicat, c'est-à-dire pour une consultation de médecins : sa foi est plus grande que la mienne; mais peut-on s'étonner que le pauvre homme soit disposé à tout croire! milady a soutenu vaillamment le choc, et vous verrez quelle triomphera.

Adieu, mon cher Georges, mon vieil ami; je vous vois presque aussi rarement que madame du Deffand; cependant, c'est une consolation pour moi de penser à nos trente-cinq ans d'amitié, et il ne nous en coûte pas de nous rappeler une aussi longue liaison. J'ai rendu visite hier à l'abbesse de Panthemont, nièce du général Oglethorpe, et la dame n'est pas de la première jeunesse. Nous parlions de madame de Mézières sa mère, et je crus pouvoir me permettre de dire à une femme vouée tout entière à Dieu, que sa mère devait être fort âgée; mais elle m'interrompit avec aigreur, en disant : Point du tout, Monsieur, elle s'est mariée très-jeune. » Que pensez-vous d'une sainte qui cherche à cacher ses rides, même à travers une grille; ah! nous sommes des animaux bien ridicules! si les anges ont quelque gaîté, combien nous devons les divertir!

LETTRE

D'HORACE WALPOLE A GEORGE MONTAGU.

Paris, 17 septembre 1769.

Je suis excédé de fatigue ; n'importe, il est trop tôt pour se coucher, je vais vous rapporter tout l'emploi de ma journée. Je suis allé ce matin à Versailles avec ma nièce Cholmondeley, mistriss Hart, sœur de lady Denbigh, et le comte de Grave, qui est un des hommes les plus aimables et les plus obligeants que je connaisse. Nous nous proposions surtout de voir madame Du Barry. Comme l'heure de la messe n'était point encore venue, nous vîmes dîner le Dauphin et ses frères. L'aîné est tout le portrait du duc de Grafton, sauf qu'il est plus blond et qu'il sera plus grand ; il a l'air délicat. Le comte de Provence a des manières fort agréables et paraît très-sensé. Quant au comte d'Artois, il est le génie de la famille; on raconte déjà beaucoup de bons mots de lui, semblables à ceux de Henri IV et de Louis XIV; il est très-gras, et c'est celui de tous les enfants qui ressemble le plus à son grand-père. Après avoir assisté à ce banquet royal, nous nous rendîmes à la chapelle, où l'on nous réservait, dans les tribunes, une première banquette. Madame Du Barry alla se placer en bas, vis-à-vis de nous; elle était sans rouge, sans poudre et même sans *toilette* : étrange manière de se montrer, car elle était près de l'autel au milieu de la cour, et exposée aux regards de tout le monde. Elle est jolie, quand on l'examine attentivement ; cependant, elle est si peu remarquable, que je n'aurais jamais songé à demander qui elle était ; il n'y avait rien d'effronté, d'arrogant ou d'affecté dans son maintien ; la sœur de son mari l'accompagnait. Dans la tribune supérieure figurait, parmi une foule de prélats, le roi, qui est encore bel homme : on ne pouvait s'empêcher de sourire à ce mélange de piété, de magnificence et de sensualité. En sortant de la chapelle, nous assistâmes au dîner de Mesdames ; nous fûmes presque étouffés dans l'anti-chambre, où l'on faisait chauffer les plats sur du charbon, et où la foule nous empêchait de bouger. Quand on ouvre les portes, tout le monde entre confusément, les princes du sang, les cordons bleus, les abbés, les servantes, enfin, Dieu sait qui ! cependant leurs Altesses sont tellement accoutumées à ce manége, qu'elles mangent d'aussi bon cœur que vous et moi nous pourrions le faire dans notre propre salle à manger. Mais bientôt nous quittâmes la cour et une maîtresse régnante, pour une maîtresse morte et pour un cloître.

J'avais obtenu de l'évêque de Chartres la permission de visiter Saint-Cyr ; madame du Deffand, qui ne laisse échapper aucune occasion de m'être agréable, avait écrit à l'abbesse, pour la prier de me faire voir tout ce qu'il y avait de curieux en cet endroit ; la permission de l'évêque portait qu'on devait m'admettre, ainsi que *M. de Grave et les dames de ma compagnie;* je priai l'abbesse de me rendre ce permis, pour le déposer dans mes archives de Strawberry ; elle y consentit volontiers. Toutes les portes s'ouvrirent devant nous ; la première chose que je désirais voir, était l'appartement de madame de Maintenon ; il se compose au rez-de-chaussée, de deux petites pièces, d'une bibliothèque et d'une très-petite chambre à coucher, la même dans laquelle le czar la vit et où elle mourut ; on a ôté le lit, et la chambre est maintenant tapissée de mauvais portraits de la famille royale. On ne peut s'empêcher de remarquer la simplicité de l'ameublement et l'extrême propreté qui règne partout. Un grand appartement, qui se trouve au-dessus, composé de cinq pièces, et destiné par Louis XIV à madame de Maintenon, sert maintenant d'infirmerie ; il est rempli de lits à rideaux blancs, fort propres, et orné de tous les passages de l'Écriture qui peuvent donner à entendre que la fondatrice était reine. L'heure des vêpres étant venue, on nous conduisit à la chapelle ; et je fus placé dans la tribune de madame de Maintenon ; les pensionnaires, dont chaque classe est conduite par un homme, viennent, deux à deux, prendre leurs siéges et chantent tout le service, qui (soit dit en passant) est assez ennuyeux. Les jeunes demoiselles, au nombre de deux cent cinquante, sont vêtues de noir, avec de petits tabliers pareils, qui sont, ainsi que leurs corsets, noués avec des rubans bleus, jaunes, verts ou rouges, selon la classe ; les personnes qui sont à leur tête ont, pour marque distinctive, des nœuds de diverses couleurs. Leurs cheveux sont frisés et poudrés. Elles ont pour coiffure une espèce de bonnet rond, avec des fraises blanches et de grandes collerettes ; enfin leur costume est très-élégant. Les religieuses sont tout habillées de noir, avec des voiles de crêpes pendants, des mouchoirs d'un blanc mat, des bandeaux et des robes à longues queues. La chapelle est simple, mais fort jolie. Au milieu du chœur, sous une dalle de marbre, repose la fondatrice. Madame de Cambis, l'une des religieuses (qui sont au nombre d'environ quarante), est belle comme une madone. L'abbesse n'est distinguée des autres que par une croix plus riche et plus grande. Son appartement consiste en deux pièces fort petites. Nous vîmes là jusqu'à vingt portraits de madame de Maintenon. Le portrait en pied, au manteau royal, dont je possède une copie, est le plus souvent répété ; mais il en est un autre dans lequel on la représente vêtue de noir, avec une grande coiffure en dentelles, un bandeau et une robe traînante, elle est assise dans un fauteuil de velours cramoisi ; entre ses genoux, se trouve sa nièce, madame de Noailles, encore enfant ; dans le lointain, on découvre une vue de Versailles ou de Saint-Cyr : c'est ce que je n'ai pu distinguer parfaitement. On nous montra quelques riches reliquaires ; ensuite nous fûmes conduits dans les salles de chaque classe. Dans la première, on ordonna aux demoiselles, qui jouaient aux échecs, de nous chanter les chœurs d'Athalie ; dans la seconde, on leur fit exécuter des menuets et des danses de campagne, tandis qu'une religieuse un peu moins habile que Sainte-Cécile, jouait du violon. Dans les autres, elles répétèrent devant nous les proverbes ou dialogues qu'avait écrits, pour leur instruction, madame de Maintenon ; car non-seulement elle est leur fondatrice, mais encore leur sainte, et les hommages qu'on rend à sa mémoire ont entièrement fait oublier la Sainte-Vierge. De là, nous visitâmes les dortoirs, puis nous fûmes témoins du souper ; enfin l'on nous mena aux archives, où nous vîmes des volumes de lettres de madame de Maintenon ; une des religieuses me donna même un petit morceau de papier, avec trois pensées écrites de la propre main de la fondatrice. Nous allâmes aussi à la pharmacie : on nous y régala de cordiaux, et une de ces dames m'apprit que l'inoculation était un péché, parce qu'elle devenait un motif bénévole de faire gras et de se dispenser de la messe. Notre visite se termina par le jardin, qui a pris un aspect très-imposant, et où les jeunes demoiselles jouèrent devant nous, à mille petits jeux ; enfin, nous prîmes congé de Saint-Cyr au bout de quatre heures. Je demandai à l'abbesse sa bénédiction ; elle sourit, en disant qu'elle doutait bien que j'y eusse grande confiance. C'est une dame noble, âgée, et très-fière d'avoir vu madame de Maintenon. Je terminerai ma lettre par un trait charmant de madame de Mailly, que vous ne trouverez pas déplacé dans un chapitre qui traite des maîtresses de rois. Comme elle allait à Saint-Sulpice, après avoir perdu le cœur du roi, un des assistants demanda qu'on lui fît place ; « *Comment*, s'écrièrent quelques jeunes officiers grossiers, *à cette catin-là !* » Madame de Mailly se retourna soudain, et leur dit avec la plus touchante modestie : « *Messieurs, puisque vous me connaissez, priez Dieu pour moi.* » Je suis sûr que les larmes vous en viendront aux yeux. N'était-elle pas le Publicain, et madame de Maintenon, le Pharisien. Bonsoir.

MADAME DU DEFFAND A HORACE WALPOLE.

LETTRE LXX.

Vendredi 6 octobre, à 7 heures du matin, lendemain de votre départ.

N'exigez point de gaîté, contentez-vous de ne pas trouver de tristesse ; je n'envoyai point chez vous hier matin, j'ignore à quelle heure vous partîtes ; tout ce que je sais, c'est que vous n'êtes plus ici.

Lundi 9, à 8 heures du matin.

Je ne respirerai à mon aise qu'après une lettre de Douvres ; ah ! je me hais bien de tout le mal que je vous cause ; trois journées de route, autant de nuits détestables, un embarquement, un passage, le risque de mille accidents, voilà le bien que je vous procure. Ah ! c'est bien vous qui pouvez dire en pensant à moi : *Qu'allais-je faire dans cette galère ?* Eh ! mon Dieu, qui suis-je ? Oh ! le centenier de l'Évangile ne se rendait pas plus de justice que moi ; plus je suis contente de vous, moins je le suis de moi ; mais pour le présent je n'épluche point de certaines choses. Vous êtes à Douvres, vous serez, j'espère, ce soir à Londres, voilà ce que j'ai impatience d'apprendre, après quoi je causerai plus à mon aise avec vous.

LETTRE LXXI.

Paris, 17 octobre 1769.

Enfin vous voilà passé; mais quatorze heures et demie sur mer, c'est bien long, et me fait faire de tristes réflexions. Vous vous portez bien; la lettre que j'attends demain me le confirmera, à ce que j'espère.

Les oiseaux de Steinkerque (1) sont revenus, ils arrivèrent avant-hier, et restèrent si tard, qu'ils me firent manquer mon souper chez le président. Votre nièce avait pris médecine, je ne l'avais point vue de la journée; ces dames voulurent la voir, je les accompagnai, et tout d'un coup nous prîmes la résolution de souper chez elle. Vous jugez de la bonne chère, mais nous fûmes fort gais. Nous nous sommes engagées pour jeudi chez la marquise; nous aurons le prince de Beaufremont de plus: nous feuilleterons tous les manuscrits et je ramasserai tous les vers du chevalier (2), je vous les enverrai, vous en serez l'éditeur si vous voulez. La marquise nous dit quatre vers qui sont pour le moins aussi vieux que moi; les voici:

> Broussin dès l'âge le plus tendre,
> Posséda la sauce à Robert,
> Sans que son précepteur lui pût jamais apprendre,
> Ni son Credo ni son Pater.

Ce Broussin était un débauché, ami de Chapelle; il était Brulard, de même famille et de même nom que ma mère (3).
Ces oiseaux de Steinkerque souperont dimanche chez moi:

(1) La marquise de Boufflers et sa nièce, la vicomtesse de Cambis.
(2) De Boufflers.
(3) Anne Brulart, fille du premier président du parlement de Bourgogne.

il y aurait de l'affectation à ne les jamais inviter; il paraîtra peut-être à madame de Forcalquier que j'en mets dans ma conduite avec elle, cependant le hasard en décide plus que l'intention.

Jeudi.

Voilà votre première lettre numérotée; si je l'avais reçue hier, celle-ci serait partie aujourd'hui, mais je vois que le calme et le trouble nous sont également contraires. Le calme vous fait rester quatorze heures et demie sur mer, et met du retardement dans notre commerce; et le trouble dérange votre tête et abrége vos lettres: mais enfin vous voilà arrivé, et j'ai presque autant de joie de vous savoir à Strawberry-Hill, que j'en aurais à vous avoir auprès de mon tonneau; je dis presque, car cela n'est pas tout à fait de même.

Je sais peu de nouvelles. Le gouvernement d'Amiens est donné à M. de la Ferrière, sous-gouverneur du Dauphin; celui de Landrecies à M. du Sauçay, major des gardes, qui est un peu de mes amis. M. de Monclar, avec qui vous avez soupé, fut l'autre jour chez M. le duc de Choiseul, qui lui dit: Je vous fais mon compliment sur la pension de cinq mille francs que le roi vous donne sur les affaires étrangères. Ensuite il alla chez M. le chancelier, qui lui dit: Je vous fais mon compliment sur la gratification annuelle que le roi vous donne sur les États de Provence. Puis il alla chez M. de Saint-Florentin, qui lui dit: Je vous fais mon compliment sur le remboursement que le roi vous fait de votre charge. Il voulait aller chez l'évêque d'Orléans, espérant un compliment sur le don de quelques bénéfices; c'est de madame de la Vallière que je tiens ce fait, qui le tenait de M. d'Entragues.

Je crois que les Choiseul nos parents ne sont pas contents; j'ai reçu un billet du baron de Gleichen, qui me fait juger qu'ils ne sont pas de bonne humeur.

LETTRE LXXII.

Paris, lundi 23 octobre 1769.

Le petit Craufurd part mercredi ; je ne veux pas perdre cette occasion. Vous direz, si vous voulez, que j'aime à écrire ; je conviendrai que cela est vrai quand c'est à vous : pour tout autre c'est une corvée.

Je n'ai pas grand'chose à vous dire sur la politique. Le roi soupa jeudi 19, pour la première fois, chez madame Du Barry. Les convives étaient mesdames de Mirepoix, de Flavacourt, de l'Hôpital. Les hommes, MM. de Condé, de Luzace, de Soubise, de Richelieu, d'Aiguillon, d'Estissac, de Croissy, de Chauvelin, de Noailles et de Saint-Florentin. M. de Beauvau, qui me l'avait mandé, me marquait qu'on était en peine de savoir si M. de Gontault (1) avait été invité ; il pouvait n'avoir pas reçu l'invitation, parce qu'il pouvait n'être pas rentré chez lui depuis qu'elle y serait arrivée ; doute qui met du problématique dans cette affaire, et que je n'ai point éclairci.

Je reçus hier au soir une très-longue lettre de la grand'maman ; elle me rend un compte très-détaillé de sept ou huit petites commissions dont elle s'était chargée : la principale était le paiement de ma pension ; elle ne me dit pas un mot de sa santé ; elle s'excuse de ne m'avoir pas écrit plus tôt, parce qu'elle n'a pas un moment à elle, et qu'il faut qu'elle prenne sur son sommeil pour écrire.

Je crains que cette grand'maman ne soit très-malade ; son mari voudrait qu'elle revînt à Paris ; peut-être a-t-on fait venir l'abbé pour l'y déterminer : indépendamment de sa délicatesse et de son rhume, elle a certainement beaucoup de chagrin.

(1) Le duc de Gontault avait épousé une sœur de la duchesse de Choiseul.

Vous devriez lui écrire ; je ne puis douter qu'elle n'ait véritablement de l'amitié pour vous, une parfaite estime, un véritable goût. Ne vous en faites point une tâche, ne mettez pas plus de recherche que quand vous m'écrivez, et laissez-vous aller à votre sensibilité naturelle ; elle n'a pas plus de répugnance que moi pour tout ce qui part du sentiment. Sentiment! ce mot vous semble ridicule ; eh bien! moi je vous soutiens que sans le sentiment l'esprit n'est rien qu'une vapeur, qu'une fumée ; j'en eus la preuve hier : je soupai chez les oiseaux, nous feuilletâmes leurs manuscrits, on lut une douzaine de lettres du chevalier (*de Bouflers*), il y en avait de toutes sortes ; elles me parurent insupportables. Beaucoup de traits, je l'avoue, parfois naturels, mais le plus souvent recherchés, enfin fort semblables à ceux de Voiture, si ce n'est que le chevalier a plus d'esprit. Je n'ai rien emporté parce que je n'ai rien trouvé digne de vous. Tenez, mon ami, vous avez beau déclamer contre le sentiment, il y en a plus dans vos invectives que dans tous les semblants du chevalier.

Les empressements de la Bellissima ont la fièvre continue avec des redoublements ; vous vous souvenez de la chanson des oiseaux sur mon tonneau. Voici ce que je reçus par la petite poste sur le même air, qui est celui de *l'ambassade :*

> Ce n'est pas quand on voyage
> Que l'on trouve le plaisir ;
> Ce n'est que près du rivage
> Qu'il remplit notre désir.
> On a beau voguer sur l'onde,
> Parcourir dans un vaisseau,
> Les quatre coins de ce monde,
> Rien ne vaut votre tonneau.

Quelques jours après, étant avec les oiseaux, je fis ce couplet sur l'air : *Du haut en bas.*

> Dans son tonneau,
> On voit une vieille Sibylle,

> Dans son tonneau,
> Qui n'a sur les os que la peau,
> Qui jamais ne jeûna vigile,
> Qui rarement lit l'Évangile,
> Dans son tonneau.

Le lendemain autre billet par la petite poste, où était mon couplet, suivi de celui-ci :

> Dans ce tonneau,
> Venez puiser la vraie sagesse,
> Dans ce tonneau :
> Il aurait enchanté Boileau ;
> Car vous trouverez la justesse,
> Le goût et la délicatesse,
> Dans ce tonneau.

Quoique ces couplets soient anonymes, je ne doute pas qu'ils ne soient de la Bellissima.

LETTRE LXXIII.

Paris, jeudi 2 novembre 1769.

Je vous ai menacé de vous écrire par M. Chamier ; il faut tenir ma parole, sans quoi vous vous moqueriez de mes menaces. Je pensais avoir beaucoup de choses à vous dire, et aujourd'hui je ne trouve presque rien.

Le duc de Richmont m'a parlé avec beaucoup de confiance ; d'abord de son duché (1) ; les difficultés qu'il trouve, ou plutôt l'impossibilité de faire enregistrer au parlement ses lettres ou patentes de pairie, à cause de sa religion ; le parti qu'il prend de se contenter qu'il soit héréditaire, la consultation de M. Gerbier, la conversation qu'il a eue avec le grand-papa, dont

---

(1) D'Aubigné. Voyez la 84e lettre.

il m'a dit être très-content; il m'avait recommandé de lui en parler, ce que j'ai fait; je n'ai pas été extrêmement contente de ce que m'a répondu le grand-papa. Il m'a paru peu au fait de l'affaire; mais ses dispositions ne m'ont pas paru défavorables. Je lui dis que le duc était très-satisfait de lui, qu'il m'en avait dit mille biens. Il me semble, a-t-il répondu, qu'il ne pensait pas de même étant ambassadeur; mais il n'avait point le ton d'aigreur ni d'ennui; je suis persuadée que s'il n'arrive aucun changement, c'est-à-dire s'il reste dans sa situation présente, il rendra service à votre ami; mais ce que je trouvai plaisant, c'est que la grand'maman entendait mieux cette affaire que lui; je crois qu'il fera bien de la poursuivre, et qu'elle réussira. Ensuite votre ami me parla de ses chagrins et du parti que sa sœur (1) allait prendre de revenir pour vivre avec lui; je fus édifiée et touchée de l'honnêteté, de la bonté, de la tendresse de ses sentiments; je trouve que c'est un homme excellent. Ah! je ne suis pas étonnée qu'il vous plaise, je sens que si je vivais avec lui, je l'aimerais de tout mon cœur, et sa femme aussi, qui est d'un naturel et d'une simplicité charmante; j'avais une double satisfaction avec eux, leur mérite personnel et d'être avec vos meilleurs amis; ne me laissez point oublier d'eux, et répondez-leur qu'ils peuvent m'employer à tout ce qu'ils jugeront à propos.

Le grand-papa paraît de très-bonne humeur; cependant il n'est pas sans inquiétude : la dame (2) ne dissimule plus sa haine pour lui, et cette conversation qu'il eut avec elle pendant que vous étiez ici a été une fausse démarche de sa part, puisqu'elle n'a produit aucun bon effet; il reçoit journellement de petits dégoûts, comme de n'être pas nommé ou appelé pour les soupers des cabinets et chez elle; des grimaces, quand au wisk il est son partner; des moqueries, des haussements d'épaules, enfin de

---

(1) Lady Sarah Bunbury, dont M. de Lauzun parle dans ses Mémoires.
(2) Madamme du Barry.

petites vengeances de pensionnaire, mais qui ne laissent pas d'écarter une sorte de gens; des sots à la vérité, mais c'est une petite brèche à la considération; jusqu'à présent, il n'y a encore rien eu qui attaque le crédit dans ce qui regarde ses départements. Le nombre des soupeuses et des voyageuses n'augmente pas; la dame Valentinois est comme hors de combat, on dit qu'elle redevient folle; elle n'a point été à Fontainebleau; elle ne dort point; il y a dix ou douze jours que je ne l'ai vue.

La princesse de Montmorency est une soupeuse, parce que son mari veut être menin du dauphin. M. de Gontault n'est plus d'aucun souper, et c'est sur lui que s'exerce la vengeance contre le grand-papa; c'est son *hussard*; je ne sais pas si vous entendez cela; le roi dans son enfance avait un petit hussard qu'on fouettait quand le roi n'avait pas bien dit sa leçon.

La grand'maman est beaucoup moins triste qu'elle n'était. Vous souvenez-vous de cette lettre qu'on prétend qu'elle avait écrite de Chanteloup? Le fait ou la croyance qu'on a de ce fait l'a chagrinée mortellement; c'est la maréchale de Mirepoix qui en a répandu le bruit, et c'est la cause de la haine qu'on a pour elle; mais on observe de ne parler à la grand'maman de rien qui ait rapport à toutes ces sortes de tracasseries; elle est des nôtres, elle a une tête qui se trouble et qui la rend malade. Son mari se conduit avec elle dans la plus grande perfection; s'il n'était pas le plus léger de tous les hommes, il en serait le meilleur, il est noble, généreux, gai, franc, mais il est gouverné par des personnes qui ne consultent que leurs intérêts personnels; il aurait bien fait, selon mon avis, de ne se point brouiller avec la maréchale (1); mais madame de Beauvau a voulu qu'ils fussent aux couteaux tirés, et elle lui a persuadé

---

(1) La maréchale de Mirepoix, qui protégea madame Du Barry, et qui était de la société intime de Louis XV.

qu'il perdrait toute estime et toute considération, s'il avait la moindre intelligence avec elle, et elle a entraîné son mari à agir de même.

Vendredi.

J'oubliai hier, à l'article des Richmond, de vous dire que le duc se contenterait, pour le présent, de l'héréditaire, mais sans renoncer à la prétention de la pairie, que par la suite, des circonstances pourraient mettre en valeur. J'oubliai aussi de vous dire que je parlai à la grand'maman de sa parenté avec eux, qu'elle savait parfaitement bien, et dont elle est mieux instruite que le duc; il y avait déjà de l'alliance entre les Querouailles et les Gouffier avant que la sœur de la duchesse de Portsmouth épousât un Gouffier. Je suis très-convaincue qu'elle rendra tous les services qui dépendront d'elle.

Ah! mon ami, je passai hier une belle journée. La Bellissima m'avait envoyé demander du thé pour quatre heures; elle arriva à trois, et resta jusqu'à six; nous eûmes la motié du temps pour tiers la Sanadona (1); je me trouvais dans un désert, je ne voyais pas d'horizon, pas un arbre, pas une plante, pas une herbe, rien que du sable et de la poussière qui augmenta par l'arrivée de mademoiselle Bédé. Eh bien, cela n'est-il pas honteux? j'aimais mieux cela que d'être seule. Vous pouvez bien m'appeler ma *Petite*, car je suis bien petite en effet, mais pas assez cependant pour m'amuser des poupées. Je suis excédée d'une commission dont je me suis chargée pour la grand'maman, qui en veut donner une à la petite de Stainville (2); son trousseau est immense; j'ai mis madame de Narbonne à la tête de cette affaire : c'est elle qui fait toutes les emplettes; cela sera étalé lundi sur une grande table, la poupée

---

(1) Mademoiselle Sanadon, demoiselle de compagnie de madame du Deffand.

(2) Nièce de la duchesse de Choiseul, et fille de madame de Choiseul-Stainville.

au milieu, assise dans son fauteuil. C'est un spectacle qu'on donnera au grand-papa qui doit arriver ce jour là : il a donné une montre d'or émaillée qui va jusqu'au genou de la poupée, mais qui sera proportionnée à la petite fille; il a cru faire plaisir à la grand'maman : il ne manque à aucune attention. Nous porterons la poupée mardi ou mercredi à Panthemont; nous entrerons dans le couvent : je ne m'en promets pas un grand divertissement; c'est toujours tuer le temps; qu'importe la manière ?

Le président se porte toujours bien, mais sa tête s'affaiblit de jour en jour. Quel malheur de vieillir! Qu'est-ce qui peut espérer de trouver une madame de Jonsac? Sa patience, sa douceur me comblent d'admiration. Ah! mon Dieu, la grande et estimable vertu que la bonté! Je fais tous les jours la résolution d'être bonne : je ne sais si j'y fais des progrès. Je vous envoie une chanson dont j'ignore l'auteur; mais il n'a pas eu en la faisant le même désir que moi de devenir bon; je vois que les ennemis lèvent la crête; je ne sais ce qui arrivera de tout ceci, mais je croirai toujours qu'on a eu tort d'aliéner la maréchale (*de Mirepoix*), et qu'il était très-facile de se la concilier.

Adieu. Je compte que vous direz à M. Chamier que vous savez combien je le regrette.

C'est le duc de Choiseul qui parle.

Sur l'air : *Vive le Vin, vive l'Amour.*

> Vive le Roi!
> Foin de l'amour,
> Le drôle m'a joué d'un tour,
> Qui peut confondre mon audace.
> La Du Barry, pour moi de glace,
> Va, dit-on, changer mes destins;
> Jadis je dus ma fortune aux catins (1).
> Je leur devrai donc ma disgrâce.

(1) Madame de Pompadour.

Écoutez, écoutez. J'ai fait hier une chanson chez la grand'-maman, avec l'aide de l'abbé, pendant son wisk, dont les partners étaient M. de Gontault, et le petit oncle(1), il n'y avait de plus que le Castellane, l'abbé et moi.

> Bellissima (2),
> Vous êtes la dixième muse;
> Doctissima,
> Vos écrits sont sublissima :
> A vous louer qui se refuse,
> Ne saurait être qu'une buse
> Bêtissima.

Cette chanson me charme. La grand'maman comble d'amitié votre nièce; si vous saviez votre Quinaut, je vous dirais :

> C'est Jupiter qu'elle aime en elle.

Réellement cette grand'maman vous aime tendrement. Adieu. Ne vous flattez pas que ma lettre soit finie, et dites, si vous voulez : Oh! la grande et ennuyeuse parleuse!

LETTRE LXXIV.

Paris, dimanche 10 décembre.

Je reçois votre lettre du 5; mais comme je vous ai recrit le 7, et qu'il faut observer la règle des sept jours, celle-ci ne sera remise à la poste que jeudi 14.

Vos dernières lettres ressemblent à la queue d'un orage : le tonnerre gronde encore; mais il s'éloigne; le bruit diminue, nous aurons bientôt le beau temps. J'ai bien envie d'apprendre

(1) Le comte de Thiers.
(2) La comtesse de Forcalquier.

que notre Henri soit arrivé à bon port et de savoir quelle sera la place qu'il occupera (1). J'ai ri du présent que vous me conseillez de faire à milady Rochford (2), il n'y aurait pas assez de différence entre le masque et le visage. Vous êtes fort gai, et votre style a un *délibéré* qui doit vous rendre fort difficile sur celui des autres. Si vous saviez parfaitement notre langue, je ne balancerais pas (flatterie et amitié à part) à vous dire, que vos lettres valent mieux que celles de votre sainte. N'allez pas prendre cela pour une douceur, je ne vous en dirai de ma vie; mais je vous prie de ne vous pas fâcher, quand vous trouverez de la tristesse ou de l'ennui dans mes lettres. Je suis tout par moments. J'accepterais très-volontiers la proposition que vous me faites de n'écrire que quand on en a envie, mais vous n'y gagneriez rien, tout au contraire; pour une fois que je ne vous écrirais pas selon notre règle, je vous écrirais peut-être vingt postes de suite : ainsi restons comme nous sommes, ayez assez de justice pour convenir que je suis bien corrigée. Parlons du petit C*** : c'est un être bien malheureux; il a une mauvaise santé, mais sa tête est encore bien plus mauvaise. Je ne sais pas ce qu'il fera, rien ne ressemble à son incertitude : l'ennui le ronge, je le plains. Oh! sa société ne vous convient nullement : il perdit hier au *vingt et un* une centaine de louis; c'était votre nièce (3) qui donnait à souper dans mon appartement; j'étais engagée chez la grand'maman; je ne rentrai qu'à une heure; je trouvai toute la compagnie autour de la table de jeu, excepté votre cousin (4) qui, très-prudemment, s'était allé cou-

(1) Petit groupe de biscuit représentant la réconciliation de Henri IV et de Sully, que madame du Deffand avait envoyé à M. Walpole, pour être placé à Strawberry-Hill.

(2) Madame du Deffand ayant consulté M. Walpole sur ce qu'elle enverrait à lady Rochford, en retour du présent qu'elle en avait reçu de fiches et de jetons émaillés, pour le jeu de wisk, il lui avait conseillé de lui donner un masque de la même matière.

(3) Madame de Cholmondeley.

(4) M. Robert Walpole.

cher; il y avait les trois oiseaux (1), votre nièce, la Sanadon, le petit Fox (2), le petit Craufurd, et M. de Lisle. Le Fox gagna trois cents louis; mais la veille, il en avait perdu deux cent soixante contre madame de Boisgelin.

Ce matin j'ai été payée de ma pension; j'en étais très-pressée, parce que le plus petit délai pouvait le faire devenir infini. Tel événement dont on parle beaucoup peut m'être fort contraire; je vais payer mes dettes, et dans le courant de la semaine, je ne devrai pas un écu. J'aime l'ordre, j'aime la raison, si je m'écarte quelquefois, ce n'est pas sans remords; enfin, si je m'égare, je reviens bientôt au gîte. Je ne saurais aimer ni la folie ni les fous. Je voudrais qu'une fois en votre vie vous me donnassiez cette louange : *ma Petite est raisonnable.* Ah! oui, je le suis, et mille fois plus que vous ne le croyez. Ce n'est pas à la manière de ceux qui sont sans âme, car je suis aussi vivante que si je n'avais que vingt ans, mais ma conduite en a soixante-treize. Je vous vois rire et vous moquer de moi à cause de l'heure où je me couche, qui est quelquefois un peu indue; mais qu'est-ce que cela fait, quand on ne saurait dormir, d'être dans un fauteuil, plutôt que dans un lit? Quand cela nuira à ma santé, ou que cela ne s'accordera pas avec le régime des gens avec qui j'aime à vivre, je me coucherai à minuit, s'il le faut.

Je soupe ce soir chez la grand'maman, avec votre nièce. Voilà mademoiselle de Bédé qui m'interrompt.

Mercredi 13, à 7 heures du matin.

Votre nièce n'a point soupé hier chez la grand'maman; elle fut contremandée, parce qu'il y avait trop de monde; c'était les la Rochefoucauld. Le duc a toutes les qualités qui s'acquièrent; il ne doit à la nature que le désir qu'elle lui a donné de

---

(1) La marquise de Boufflers, sa fille la comtesse de Boisgelin, et sa nièce, la vicomtesse de Cambis.
(2) Feu M. Charles-Jacques Fox.

s'instruire et de bien faire. Sa mère a la même volonté. La grand'maman se porte mieux ; voilà deux jours qu'elle est plus forte et plus gaie ; elle a réellement un goût véritable pour vous ; elle ne souffre pas que rien vous soit comparé. Je lui parle de temps en temps du duc de Richmond ; je la dispose à lui rendre service quand l'occasion arrivera ; je lui dis, que c'est le plus grand plaisir qu'elle puisse vous faire, et rien n'est plus capable de la faire bien agir. Je ne la verrai ni aujourd'hui ni demain : elle donne à souper tour à tour à toutes les amies et tous les amis de son mari ; son appartement est fort petit, elle n'y peut rassembler beaucoup de monde ; ce monde m'ennuierait, et de plus je me souviens du conseil que vous m'avez donné de ne me pas mettre à tous les jours. Vous avez bien du bon sens, et la comparaison que je fais de vous avec mes compatriotes et avec ce que je connais des vôtres est fort à votre avantage : votre morale est un peu sévère, et je ne la suivrai pas au pied de la lettre, mais je ne la veux enfreindre que pour vous.

M. de Lisle m'a donné la copie des vers sur *la Dispute* ; je lui ai promis de lui en garder le secret ; je serai parjure pour vous : vous la recevrez par le petit Craufurd, qui ne saura pas ce qu'il porte ; je n'ai rien à vous prescrire sur le secret ; vous ne pouvez jamais que bien faire. Vous ne serez pas fort content de cet ouvrage ; à la première lecture il m'avait plu, à la seconde je l'ai trouvé médiocre, et à la troisième assez mauvais : c'est du même homme qui a fait la relation de la révolution de Russie (1), qu'on dit être un chef-d'œuvre : on en disait autant de ce que je vous envoie ; je n'ai pas grande foi aux jugements qu'on porte ; le goût est perdu.

(1) M. de Rulhière.

LETTRE LXXV.

Paris, mardi, 26 décembre 1769.

Contre toute règle, en ne gardant aucune mesure, je vous écris aujourd'hui, quoique je vous aie écrit dimanche. Vous tolérerez cet excès d'écriture en considération de l'occasion du départ de vos Anglais et du compte que j'ai à vous rendre de vos commissions.... Le petit C*** se porte beaucoup mieux ; nous sommes assez bien ensemble : c'est bien malheureux qu'il soit fou ; mais de tous ses maux c'est le plus véritable et le plus incurable. Je ne suis point dans l'admiration de son compagnon de voyage (1) ; il a plus d'esprit que de jugement, et je ne sens pas que ce soit à la jeunesse qu'on doive l'attribuer. Je fus dimanche prendre du thé avec son père : je vois bien que c'est un homme d'esprit ; sa femme est simple et bonne ; on la verrait volontiers, et l'on s'en passerait sans peine.

Je pense comme vous sur les oiseaux ; je ne leur trouve nul attrait : c'est une société dangereuse pour...... Leur fureur pour le jeu est contagieuse : je ne veux pas pénétrer ce qui en est arrivé ; je me borne à prévenir autant que je peux les inconvénients à venir. On joua chez moi dimanche jusqu'à cinq heures du matin ; le Fox y perdit quatre cent cinquante louis. Ne paraissez point instruit de ce que je vous dis : je crois que ce jeune homme ne sera pas quitte de son séjour ici pour deux ou trois mille louis : le Craufurd, jusqu'aujourd'hui, n'a pas fait de grandes pertes, mais il y a encore deux jours d'ici à jeudi.

Vous savez que nous avons un nouveau contrôleur général, l'abbé Terray : cet homme, à soixante et tant d'années, est conseiller de grand'chambre, a de la réputation dans le parle-

---

(1) Feu M. Charles-Jacques Fox.

ment, est chef du conseil de M. le prince de Condé. Il a cinquante mille écus de rente. Concevez vous qu'il ait pris cette place, s'il n'est pas bien sûr de s'en acquitter? C'est le chancelier (1) qui l'a fait choisir. Ce magistrat paraît avoir un crédit prépondérant: il n'est pas encore démontré si c'est tant pis ou tant mieux pour ceux qui nous intéressent (2). Quand M. d'Invault (3) eut donné sa démission, le roi ordonna un comité chez le chancelier, avec les quatre secrétaires d'État, MM. de Choiseul et de Praslin, Bertin et Saint-Florentin, pour qu'ils avisassent le choix qu'il fallait faire. On nomma plusieurs personnes, entre autre, l'archevêque de Toulouse; chacun se tient sur la réserve pour être en état d'être le très-humble serviteur de celui qui serait nommé. Ce fut le mardi 19 que se tint ce comité, et le mercredi matin l'abbé Terray fut nommé. Je soupai le mardi chez le grand-papa : il est toujours de la plus grande gaieté; il sera comme Charles VII, à qui on disait : On ne peut perdre un royaume plus gaiement. Ah! mon ami, il y a bien peu de bonnes têtes, et quand on voit le derrière des coulisses, on n'admire guère la décoration.

On parle beaucoup du nouvel assassinat du roi de Portugal, et de votre écrit de Junius (4). Adieu, demain je continuerai.

Jeudi.

Ces messieurs ont changé d'avis, ils ne partent que demain : la cause est un dîner qu'ils font aujourd'hui chez M. de Lauzun, où se trouveront les oiseaux. Un milord (5) dont je ne me souviens pas du nom, mais qui est le cousin-germain de M. Fox, le chevalier de Beauvau, le chevalier de Boufflers, etc., doivent être de la partie. Je soupçonne qu'une partie de la compagnie passera la soirée ensemble, car je demandai hier à votre nièce si

(1) Maupeou.
(2) Le duc de Choiseul et son parti.
(3) Le précédent contrôleur général.
(4) Les *Lettres de Junius*. On en ignore l'auteur.
(5) Lord Ilchester.

elle souperait chez le président, et elle me dit que non ; je ne voulus point pousser plus loin mes questions, je ne veux ni l'embarrasser ni l'engager à me confier ce que je ne saurais approuver. Vraisemblablement elle ne sera pas du dîner, parce qu'il y a des personnes dont elle est peu connue, madame de Lauzun, madame de Poix, peut-être madame d'Hénin ; mais le soir, il n'y aura sans doute que les oiseaux et les joueurs ; peut-être aussi me trompé-je, et qu'elle soupera ailleurs : je consens volontiers à ignorer ce qu'elle fait ; elle est extrêmement contente de la grand'maman, qui parla beaucoup d'elle avant-hier au dîner des ambassadeurs, où il y avait beaucoup d'Anglais. Votre cousin et elle sont très-froidement ensemble, j'en ignore la cause ; il veut cependant donner des étrennes à ses filles : il m'a consultée, et ce sera environ cinquante volumes de nos théâtres, que leur mère n'a pas. Je crois que vous approuveriez ma conduite, si vous en étiez témoin.

Mercredi.

J'ai eu une attention que personne n'a eue que moi, j'ai écrit un mot de compliment à M. de Souza (1) sur l'assassinat de son roi. Il m'a envoyé le récit qu'il venait d'en recevoir dans une lettre de M. d'Oyeras (2) ; le voici :

« Dimanche, 8 décembre, le roi, suivi de sa cour, sortit du
« château de Villa-Viciosa pour chasser dans le parc. A l'ex-
« trémité de la place est une porte qu'on nomme la porte du
« *No*, laquelle est si étroite qu'à peine une voiture peut y
« passer. Sa majesté ne fut pas plutôt de l'autre côté, qu'elle

(1) Ministre de Portugal à Paris.
(2) A la suite de cet attentat, Pombal réussit à faire rendre contre les jésuites Portugais, un édit qui les déclara complices de l'assassinat. En conséquence de cet édit, ils furent enfermés, puis déportés par mer en Italie, et leurs biens séquestrés. La France suivit l'exemple de l'expulsion des jésuites en 1764 ; l'Espagne en 1767 ; enfin, une bulle du pape Clément XIV supprima cet ordre en 1773 dans tous les États de la chrétienté.

« aperçut collé contre le mur un homme qui avait l'air d'un
« mendiant, armé d'une grosse massue, avec laquelle il lui porta
« dans l'instant un coup dirigé à la tête, qui eût été très-dange-
« reux sans la présence d'esprit de sa majesté, qui, au lieu de
« s'éloigner, comme il était naturel, poussa son cheval contre
« l'assassin, diminuant tellement le coup, qu'elle ne reçut
« qu'une légère contusion sur la main qui tenait les rênes. Ce
« scélérat lui porta un second coup qui heureusement n'a touché
« que le cheval.

« La suite du roi se jetant immédiatement sur l'assassin,
« il eut la hardiesse de se défendre, et d'en blesser même quelques
« uns. Sa majesté, avec un sang-froid admirable, ordonna
« expressément, qu'on ne lui fît aucun mal, et continua, com-
« me à l'ordinaire, l'amusement de la chasse jusqu'au soir. Ce
« monstre a été arrêté et conduit en prison ».

Peut-être savez-vous déjà ces circonstances par votre ministre de Portugal.

Pour ce qui concerne ce qui nous regarde, je n'ai vu personne qui m'ait pu instruire; j'ignore si le contrôleur général est agréable à nos parents; peut-être en saurai-je davantage dans quelques jours; je vous écrirai par le duc de Devonshire.

Je fermerai cette lettre ce soir, et je la remettrai entre les mains de M. Craufurd. Dieu veuille qu'il n'oublie pas de vous la remettre?

LETTRE LXXVI.

Paris, lundi 15 janvier 1770.

Le Devonshire (1) enfin part mercredi, et je vais commencer ma gazette; Dieu sait comment je m'en tirerai. Je ne vous ré-

(1) Le duc de Devonshire, porteur de cette lettre était intimement lié avec Charles Fox.

ponds pas d'être fort claire, parce qu'il y a bien des choses dont je vous parlerai, lesquelles je n'entends pas bien moi-même.

Il faut commencer par la maréchale de Mirepoix; je ne suis ni bien ni mal avec elle, et sa position présente ne m'a rien fait changer à ma conduite. Vous croyez bien qu'elle ne me parle pas avec confiance, et je ne tâche pas à l'y induire. Elle vient rarement à Paris, je ne la vois pas toutes les fois qu'elle y vient; elle y est actuellement; je fus la voir avant-hier à l'heure de son thé. Je ne lui fis point compliment sur ses grandes entrées; personne n'ose lui en parler; cette grâce lui donne beaucoup plus de ridicule que de considération. *Grandes entrées!* ces mots n'ont rien de magnifique que le son. M. Chauvelin les a, mesdames de Maillebois et de Souvré les ont eues par les charges de maître de la garde-robe qu'avaient leurs maris; il valait bien mieux avoir les boutiques de Nantes (1). La dame Du Barry avait sollicité pour qu'on les donnât à la maréchale, mais le roi les lui donna à elle-même. Le grand-papa ne s'est point mêlé de tout cela; il ne se raccommodera point avec la maréchale. La dame Du Barry ne prend nul crédit, et il n'y a pas d'apparence qu'elle en prenne jamais : elle n'a ni d'affection ni de haine pour personne; elle pourra dire ce qu'on lui fera dire comme un perroquet, mais sans vue, sans intérêt, sans passion; ce n'est pas avec un pareil caractère, que l'on parvient à gouverner. Le triumvirat Broglio, d'Aiguillon, et Maillebois (2), qui voudraient s'en faire un appui, sont ennemis les uns des autres. Ce dernier est si décrié, que personne ne se rallie à lui. Les deux premiers ont une sorte d'intelligence entre eux, mais le d'Aiguillon est craint; ses amis sont des sots; sa conduite en Bretagne a donné mauvaise opinion de son caractère;

---

(1) Quartier particulier de la ville de Nantes qui appartenait au domaine royal, et dont le revenu était d'environ 30,000 francs, à la disposition du roi.

(2) Yves-Marie Desmaret, comte de Maillebois, lieutenant-général, fils du maréchal de Maillebois, né en 1715.

pour s'établir et s'impatroniser à la cour, il lui a fallu payer douze cent cinquante mille livres les Chevau-légers, qui n'avaient jamais été vendus que cinq à six cent mille livres. Le petit comte de Broglio, qui sans contredit est celui qui a le plus d'esprit et de talent, ne tient à personne; il blâme, il fronde, il ne lui importe avec qui; je passai hier la soirée avec lui chez la Bellissima, il eut une conversation d'une heure avec le Chabrillant, qui est, comme vous savez, un vrai automate; il croit tirer parti de la grosse duchesse, de la Bellissima; enfin, ses moyens me paraissent pitoyables; il est confondu de ce qu'on vient de faire pour M. de Castries (1); et c'est là le plus grand trait de politique du G. P. (2) : Dieu veuille qu'il ne se soit pas trompé. Pour parler de cette affaire, il faut reprendre les choses bien plus haut. Feu le maréchal de Belle-Isle avait fait M. de Castries lieutenant-général hors de son rang, par une promotion particulière. M. de Beauvau, qui était son ancien, jeta feu et flammes; on était dans une crainte perpétuelle qu'il ne se battît contre M. de Castries; tous les parents et amis communs s'employèrent pour empêcher cet incident : quand le G. P. devint ministre, on obtint de lui qu'il réparerait les torts de M. de Belle-Isle, en faisant M. de Beauvau lieutenant-général, en lui rendant son rang d'ancienneté. Suivant la morale, cela n'était point injuste, mais cela était contre toute règle et sans exemple; c'était un affront fait à M. de Castries; son ressentiment fut extrême; il fit alors un serment authentique de ne jamais se réconcilier avec le grand-papa. Tout le monde blâma le G. P. de ce qu'il avait fait pour M. de Beauvau, et M. de Beauvau m'avoua lui-même que, si le G. P. avait été à sa place, et lui à la sienne, il n'aurait pas fait la même chose pour lui. Le G. P. ne tarda pas à sentir qu'il avait mal fait, et il avait un grand dé-

(1) Charles-Eugène-Gabriel de la Croix, maréchal de Castries, né en 1727, commandant en Corse, en 1756, et employé à l'armée d'Allemagne pendant la guerre de sept ans. Il mourut dans l'émigration, à Wolfenbuttel.
(2) Le grand-papa, c'est-à-dire le duc de Choiseul.

sir de se réconcilier, mais cela était impossible. Enfin madame Du Barry est arrivée. La conduite de M. de Castries a été sage et honnête : il n'a eu ni empressement ni froideur; il n'a point formé de nouvelles liaisons. Il était ami de M. de Soubise (1) et de madame de Brionne (2). On soupçonne cette dame (qu'on dit être bien avec le G. P.) d'avoir travaillé à sa réunion avec M. de Castries. Ce qui est de certain, c'est que le grand-papa proteste qu'il y a six mois qu'il travaille au projet qu'il vient d'exécuter, et qu'ils n'étaient que trois qui en eussent connaissance, le roi, lui et M. de Castries. Il en donne pour preuve que jamais secret n'a été si bien gardé, c'est ce que je lui ai entendu dire; et il ajouta qu'il y avait bien longtemps qu'il cherchait une occasion de réparer ses torts avec M. de Castries, et qu'il avait saisi avec joie la nécessité où on était de faire des changements dans la Gendarmerie; qu'il fallait en former un corps comme celui des Carabiniers, et y nommer un commandant; que personne ne lui avait paru plus digne de cet emploi que M. de Castries; qu'il n'avait point eu d'autre objet, en le choisissant, que le bien du service; qu'il n'avait point eu en vue sa réconciliation. Voilà le langage que je lui ai entendu tenir. M. de Castries déclare de son côté, qu'il n'a point reçu cet emploi à la condition que cela le rendrait ami du G. P., qu'il ne pouvait jamais le devenir, mais qu'il ne serait plus son ennemi, et qu'il serait toujours d'accord avec lui et dans toutes les choses de son devoir et de son service. En conséquence, il n'a point été ni chez la grand'maman, ni chez sa belle-sœur. Je doute un peu, je vous l'avoue, malgré ce que j'ai entendu dire au G. P., qu'il n'eût espéré une meilleure issue de cette affaire quand il a commencé à l'entreprendre; mais ce qui est de certain, c'est que la cabale Du

---

(1) Charles de Rohan, prince de Soubise.
(2) Madame de Brionne, née Rohan-Rochefort. Elle épousa M. de Brionne, de la maison de Lorraine. Le prince de Lambesc, connu par l'imprudente conduite qu'il tint à la tête de son régiment au jardin des Tuileries, au commencement de la révolution, était son fils.

Barry n'a eu aucune part dans cette affaire. Enfin, quoi qu'il en arrive, cela ne peut pas être regardé comme un pas de clerc, parce que le choix est bon, que les amis de M. de Castries, qui sont en grand nombre, doivent être apaisés; tout ce qui peut arriver de pis, c'est de faire soupçonner le grand-papa d'un peu de légèreté et de faiblesse.

Les Beauvau, qui étaient en Languedoc aux États, arrivent à la fin de la semaine; je suis curieuse de savoir ce que dira le prince.

Le grand-papa ne me paraît dans aucun danger pressant; mais tout ceci n'a point pris couleur. Pour la Du Barry, elle n'est point à craindre, mais le chancelier (*Maupeou*) joint au contrôleur général (*l'abbé Terray*), voilà ce qui est un peu suspect.

A l'égard de moi, mon ami, je suis fort tranquille; je ne crois pas que l'on m'ôte ma pension, et en vérité ce n'est pas ce qui m'occupe. La paix, la paix, voilà ce qui m'intéresse; et s'il fallait tout bouleverser, perdre ma pension, et encore davantage pour nous assurer que nous ne serons jamais en guerre, j'y consentirais sans balancer.

Vous ne serez pas trop content du récit que je viens de vous faire. Je n'ai point la chaleur nécessaire pour rendre les récits intéressants, je vois tout ce qui se passe avec assez d'indifférence; nulle confidence particulière ne me met en jeu; l'abbé et le marquis (*de Castellane*) sont les Sénèque et les Burrhus de la grand'maman; quand je suis seule avec elle, et qu'elle a quelque ouverture avec moi, ses secrets lui échappent, mais elle ne les confie pas. Convenez que cela diminue beaucoup de l'intérêt. Je vous ai dit que je vous parlerais de l'abbé; je pense qu'il est provençal, un peu jaloux, un peu valet, et peut-être un peu amoureux. Le marquis est précepteur, misanthrope et fort indifférent. Le grand-papa est plus franc que tous ces gens-là, et j'en apprends plus dans une soirée avec lui, qu'en quinze jours avec tous les autres. Mon intention est de vous tout dire, mais ma mémoire ne me sert pas bien ; si j'étais à portée de vous voir, je vous dirai mille choses qui sans doute m'échappent; mais laissons la politique.

Le président depuis trois jours a la fièvre et la tête entièrement partie. Vernage cependant n'en est point inquiet; moi je le suis, et je doute qu'il passe l'hiver. Sa perte apportera du changement dans ma vie ; mais je ne veux point anticiper les choses désagréables : c'est bien assez de les supporter quand elles sont arrivées.

Je suis bien avec vous, vous êtes content de moi, voilà ce qui me console de tout.

LETTRE LXXVII

Paris, mercredi 24 janvier 1770, à 10 heures du matin.

Qui m'aurait dit que la gazette deviendrait un jour pour moi la lecture la plus intéressante, je n'aurais jamais pu le croire ; cependant cela est arrivé ; je la parcours, j'arrive à l'article de Londres, et j'ai de la joie ou de l'inquiétude. La première séance de votre parlement (1) m'avait fort réjouie, ce qui a suivi me trouble ; mais je voudrais que cette gazette s'expliquât plus clairement. Ce M. Yorke (2) qui est chancelier, n'a-t-il pas été otage en France avec un milord Cathcart? J'estropie peut-être son nom. Que font tous vos amis dans ce moment-ci ? J'ai ouï dire que le duc de Richmond avait parlé assez vi-

(1) Le 9 janvier 1770.
(2) M. Charles Yorke, second fils du lord chancelier Hardwicke. Lors de la démission du lord Camben, en 1770, il accepta le grand sceau. Le 17 janvier il fut créé pair avec le titre de baron de Morden. Son frère le comte Hardwicke, auteur des *Lettres Athéniennes*, lui fit à ce sujet de si graves reproches qu'il se brûla la cervelle deux jours après.
Lors de la paix d'Aix-la-Chapelle, il ne fut pas l'un des otages.

vement dans la première assemblée. M. Chamier, que vous m'annoncez, répondra peut-être à toutes mes questions. Je suis fort aise de son retour ; j'avais impatience du départ du Devonshire, aujourd'hui je trouve qu'il est parti trop tôt ; j'aurais voulu qu'il retardât de huit jours, mais toutes choses vont de travers.

Je vis hier la grand'maman, après dix jours d'absence ; je souperai demain avec le grand-papa. Ce soir j'aurai chez moi les Bellissima, les Grossissima, les Bêtissima, et tous les Ennuyeusissima ; je suis Tristissima. Je ne sais pas pourquoi Diogène cherchait un homme ; il ne pouvait lui rien arriver de mieux que de ne le pas trouver ; s'il avait été forcé de s'en séparer, cet homme unique lui aurait fait prendre tous les autres en aversion. Il n'y a de bien et de mal que par la comparaison ; mais vous n'aimez pas les *traités*, brisons là et venons à des faits.

Le baron de Gleichen est de mes connaissances celle dont je fais le plus d'usage. Il me voit souvent ; son esprit n'est pas à mon unisson, mais il en a ; son cœur est bon. Il me marque du goût et de l'amitié : hé bien! hé bien! il est rappelé ; j'en suis fâchée. Je le trouverai à redire ; je disputais avec lui : enfin il valait mieux pour moi qu'aucun des gens qui me restent ; il est franc, il est sincère, il n'est ni italien, ni gascon, ni provençal. Il me semble que tous nos septentrionaux ne prennent pas racine ici. Cela me déplaît beaucoup : ai-je tort, ai-je raison (1)?

(1) M. Walpole lui répondit à ce sujet : « Je trouverais votre baron une
« perte bien légère. Son cœur peut être droit, mais son esprit ne l'est
« guère. De ce que Voltaire s'est mis en tête d'être philosophe, lui qui de
« tous les hommes l'est le moins, on se croit de l'esprit dès qu'on a affiché
« la philosophie ; sans songer que la philosophie affichée cesse de l'être.
« Les charlatans de la Grèce et ceux de Paris sont également ridicules.
« Quand tout le monde était dans l'aveuglement, il fallait peut-être un
« effort pour se mettre au-dessus des préjugés ; mais quel mérite y a-t-il
« à n'en point avoir, quand c'est ridicule que d'en avoir? On sait si peu

La grand'maman se porte bien, et le grand-papa, pour le moins aussi bien que jamais; vous m'en félicitez, et vous faites bien.

Mais dites-moi si je dois être sans inquiétude. Je ne saurais m'expliquer plus clairement; devinez ma pensée, si vous pouvez, et répondez-y si cela est possible.

Nous avons eu ici un milord Stormont (1), qui, je ne sais pourquoi, a voulu faire connaissance avec moi; je n'en vois pas la raison, si ce n'est de me manquer de politesse. Il soupa chez moi il y a aujourd'hui huit jours, il partit hier sans m'être venu dire adieu. Cette conduite a été pour la plus grande gloire de la Bellissima et de la Grossissima, de qui il était un courtisan assidu.

Voilà les événements de mon petit tourbillon, jugez de sa petitesse par les misères qu'on y observe; l'esprit en est rétréci. Comme cette lettre vous arrivera peu après celle que vous porte le Devonshire, je ne vous fatiguerai pas en la rendant plus longue; adieu, mon ami, ne vous lassez point de m'écrire; des sept jours de la semaine, il n'y en a pour moi qu'un seul qui soit heureux.

LETTRE LXXVIII.

Jeudi, 1ᵉʳ février 1770.

J'attendais de vos nouvelles par le courrier d'hier, ne doutant pas que le Devonshire ne fût arrivé à Londres le vendredi 26.

Je n'ai point voulu faire partir cette lettre-ci, elle ne con-

---

« qu'il ne faut pas beaucoup de génie pour avouer qu'on ignore de tout;
« et voilà le sublime des philosophes modernes, dont, sauf votre per-
« mission, était votre triste baron. »

(1) William Murray, comte de Mansfield, mort en 1793.

tient rien qui puisse vous intéresser. Elle ne partira que lundi ; j'aurai sûrement de vos nouvelles dimanche, et je vous apprendrai d'ici à ce temps-là les nouvelles opérations de notre contrôleur général. Ma journée d'hier se passa sans rien de remarquable ; je ne sortis point, parce que je devais souper chez moi, et je ne sors point ces jours-là. J'eus à souper mesdames de la Vallière, d'Aiguillon, de Forcalquier, et de Crussol ; MM. de Broglio, Pont-de-Veyle, Walpole, Chamier, de Creutz, votre nièce (1), la Sanadon, et moi. Au milieu du souper arriva la marquise de Bouflers, qui n'avait pas voulu rester chez Mme la comtesse de la Marche (2), parce que tout le palais royal (3) y était venu. Sur les une heure, le chevalier son fils vint nous trouver ; il y a eu un wisk et un vingt-un.

On ne parla que de la guérison de Mme la duchesse de Luynes : elle avait eu le bras démis il y a trois ou quatre mois ; les chirurgiens le lui avaient remis tout de travers ; elle était restée estropiée ; il fallait que son bras fût soutenu par une écharpe, et elle ne pouvait pas remuer les doigts ; les chirurgiens prétendaient qu'elle avait un os fêlé, et disaient tous qu'il faudrait en venir à lui couper le bras. Il y a en Lorraine une famille qu'on appelle les Valdageoux, parce qu'ils habitent le village de ce nom, qui ont un talent singulier et infaillible pour remettre les membres cassés ou démis ; on fait venir un de cette famille, qui, après avoir examiné le bras de madame de Luynes, a affirmé qu'elle n'avait point d'os fêlé, et qu'il répondait de sa guérison ; mais que, comme le bras avait été mal remis, il s'était formé une espèce de calus qu'il fallait commencer par dissoudre ; c'est ce qu'il a fait : il n'y a que quatre jours, qu'après des douleurs inouïes qui ont duré très-longtemps, et où il a fallu employer la force de plusieurs hommes, il lui a remis si parfaitement le bras qu'elle s'en est

(1) Madame Cholmondeley.
(2) Princesse de Modène, mariée au fils unique du prince de Conti.
(3) Toute la maison d'Orléans.

servi sur-le-champ, et qu'elle s'en sert actuellement tout comme de l'autre. Ce pauvre homme logeait chez un de ses amis, et il y a dix ou douze jours qu'étant à une porte où il voulait entrer, il fut ataqué par deux hommes; il reçut un coup d'épée qui heureusement n'a pas été dangereux. Actuellement, il loge à l'hôtel de Luynes. La rage des chirurgiens contre ces bonnes gens qu'on appelle les Valdageoux est si grande, qu'ils ont obtenu dans leur pays d'être toujours accompagnés d'un homme de la maréchaussée, quand, ils vont d'un lieu à un autre. Adieu, à demain.

Vendredi, 2 fevrier.

Les édits ont paru; toutes les pensions perdent selon leur valeur; celles au-dessous de six cents francs ne payent que ce qu'elles payaient depuis longtemps, un dixième; celles de mille deux cents francs, un dixième et demi; ainsi par gradation jusqu'à deux mille écus qui est ma classe; et celle-là et toutes celles qui sont par delà sont taxées aux trois dixièmes; ce qui, comme vous voyez, avec la retenue de deux vingtième, fait un tiers de diminution; ainsi, de deux mille écus que j'avais, je perds deux mille francs, et mille francs sur les papiers royaux, font mille écus; c'est un malheur, mais qui m'affecte médiocrement. Je voudrais n'avoir pas à en craindre d'autres. Il y en a qui me seraient bien plus sensibles. Je n'ai nulle raison qui me les fasse prévoir, mais je ne puis m'empêcher de le craindre; revenons aux pensions. A l'instant que l'arrêté a paru, Tourville (1), que vous connaissez, et qui est l'ami de l'abbé Terray, a couru chez lui et lui a dit qu'il ne venait pas lui parler pour lui, quoiqu'il perdît cinq cents écus sur sa pension; mais qu'il venait le solliciter pour moi; que mon âge, mes malheurs, et le genre de ma gratification, qui était sur

---

(1) M. de Tourville, officier aux Gardes-Françaises, s'était distingué dans toutes les occasions par la conduite la plus honorable; il épousa mademoiselle de Sommers.

l'état de la maison de feu la reine, me mettaient dans le cas d'une exception ; qu'il ne pouvait jamais donner à lui Tourville une marque d'amitié à laquelle il fût plus sensible. Le contrôleur général a répondu qu'il me connaissait, qu'il serait fort aisé de m'obliger, mais qu'il s'était imposé la loi de ne faire aucune exception ; que tout ce qu'il pouvait faire, c'était de lui indiquer le moyen de réparer ma perte ; qu'il fallait que je tâchasse d'obtenir une grâce nouvelle ; que si M. de Choiseul ou quelque autre la demandaient pour moi, loin de s'y opposer, il concourrait de tout son pouvoir à me la faire obtenir. Voici ce que j'ai écrit ce matin, que je compte donner au grand-papa. S'il fait difficulté de se mêler de cette affaire, je m'adresserai à M. de St.-Florentin (1), d'autant plus qu'elle est de son département ; je me ferai accompagner chez lui par le prince de Beaufremont, son ami intime.

MÉMOIRE.

« Le roi accorda à madame du Deffand, en 1763, à la sollicitation de la reine, une gratification annuelle de six mille livres. Cette princesse l'honorait de sa protection, en considération de feu sa tante la duchesse de Luynes, dont les services assidus, le respectueux attachement, l'absolu dévouement, avaient mérité de Sa Majesté ses bontés, son amitié, et sa reconnaissance.

« Aujourd'hui madame du Deffand, âgée de soixante-treize ans, privée de la vue, dont les infirmités augmentent ses besoins, est contrainte à faire des retranchements sur les choses les plus nécessaires. Elle perd trois mille livres de rente par les nouveaux arrangements ; elle a représenté sa situation à M. le contrôleur général ; mais comme il s'est fait une loi de ne faire aucune exception, elle n'en a rien obtenu. C'est à la bonté du roi qu'elle a recours. M. le contrôleur-général ne fera aucune diffi-

(1) Le comte de Saint-Florentin, ministre d'État.

culté contre une nouvelle grâce que le roi voudrait bien lui accorder. Elle sait bien, qu'elle ne mérite rien par elle-même; mais la reine l'honorait de ses bontés; Sa Majesté avait cherché à reconnaître l'attachement et les services de madame de Luynes par la protection qu'elle accordait à sa nièce : et la compassion de la reine avait ajouté un motif de plus.

« Voilà les seuls titres de madame du Deffand pour implorer la bonté du roi; elle n'oserait parler de son respectueux attachement, quoiqu'aucun de ses sujets n'en ait un plus véritable. »

Dimanche à midi.

Par bien des choses qu'on m'a dites hier, je doute que le grand-papa se charge de mon mémoire; je verrai ce que je ferai; peut-être resterai-je tranquille; je me rappelle des vers de Rousseau :

> ... Le plus petit vaurien
> En fera plus que tous vos gens de bien;
> Son zèle actif peut vous rendre service;
> La vigilance est la vertu du vice.

Je ne connais point de ces petits vauriens vigilants. La grand-maman vient demain à Paris. J'eus hier la visite de l'abbé, qui ne me dit rien de sa part; je crus que la politique devait m'interdire toute question. J'ai peine à croire que je n'entende pas parler d'elle : mais quoi qu'il en soit, je donne à souper demain, lundi et mercredi. La Fontaine dit dans un de ses contes :

> ... Le Florentin
> Montre à la fin ce qu'il sait faire.
> (LA FONTAINE, *Epig. contre Lully.*)

Je suis bien tentée de penser la même chose du Provençal (1); mais je me tais, et j'observe.

(1) L'abbé Barthélemy.

M. Chamier nous apprit hier une grande nouvelle, la démission de M. le duc de Grafton (1); je compte dans deux heures en avoir la confirmation dans votre réponse à ma lettre du Devonshire : je sais qu'il n'est arrivé à Londres, que le samedi 27.

Vous serez effrayé de l'énormité de cette lettre : mais remarquez que j'ai passé un ordinaire sans vous écrire. Mes lettres vous ruinent; vous les payez sûrement plus qu'elles ne valent; mais punissez-moi selon la loi du talion, et vous verrez que je ne m'en plaindrai pas.

À deux heures après midi.

Voilà votre lettre qui arrive : je suis parfaitement contente de ce que vous êtes content; mais je n'aime pas que vous me croyiez inégale, que je m'enthousiasme et que je me dégoûte : tout au contraire, je suis d'habitude ; mais je m'aperçois des changements qui arrivent. Je pourrai bien vous écrire ces jours-ci, si j'en trouve l'occasion.

Il y a ici de grandes clameurs contre le nouveau contrôleur général (*l'abbé Terray.*) Un nommé Billard, caissier des fermes des postes, fit, il y a trois semaines ou un mois, une banqueroute de quatre à cinq millons; on a mis au-dessus de la porte de l'abbé Terray : *Ici on joue le noble jeu de billard.* On nous promet encore des édits une fois la semaine pendant quelque temps, mais je n'ai plus rien à craindre, et je crois que je pourrais ajouter, rien à espérer.

Je croyais hier, quand j'ai appris la démission du duc de Grafton, que ce serait M. de Grenville qui le remplacerait.

(1) Voir dans ce volume la lettre CXXVIII de madame du Deffand.

LETTRE LXXIX.

Paris, samedi 24 février 1770.

Enfin, nous voilà débredouillés, vous avez reçu mes lettres, et je reçois les vôtres du 9 et du 16. Si je n'avais pas perdu le don des larmes, elles m'en feraient bien répandre; elles me causent un attendrissement délicieux, quoique triste. Ah! mon ami, pourquoi ne vous ai-je pas connu plus tôt? que ma vie aurait été différente! mais oublions le passé pour parler du présent : vous me faites éprouver ce que Voltaire a dit de l'amitié.

« Change en bien tous les maux où le ciel m'a soumis. »

Je n'en ai pas encore d'assez grands à mon avis, puisque je ne suis pas dans le cas d'accepter vos offres (1); croyez-moi, je

---

(1) On a vu par la lettre de madame du Deffand, du premier février, qu'elle avait perdu trois mille livres de revenu, par la réduction que l'abbé Terray fit sur les pensions des différentes classes, lorsqu'il fut nommé contrôleur général.

Voici la lettre que Walpole avait écrite à madame du Deffand. « Je ne « saurais souffrir une telle diminution de votre bien. Où voulez-vous « faire des retranchements? Où est-il possible que vous en fassiez? « Excepté votre générosité, qu'avez-vous de superflu? Je suis indigné « contre vos *parents :* je les nomme tels, car ils ne sont plus vos *amis*, « s'ils vous laissent manquer un dédommagement. Je sens bien qu'ils peu- « vent avoir de la répugnance à solliciter le contrôleur général, mais tout « dépend-il de lui? J'aime aussi peu que vous, que vous les sollicitiez. Je « m'abaisserais à solliciter un inconnu plutôt qu'un ami qui n'aurait pas « pensé à mes intérêts. Vous savez que je dis vrai. Bon Dieu! qu'elle « différence entre les *parents* et l'excellent cœur de M. de Tourville! « Dites-lui, je vous en prie, qu'au bout du monde il y a un homme qui « l'adore; et ne me dites point que je suis votre unique ami : pourrais-je, « en approcher! Comment! un ami qui cède ses prétentions en faveur « des vôtres! Non, non, ma Petite, c'est un homme unique, et je suis

vous supplie, je les accepterais, non-seulement sans rougir, mais avec joie, mais avec délices, mais avec orgueil; soyez-en sûr, mon ami, vous savez que je suis sincère; je vais chercher une occasion pour vous écrire à cœur ouvert sans aucune réserve; votre cousin me la fournira. Vous aurez vu nos derniers édits, vous pourrez apprendre par notre ambassadrice (1) la conduite qu'a tenue le grand-papa; on lui dresserait des autels; il a éteint l'incendie, je souperai demain avec lui; mais ce ne sera pas dans un petit comité, dont je suis très-fâchée; il a véritablement de la franchise, quand il est à son aise.

Dimanche 25.

J'ai envoyé hier la chaîne à la grand'maman par le prince de Beaufremont; j'en saurai le succès ce soir; tout ce qui vint chez moi hier la trouva charmante. Je vis Tourville, je lui fis faire la lecture de votre lettre; il vous adore. L'estime que vous

---

« transporté de joie que vous ayez un tel ami; moquez-vous des faux
« amis et rendez toute la justice qui est due à la vertu de M. de Tour-
« ville. C'est là le vrai *philosophe sans le savoir*. Ayant un tel ami, et
« encore un autre qui, quoique fort inférieur, ne laisse pas de s'inté-
« resser à vous, ne daignez pas faire un pas, s'il n'est pas fait, pour
« remplacer vos trois mille livres. Ayez assez d'amitié pour moi pour
« les accepter de ma part. Je voudrais que la somme ne me fût pas aussi
« indifférente qu'elle l'est, mais je vous jure qu'elle ne retranchera rien
« pas même sur mes amusements. La prendriez-vous de la main de la
« grandeur, et la refuseriez-vous de moi? Vous me connaissez; faites ce
« sacrifice à mon orgueil, qui serait enchanté de vous avoir empêchée
« de vous abaisser jusqu'à la sollicitation. Votre mémoire me blesse.
« Quoi! vous! vous, réduite à représenter vos malheurs! Accordez-moi,
« je vous conjure, la grâce que je vous demande à genoux, et jouissez
« de la satisfaction de vous dire : j'ai un ami qui ne permettra jamais
« que je me jette aux pieds des grands. Ma Petite, j'insiste. Voyez si vous
« aimez mieux me faire le plaisir le plus sensible, ou de devoir une
« grâce qui, ayant été sollicitée arrivera toujours trop tard pour con-
« tenter l'amitié. Laissez-moi goûter la joie la plus pure, de vous avoir
« mise à votre aise, et que cette joie soit un secret profond entre nous
« deux. »

(1. La marquise du Châtelet, belle-fille de la célèbre amie de Voltaire.

marquez avoir pour lui, et qu'il doit au récit que je vous ai fait de son procédé, le paye au centuple, à ce qu'il dit, de ce qu'il croit avoir mérité. Je suis bien déterminée à ne plus parler à mes parents (1); j'ai lieu de croire qu'ils se conduiront bien ; mais quoi qu'il puisse arriver, n'ayez, je vous prie, nulle inquiétude; je ne serai forcée à aucune réforme. La seule différence qui sera dans mon état, c'est que je ne pourrai rien mettre en réserve, ce qui n'est pas un inconvénient aujourd'hui, ayant placé des rentes viagères pour mes gens. C'est avec vérité, mon ami, que je vous promets d'user de tout ce qui vous appartient avec la même liberté et confiance que si c'était mon propre bien ; n'insistez plus, je vous conjure, à exiger d'autres marques de ma soumission. Je n'aime point à vous résister, et cependant je le ferais très-certainement. Vous avez des moyens bien sûrs de m'obliger ; vous les connaissez bien, mais je ne vous en parle point; je ne veux que ce que vous voulez, et votre cœur m'est trop connu pour avoir rien à lui dicter. Sachez-moi gré de la bride que je mets à ma reconnaissance; si je m'y laissais aller, je gâterais tout. J'aime bien que M. Montagu me fasse faire des compliments. Ils me sont d'autant plus agréables, que je vous les dois entièrement; mettez-le à portée de m'en faire souvent : mais pourquoi ne ferait-il pas un tour à Paris?

L'ambassadeur de Naples mourut mercredi, en présence de madame de Chimay et de M. Fitz-James, qui étaient chez lui ; il parlait sur le temps où il quitterait le deuil de sa sœur : ce sera, dit-il, le 15; il se tut, pencha la tête et mourut sans aucune convulsion, sans faire le moindre mouvement. Il était sorti le matin, avait eu du monde à dîner, et il demandait ses chevaux pour aller chez l'ambassadeur d'Espagne : on croyait bien qu'il ne vivrait pas plus de six mois, parce qu'il était hydropique, mais il se portait beaucoup mieux ; on lui a trouvé

(1) Les Choiseul.

de l'eau dans le cervelet ; c'est une mort qu'on peut dire être fort agréable ; il avait été trois jours auparavant chez son notaire, où il avait déchiré un testament qu'il avait fait, il y avait quelques années ; il ne trouvait pas ses gens assez bien récompensés, il songeait à en faire un autre pour les mieux traiter, et ils n'auront rien du tout.

Adieu, mon bon et parfait ami.

LETTRE LXXX.

Paris, samedi 3 mars 1770.

Voilà une occasion dont il faut profiter ; j'aurais bien voulu qu'elle eût tardé de quelques jours, j'aurais peut-être eu plus de choses à vous mander ; mais milady Dunmore n'est pas d'avis de retarder son départ ; je vous envoie par elle la suite du *Théâtre espagnol* (*par Linguet*), dont vous aurez reçu la première partie par le courrier de l'ambassadeur.

Que vous dirai-je de nos nouvelles ? Rien de trop bon. Je suis persuadée que le contrôleur général (*l'abbé Terray*) prend l'ascendant. S'il réussit dans son projet de mettre la recette et la dépense au même niveau ; que les particuliers soient bien payés de ce qu'il leur aura laissé ; que les impôts soient diminués ; on criera *Domine, Deus, Sabaoth.* Il est aux pieds de madame Du Barry, et n'en rougit point ; il suit, dit-il, l'exemple de tous les ministres qui ont voulu se faire écouter des rois, et même leur être utiles. Jusqu'à présent notre ami (le *duc de Choiseul*) a bonne contenance ; mais je doute que l'année se passe sans une grande révolution. Ce sera demain qu'il portera au conseil les états de ses différentes administrations, de la guerre et de toutes ses dépendances, fortifications, artillerie, etc.; des affaires étrangères, etc. : pour cette partie-ci, on trouvera une grande diminution : depuis plusieurs années elles n'ont monté qu'à sept millions, et sous le cardinal de Bernis elles ont été jusqu'à cinquante-huit millions, ce qui est exorbitant, mais qui dépend souvent des circonstances. Nous ne payons plus, dit-on, aujourd'hui de subsides. A l'égard de la guerre, ce n'en est pas de même; jamais en temps de paix M. d'Argenson n'a passé cinquante millions. Il est vrai que l'artillerie en était séparée, et je crois les fortifications. Il y a, dit-on, aujourd'hui moins de troupes, c'est-à-dire moins de soldats; mais M. de Choiseul a augmenté le nombre des bas-officiers, a presque doublé leur paye; a réparé toutes les fortifications; a remonté l'artillerie, qui manquait de tout : enfin a remis les troupes dans un état de splendeur où elles n'ont jamais été. Il y a des magasins de tout, quatre-vingt mille habits en réserve; tout cela est d'une bonne administration, et n'a pu se faire qu'à grands frais; aussi cela a-t-il prodigieusement coûté. Vraisemblablement le contrôleur général proposera de grands retranchements; il y consentira sans difficulté, parce qu'il en fera de grands dans la dépense; soit en réformant des troupes, en laissant les fortifications et l'artillerie sans entretien et sans augmentation. Il faut savoir si tout cela se passera sans humeur. Comme vous voilà au fait de ce que nous attendons, vous pourrez m'entendre à demi-mot dans mes lettres suivantes. La Du Barry n'est rien par elle-même; c'est un bâton dont on peut faire son soutien, ou son arme offensive ou défensive. Il n'a tenu qu'au grand-papa d'en faire ce qu'il aurait voulu; je ne puis croire que sa conduite ait été bonne et que sa fierté ait été bien entendue. Je crois que mesdames de Beauvau et de Grammont l'ont mal conseillé. Il a aujourd'hui une nouvelle amie qui n'est pas d'accord avec ces dames, mais qui ne diminue pas l'ascendant qu'elles ont pris. C'est madame de Brionne : il lui doit son raccommodement avec M. de Castries, ce qui a été bon; mais je crois qu'elle lui coûte beaucoup d'argent. Dans tout cela, le rôle de la grand'maman, c'est d'étaler de grands sentiments, de grandes maximes, de laisser échapper ce qu'elle pense, et d'en demander pardon à l'abbé, qui fait des soupirs, et couvre ce que la grand'maman a dit d'indiscret, par des aveux de ce qu'il pense, de ce qu'il prévoit, qui ne sont que platitude et fausseté.

Le d'Aiguillon, dit-on, est bien avec la Du Barry. Ce mot *bien* a toute l'extension possible, mais cela ne signifie rien pour le crédit. Le contrôleur général mangera les marrons que les autres tireront du feu. Je ne sais pas quelles sont ses vues; il n'est peut-être pas impossible qu'il n'ait pour but que le rétablissement des finances, et qu'il ne se contente de la gloire qui lui en reviendra. Il a toute la dureté et la fermeté de M. Colbert, reste à savoir s'il en a la capacité et les lumières, et si son intention n'est pas de pousser notre ami, et d'en faire un second Fouquet.

Je voulais vous envoyer tous nos édits; mais Wiart prétend que vous les avez tous par les gazettes; l'un des derniers, qui est sur les rescriptions, a fait ici un tintamarre horrible. La Balue (1) avait fermé son bureau; c'était mercredi 21. M. de Choiseul, ce jour-là, tenait une cloche et dînait chez le curé de Saint-Eustache; il apprit cet événement, dont, si l'on n'y avait remédié sur-le-champ, il pouvait s'ensuivre une banqueroute générale; il courut chez le contrôleur, lui fit sentir tout le danger; l'on fit porter trois millions chez la Balue, qui rouvrit son bureau, recommença ses paiements, et tout a été réparé ou du moins pallié. Une moitié du public croit que le contrôleur a fait une grande cacade qui a montré son ignorance et sa mauvaise foi. D'autres disent qu'il y a été forcé par les intrigues de M. de Choiseul, qui, d'intelligence avec la Borde et la Balue, leur avait fait refuser de faire le prêt pour l'année, à moins d'une augmentation d'intérêt exorbitante.

Votre cousin, qui était comme un fou, parce que son frère (2) y est intéressé pour seize millions, assure qu'il n'en

---

(1) M. de La Balue, célèbre banquier, qui, comme M. de La Borde, était attaché aux intérêts du duc de Choiseul.

(2) Feu Thomas Walpole.

est rien, et les deux papiers que je vous envoie confirment ce qu'il dit. Reste à savoir si, dans l'espace d'un jour ou deux qu'il y a eu entre les propos des banquiers, de ces écrits et de l'édit, il ne s'est pas passé des choses que nous ignorons.

Voilà à peu près tout ce que je puis vous dire. J'ajoute que le roi est toujours fort épris de sa dame, mais sans lui marquer beaucoup de considération; il la traite assez comme une fille; enfin elle ne sera bonne ou mauvaise que suivant celui qui la gouvernera; son propre caractère n'influera en rien. Elle pourra servir les passions des autres, mais jamais avec la chaleur et la suite que l'on a quand on les partage; elle répétera sa leçon; mais, dans les circonstances où elle n'aura pas été soufflée, son génie n'y suppléera pas.

Votre cousin s'est attiré l'indignation du petit comte de Broglio, par ses déclamations contre le contrôleur général; ce petit comte est un des plus animés dans notre opposition. Depuis que je vous ai parlé de Tourville, je ne l'ai point revu. C'est l'homme le plus craintif qu'il y ait au monde. Quand je lui lus votre lettre, il fut confondu de toutes les louanges que vous lui donniez, et je crus démêler en effet, malgré sa bonne conduite, que ces louanges ne convenaient qu'à un cœur comme le vôtre, et non à nul autre. Soyez-en sûr, mon ami, il n'y a personne au monde de fait comme vous, et puisqu'il est de toute impossibilité que je passe ma vie avec vous, je n'ai nul chagrin de prévoir sa fin prochaine. Tout ce que je vois, tout ce que j'entends, ne m'inspire qu'ennui, dégoût ou indignation. Tous les hommes, disait le feu régent, sont sots ou fripons : mais cela n'est-il pas vrai?

Adieu, mon ami; vous ne me reprocherez pas d'être romanesque, j'imite plus les gazetiers que les Scudéri.

Je pourrai vous écrire demain, si je reçois une lettre de vous.

LETTRE LXXXI.

Paris, mercredi, 7 mars 1770.

Votre lettre du 2 me plaît beaucoup, quoiqu'elle ne me promette pas plus de beurre que de pain ; mais j'ai tant et tant de confiance dans votre amitié, que je veux non-seulement lui tout devoir, mais je ne veux me permettre aucun désir qui ne soit conforme à vos volontés et intentions.

Je dois aller à six heures chez la grand'maman, entendre une *tragédie* de Sedaine (1). Il est trois heures, et je suis encore dans mon lit ; je n'ai que le temps de vous dire que le grand-papa est plus ferme que jamais ; il parla dimanche au conseil pour représenter l'importance dont il était de tenir les engagements pris avec la Baluc : que le crédit était perdu dans toute l'Europe, et l'honneur du roi compromis, si l'on ne lui fournissait pas l'argent nécessaire. Son discours dura trois quarts d'heure. Il le finit en priant le roi de prendre des avis. Le roi se leva, et dit : Les avis ne sont point nécessaires, il faut suivre le vôtre, il n'y a pas d'autre parti à prendre ; les opinions ne sont pas de l'argent, et c'est de l'argent qu'il faut ; chacun doit se cotiser, et j'en veux le premier donner l'exemple ; j'ai *deux mille louis* que je suis prêt à donner : M. de Choiseul dit qu'il avait deux cent vingt-cinq mille francs à toucher, qu'il ferait porter chez la Baluc. M. de Soubise dit qu'il n'avait point d'argent, mais du crédit : qu'il offrait d'en faire usage dans cette occasion. Les *deux mille louis* vous surprendront ; mais l'idée de l'argent comptant est peut-être ce qui a produit cette offre qui peut paraître une plaisanterie, et qui aurait gâté le reste du propos ; il n'a pensé qu'au moment présent, et il n'avait

---

(1) *Les Maillotins*, tragédie en prose, qui fut jouée sur le théâtre de madame de Montesson.

peut-être que cette somme en argent, quoiqu'il en ait d'immenses en différents effets. Ce qui est de certain, c'est que le grand-papa est dans ce moment-ci au comble de la gloire dans sa nation et dans les étrangères. Il y eut hier une assemblée du parlement pour l'enregistrement de cinq édits nouveaux dont l'objet est de donner des moyens pour subvenir aux besoins présents et urgents; le parlement fera des remontrances, ce qui tirera cette affaire en longueur, et peut causer de grands embarras. On ne peut pas plus mal s'expliquer; je vous en demande pardon; je deviens plus bête de jour en jour.

Samedi 10.

Je ne me souviens plus si je vous ai rendu compte, dans ma lettre du jeudi 8, de la conversation que j'avais eue la veille au soir avec le grand-papa; en tout cas je vais vous la redire. Je le remerciai de ma pension. Il me dit : Cela n'est pas suffisant, je veux aller chez vous, causer avec vous, me mettre au fait de votre état, et aviser aux moyens de le rendre solide. Nouveaux remercîments de ma part, mais succincts; je me hâtai de lui parler de lui et de tous ses succès. Il nous fit le détail de ce qu'il avait dit au conseil, de ce qu'il pensait sur le contrôleur général, avec franchise, simplicité et clarté. Si cet homme avait autant de solidité que de lumière et de bonté, il serait accompli; mais il est léger. Je ne doute pas qu'il n'oublie ses bonnes intentions pour moi; mais en cas qu'il les effectue, je vous demande vos conseils. J'aurai bien le temps de les recevoir avant l'occasion. Dois-je lui donner le petit mémoire que voici? Le détail de mon revenu n'est pas fidèle; j'ai cru pouvoir, sans blesser la bonne foi, supprimer cinq ou six mille livres de rente, qui sont ignorées et qui font que j'ai aujourd'hui trente-cinq millle livres de rente. Si vous pensez que cela ne soit pas bien, dites-le moi; j'en ai bien un peu de scrupule; mais lisez la fable de la Motte, intitulée *la Pie*.

Avec vous, mon ami, je n'ai ni la volonté ni le pouvoir de vous rien cacher; jugez par le détail que je fais, si je suis dans le cas d'accepter vos offres. Je serais charmée de tenir tout de vous; la reconnaissance pour vous ne sera jamais pour moi un sentiment pénible; bien loin de m'humilier, j'en ferais gloire et serais tentée de m'en vanter; mais vous voyez dans le fond que je n'ai besoin de rien. Mais on peut recevoir d'un ministre : ce qu'il ne me donnerait pas, il le donnerait à d'autres; ce ne sont pas proprement des bienfaits qu'on reçoit d'eux; ce qu'ils donnent ne leur coûte rien. Enfin conduisez-moi, faites-moi agir en me considérant comme un autre vous-même; je le suis en effet par mes sentiments pour vous; mais quand il faut que je me détermine sur ce qui n'a point de rapport à vous, je me méfie de moi-même et j'ai toujours peur de mal faire.

Je soupai hier chez les Caraman (1) en petite compagnie : on parla des ambassades : je ne crois pas qu'il y eût personne bien au fait; mais on dit que M. d'Ossun revenait d'Espagne et M. Durfort de Vienne; cela me déplut, parce que cela m'a fait penser qu'en cas que cela fût vrai, et que l'état du grand-papa ne fût pas bien solide, on destinerait le d'Ossun aux affaires étrangères; et pour la guerre il y en a deux ou trois à choisir, pitoyables à la vérité, mais dignes de celle qui choisirait. Le Paulmy, le Maillebois, peut-être M. de Castries : enfin tout me fait peur. La grand'maman reviendra mardi de Versailles. Je traiterai cet article, ainsi que celui des ambassadeurs. On dit aussi que nous allons vous envoyer le baron de Breteuil. Je ferai parler le grand-papa, si je le vois. Je ne tiens pas ce grand-papa, malgré toute la gloire qu'il s'est acquise, aussi affermi que je le voudrais; la Du Barry le hait plus que jamais, et on ne cesse de le harceler pour lui nuire. Adieu, je crois ma lettre finie; cependant comme elle ne partira que lundi, vous n'êtes peut-être pas encore quitte de moi.

J'avais raison, vous n'êtes point quittte de moi : ma toilette

(1) Le comte de Caraman, marié à une sœur du prince de Chimay, est mort, lieutenant général ; il jouissait d'une grande considération.

est faite, il est cinq heures, je suis seule, et pour me désennuyer je vais causer avec vous. J'ai envie de vous conter une réponse de madame la maréchale de Mirepoix, qui m'a paru très-jolie. Madame Du Barry, pour lui plaire, ne cesse de lui parler de sa haine pour le grand-papa; comprenez-vous, lui dit-elle, il y a quelque temps, qu'on puisse haïr M. de Choiseul, ne le connaissant pas? Ah! je le comprends bien mieux, répondit la maréchale, que si vous le connaissiez. C'est bien dommage que le cœur et le caractère de cette femme ne répondent pas à son esprit et à ses grâces. Elle est sans contredit la plus aimable de toutes les femmes qu'on rencontre; je lui trouve beaucoup plus d'esprit qu'aux Oiseaux, et ces Oiseaux valent pour le moral encore moins qu'elle. Vous ai-je dit que les dames Bouflers et Cambise sont brouillées? il y a une petite aventure de jeu qui rend la première de ces dames un peu suspecte; un certain valet de cœur que celui qui tenait la main au vingt et un lui donna, et lequel ne se trouva point avec ses autres cartes, mais avec celles de M. de Bouflers qui était à côté d'elle, et sur lesquelles cartes elle avait mis beaucoup d'argent et fort peu sur les siennes. Ce valet fit avoir vingt-un à M. de Bouflers; celui qui tenait la main se récria, et demanda raison de l'échange; on le lui nia. Tout le monde baissa les yeux, se proposant sans doute de raconter l'aventure, dont on s'est fort bien acquitté. La scène était à l'hôtel de Luxembourg; heureusement je n'y étais pas, et je peux avoir l'air de l'ignorer.

Dimanche 11, 7 heures du matin.

Me revoilà encore. Je soupai hier chez le président. Je préférai d'y rester à l'hôtel de Luxembourg; une des raisons qui m'y détermina fut l'arrivée de madame de Forcalquier; je crus faire plaisir à madame de Jonsac. Il n'y avait que madame de Verdelin et un provincial de ses parents. L'avant-souper se passa à merveille. Excuses réciproques de ne s'être point vus, projets de se voir plus souvent. On se met à table; jusqu'au fruit tout va bien : on vient par malheur à parler des édits ; d'abord cela fut fort doux ; petit à petit on s'échauffa. La Bellissima fit des raisonnements absurdes, loua tous les édits, attribua au contrôleur général une victoire complète, soutint que tout ce qu'on avait raconté du conseil du dimanche 4 était de toute fausseté, qu'on en savait la vérité par M. Bertin. Je ne pus soutenir tranquillement une telle imposture ; elle passa à des déclamations de dernière impertinence ; je perdis patience et je lui dis avec assez d'emportement : toutes vos colères, madame, viennent de ce que M. de Canisy n'a pas été fait brigadier. Alors elle devint furieuse, me dit cent sottises ; qu'il n'était pas étonnant que je fusse scandalisée qu'on ne respectât pas des gens à qui je faisais servilement la cour, à qui je baisais les mains. Ah ! pour baiser les mains, Madame, cela peut-être, c'est une caresse que je fais volontiers aux gens que j'aime, ne voulant pas leur faire baiser mon visage. Nous entrâmes dans la chambre. Je voudrais bien savoir, me dit-elle, pourquoi vous m'avez apostrophée sur M. de Canisy ; c'est un homme de mon nom qui a vingt-sept ans de service. Il n'était pas besoin de ce mécontentement-là de plus, pour penser de ces gens-là ce que j'en pense. Vous avez poussé ma patience à bout, Madame, lui dis-je ; dans toute occasion vous faites des déclamations contre eux ; depuis longtemps je me fais violence pour n'y pas répondre. Jamais je n'ai parlé de vos amis d'une façon qui ait pu vous déplaire ; vous me deviez bien la pareille. Si vous n'en parlez pas devant moi, dit-elle, vous ne vous contraignez pas en mon absence ; vous ramassez tous les écrits contre eux, vous les distribuez partout, et aujourd'hui vous finissez par m'insulter : on pardonne à cause de l'âge. Cela est un peu fort, Madame ; mais je vous remercie de m'apprendre que je radote ; j'en ferai mon profit. Nous étions alors seules ; la compagnie rentra ; nous restâmes environ une heure. Quand on se leva pour sortir, je lui dis : Madame, après ce qui vient de se passer, et sur ce que vous m'avez dit de ma vieillesse, vous jugez bien que je ne souperai pas demain chez vous. Elle marmota quelques paroles et alla se coucher. Ainsi finit une liaison qui était bien mal assortie, et à laquelle je n'ai nul regret; je ne m'en plaindrai ni n'en parlerai à personne. Je vous prie très-fort de n'en être nullement fâché, c'est la plus petite perte que je pouvais jamais faire.

Je ne m'attends pas à avoir aujourd'hui de vos nouvelles; mais je ne fermerai cependant ma lettre que quand le facteur sera passé.

LETTRE LXXXII.

Paris, mercredi 21 mars 1770.

Je suis étonnée en vérité qu'on vous laisse la clef de votre chambre; rien n'est si extravagant (permettez-moi de vous le dire) que vos deux dernières lettres. Je m'attends que la première que je recevrai sera dans le même goût; mais je me promets bien que ce sera la dernière, parce qu'en ne vous écrivant plus tout ce qui me passe par la tête, vous n'aurez plus à vous plaindre de mon indiscrétion. Oui, oui, je suis discrète, et pour le moins autant que vous; je ne suis pas plus variable que vous; mais ce qui est bien pis, c'est que ma tête ne vaut pas mieux que la vôtre; un rien la trouble, la dérange; j'ai la sottise de vous le confier, et ne vous parlant plus de vous pour plusieurs raisons, dont la principale est que je n'ai pas à m'en plaindre, je vous fais mes plaintes sur les autres, ou, pour parler plus juste, je vous dis avec franchise ce que je pense de tout le monde. Vous prenez mes lettres pour des feuilles volantes imprimées, et vous croyez que le public les lit ainsi que vous. Mais venons à ma justification.

La question que je vous ai faite n'est nullement imprudente (1 : quand je vous écris, je crois être tête à tête avec vous au coin de mon feu ; mais il faut que vous me grondiez, et telle est mon étoile, qu'il faut que je n'aye jamais un contentement parfait. Est-ce ma faute si M. Hervey (2) fait une mauvaise plaisanterie, et exprime ce qu'il croit que je pense pour vous, comme il exprimait ce qu'il disait penser pour moi ? Votre nièce m'a dit cent fois qu'il était amoureux de moi, en présence de tout le monde ? si moi et tout le monde s'en étaient scandalisés, c'aurait été un grand ridicule ou une grande bêtise ; mais vous n'avez pas le talent d'entendre la plaisanterie, ou vous croyez que mon estime et mon amitié vous déshonorent. Il faut donc que je m'engage à faire l'impossible pour que l'on ne vous profère jamais mon nom ; nous verrons alors quelle sera la nouvelle querelle que vous me chercherez. Venons au reste. Où prenez-vous que je suis mécontente de Tourville, et que je me plains de lui ? il y a douze ou quinze ans qu'il est de mes amis sans aucune variation ; je vous ai dit simplement que ce qu'il avait fait pour moi (quelque très-honnête) était un peu exagéré par vous.

La grand'maman est à Paris ; elle y restera jusqu'à samedi ; je crois que je souperai avec le grand-papa demain ; il doit être content de l'estime du public. Je ne puis en dire davantage.

Je ne sais si vous avez reçu ma dernière lettre de douze pages ; mais vraiment non, c'est la réponse que vous y ferez que je prévois qui sera terrible : je m'arme de courage pour en soutenir la lecture sans chagrin et sans colère ; mais je me promets bien de ne me plus exposer à telle aventure. Malgré tout cela, mon ami, je suis fort contente de vous. Vous voulez avoir de l'amitié pour moi, parce que vous ne doutez pas que je n'en aye pour vous. Je ne veux point vous savoir mauvais gré de la mau-

(1) C'était relativement à quelque travail littéraire, dont M. Walpole lui avait dit être occupé.
(2) M. Felton Hervey. Il avait dit qu'il était amoureux de madame du Deffand et qu'elle était éprise d'amour pour M. Walpole.

vaise opinion que vous avez de mon caractère ; puisqu'elle ne vous empêche pas d'être de mes amis, je ne dois pas m'en affliger : je serais cependant bien aise que vous ne me crussiez pas *si vaine, si tyrannique* et *si imprudente ;* ces trois défauts sont un peu contraires à une liaison intime(1). Que puis-je faire pour vous ôter cette opinion ? c'est de ne vous plus parler de moi, de ne désirer rien de vous, et de ne vous rien raconter de personne ; moyennant cela, vous serez à l'abri des lettres de douze pages, je ne troublerai plus votre tête, et vous ne pourrez pas me dire que je vous ferme les portes de Paris.

Ah ! mon ami, que conclurai-je de tout ceci ? c'est que je ne suis pas digne d'avoir un ami tel que vous ; que vous croyez me devoir de l'amitié, et que, ne trouvant pas ce sentiment dans votre cœur, vous vous en prenez à mes défauts. Il est tout simple que vous soyez ennuyé d'un commerce qui vous cause peu de plaisir, mais de la contrainte, de la fatigue et du dégoût. Je ne me crois ni vaine ni tyrannique ; j'ai été souvent imprudente, j'en conviens ; mais je m'en crois fort corrigée. Je suis bien éloignée de me croire sans défaut ; j'en suis toute pleine, et mon plus grand malheur, c'est d'en être bien persuadée : je suis plus dégoûtée de moi-même que ni vous, ni qui que ce soit ne peut l'être, et je ne supporte la vie que parce qu'il m'est bien démontré qu'elle ne saurait être encore bien longue.

---

(1) M. Walpole avait dit dans une des lettres dont elle se plaint : « Vous mesurez l'amitié, la probité, l'esprit, enfin tout, sur le plus ou le « moins d'hommages qu'on vous rend. Voilà ce qui détermine vos suf- « frages et vos jugements, qui varient d'un ordinaire à l'autre. Défaites- « vous ou au moins faites semblant de vous défaire de cette toise per- « sonnelle, et croyez qu'on peut avoir un bon cœur sans être toujours « dans votre cabinet. Je vous l'ai souvent dit : vous êtes exigeante au-delà « de toute croyance ; vous voudriez qu'on n'existât que pour vous ; vous « empoisonnez vos jours par des soupçons et des défiances, et vous « rebutez vos amis en leur faisant éprouver l'impossibilité de vous « contenter. »

LETTRE LXXXIII.

Paris, 4 avril 1770.

Mon ami, mon unique ami, au nom de Dieu faisons la paix : j'aimais mieux vous croire fou qu'injuste, ne soyez ni l'un ni l'autre; rendez-moi toute votre amitié. Si j'avais tort, je vous l'avouerais, et vous me le pardonneriez; mais en vérité, je ne suis point coupable; je ne parle jamais de vous; vos Anglais, qui ont été contents de moi, croient me marquer de la reconnaissance en vous parlant de mon estime pour vous; ceux qui vous aiment croient vous faire plaisir; ceux qui ne vous aiment pas cherchent à vous fâcher, s'ils se sont aperçus que cela vous déplaisait, mais je suis sûre que le bon (*Felton*) Hervey a cru faire des merveilles; je lui pardonne, malgré le mal qu'il m'a fait.

A l'égard de ma question indiscrète, elle ne pouvait être comprise ni par les lecteurs ni par l'imprimeur; de plus, ce n'était point par la poste, c'était dans une de ces deux lettres de douze pages que vous reçûtes par des occasions sûres. Ayez meilleure opinion de moi, mon ami. Vous m'avez corrigée de bien des défauts; je n'ai qu'une pensée, qu'une volonté, qu'un désir, c'est d'être jusqu'à mon dernier soupir votre meilleure amie. Ne craignez pas que j'abuse jamais de votre amitié ni de votre complaisance. Jamais je ne vous presserai de me venir voir; hé! mon Dieu! je ne sens que trop de quelle difficulté sont pour vous de tels voyages, tous les inconvénients qu'ils entraînent. Je pensais à remédier à celui qui est le plus insupportable, le bruit des auberges. Rien ne paraîtrait ici plus simple et plus raisonnable que cet arrangement; je me proposais bien de ne vous pas laisser apercevoir que nous habitions la même maison; eh bien! il n'y faut plus penser (1).

(1) Elle lui avait proposé de venir occuper un appartement à côté du

Disons un mot de la Bellissima; c'est une affaire oubliée (1), il n'est point question *de dits et redits;* cela n'a point formé deux partis ; ses amis sont les miens, les miens sont les siens, nous nous verrons en maisons tierces, en attendant que nous nous voyions l'une chez l'autre ; enfin cela ne fait rien à personne, pas même à elle ni à moi.

Pour votre nièce (2), nous sommes parfaitement ensemble, et nous y serons toujours ; personne ne s'est jamais aperçu de nos petits différends. Vous ne me soupçonnerez pas de pouvoir manquer d'égard pour votre nièce ; la connaissance que j'ai de son caractère, jointe à vos conseils, répondent d'une paix imperturbable. J'espère, mon ami, qu'il en sera de même entre vous et moi, et qu'après cet éclaircissement-ci, nous ne troublerons plus nos pauvres têtes ; nous voulons l'un et l'autre nous rendre heureux ; je vais pour cet effet redoubler de prudence ; de votre côté, tâchez d'avoir un peu d'indulgence, et ne me dites jamais que nous ne nous convenons point. Songez à la distance qui nous sépare ; que quand je reçois une lettre sévère, pleine de reproches, de soupçons, de froideur, je suis huit jours malheureuse, et quand au bout de ce terme j'en reçois encore une plus fâcheuse, la tête me tourne tout à fait. Je n'aime pas le sentiment de la compassion : cependant rappelez-vous quelquefois mon âge et mes malheurs, et dites-vous en même temps qu'il ne tient qu'à vous malgré tout cela de me rendre très-heureuse.

Vous ne me parlez plus de votre chose publique. Je suppose que vous ne vous souciez pas que je vous parle de la nôtre.

Avez-vous reçu les deux premiers volumes du *théâtre espagnol (par Linguet)* ?

---

sien dans l'enceinte du couvent de Saint-Joseph, durant son prochain séjour à Paris.

(1) Sa discussion avec madame de Forcalquier, dont elle lui avait fait le récit dans sa lettre du 7 mars.

(2) Lady Colmondeley.

LETTRE LXXXIV.

Paris, samedi 14 avril 1770.

Je suis aussi contente de la lettre que je reçois, qu'un pendu le serait d'obtenir sa grâce ; mais la corde m'a fait mal au cou, et si je n'avais été promptement secourue, c'était fait de moi. Oublions le passé, j'aime mieux me laisser croire coupable, que de risquer de troubler de nouveau la paix ; je suis bien avec tout le monde.

La grand'maman arriva hier ; elle passera toute la semaine prochaine à Paris ; je la verrai souvent : enfin, enfin, je ne suis mal avec personne, car quoique je ne sois point encore raccommodée avec madame de Forcalquier, cela ne saurait s'appeler être brouillée.

Le grand événement d'aujourd'hui est la retraite de madame Louise (1). Il y avait dix-huit ans qu'elle voulait être religieuse, dix qu'elle s'était déterminée à être carmélite ; elle n'avait dans sa confidence que le roi et l'archevêque, qui combattaient son dessein. Apparemment qu'après qu'elle les y eut fait consentir, elle détermina le jour avec eux ; ce fut le mercredi saint. La veille, le roi dit à M. de Croismare, écuyer, d'aller prendre les ordres de madame Louise, et qu'on eût à obéir à tout ce qu'elle ordonnerait. Elle demanda un carrosse pour le lendemain, sept heures du matin, sans gardes-du-corps, sans pages ; elle ordonna à madame de Ghistel, l'une de ses dames, d'être à sept heures chez elle tout habillée. Elle ne dit rien à ses sœurs, qui n'avaient pas le moindre soupçon de sa résolution. Le mercredi, elle monta dans son carrosse à sept heures précises, elle

(1) La troisième fille de Louis XV, alors âgée de 33 ans. Elle mourut dans la retraite qu'elle s'était choisie et dont elle devint la supérieure, en 1787.

changea de relais à Sèvres, et dit : *A Saint-Denis.* Entrant à Saint-Denis, elle dit : *Aux Carmélites.* La porte ouverte, elle embrassa madame de Ghistel : Adieu, madame, lui dit-elle, nous ne nous reverrons jamais. Elle lui donna une lettre pour le roi, et une pour ses sœurs ; elle n'avait pas apporté une chemise, ni un bonnet de nuit. Elle devait prendre le voile blanc en arrivant. Le jeudi on lui apporta des nippes, dont elle ne prit que deux chemises et une camisole ; elle se fait appeler la sœur Thérèse-Augustin. C'est ainsi qu'elle signe la seconde lettre qu'elle a écrite au roi, avec la permission de *notre révérende mère*. Elle le supplie de vouloir bien payer 12,000 *francs pour sa dot. C'est le double des dots ordinaires, mais ce que payent pourtant les personnes contrefaites, qui sont plus délicates, et peuvent avoir besoin de quelques douceurs* ; elle lui demande aussi *de continuer ses pensions jusqu'à sa profession, pour avoir le moyen de faire quelque gratification à ceux et à celles qui l'ont servie.* Cela ne vous fait-il pas pitié ? Notre espèce est étrange ! quand on n'est pas malheureux ni par les passions ni par la fortune, on se le rend par des chimères. Voilà tout ce que vous aurez de moi aujourd'hui ; il me faut quelque temps pour rétablir le calme dans mon âme : je suis ravie d'être bien avec vous, et ce ne sera certainement pas par ma faute à l'avenir si j'y suis jamais mal.

Jour de Pâques.

Il n'y avait que deux mois que le roi était au fait des projets de madame Louise ; elle avait laissé faire tous ses habits pour les fêtes du mariage ; elle n'a point pris le voile blanc ; ce ne sera que dans six mois. Cette aventure n'a pas fait une grande sensation ; on hausse les épaules, on plaint la faiblesse d'esprit, et l'on parle d'autres choses.

Vous avez beau temps à votre campagne, je vous en félicite.

LETTRE LXXXV.

Paris, samedi 19 mai 1770.

Vos lettres sont toujours les bien-venues, qu'elles soient longues ou courtes, cela est égal ; il me suffit qu'elles me soient une preuve de votre complaisance et de votre souvenir, et qu'elles m'instruisent de votre santé ; je ne prétends ni ne désire rien de plus. C'est à moi de craindre pour les miennes ; je ne puis les remplir que de choses qui vous soient très-indifférentes, et qui, par le peu d'intérêt que j'y prends moi-même deviennent très-ennuyeuses sous ma plume ; le ciel ne m'a point favorisée du talent de madame de Sévigné. Indépendamment de son esprit, l'intérêt qu'elle prenait à tout rendait ses narrations très-intéressantes. Cela dit, il faut pourtant vous conter des nouvelles. Vous avez deviné très-juste ; il y a des tracasseries sans nombre (1) ; le menuet que doit danser aujourd'hui mademoiselle de Lorraine (2) a troublé bien des têtes ; les pairs, joints à la noblesse, ont présenté au roi une requête contre les prétentions des princes lorrains ; ce fut hier que le roi y répondit, et voici sa réponse. Il y a un certain doute sur la demande de M. de Mercy (3), qui pourra bien faire que beaucoup de dames se dispenseront d'aller à son souper et à son bal.

Rien n'a été plus beau que la chapelle, que l'appartement, et par-dessus tout le banquet royal (4) ; mais l'ambassadrice (5)

(1) Sur la préséance aux fêtes qui eurent lieu à l'occasion du mariage du dauphin, depuis Louis XVI, avec l'archiduchesse Marie-Antoinette d'Autriche, le 16 mai 1770.
(2) Fille de madame de Brionne, et sœur du prince de Lambesc.
(3) Ambassadeur d'Autriche à Paris. Cette demande est expliquée dans la réponse du roi aux remontrances qui lui furent présentées par la noblesse, et qu'on trouvera à la suite de cette lettre.
(4) A l'occasion du mariage susmentionné.
(5) La marquise du Châtelet, ambassadrice de France à Londres.

aura sans doute des relations plus circonstanciées et plus exactes que celles que je pourrais faire. L'opéra qu'on donna jeudi fut trouvé déplorable. Le feu ne fut point tiré mercredi, jour du mariage, à cause de la pluie, mais il le sera aujourd'hui après le bal paré; il fait le plus beau temps du monde.

Dimanche, à 2 heures.

J'attendais des nouvelles pour continuer; les voici :

Le jeudi au soir, après la réponse du roi, il y eut une assemblée, chez le duc de Duras, des pairs et de la noblesse; on y conclut que personne ne danserait. Tout le vendredi, on crut qu'il n'y aurait point de bal; le samedi matin, le roi dit qu'il y en aurait, et qu'il remarquerait ceux qui n'y viendraient pas. Cependant à cinq heures, il n'y avait de danseuses dans la salle que mademoiselle de Lorraine, mademoiselle de Rohan, et madame la princesse de Bouillon. Les autres danseuses étaient restées chez elles avec le projet de ne pas venir au bal; le roi, qui en fut averti, envoya ordre à plusieurs de se rendre dans la salle du bal, et de danser; à près de sept heures, plusieurs danseuses arrivèrent, huit ou neuf, ce qui, avec les trois princesses étrangères, fit onze ou douze danseuses. Voici l'ordre qui fut observé. D'abord, M. le dauphin et madame la dauphine; puis Madame et le comte de Provence; M. le comte d'Artois et madame la duchesse de Chartres; M. le duc de Chartres et madame la duchesse de Bourbon; M. le prince de Condé et madame la princesse de Lamballe; M. le duc de Bourbon et mademoiselle de Lorraine. Après ce menuet, le roi fit signe à M. le comte d'Artois de lui venir parler, et M. le comte d'Artois fut prendre madame la maréchale de Duras pour le septième menuet; M. le prince de Condé et la vicomtesse de Laval; le prince de Lambesc et mademoiselle de Rohan; le duc de Coigni et la princesse de Bouillon; le marquis de Fitz-James et madame de Mailly; M. de Blagnac et madame d'Onissan; M. de Belzunce et la comtesse Jules (*de Polignac*); M. de Vaudreuil et madame Dillon ; M. de Staremberg et madame de Trans ; M. de Tonnerre et madame de Pujet, et puis, madame de Duras et M. de Lambesc dansèrent la mariée. On servit la collation ; ensuite il y eut des contre-danses jusqu'à dix heures qu'on tira le feu ; il n'a pas été trouvé aussi beau qu'on l'espérait, parce que la fumée a empêché d'en voir tout l'effet. L'illumination, ainsi que le spectacle du bal, ont été de la plus grande et de la plus superbe magnificence.

Vous remarquerez que madame de Lauzun n'est point du nombre des danseuses. Si j'apprends quelques nouveaux détails avant le départ de la poste, je l'ajouterai. Dans ce moment je vous quitte pour lire une lettre que je reçois de Chanteloup.

Je reprends ; c'est une lettre de la grand'maman toute pleine de tendresse, elle me mande que Voltaire a écrit à sa femme de chambre, en lui envoyant six montres, fabriquées par les émigrants de Genève. Il veut que le grand-papa les fasse acheter au roi pour des présents qu'on fait aux subalternes ; la grand'maman les lui a envoyées, en lui mandant que s'il ne réussissait pas à cette négociation, elle prendrait les montres sur son compte. Il n'y a point d'exemple d'une aussi grande activité que celle de Voltaire ; il écrit continuellement à la grand'maman ; il met à son adresse les lettres qui sont pour moi, parce qu'elles sont en grande partie pour elle. Le voilà qui écrit aujourd'hui à sa femme de chambre. J'ai déjà reçu six cahiers de son Encyclopédie. Certainement il ne s'ennuie pas, parce qu'il trouve mille objets pour exercer son activité.

Je serai fort aise de recevoir M. et Mme de Richmond, et de faire connaissance avec votre petite cousine (1), si elle veut me faire cet honneur-là ; je prévois bien que ma société ne lui saurait convenir ; mais étant avec madame sa sœur, elle n'aura besoin de personne.

Dans ce moment-ci Paris est un désert. Excepté Pont-de-Veyle,

(1) Madame Damer, qui devait accompagner la duchesse de Richmond à Paris, Ce voyage n'eut pas lieu.

qui ne se porte pas bien, le prince de Beaufremont, qui est sur son départ pour Chanteloup, un grand-vicaire de Mâcon (1), homme d'esprit que j'ai connu en province, et que le ciel a envoyé à mon secours; sans ces trois personnes je serais réduite à la Sanadona, et je n'ai pas le bonheur de vous ressembler. Je n'aime pas la solitude; j'y suis moins heureuse que cet homme qui, vivant seul, se vantait d'être heureux, *oui, je suis heureux*, disait-il, *et aussi heureux... que si j'étais mort.* Eh bien, moi, je le suis beaucoup moins que si j'étais morte, parce que toutes mes pensées m'attristent. Vous cesserez de trouver cela bizarre, quand vous vous souviendrez que je suis vieille et aveugle.

J'ai joint à la réponse du roi une lettre de l'impératrice au dauphin, que je trouve assez touchante.

Copie de la réponse du roi au mémoire qui lui a été présenté.

« L'ambassadeur de l'empereur et de l'impératrice reine,
« dans une audience qu'il a eue de moi, m'a demandé, de la
« part de ses maîtres (et je suis obligé d'ajouter foi à tout ce qu'il
« me dit), de vouloir marquer quelque distinction à mademoi-
« selle de Lorraine, à l'occasion présente du mariage de mon
« petit-fils avec l'archiduchesse Antoinette. La danse au bal
« étant la seule chose qui ne puisse tirer à conséquence, puis-
« que le choix des danseurs et danseuses ne dépend que de ma
« volonté, sans distinction de place, rang, ou dignités, excep-
« tant les princes et princesses de mon sang, qui ne peuvent être
« comparés, ni mis au rang avec aucun autre Français; et ne
« voulant d'ailleurs rien innover à ce qui se pratique à ma cour,
« je compte que les grands et la noblesse de mon royaume, vu la
« fidélité, soumission, attachement, et même amitié qu'ils m'ont
« toujours marqués et à mes prédécesseurs, n'occasionneront
« jamais rien qui puisse me déplaire, surtout dans cette occur-

(1) Pierre de Sigorgne, docteur de la Sorbonne, vicaire-général de Mâcon.

« rence-ci, où je désire marquer à l'impératrice ma reconnais-
« sance du présent qu'elle ma fait, qui, j'espère ainsi que vous,
« fera le bonheur du reste de mes jours.

« Bon pour copie.

« Saint-Florentin ».

Copie de la lettre de l'impératrice-reine a monseigneur le dauphin.

« Votre épouse, mon cher dauphin, vient de se séparer de
« moi. Comme elle faisait mes délices, j'espère qu'elle fera vo-
« tre bonheur; je l'ai élevée en conséquence, parce que depuis
« longtemps je prévoyais qu'elle devait partager vos destinées;
« je lui ai inspiré l'amour de ses devoirs envers vous, un ten-
« dre attachement, l'attention à imaginer et à mettre en prati-
« que les moyens de vous plaire. Je lui ai toujours recommandé
« avec beaucoup de soin une tendre dévotion envers le maître
« des rois, persuadée qu'on fait mal le bonheur des peuples
« qui nous sont confiés, quand on manque envers celui qui
« brise les sceptres et renverse les trônes comme il lui plaît.

« Aimez donc vos devoirs envers Dieu; je vous le dis, mon
« cher dauphin, et je le dis à ma fille; aimez le bien des peu-
« ples sur lesquels vous régnerez toujours trop tôt. Aimez le
« roi votre aïeul, inspirez ou renouvelez cet attachement à ma
« fille; soyez bon comme lui; rendez-vous accessible aux mal-
« heureux. Il est impossible qu'en vous conduisant ainsi, vous
« n'ayez le bonheur en partage. Ma fille vous aimera, j'en suis
« sûre, parce que je la connais; mais, plus je vous réponds de
« son amour et de ses soins, plus je vous demande de lui vouer
« le plus tendre attachement.

« Adieu, mon cher dauphin; soyez heureux. Je suis baignée
« de larmes. »

LETTRE LXXXVI.

Mercredi 6 juin, à 6 heures du matin.

Wiart n'est point éveillé, et moi, suivant ma louable coutume, je ne dors point; et pour charmer mon ennui je vais me parjurer, en vous écrivant, malgré l'engagement que j'avais pris de ne jamais vous écrire que pour répondre à vos lettres; et vous savez que le dernier courrier ne m'en a point apporté : je puis, sans me flatter, n'en prendre point d'inquiétude pour votre santé; votre silence peut avoir mille autres causes, dont une seule vous aura paru suffisante : n'avoir rien à dire! Eh bien, je ne suis pas de même; j'ai bien des choses à vous dire, mais je crains bien fort de me mal expliquer.

J'eus avant-hier la visite de M. le duc de Choiseul; je n'avais avec moi qu'une personne que je renvoyai, et je fis fermer ma porte. Il entra dans ma chambre, avec toute la grâce et la gaieté que vous lui connaissez. Eh bien, ma petite fille, me voilà ; je ne devais jamais vous venir voir, mandiez-vous à M. de Beauvau; je viens pour vous parler de M. le duc de Richmond. Je veux vous bien instruire de l'affaire, pour que vous en puissiez rendre compte à M. Walpole; je serais ravi de pouvoir l'entretenir un quart-d'heure; je lui ferais connaître le désir que j'ai de l'obliger, et je le ferais juge de ce que je puis faire, mais écoutez-moi bien, et mandez-lui tout ce que je vais vous dire.

Louis XIV accorda à feu la duchesse de Portsmouth le titre de duchesse, en érigeant sa terre d'Aubigny en duché-pairie, pour elle et pour toute sa postérité. Son fils, son petit-fils en ont joui; son arrière-petit-fils en jouit présentement; ses enfants en jouiront après lui, et s'il n'en a point, le duché passera au comte de Lennox, son frère, et à ses enfants; enfin le duché et le titre seront à tout jamais aux descendants de la duchesse de Portsmouth. C'est ainsi, dit-il, que je m'en suis expliqué au duc de Richmond, et je n'ai dû ni pu lui faire d'autres promesses. L'enregistrement au parlement est impossible, à cause de la catholicité, qui en ferme l'entrée au parlement. — A ces mots, je lui demandai la permission de lui faire lire ce que vous m'aviez écrit : Wiart lui en fit la lecture. Il fut fort content de ce qu'il y avait d'obligeant pour lui ; puis il dit : M. le duc de Richmond ignore qu'il faut le même enregistrement au parlement pour un duché héréditaire que pour un duché-pairie ; que gagnerait-il à changer la pairie en héréditaire ? La nouvelle qualification, inférieure à la première, n'ajouterait rien à la solidité de la grâce accordée par Louis XIV à sa trisaïeule, et je ne comprends pas (dit-il encore) d'où naissent ses inquiétudes ; sa femme et lui ont joui à notre cour de toutes les prérogatives de son titre, et ils en jouiront à l'avenir quand ils s'y présenteront. Mais n'y aurait-il point d'événements, repartis-je, qui pourraient apporter du changement ? — Non, repartit-il. Je n'eus plus rien à répliquer, et je finis par le beaucoup remercier de la grâce et de l'amitié qu'il mettait dans cette affaire.

Mais voici à présent ce que je pense : l'envie d'obliger la grand'maman l'a très-bien disposé pour cette affaire, qu'il n'aurait pas sans cela fort à cœur, par des raisons que vous pouvez imaginer, et dans lesquelles vous n'avez rien de commun, parce qu'il est très-bien informé (comme vous n'en pouvez pas douter) de tout ce qui se passe chez vous. Le conseil que je vous donne, c'est de lire la patente donnée à la trisaïeule, et de lire avec attention l'édit de la révocation de l'édit de Nantes ; et si cette lecture peut former des doutes et des inquiétudes à M. le duc de Richmond, qu'il fasse un petit mémoire, je me chargerai de le présenter, et de faire agir la grand'maman.

Avez-vous appris les horribles désastres arrivés au feu de la ville ? le nombre des morts et des blessés est de cinq ou six cents (1). Vous aurez lu la lettre du dauphin au lieutenant de po-

(2) Voyez le détail de cet horrible désastre dans le *Tableau de Paris*, de M. Mercier.

lice; madame la dauphine et Mesdames ont suivi son exemple; le roi a donné cent mille francs, beaucoup de particuliers ont envoyé des aumônes, et M. de Sartine a actuellement une somme assez considérable.

Le roi vient d'acheter de M. le prince de Conti le duché de Mercœur et la terre de Senonges, qui valent deux cent cinquante mille livres de rente, sur le pied de trois pour cent, dont il placera en rentes viagères une partie pour se faire le même revenu; du surplus, il payera ses dettes, et il jouira de onze cent mille livres de rente, et d'une fistule qu'il a depuis quelques mois, et dont il va se faire traiter.

Adieu, il est temps de tâcher de dormir. Cette lettre a été un vrai travail.

L'acquisition que le roi fait de ces deux terres est pour faire partie de l'apanage de l'un de nos princes.

Est-il vrai que M. Hume est marié à une dévote!

LETTRE LXXXVII.

Paris, mercredi 13 juin 1770.

Il fait un vent affreux, j'ai une fenêtre qui ne fait que ballotter, et qui me désole et me trouble l'imagination : attendez-vous à une sotte lettre. Je ne sais d'où vient que vous vous obstinez à dire tant de mal des vôtres; si je ne vous connaissais pas bien, je croirais que c'est des éloges que vous recherchez, mais vous n'avez pas cette petitesse, et je croirais pouvoir vous dire que vous écrivez mal, avec la même simplicité que je vous affirme que vous écrivez très-bien. Je ne dis pas que vos lettres soient également agréables. Ah! il s'en faut bien; mais on ne peut mieux exprimer ses pensées; la franchise, l'énergie, rien n'y manque; je suis fort aise que vous soyez attaché à la règle des huit jours, et tant qu'il vous conviendra d'y être exact, j'en aurai beaucoup de plaisir.

Oui, Dieu merci! nos fêtes sont passées. Ce n'est pas à cause du monde qu'elles pouvaient m'enlever, mais, au pied de la lettre, par l'ennui d'en entendre parler; c'était positivement réaliser le proverbe, *parler aux aveugles des couleurs;* des lampions, des bombes, des girandes, des guirlandes, etc., etc. Cependant cela valait mieux que les massacres, les étouffades du feu de la Ville.

Vous voulez que je remplace notre ambassadrice; je veux bien y tâcher, mais vous en serez bientôt las. Ce sont les nouvelles de cour qui vous plaisent le plus; je ne suis pas souvent à portée de les savoir, et puis, facilement je les oublie; l'ennui et les insomnies nuisent extrêmement à la mémoire, du moins à la mienne, qui s'en va grand train; je n'en ai pas grand regret; je ne gagnerais rien en me souvenant du passé; il augmenterait le goût du présent, et pour le présent il ne me fait rien connaître ni entendre que je me soucie de retenir. Oui, je vois toujours les oiseaux, la mère (1) presque tous les jours, la fille (2) souvent, et la nièce très-rarement (3); je mène ma vie ordinaire. Le baron de Gleichen est parti, et c'est une perte pour moi.

Je m'occupe actuellement à faire obtenir un bénéfice ou une pension à un certain abbé Sigorgne, dont je crois vous avoir parlé : je voudrais qu'il se fixât ici; c'est un homme de bon sens, même d'esprit; il a cinquante et quelques années; il a été professeur à l'Université; il n'est ni agréable ni pédant; il est tout simple, nullement flatteur, poli sans recherche : il ne vous déplairait pas; ce serait un bonheur pour moi de l'attacher ici. Cela vaudrait mieux que toutes les danses et les demoiselles passées, présentes et à venir.

Pourquoi ne vous expliquez-vous pas plus clairement sur le

---

(1) La marquise de Boufflers.
(2) La comtesse de Boisgelin.
(3) La vicomtesse de Cambise. Elle a résidé en Angleterre depuis le commencement de la révolution, et est morte à Richmond, en janvier 1809.

départ de la grande dame (1); tient-il aux mœurs, à la morale ou à la politique? A propos de grande dame, madame de Grammont part samedi pour Barèges; elle ne sera, dit-on, de retour qu'au mois d'octobre; peut-être en son absence le grand-papa soupera-t-il chez moi; cela sera, si madame de Beauvau le juge à propos; il est, sans qu'il s'en doute, soumis à toutes ses volontés, elle a l'ascendant sur tout ce qui l'environne, et sa place dans le paradis sera à la tête des Dominations. Pour la grand-maman, on la trouvera à la tête des Vertus. Je suppose que vous savez la hiérarchie des anges; si vous l'ignorez, instruisez-vous, si vous voulez m'entendre; mais je ne vous le conseille pas, cela n'en vaut pas la peine. Je ne sais quand la grand'maman reviendra; je désire son retour, mais je supporte son absence; ma patience est à toute épreuve; j'ai trouvé qu'il fallait tant de choses pour être heureuse, que j'ai abandonné le projet d'y parvenir (2); je laisse tout aller comme il peut et comme il veut; je bâille dans mon tonneau, et je ne m'embarrasse pas de ce qui l'entoure; les ridicules me choquent, les menteries m'indignent; mais je me tais, et je pense que tout cela ne peut être autrement.

(1) Mme la princesse de Galles.
(2) M. Walpole dit en réponse : « Vous renoncez, dites-vous, au projet
« d'être heureuse. Ma Petite! ma Petite! comment un tel projet vous a-t-il
« pu rester si longtemps? C'est un projet de jeunesse, et dont la jeunesse
« seule peut profiter : n'était-ce que parce que la jeunesse seule est
« capable d'avoir une telle idée? Toute expérience mondaine prouve
« qu'on ne peut arriver qu'à la tranquillité, à moins d'être sot. Voilà
« les gens heureux. La félicité est une chimère, et qui, existant, se dé-
« truirait elle-même parce qu'on serait au désespoir de la certitude
« qu'il faudrait qu'elle finît. Les dévots, qui sont des usuriers, mettent
« leur bonheur dans les fonds du paradis, et se refusent le nécessaire
« pour avoir des millions dans l'autre monde. Pour mesurer notre
« bonheur ou malheur, il faut se comparer avec les autres. Vous et moi,
« ne sommes-nous pas mille fois plus heureux que les gueux, les pri-
« sonniers, les malades? et sommes-nous beaucoup plus malheureux
« que les princes, les riches et tout ce qui s'appelle des gens fortunés?
« Voilà une réflexion qui me donne de la véritable dévotion. Je rends
« grâce à la Providence de mon sort, et je n'envie personne. »

Hier je traînai le président à un concert chez madame de Sauvigny (1), intendante de Paris. Mademoiselle le Maure (2) y chantait ; il ne l'entendit point, non plus que les instruments qui l'accompagnaient ; il me demandait à tout moment si j'entendais quelque chose ; il me suppose aussi sourde qu'aveugle, et aussi vieille que lui ; sur ce dernier point, il ne se trompe guère.

Adieu ; mes fenêtres me tournent la tête. Il n'y a pas de sorte de bruit que le vent ne leur fasse faire.

LETTRE LXXXVIII.

Mercredi, 27 juin 1770.

Vous voyez bien qu'il est très-facile d'écrire, quoiqu'en s'y mettant on n'ait rien à dire. La lettre que je reçois, qui est du 20, est une vraie causerie, et par conséquent est fort agréable. Je pense absolument comme vous sur les lectures ; ce qui fait que je ne trouve presque point de livres qui m'amusent, et qu'ayant plus de deux mille volumes, je n'en ai pas lu quatre ou cinq cents, et que je relis toujours les mêmes. Je n'aime que les mémoires, les lettres, les contes, de certains romans ; j'aime assez les recueils, les anecdotes, les voyages qui peignent les mœurs et les usages ; mais pour les grandes histoires, la morale, la métaphysique, je déteste tout cela.

Avez-vous donc quitté ou fini M. de Thou (3) ? Jamais je n'ai pu me résoudre à le lire, quoiqu'on m'en ait pressée. A peine me souciai-je de ce qui se passe de mon temps, quand mes amis ou moi n'y sont point intéressés ; comment pourrais-je

---

(1) Femme de M. Berthier de Sauvigny, l'une des premières victimes de la révolution.
(2) Actrice de l'Opéra, dont la voix était très-belle.
(3) La grande histoire de M. de Thou, de 1545 a 1607.

m'intéresser à tous les événements passés? D'ailleurs je n'aime les narrations, qu'autant qu'elles ont l'air de causeries. Enfin, enfin, parmi les morts, ainsi que parmi les vivants, on trouve peu de gens de bonne compagnie. Je perds un homme que je regrette fort, c'est M. Chamier; il est parti ce matin assez mécontent de n'avoir pu terminer ses affaires (1); je le voyais tous les jours. Il ne s'ennuyait pas auprès de mon tonneau, et même il paraissait se plaire chez moi; il ne sera à Londres que mercredi ou jeudi de la semaine prochaine.

Il vous porte les mémoires de M. d'Aiguillon. Je suis curieuse de savoir ce que vous en penserez; ils ont produit un assez grand effet dans le public, et ont assez disposé les esprits à l'événement qui vraisemblablement est arrivé ce matin, et dont je vous dirai ce que je saurai, aussitôt que je l'apprendrai. Le parlement, les pairs, furent mandés hier pour un lit de justice qui a été tenu ce matin. L'on ne doute point que ce ne soit pour supprimer toutes les recherches et les procédures contre M. d'Aiguillon. On déclarera qu'il n'a rien fait que suivant les ordres souverains; que, loin d'être répréhensible, il mérite des récompenses; et on prétend qu'il ne tardera pas à les recevoir, et qu'il aura incessamment une place dans le conseil d'État. Je suis bien aise du contentement qu'en aura la grosse duchesse, dont la conduite dans tout ceci a été d'une grande sagesse et d'une grande honnêteté.

La grand'maman ne revient pas si tôt de Chanteloup que je l'espérais; elle ne sera ici que dans trois semaines, et partira tout de suite pour Compiègne. Le grand-papa soupa chez moi vendredi dernier; il fut très-aimable. Je lui dis encore un mot de M. de Richmond, et réellement je crois qu'il a raison quand il prétend que ce duc doit se contenter de jouir des honneurs qui lui sont assurés et à sa postérité, et qu'il est de toute impossibilité d'enregistrer ses patentes, sa religion étant un obstacle invincible.

(1) Il était attaché au service de la compagnie des Indes-Orientales.

A 9 heures du soir.

Voilà les nouvelles du lit de justice ; elles rendront les mémoires que M. Chamier vous porte, de la *moutarde après diner*. Les amis de M. d'Aiguillon publient qu'il est très-mécontent de ce qu'il ne peut plus être jugé juridiquement ; il faudra, pour le consoler, le faire ministre d'État, et l'on ne doute point que, dimanche, il n'entre au conseil.

Je crois devoir un compliment à la grosse duchesse ; l'embarras est de savoir s'il sera *allegro* ou *tristitio* ; je me déterminerai à *adagio*.

Je vous trouve heureux autant que vous vous le trouvez vous-même en vous comparant à tous ceux qui le sont moins que vous ; excepté le président et un petit nombre de gens qui éprouvent de grands malheurs, je n'en connais guère qui soient plus malheureux que moi ; mais je sais que l'on ajoute à ses maux en les racontant à ses amis ; on les ennuie, et l'ennui est le tombeau de tous les sentiments. Adieu, portez-vous bien, trouvez tous les jours de nouveaux amusements, continuez à être heureux, c'est le seul bonheur que je puisse avoir.

LETTRE LXXXIX.

Paris, dimanche 15 juillet 1770.

Je ne sais pas ce qui m'arrive depuis quelque temps, je perds la faculté d'écrire, je n'ai que des idées confuses ; quand je reçois des lettres que je trouve bonnes, je tombe dans le découragement par l'impossibilité que je trouve à y répondre. Votre dernière lettre me fait cette impression ; vous avez des pensées, vous les rendez avec une netteté, une énergie singulière. Moi, je ne pense point ; il faudrait que j'eusse recours à des phrases pour dire quelque chose ; je raconte mal, et tout ce que je vois et que j'entends me fait si peu d'impression, qu'il me semble que je n'ai rien à raconter; je me dis, et cela est vrai, c'est que je n'ai point d'esprit, et que quand mon âme n'est occupée ni remuée, je suis comme un chat, comme un chien; mais beaucoup moins heureuse qu'eux, parce qu'ils sont contents de leur état et que je ne le suis point du mien. Il n'entre point de système dans ma tête sur ce qui pourrait faire mon bonheur; je voudrais m'amuser à faire des châteaux de cartes et que cela pût me suffire pour me délivrer de l'ennui; j'y emploierais tous mes moments. Il est très-vrai que j'ai quelquefois des instants de gaieté : mais ce sont des éclairs qui ne dissipent point l'obscurité ni les nuages. Je n'ai point le projet de n'être heureuse que par telles ou telles choses ; je laisse toutes les portes de mon âme ouvertes pour y recevoir le plaisir; je désirerais de barricader celle par où entre le regret, l'ennui et la tristesse; mais mon âme est une chambre dont le destin ou le sort ne m'ont pas laissé la clef. Ce qui est de certain, c'est que je n'ai point d'affiches, et que, si j'en avais elles seraient toujours réelles et n'en imposeraient à personne.

Je suis ravie que vous ne vous souciiez plus de l'affaire de M. d'Aiguillon; j'en suis excédée. Ce sont des députations, des remontrances, etc., qui ne vous font rien ni à moi non plus: votre embarras est très-juste, et vous le peignez fort bien en me chargeant de faire vos compliments à la grosse duchesse (1) du *je ne sais pas quoi de monsieur son fils, et de ne trouver aucun mot honorable qu'on puisse y appliquer.* C'est tout ce qui a jamais été dit de mieux à ce sujet.

Vous avez un singulier esprit; prenez-le en louange si vous voulez. Je ne vous en prie pas, mais je ne m'y oppose pas.

Nous avons ici Jean-Jacques. Si je me délectais à écrire, j'aurais de quoi remplir deux feuilles sur son compte. Mais je ne saurais parler longtemps de ce qui ne m'intéresse pas; il prétend

(1) La mère du duc d'Aiguillon.

qu'il ne veut pas toucher sa pension d'Angleterre. Je voudrais savoir si cela est vrai ; il veut gagner sa vie à copier de la musique ; il ne veut point voir les idoles, ni leurs amis, ni leurs courtisans. Le prince de Ligne, qui est un assez bon garçon et me paraissait assez simple, vient de lui écrire pour lui offrir un asile chez lui en Flandre ; son intention, ce me semble, a été de faire quelque chose d'aussi bon que la lettre du roi de Prusse, avec un sentiment différent ; il veut marquer un bon cœur, de la compassion, de la générosité, et il ménage toutes les faiblesses de cet homme en lui montrant qu'il les connaît toutes.

Jean-Jacques lui a répondu qu'il n'acceptait ni ne refusait ; le spectacle que cet homme donne ici est au rang de ceux de Nicolet (1). C'est actuellement la populace des beaux-esprits qui s'en occupe.

Je ne vous parlerai plus de M. de Richmond puisque vous ne vous en souciez plus, mais j'ai bien de la peine à croire qu'il ne soit pas en jouissance de la chose qu'il demande.

Vous avez grand tort ne de m'avoir pas envoyé vos vers à la princesse Amélie. La description de votre voyage m'a fort amusée, rien n'est plus singulier que d'écrire aussi bien dans une langue étrangère (2).

(1) Théâtre des boulevarts de Paris, sur lequel on représentait des pantomimes et des farces.

(2) M. Walpole était allé trouver la princesse Amélie, d'abord chez le général Conway, à Park-Place, et ensuite chez le lord Temple à Stow ; c'est de cette dernière visite qu'il donne le récit suivant :

Strawberry-Hill, dimanche.

« C'est avec beaucoup de satisfaction que je me trouve chez moi. Ah !
« qu'il est incompréhensible qu'on aime à être faux, soumis et flatteur !
« Je préférerais une chaumière et du pain bis à tous les honneurs dont on
« pourrait décorer la dépendance. Malgré cette aversion pour le métier,
« j'ai fort bien joué mon rôle de courtisan ; mais c'est que le terme était
« assez court. Nous nous sommes assemblés chez milord Temple, le
« lundi au matin ; nous nous sommes séparés le samedi avant midi.
« C'était toujours une partie de huit personnes, le maître et la maîtresse
« du logis au lieu de M. Conway et madame sa femme ; un autre seigneur

Nous avons ici les enfants de monsieur Elliot (1); ils sont infiniment aimables, ils savent parfaitement le français, ils sont gais, doux et polis, et plaisent à tout le monde; je les vois souvent; j'ai pour eux toutes les attentions possibles; mais ils n'ont besoin de personne pour les faire valoir. On leur trouve une fort jolie figure; vous ne pouvez pas dire tout cela à leur père, car il est en Écosse.

« qui remplaçait milord Hertford, la princesse, ses deux dames, milady,
« M. Coke et moi. Volà tout notre monde. La maison est vaste, les jar-
« dins ont quatre milles de circonférence outre la forêt; des temples, des
« pyramides, des obélisques, des ponts, des eaux, des grottes, des statues,
« des cascades, voilà ce qui ne finit point. On dirait que deux ou
« trois empereurs romains y eussent dépensé des trésors. Tout cela ne
« m'était pas nouveau; mais un ciel fort beau, une verdure éclatante et
« la présence de la princesse donnaient un air de grandeur à ce séjour
« que je ne lui avais jamais vu. Milord Temple venait de faire bâtir un
« fort bel arc de pierre, et de le dédier à la princesse. Cet arc est placé
« dans une orangerie, au sommet d'un endroit qu'on nomme les *Champs-
« Élysées*, et qui domine un très-riche paysage, au milieu duquel se voit
« un magnifique pont à colonnes, et plus haut la représentation d'un
« château à l'antique. La princesse était dans des extases, et visitait son
« arc quatre ou cinq fois par jour. Je m'avisai d'un petit compliment
« qui réussit à merveilles. Autour de l'arc sont les statues d'Apollon et
« des Muses. Un jour la princesse trouva, dans la main du dieu, des vers
« à sa louange. Je ne les envoie pas, parce que ces sortes de choses ne va-
« lent rien que dans l'instant, et se perdent tout à fait dans une traduc-
« tion. On nous donna aussi un très-joli amusement le soir. C'était un
« petit souper froid dans une grotte au bout des Champs-Élysées qui
« étaient éclairés par mille lampions dans des bosquets; et sur la rivière,
« deux petits vaisseaux également ornés de lampions en pyramide, fai-
« saient le spectacle le plus agréable. Mais en voilà assez : il ne faut pas
« vous ennuyer de nos promenades en cabriolets, de notre pharaon le
« soir, et de tous ces petits riens qui remplissent les moments à la cam-
« pagne. Il suffit de dire que tout s'est passé sans nuages, et que nos hôtes
« se sont conduits avec infiniment de politesse et de bonne humeur; que
« nous avons beaucoup ri; que la princesse était fort gracieuse et fa-
« milière, et que si de telles vertus ont peu de charmes, il serait dif-
« ficile d'en composer une pareille qui n'eût mille fois plus de désa-
« gréments. Mais avec tout cela, *Signoria mia*, je suis ravi qu'elle soit
« finie ».

(1) Le lord Minto actuel et son frère Hugh Elliot, fils de feu sir Gilbert Elliot, baron de Minto.

Adieu. La grand'maman revient le 20, avec son mari, qui l'est allé chercher.

LETTRE XC.

Paris, lundi 6 août 1770.

Je viens de sauter une poste; je n'eus pas le temps hier d'écrire, mais vous n'y gagnerez rien : cette lettre, à la vérité, arrivera plus tard, mais elle sera plus longue; j'en ai bien quelques scrupules, mais je suis dans l'habitude avec vous de les étouffer. Vos lettres, par exemple, m'en donnent d'infinis; vous m'avouez très-ingénument combien elles vous causent de gêne et d'ennui; ma conscience me dit alors ce que je devrais faire, mais je n'ai pas le courage de la croire, ni même de l'écouter; votre mauvaise étoile vous a fait faire connaissance avec moi, la même m'a fait prendre de l'amitié pour vous; c'est une sorte de boîte de Pandore d'où sont sortis la métaphysique, les spéculations, les styles de Scuderi. Les jérémiades, les élégies, voilà ma part : les épigrammes, les mépris, les dédains, et le pis de tout, l'indifférence, voilà la vôtre. Mais, ainsi que dans la boîte de Pandore, il y reste l'espérance, et chacun se la figure selon son goût. Vous voilà quitte de ce que je vous dirai de nous; passons aux nouvelles.

Je fus hier avec la maréchale de Bouflers, la maréchale de Luxembourg, la duchesse de Lauzun, et plusieurs hommes, à Gonesse, à une représentation de *la Religieuse* de la Harpe (1); elle fut aussi bien jouée pour le moins qu'elle le serait à la comédie; mais cette pièce est traînante; il y a peut-être une vingtaine de vers assez bons : à tout prendre, elle ne vaut rien, et elle m'ennuya.

(1) Madame du Deffand parle de *Mélanie*, qu'elle juge avec une étrange légèreté.

Jeudi 23.

Presque tout le monde reviendra dimanche de Compiègne; le roi ira le mardi à Chantilly avec madame la dauphine, Mesdames, et les dames de leur suite, madame Du Barry, et sa suite. Il en pourra résulter quelque événement, c'est-à-dire quelque lettre de cachet. On dit que madame de Mirepoix ne veut point être de ce voyage; le prétexte est que M. de Beauvau est brouillé avec M. le prince de Condé. On s'en moque, parce qu'elle est brouillée elle-même avec son frère, et qu'elle passe sa vie avec M. de Soubise, qui est bien plus mal avec M. de Beauvau que n'est le prince de Condé.

Je lis l'histoire de Louis XIII, de le Vassor; je n'en suis qu'au commencement de la régence. Toutes les intrigues de ce temps-là ont beaucoup de rapport à ce qui se passe aujourd'hui. Je ne sais par où ceci finira; il est impossible qu'il n'y ait pas quelqu'un qui succombe; savoir qui ce sera, voilà ce que je ne peux deviner; mais je ne suis pas sans crainte. La maîtresse (Mme Du Barry) est bien animée contre nos amis; on ne cesse de l'irriter; les bons mots et les épigrammes pleuvent contre elle. L'autre jour chez elle on parlait de la rage. L'on disait que le plus sûr remède était le mercure : elle demanda ce que c'était que le mercure? *Ze ne sais*, dit-elle, *ce que c'est, ze voudrais qu'on me le dît*. Cette affectation fit rire; on la raconta à quelqu'un, qui dit? *Ah! il est heureux qu'elle ait son innocence mercurielle* : ce quelqu'un est la maréchale de Luxembourg; ne la citez pas.

Je ne prévois pas avoir beaucoup de choses à ajouter à ce volume. Je compte qu'il pourra partir les premiers jours de la semaine prochaine.

Lundi 27.

Je vous dirai nettement qu'il est impossible que la situation présente subsiste; il faut qu'avant l'espace de neuf ou dix mois il arrive un changement. Il y a une fermation générale; tous les parlements se donnent la main (1), tous marquent leur mépris et leur indignation contre le chancelier; le contrôleur général rendra bientôt sa banqueroute complète. Le crédit est absolument perdu, il n'y a, disent ses émissaires, d'autre recette pour relever le crédit que de faire la banqueroute totale; alors le roi ne devant plus rien, tous les particuliers qui renferment aujourd'hui leur argent s'empresseront à le placer sur lui, parce qu'alors il sera en état d'en payer les intérêts. Je ne sais comment vous trouverez le raisonnement, il me paraît à moi fort mauvais. Nous sommes accablés de remontrances, de représentations, de réquisitoires, d'arrêts, de lettres patentes, etc., etc. Je ne saurais croire que le détail de toutes ces choses vous fût agréable. Elles m'ennuient si fort que c'est tout ce que je peux faire que d'en entendre parler. Je me garde bien de les lire. D'ailleurs, mon ami, je trouve très-ridicule, à l'âge que j'ai, de me passionner pour tout ce qui se passe, et pour tout ce

(1) Après le lit de justice du 27 juin, mentionné dans la lettre de cette date, et le discours du chancelier Maupeou, sur l'enregistrement forcé des lettres patentes, lesquelles, par la seule volonté du roi, arrêtaient toute la procédure pendante au parlement contre le duc d'Aiguillon; après ce lit de justice, tous les parlements du royaume prirent part à la résistance faite par celui de Paris à cet acte d'autorité. Un arrêt succéda à un autre de la part des parlements de Toulouse et de Bordeaux, par lesquels le duché d'Aiguillon fut dépouillé de tous les droits et priviléges de la pairie, jusqu'à ce que le duc fût acquitté par la loi, des charges portées contre lui. Le parlement de Rennes, celui de la province où les malversations du duc d'Aiguillon avaient eu lieu, renvoya, sans les ouvrir, les lettres patentes du roi, tendantes à annuler un de ses arrêts; une députation de dix-neuf de ses membres qui avait obtenu la permission de se présenter devant le roi à Compiègne, le 20 août, reçut défense expresse de passer par Paris en venant, et en retournant. On lui interdit de même la faculté de dire un seul mot au roi, qui lui observa que ses lettres patentes auraient dû imposer un silence absolu au parlement; que sa conduite était d'une nature trop grave pour ne pas être punie; mais que sa majesté se contenterait de châtier deux d'entre eux, espérant que leur exemple retiendrait les autres dans le devoir. Deux de ces membres furent en conséquence envoyés au château de Vincennes.

qui peut arriver. J'aime fort mes parents, je le leur prouve par ma conduite, et si je pouvais leur être utile, je m'y mettrais jusqu'au cou; mais dans tout ceci, je ne puis être que spectatrice; je prétends que leurs ennemis leur servent mieux que leurs amis; ceux-ci poussent leur zèle un peu trop loin; leur fierté ressemble trop à l'insolence, et ne peut manquer de déplaire et d'envenimer les esprits. Les autres ont tant d'infamies, de bassesses, de fourberies, et sont si fort à découvert, qu'ils sont en horreur au public, et qu'ils n'ont de partisans que leurs complices. Il y a un M. Séguier, avocat général, qui trahit sa compagnie, et qui vient d'en recevoir des affronts. Dans les arrangements que le public imagine, on dit qu'il aura le département des affaires étrangères, M. de Paulmy celui de la guerre, et M. d'Aiguillon la marine. Tout cela n'arrivera pas, à ce que j'espère; mais qui est-ce qui oserait en répondre? rien n'est impossible à l'amour; on le peint aveugle; cette idée des poëtes se réalise bien aujourd'hui.

La grand'maman est à Gennevilliers (1) avec son abbé; elle a quitté Paris pour éviter l'ennui; elle l'a retrouvé à Gennevilliers. Quand le cœur n'est pas satisfait, l'ennui s'en empare, et il est impossible de s'en débarrasser. Son époux vit fort bien avec elle; et si l'absence de la belle-sœur pouvait être éternelle, elle se trouverait bien partout; mais cette belle-sœur sera de retour dans un mois.

Il y a bien des détails que je pourrais vous conter, et qui vous amuseraient, mais que je ne puis écrire. Enfin je suis sûre que j'aurais pour plusieurs jours des détails à vous raconter, qui vous intéresseraient autant que les anecdotes du règne de Louis XIV.

Adieu; vous n'êtes pas encore quitte de moi, j'ajouterai quelques lignes avant de fermer cette lettre.

---

(1) Maison de campagne près Paris; la duchesse de Choiseul en avait hérité de son père, le comte de Châtel.

Voici des vers sur notre chancelier :

> Le grand visir qui dans la France
> Pour régner seul met tout en feu,
> Méritait le cordon, je pense,
> Mais était-ce le cordon bleu ?

LETTRE XCI.

Paris, lundi 3 septembre 1770.

Il faut de nécessité que je vous écrive aujourd'hui ; ma lettre ne partira que jeudi, mais je ne puis me refuser de vous raconter le trouble où j'ai été ce matin. J'avais soupé hier au soir à Gennevilliers avec votre nièce, j'avais soupé le samedi avec le grand-papa et mesdames du Châtelet et de Damas : rien n'annonçait l'orage ; le grand-papa était gai, il était arrivé le matin à Gennevilliers pour chasser ; il devait y coucher, le lendemain dimanche aller au conseil à Versailles, et le lundi partir pour la Ferté, chez La Borde (1), d'où il devait revenir le mercredi 5. Ce matin à dix heures j'entends tirer le canon, je suis étonnée, je dis, le roi est à Versailles depuis vendredi qu'il est de retour de Chantilly. Serait-ce madame la dauphine qui viendrait à Notre-Dame ? Je sonne mes gens ; on me dit, la place Louis XV est pleine de mousquetaires, le roi vient d'arriver au parlement ; voilà que je me figure que tout est perdu, que l'on va faire main basse pour le moins sur une partie du parlement, que peut-être... Enfin la tête me tourne ; chez qui enverrai-je ? chez madame de Mirepoix avec qui, par parenthèse, je suis le mieux du monde : on y va, elle n'est point éveillée ; j'envoie dans tout mon voisinage chez les personnes de ma connaissance, je finis par chez la grosse duchesse ; chacun est étonné

---

(1) Le banquier de la cour. Il a péri sur l'échafaud, en 1793.

et ne sait rien, je suis prête à me lever, je demande mes chevaux, je veux aller chez madame de Beauvau et peut-être tout de suite à Gennevilliers. Ces premiers mouvements passés, je me calme et je me dis qu'il n'en résultera qu'une curiosité satisfaite, que la fatigue que je me donnerai ne sera utile à personne; je reste dans mon lit, et je m'endors après avoir entendu de nouveau le canon, le roi n'étant pas resté plus d'une demi-heure ou trois quarts d'heure au parlement. On m'éveille sur les deux heures et l'on m'apporte un bulletin de la part de la grosse duchesse, que je joindrai à cette lettre, que je reprendrai quand je saurai quelque chose de plus.

Mercredi 5.

Voilà votre lettre qui arrive et qui ne me met point en train de continuer mon récit. Votre goutte fait un peu de diversion à ce sujet; je voudrais que vous vous contentassiez de savoir qu'il ne s'est agi que de l'affaire de M. d'Aiguillon. Le roi a réprimandé son parlement, a fait enlever les minutes, les grosses et toutes les pièces de la procédure, a défendu qu'il fût jamais plus question de cette affaire, et a ajouté à cette défense les plus sévères menaces, si l'on y contrevenait. Personne n'était averti de la résolution qu'avait prise le roi, et ce ne fut que le dimanche à dix heures et demie du soir, au sortir du conseil, que le roi déclara ce qu'il devait faire le lendemain matin; il le dit à tout le monde et particulièrement au grand-papa, qui lui dit que, comme il ne lui était pas nécessaire dans cette occasion, il lui demandait s'il ne pouvait pas faire son petit voyage; le roi y consentit de bonne grâce; le grand-papa partit le lendemain à six heures; il arriva le soir à neuf ou dix; la grand-maman revient aujourd'hui de Gennevilliers pour l'attendre; je souperai avec eux ce soir; il y aura mesdames de Beauvau et de Poix, et madame de Choiseul, qu'on appelle la petite sainte; le prince de Beaufremont et le grand abbé. Je recommencerai un journal où je mettrai des particularités qui m'échappent aujourd'hui; dans ce moment-ci je ne puis entrer dans des détails, votre goutte me trouble un peu la tête; j'attends de votre amitié que vous me donnerez de vos nouvelles plus souvent qu'à l'ordinaire, et que vous me direz exactement la vérité.

P. S. à 6 heures.

Je vous envoie l'imprimé du parlement.

Séance du roi en son parlement de Paris, du lundi trois septembre mil sept cent soixante-dix, du matin (1)..........
. . . .
. . . .

M. le chancelier étant monté vers le roi, agenouillé à ses pieds pour recevoir ses ordres; descendu, remis en sa place, le roi ayant ôté et remis son chapeau, a dit :

« Messieurs, mon chancelier va vous expliquer mes intentions. »

Sur quoi M. le chancelier a dit :

Messieurs,

« Le Roi, après avoir fait connaître, par une loi enregistrée en sa
« présence, qu'il importait au secret de l'exercice de son administra-

(1) Les noms des pairs, présidents et conseillers présents ont été omis ici. Que ceux qui osent parler encore avec éloge de l'ancien gouvernement de France lisent ceci, et se rappellent les circonstances sous lesquelles un monarque s'adresse de la sorte à la première cour de justice de son royaume. Ils devront certainement convenir que rien ne pouvait surpasser l'énormité des maux sous lesquels la France gémissait alors. Le parlement de Paris, malgré le mauvais succès qu'il avait eu, persista à nommer des députations et à faire des remontrances réitérées au roi; et, quoique le temps de ses vacances fût arrivé, il avait résolu de ne point s'ajourner. C'est cette détermination qui donna lieu à l'acte d'autorité dont il vient d'être fait mention. Le parlement eut cependant le courage de s'assembler, et de publier un arrêt par lequel après avoir observé le grand nombre d'actes qu'on avait employés contre l'esprit et contre la lettre de la constitution de la monarchie française, il déclara la ferme résolution de persévérer à faire parvenir la vérité au pied du trône, et renvoya au mois de décembre suivant toute considération ultérieure sur ce qui s'était passé au lit de justice dont il a été mention plus haut.

« tion, ainsi qu'à la tranquillité de sa province de Bretagne, que l'af-
« faire intentée contre M. d'Aiguillon, honoré de sa confiance et
« chargé de ses ordres, demeurât ensevelie dans l'oubli, devait penser
« que, soumis à ses volontés, vous cesseriez de vous occuper de cette
« affaire.

« Néanmoins, dès le 2 juillet dernier, sur une information anéantie,
« vous avez rendu un arrêt par lequel, sans autre instruction préa-
« lable, sans preuves acquises, et au mépris des règles et des formes
« judiciaires, vous avez tenté de priver des principales prérogatives
« de son état un pair du royaume, dont la conduite a été déclarée
« irréprochable par sa majesté elle-même.

« Cet arrêt, que sa majesté a cassé par celui de son conseil du
« 3 juillet, qui vous a été signifié en la personne de votre greffier en
« chef, de l'ordre exprès de sa majesté, a été suivi de vos arrêts
« des 11 juillet et 1ᵉʳ août, par lesquels vous avez persisté dans l'ar-
« rêt du 2 juillet.

« Le roi a écouté vos représentations ; il y a reconnu l'esprit de
« chaleur et d'animosité qui les a dictées.

« Vous avez depuis multiplié les actes contraires aux volontés de
« sa majesté.

« Votre exemple a été le principe et la cause d'actes encore plus
« irréguliers, émanés de quelques autres parlements.

« Sa majesté veut enfin vous rappeler à l'obéissance qui lui est
« due ; elle vient vous faire connaître ses intentions, et vous imposer
« de nouveau le silence le plus absolu.

« Elle veut bien effacer jusqu'aux traces de votre conduite passée,
« et vous ôter les moyens de lui désobéir à l'avenir.

« Le roi ordonne que :

« Les pièces envoyés au parlement de Paris, en conséquence des arrêts
« du parlement de Bretagne, des 21, 28 mars et 26 juillet derniers ;

« La minute et les grosses de l'arrêt du 7 avril, qui déclarent nulles
« les informations faites en Bretagne ;

« La plainte rendue par le procureur-général du parlement de Paris ;

« Celles rendues par M. le duc d'Aiguillon, MM. de la Chalotais et le
« nommé Audouard ;

« La minute et les grosses de l'information faite à Paris ;

« Les conclusions du procureur-général ;

« Les arrêtés des 9, 26 mai, 26 et 28 juin ;

« Les deux arrêtés du 2 juillet ;

« L'arrêt dudit jour ;

« La signification qui en a été faite à M. le duc d'Aiguillon ;

« Les représentations arrêtées ledit jour ;
« Les arrêtés des 11 et 31 juillet ;
« Les deux arrêtés du 1ᵉʳ août ;
« Ceux des 3, 5, 6 et 21 août dernier, lui soient remis par les greffiers
« et ceux qui en sont les dépositaires. »

Sur quoi M. le chancelier ayant appelé successivement Ysabeau, Dufranc, Frenayn et le Ber, ils se sont approchés, et ont remis les pièces ci-dessus mentionnées.

Ensuite, monsieur le chancelier, monté vers le roi, s'est agenouillé à ses pieds pour recevoir ses ordres. Redescendu, remis à sa place, assis et couvert, a dit :

« Le roi ordonne que lesdits actes et procédures, arrêts et arrêtés,
« soient supprimés de vos registres.

« Sa majesté vous fait défense de tenter de les rétablir en votre
« greffe par copies ou expéditons, si aucunes existent desdits actes,
« pièces et procédures, ou par procès-verbaux de réminiscence
« du contenu desdits actes, pièces et procédures, ou par telle autre
« manière et forme que ce puisse être.

« Sa majesté ordonne, sous peine de désobéissance, à son pre-
« mier président et à tout autre président ou officier qui présiderait
« en son absence, de rompre toute assemblée où il pourrait être
« question de rétablir, en tout ou en partie, les actes, pièces ou pro-
« cédures supprimés.

« Elle leur défend, sous les mêmes peines, d'assister aux délibé-
« rations que vous pourriez tenter de prendre malgré eux à ce sujet,
« et d'en signer les procès-verbaux.

« A l'égard de vos représentaions, sa majesté a vu avec étonne-
« ment que vous tentiez d'établir des rapports entre les événe-
« ments de son règne et des événements malheureux qui devraient
« être effacés du souvenir de tout bon Français, et auxquels son
« parlement ne prit alors que trop de part ; elle veut croire qu'il n'y
« a que de l'imprudence dans vos expressions.

« Sa majesté persiste dans sa réponse au sujet des défenses qu'elle
« a faites aux princes et aux pairs ; et quoique ce qui se passe en Bre-
« tagne vous soit étranger, elle veut bien vous dire qu'elle ne souf-
« frira jamais qu'on renouvelle une procédure que des vues de sa-
« gesse et de bien public lui ont fait une loi d'éteindre ; que les deux
« magistrats n'ont été arrêtés que parce qu'elle a été offensée de leur
« conduite ; et elle vous avertit que ceux qui se conduiront comme
« eux ressentiront les effets de son indignation.

« Sa majesté vous défend, sous peine de désobéissance, toutes dé-
« libérations sur ces objets.

« Elle vous défend pareillement de vous occuper de tout ce qui
« n'intéressera pas votre ressort.

« Elle vous prévient qu'elle regardera toute correspondance avec
« les autres parlements, comme une confédération criminelle contre
« son autorité et contre sa personne.

« Elle donne ordre à son premier président, et à tout autre prési-
« dent ou officier de son parlement, qui présiderait en son absence,
« de rompre toute assemblée où il serait fait aucune proposition ten-
« dante à délibérer sur les objets sur lesquels elle vous a imposé
« silence, ainsi que sur tout envoi qui vous serait fait par les autres
« parlements. »

M. le chancelier est ensuite monté vers le roi, agenouillé à ses
pieds pour recevoir ses ordres. Descendu, remis à sa place, assis et
couvert, a dit :

« Le roi ordonne aux présidents et conseillers des enquêtes et
« requêtes de se retirer dans leurs chambres pour y vaquer à l'ex-
« pédition des affaires des particuliers. »

Sur quoi les présidents et conseillers des enquêtes et requêtes se
sont retirés.

M. le chancelier étant ensuite remonté vers le roi et redescendu,
le roi s'est levé et est sorti dans le même ordre qu'il était entré.

LETTRE XCII.

Mercredi 21 novembre, à 8 heures du matin.

Vous m'annoncez dans votre dernière lettre, de mardi 13, que vous m'écrirez le vendredi 16 ; c'est ce que je ne saurai qu'à trois heures après midi, et comme alors je ne serai pas seule, je me détermine à vous écrire actuellement, et à ne répondre à cette lettre du 16 (si en effet je la reçois) que par un nommé M. Liston (1), qui doit retourner à Londres jeudi ou vendredi. Je vous enverrai par lui une nouvelle traduction

(1) Il fut employé ensuite à différentes missions diplomatiques.

de Suétone, faite par l'ordre du grand-papa (1); vous serez content de l'épître dédicatoire, médiocrement du discours préliminaire; mais pour le reste, je n'en sais rien, n'en ayant lu que cinq ou six pages. Je ne peux pas lire présentement l'*Histoire de Malte;* je me suis enfoncée depuis deux mois dans la *Vie de Louis XIII,* par le Vassor, dont il y a vingt-trois volumes : j'en suis au quinzième, et j'aurai la persévérance d'aller jusqu'à la fin. Comme il y a des sommaires marginaux qui m'avertissent de quoi il va être question, je passe tout ce qui ne m'intéresserait pas, et je ne lis guère que les intrigues et les manéges de la cour, qui m'amusent infiniment. Cet auteur me plaît; il dit ce qu'il pense avec franchise et audace; son style est dans le goût des *Mémoires de Mademoiselle,* et j'aime mieux cette manière que celle des beaux discurs. De plus, nous faisons une lecture l'après-dîner; les Mémoires de M. de Saint-Simon, où il m'est impossible de ne vous pas regretter : vous auriez des plaisirs indicibles; ajoûtez les gazettes, des traductions de vos papiers anglais que je reçois une ou deux fois la semaine, le *Journal Encyclopédique;* voyez si je puis entreprendre d'autres lectures ? je résiste avec peine à celle que vous me conseillez; j'ai beaucoup de respect pour votre goût; mais n'y a-t-il point bien des guerres dans l'histoire de Malte (2)? y dé-

(1) La traduction de Suétone, par M. de La Harpe. M. Walpole n'était pas parfaitement d'accord avec madame du Deffand sur cet ouvrage; car il dit dans sa réponse : « J'ai lu l'épître dédicatoire, le discours pré-
« liminaire et les observations sur chaque César. Pardonnez si, excepté
« la dernière phrase, je trouve la dédicace assez commune. Le discours
« me plaît comme ça, ses jugements me paraissent assez justes. Pour les
« observations, elles valent peu, et ne contiennent que des critiques d'un
« M. Linguet, qui, malgré M. de La Harpe, me paraît, par les citations
« mêmes (car je ne l'ai jamais lu), n'avoir pas toujours tort. »
(2) *L'Histoire des Chevaliers de Malte,* par l'abbé Vertot, dont M. Walpole lui recommande ainsi la lecture : « Vous cherchez souvent
« des lectures amusantes, j'en fais une actuellement qui me plaît extraor-
« dinairement, mais que peut être vous avez faite : c'est l'*Histoire des*
« *Chevaliers de Malte,* par l'abbé Vertot. J'avais lu ses *Révolutions*
« (excepté celles de Rome); il y a longtemps que les Grecs et les Ro-

mêle-t-on les intrigues, les manéges? c'est ce que j'aime dans les histoires, et ce qui est charmant dans le Vassor, et qui me fait voir que dans les choses qui se passent journellement, on n'en démêle point la vérité, on ne voit point le dessous des cartes, et bien moins chez nous que chez vous. C'est à vous à m'apprendre s'il y aura guerre ou non; nous sommes très-contents de la réponse d'Espagne. Reste à savoir si vous le serez (1) tout ce que je puis vous dire, c'est que M. de Guignes (2) est parti cette nuit; je le trouvai hier au soir chez la grand'-maman, et il écrivit de sa main le nom des personnes à qui nous voulons qu'il distribue nos compliments; je le connais fort peu; mais il me paraît assez aimable.

Adieu. Ah! j'oubliais de vous parler de votre princesse russe (3); j'ai, ainsi que vous, curiosité de la voir. Je voudrais que la grand'maman lui donnât à souper; le grand-papa l'y a exhortée; et comme elle est brouillée avec sa souveraine, c'est une raison pour qu'elle n'ait pas d'éloignement à faire connaissance avec mes parents qui ne sont pas ses amis intimes.

A 7 heures du soir.

Il n'y a point de courrier, ainsi point de lettres.

« mains m'ennuient à la mort; mais je ne sais pas pourquoi j'avais mau-
« vaise opinion de son Histoire de Malte, comme ne devant contenir
« qu'un mélange de dévotion et de guerres barbares. Pendant la goutte,
« je voulais la lire, m'attendant à y trouver quelque sujet de tragédie. J'en
« fus frappé. C'est le livre le plus amusant; des histoires qui se succedent
« rapidement, des anecdotes, une revue de tous les événements du dernier
« siècle qui se trouvent liés avec cette histoire; et le tout conté dans le
« style le plus clair, le plus facile et le plus coulant, et ce qui est encore
« plus surprenant, nulle superstition, point de bigoterie, et du romanes-
« que guère. Enfin, j'en suis charmé, et si vous ne l'avez point lue, ou
« si vous l'avez oubliée, je vous prie de la lire. »

(1) Relativement à la querelle avec l'Espagne, au sujet de l'île de Falkland.

(2) Il succéda au marquis Du Châtelet, nommé ambassadeur de France en Angleterre.

(3) La princesse d'Asckoff, qui avait été en Angleterre, et qui se trouvait alors à Paris.

LETTRE XCIII.

Paris, dimanche, 25 novembre 1770.

Ce que je vous annonçai dans ma dernière lettre (qu'un M. Liston a dû vous rendre) (1) est arrivé. Le président mourut hier à sept heures du matin (2), je l'avais jugé à l'agonie dès le mercredi ; il n'avait ce jour-là. il n'a eu depuis ni souffrance ni connaissance, jamais fin n'a été plus douce. Il s'est éteint. Madame de Jonsac en a paru d'une douleur extrême ; la mienne est plus modérée. J'avais tant de preuves de son peu d'amitié, que je crois n'avoir perdu qu'une connaissance ; cependant comme cette connaissance était fort ancienne, et que tout le monde nous croyait intimes (excepté quelques personnes qui savent quelques-uns des sujets dont j'avais à me plaindre), je reçois des compliments de toute part ; il ne tient qu'à moi de croire qu'on m'aime beaucoup, mais j'ai renoncé aux pompes et aux vanités de ce monde, et vous avez fait de moi une pro-

---

(1) On n'a point cette lettre.
(2) La mort du président Hénault se trouve annoncée de la manière suivante, dans la gazette de ce jour : « Le 24 novembre 1770, le président
« Hénault, surintendant de la maison de madame la dauphine, membre
« de l'Académie française et de celle des inscriptions, vient de mourir
« ce soir, après avoir lutté contre la mort depuis plusieurs années, âgé
« de plus de quatre-vingt-six ans. Tout le monde connaît son *Abrégé*
« *Chronologique de l'Histoire de France*, qui lui a fait tant de réputation,
« loué tour-à-tour et dénigré outre mesure par M. de Voltaire, et qui ne
« méritait, ni tant de célébrité, ni une critique si amère. Il était fort
« riche, sa table était ouverte à tous les gens de lettres ses confrères, et
« surtout aux académiciens. Il n'était pas moins fameux par son cuisinier,
« que par ses ouvrages. Il passait pour le plus grand Apicius de Paris,
« et tout le monde connaît la singulière épître du philosophe de Ferney,
« à ce Lucul'us moderne, qui débute ainsi :

« Hénault, fameux par vos soupers.
Et par votre Chronologie, etc. »

sélyte parfaite; j'ai tout votre scepticisme sur l'amitié, cependant j'ai peine à l'étendre sur la grand'maman. Il serait difficile de vous faire entendre quels sont ses procédés pour moi; et quelque disposée que je sois à la méfiance, j'ai peine à la soupçonner d'indifférence, et j'aurais bien plus de peine encore à en avoir pour elle. Je ne verrai pendant plusieurs jours que les personnes qui seraient scandalisées si je ne les recevais pas, et jusqu'à jeudi, que la grand'maman va à Versailles, je ne souperai que chez elle. M. de Jonsac vint hier chez moi très-poliment; il me rendit compte du testament : il n'y a que des legs pour ses parents, pour ses domestiques; il ne dit pas un mot d'aucun de ses amis. Je savais que madame de Jonsac avait absolument exigé de lui de ne lui faire aucun legs particulier, ne voulant pas, m'avait-elle dit, qu'on pût avoir le moindre soupçon que les soins qu'elle lui avait rendus eussent pour objet l'intérêt; il lui laisse seulement tous ses manuscrits, en parlant de sa reconnaissance et en faisant son éloge. Elle est aux Filles-Sainte-Marie de Chaillot, pour quelques jours; elle y avait loué un appartement depuis six mois. Cette femme a beaucoup de conduite, parce qu'elle a beaucoup de raison et de courage. Elle a un mari affreux; elle prévoit tout ce qu'elle peut en avoir à craindre, et depuis six ans qu'elle vivait avec le président, elle a eu pour objet de s'assurer un état tranquille après sa mort. Ce couvent lui deviendra un asile contre les humeurs de son mari, et lui sauvera toutes sortes d'éclats; elle s'y retirera sous prétexte de retraite, quand elle aura à en craindre; elle est séparée de biens, et elle jouira d'un revenu assez honnête. Elle est la première créancière de son mari; ainsi toutes les avances qu'elle a faites pour lui, lui vont être rendues; elle est fort contente de mes procédés, et je compte que nous serons toujours très-bien ensemble.

Quand vous recevrez cette lettre, vous en aurez reçu deux ou trois autres tout de suite, et j'ai bien plus à craindre que vous ne vous plaigniez de mon exactitude que de mes négligences. Je vous manderai toutes les nouvelles qui pourront vous amuser. Je vous viens de faire un détail qui vous paraîtra peut-être bien long et bien ennuyeux, mais c'est ce qui m'occupe présentement; d'autres objets y succèderont.

LETTRE XCIV.

Dimanche, 2 décembre 1770.

Apparemment vous n'aviez pas encore reçu la nouvelle de la mort du président, le 27, qui est la dernière date de votre lettre, car sans doute vous m'en auriez dit un mot.

On parle ici de guerre tout autant qu'à Londres; mais nous prétendons que ce ne sera ni notre faute ni celle d'Espagne, qui consent, dit-on, à tout ce qu'on exige. Vous êtes fort heureux d'avoir acquis une si belle indifférence; c'est effectivement un très-grand bonheur.

Il n'y aura point cet hiver de spectacle à la cour, il y aura seulement de petits bals tous les lundis chez madame la dauphine; il n'y a qu'une voix sur elle; elle grandit, elle embellit, elle est charmante. La grand'maman est actuellement à Versailles; j'espérais qu'elle reviendrait demain, mais on m'a dit qu'elle pourrait bien y passer la semaine. Cela me fâche; j'aime à passer les soirées chez elle. Hier je soupai chez moi, avec mesdames de Mirepoix, d'Aiguillon et de Boufflers. Je vois assez de monde. Mes connaissances ont assez d'attentions. Je suis rarement seule.

Je continue la lecture de le Vassor; j'en suis toujours contente; je voudrais qu'on pût le rédiger; et que des vingt-trois volumes on le réduisît à six ou sept. Je ne me soucie pas de Louis XIII, mais je m'intéressse aux événements de son règne; on y voit le dessous des cartes de tout ce qui se passait, et le style de l'auteur me plaît infiniment; il doit paraître trop simple et trop ingénu aux beaux esprits; mais il est tel que le peuvent désirer les amateurs de la vérité. On l'accuse d'être partial, et c'est ce que je ne trouve point; il l'est certainement entre le vice et la vertu; il loue les honnêtes gens et tombe à cartouches sur les fripons et les scélérats; en un mot il dit ce qu'il pense, et n'écrit point pour se faire admirer. La vérité est une chose si charmante, qu'elle ne cesse point de plaire, quand bien même elle offense.

J'ai envoyé au petit Craufurd une épître de Voltaire au roi de la Chine; je lui ai recommandé de vous la montrer.

Nous avons ici force chansons et épigrammes; il y en a d'assez jolies, mais ce n'est pas gibier de poste; si je trouve quelque occasion, vous les aurez.

Les *Mémoires de Saint-Simon* m'amusent toujours, et comme j'aime à lire en compagnie, cette lecture durera longtemps. Elle vous amuserait, quoique le style en soit abominable (1), les portraits mal faits; l'auteur n'était point un homme

---

(1) M. Walpole répond à ce sujet, comme il suit: « Je me rapporte à « votre goût quant au style de M. de Saint-Simon que M. Durand m'a-« vait extrêmement vanté. Cela rabattrait beaucoup de mon approbation, « sans diminuer ma curiosité; non qu'un homme sans esprit puisse « donner le véritable intérêt, même à des anecdotes qu'il doit avoir « envisagées grossièrement, et sans démêler les caractères. Un fait, un « événement raconté crûment par un homme sans génie, n'est jamais « exactement vrai. Il ne saisit pas les nuances essentielles; les petites « circonstances qu'il aura ramassées ne sont point celles qui auraient « donné le coloris à ce qui vient d'arriver. Il peut être minutieux sans « être exact. C'est le choix des riens qui marque l'entendement. Si le roi « de Prusse dit des riens à un conseiller de la diète, c'est parce qu'il n'a « pas d'autre chose à lui dire. S'il dit la même chose à un ambassadeur « de France, c'est qu'il ne *veut* pas lui dire autre chose. On peut relever « le dernier cas, mais non pas le premier. Voilà pourquoi je n'aime point « Tite Live. Qu'apprend-on à des centaines de harangues qui ne se sont « jamais prononcées, et frappées toutes au même coin? Des généraux sau-« vages, dans des siècles barbares, ont-ils parlé *tutti quanti* comme Ci-« céron? Tous ont-ils eu le même style? Ce sont de grandes puérilités « que tous ces essais-là. La conséquence est que tous ces consuls et ces « dictateurs se ressemblent. »

d'esprit ; mais comme il était au fait de tout, les choses qu'il raconte sont curieuses et intéressantes; je voudrais fort pouvoir vous procurer cette lecture.

Nous avons deux places vacantes à l'Académie, il ne m'importe par qui elles seront remplies. Je ne sais rien de plus. Adieu.

LETTRE XCV.

Paris, 14 décembre 1770.

Je profite d'une occasion sûre pour vous apprendre tout ce qui nous regarde ; vous en savez sans doute une partie par les gazettes. L'édit du roi, le refus de l'enregistrement, le lit de justice à Versailles, les protestations que le parlement arrêta contre tout ce qui s'y passerait. Vous verrez tout ce qui s'y est passé par le procès-verbal que je vous envoie ; il n'y eut rien le samedi et le dimanche à cause des fêtes. Lundi matin 10, assemblée, arrêté que le premier président partirait sur-le-champ, porterait au roi les représentations pour qu'il retirât son édit (1), ou du moins le préambule; que, s'il le refusait, le parlement d'une voix unanime se démettrait de leurs charges et offrirait leurs têtes. Le roi lui fit cette réponse : *Rien ne prouve mieux la nécessité de ma loi que la résistance que vous apportez à son exécution; reprenez vos fonctions, je vous l'ordonne.*

Ceci se passa mercredi, 12 de ce mois. Le soir, nouvelle assemblée, nouveau message du premier président (2) vers le roi, même réponse et ordre au premier président de ne plus paraître, et au parlement d'obéir. Voilà où nous en sommes; ce qui s'ensuivra, je l'ignore. Il me semble difficile que tous nos minis-

---

(1) L'édit du lit de justice du 3 septembre.
(2) M. d'Aligre.

tres se maintiennent. La division est trop forte et trop déclarée : quel est celui qui sera la victime? dites-le-moi, si vous le savez. On n'a point encore envoyé cet édit aux autres parlements. La Bretagne est plus troublée que jamais, depuis l'emprisonnement d'un nommé le marquis Duzel, accusé d'avoir fait un libelle contre le Bacha d'Aiguillon (1), et du libraire qui l'a imprimé. Joignez à tout cela les bruits de guerre qui se soutiennent. Mais voici comme nous nous en dépiquons, par des chansons, par des épigrammes; ne les montrez qu'à vos amis particuliers, parce qu'on soupçonnerait avec vraisemblance que vous les avez par moi (2).

Ceci n'est point une lettre. Accusez-moi la réception de ce paquet.

J'ai toujours oublié de vous dire que M. d'Éon est une femme. Cela passe pour constant.

LETTRE XCVI.

Lundi, 17 décembre 1770.

Je ne vous ai point écrit par la poste d'aujourd'hui, parce que je ne veux point vous accabler de lettres; vous en recevrez une de jeudi 13, et puis un petit billet qui accompagne le testament de Voltaire (3). Malgré les assurances que vous me donnez que mes lettres vous font plaisir, je ne perdrai plus jamais la retenue et la réserve qu'il me convient d'avoir. On dit qu'il faut juger des autres par soi-même, et moi je dis qu'il

(1) C'était un pamphlet en réponse au mémoire de Linguet, publié en défense de la conduite du duc d'Aiguillon; il avait pour titre : *Réponse au grand Mémoire de M. le duc d'Aiguillon*. Il fut supprimé par un ordre du conseil.

(2) Toutes ces chansons, etc., publiées plusieurs fois depuis, n'avaient guère d'autre mérite que celui de l'à-propos.

(3) *Testament politique de Voltaire*, par M. Marchand.

n'y a point de règle qui n'ait son exception ; on courrait souvent le risque d'être fort indiscret et fort importun, si l'on en usait avec les autres comme on serait bien aise qu'ils en usassent avec nous.

Oui, j'ai reçu des nouvelles de madame votre nièce (1); elle écrit à merveille, c'est-à-dire sans prétention et d'un naturel parfait. Je ne sais ce que vous voulez dire de mes *magnificences dont elle m'aurait dispensée*; je n'ai à me reprocher dans aucun genre (et moins dans celui-là que dans tout autre) d'avoir pu blesser sa vanité; elle m'a fait des présents considérables, je n'ai fait nulle difficulté de les recevoir, je n'en ai point été ni fâchée ni humiliée; n'était il pas convenable qu'il en fût de même d'elle? Mais on éprouve à tous moments la vérité de ces mauvais vers de ma façon :

> Paille en l'œil de son voisin
> Choque plus que poutre au sien.

Le monde, chère Agnès, est une étrange chose! Il est singulier qu'à mon âge il y ait tant de choses qui me paraissent nouvelles et qui me causent tant de surprise. C'est en vérité dommage qu'il me reste si peu de temps pour en tirer du profit ; peut-être n'en tirerai-je pas l'utilité que j'imagine, et si je n'étais pas dupe à certains égards, je le serais à d'autres ; je l'ai été jusqu'à présent par trop de confiance, je le deviendrais par trop de méfiance ; mais ce qui est sûr, c'est que j'ai acquis un fonds très-profond de mépris pour les hommes ; je n'en excepte pas les dames, tout au contraire, je les trouve bien pis que les hommes. Il serait bien doux d'avoir un ami à qui l'on pût confier toutes ses observations, toutes ses remarques, mais il est impossible.

Vous aurez vu par mon billet que nous ne sommes pas dans un état tranquille ; je ne sais ce que tout ceci deviendra, mais je ne prévois rien de bon ; vous êtes accoutumés chez vous aux divisions, aux factions : vous en êtes quittes pour des change-

---

(1) Madame Cholmondeley.

ments de décorations : il n'en est pas de même chez nous. La scène est plus tragique. Elle se termine toujours par quelque catastrophe.

Mercredi 19.

Je ne sais que penser de la paix ou de la guerre ; je tâche d'être, comme le sage, préparée à tout événement. Le mois prochain ne se passera pas sans qu'il en arrive d'assez importants pour moi (1). On serait bien heureux si on pouvait s'abandonner soi-même comme on peut abandonner les autres ; mais on est forcément avec soi, et fort peu d'accord avec soi ; la raison apprécie la valeur des choses, et la faiblesse en rend dépendante. Si l'on se soumettait à la raison, on se mettrait au-dessus de tout événement, on se détacherait de tout, on se passerait de tout ; mais il faudrait avoir du courage. C'est un don qu'on reçoit de la nature et qu'elle ne m'a pas accordé. J'éprouve tous les jours qu'on avait grand tort d'être étonné de l'aveu que faisait madame la duchesse du Maine. *Je ne suis point assez heureuse, disait-elle, pour pouvoir me passer des choses dont je ne me soucie pas.* J'enchérirais sur elle, et j'ajouterais, de celles que je méprise. Ah ! oui, il y a bien des choses que je méprise, et que la crainte de l'ennui me rend nécessaires. C'est un terrible malheur que d'être née sujette à l'ennui, et de ne connaître qu'une seule arme pour le vaincre ; quand cette arme manque, on est perdu sans ressource, on ne sait que devenir, on a recours à la dissipation, à la lecture, on ne trouve dans l'une ni dans l'autre rien qui satisfasse ni intéresse. Il y a longtemps que j'ai senti que, pour supporter le malheur d'être née, il faudrait partager les vingt-quatre heures en en donnant vingt-deux au sommeil et deux autres à manger ; c'est à peu près ce que font la plupart des animaux.

(1) Elle entend parler de la disgrâce du duc de Choiseul, sur laquelle elle ne se trompa point. Cet événement eut lieu le 24 du mois dans lequel elle écrivait ceci.

Avouez que tout ceci vous déplaît beaucoup ; mais il faut que vous me permettiez de me laisser aller à vous dire tout ce qui me passe par la tête, sans quoi je ne saurais écrire, ce serait pour moi une gêne d'observer toutes mes paroles.

N'ayez point d'inquiétude sur ce que je crains *d'important* pour moi le mois prochain ; ce n'est point un malheur particulier. Bien des gens le partageront ; j'y serai plus sensible qu'un autre, parce qu'il influera beaucoup sur l'arrangement de ma vie ; je ne crois point tomber dans la fatuité en voulant vous rassurer sur ce qui me regarde. Je me flatte que vous vous y intéressez. Adieu.

LETTRE XCVII.

Paris, mercredi 2 janvier 1771.

Vous aurez trouvé ma dernière lettre d'une énorme longueur (1), et vous aurez dû juger qu'elle l'aurait été encore davantage, si je n'avais été interrompue avant l'article de M. de Muy ; quand je voulus le continuer, elle était partie.

M. de Muy (2) n'a point accepté ; nulle place n'est encore donnée ; tout n'est encore qu'en conjectures. Cela ne me fait rien, cela ne m'intéresse point, et je suppose que vous vous contenterez facilement d'apprendre toutes ces nouvelles par la gazette. Tout ce que je puis vous dire, c'est que madame de Beauvau, qui comptait partir dimanche dernier pour Chante-

(1) Il est fâcheux qu'on n'ait pu découvrir nulle part la lettre dont il est question ici. Elle avait été écrite le 27 décembre, trois jours après la disgrâce du duc de Choiseul, qui eut lieu le 24, madame du Deffand devait, sans doute, y mentionner toutes les particularités relatives à cet événement.

(2) Le chevalier, depuis maréchal de Muy. La place offerte était celle de ministre de la guerre, qu'il occupa ensuite au commencement du règne de Louis XVI.

loup, n'y est point allée; que l'abbé (*Barthélemy*) n'est point encore parti, et qu'il ne sait point quand il partira.

J'ai eu des nouvelles de la grand'maman; son mari et elle se portent bien; la paix de la bonne conscience fait toute leur tranquillité. Je suis toujours bien triste et je sens de plus en plus la rigueur des séparations. Si nous avons la guerre, notre correspondance ne sera pourtant point interrompue; j'ai déjà passé par là en cinquante-six (1), et j'écrivais et recevais des lettres par la Hollande.

Je vais incessamment avoir une occupation assez sérieuse; mais il m'est nécessaire, avant de m'y mettre, que vous répondiez avec amitié à la demande que je vais vous faire. Je veux avoir votre consentement avant que de rien commencer. Je désire de vous confier tous mes manuscrits; je suis décidée à ne pas vouloir qu'ils soient en d'autres mains que les vôtres. Il n'y a certainement rien de précieux, et si vous ne les acceptez pas, je les jetterai tous au feu sans aucun regret. Vous comprenez bien dans quelle occasion ils vous seront remis Ne craignez point que la façon dont j'énoncerai ma volonté puisse jeter sur vous le plus petit ridicule. Je sais trop combien vous êtes délicat sur cet article, pour vouloir continuer par delà ma vie à vous tourmenter et vous déplaire; deux mots suffisent pour m'apprendre ce que je dois faire; écrivez-les, je vous supplie, et c'est la dernière grâce que je vous demande; ces mots sont : *J'y consens*. Commencez par là votre réponse, et qu'il n'en soit plus question dans le courant de la lettre.

Voilà tout ce que vous aurez de moi aujourd'hui : j'ai tort.

J'oubliais de vous dire que j'ai vu M. Fox (2), que nous avons déjà soupé trois fois ensemble; il m'a amené M. Fitzpatrick (3); j'étais très-accablée ce jour-là. Je ne doute pas qu'il

(1) Lorsque la France et l'Angleterre étaient en guerre.
(2) M. Charles-Jacques Fox.
(3) Le général Richard Fitzpatrick.

n'ait été fort peu satisfait de cette visite ; je ne sais que dire aux jeunes gens.

LETTRE XCVIII.

Mercredi, 9 janvier 1771.

Rien n'est plus obligeant, plus généreux, plus rempli d'amitié, et certainement plus sincère, que tout ce que vous me dites dans votre dernière lettre, que je ne reçus qu'hier, et que j'aurais dû recevoir dimanche ; mais dans les premiers jours de l'année, il y a toujours du retardement ; la quantité de lettres font que les facteurs ne les distribuent que le lendemain ; et puis vous vous doutez bien que les circonstances présentes leur font faire quelque séjour dans les bureaux. C'est une précaution bien en pure perte pour nos lettres ; mais je suis bien sûre cependant qu'elles sont lues, et je n'en suis nullement inquiète : je ne vous en dirai pas moins tout ce que je sais et tout ce que je pense. Je commencerai d'abord par ma reconnaissance. Elle est extrême, mais elle est réfléchie et ne me cause point de ces premiers mouvements qui vous ont tant déplu et que vous avez si mal interprétés. Vous m'avez amenée au point que vous désiriez, il serait bien à souhaiter qu'il y eût d'aussi bons médecins pour le corps que vous l'êtes pour l'âme. Vous n'avez point diminué mon estime ni même mon attachement, mais vous en avez calmé la vivacité et peut-être ôté la douceur. Je sais que j'ai un ami en vous, et je n'en doute point, mais un ami qui ne me connaît point telle que je suis. Si vous avez conservé les deux lettres que je vous ai renvoyées, relisez-les : elles m'ont fait une telle impression, que je ne peux jamais les oublier ; j'ai depuis ce temps-là une sorte de terreur quand je vous écris, et c'est une grande gêne dans l'amitié de ne pouvoir pas dire ce que l'on pense, ce que l'on sent; enfin, de ne pouvoir pas aimer à sa manière et d'être obligé de s'en tenir, avec la seule personne qu'on aime, aux expressions dont on use avec ceux qu'on traite d'amis, sans rien sentir pour eux. Ce que je vous dis ne peut point vous fâcher; je ne prétends point acquérir le droit de reprendre mon ancien style. Je m'y sens autant de répugnance que vous pouvez en avoir; soyez tranquille à tout jamais. Je serai certainement toute ma vie votre meilleure amie; je désire de vous revoir; le plus grand malheur qui puisse m'arriver, c'est la guerre; mais si elle arrive, et si je ne dois plus espérer de vous revoir, je ne vous fatiguerai point de mes lamentations; aux malheurs sans remède, j'ai le courage de me soumettre. Les événements présents me causent beaucoup de chagrin, mais ils ne sont pas si sensibles ni ne m'affectent pas autant que ce qui m'est venu par vous. Me voilà soulagée : je vous ai dit ce que j'avais sur le cœur; je ne vous en parlerai plus.

C'est votre cousin (1) qui vous fera tenir cette lettre. Ainsi il n'y a point à craindre qu'elle passe par les bureaux; je puis donc vous dire en toute liberté que rien n'est plus étrange que la disgrâce de mes amis, et qu'il n'y a point d'exemple, depuis qu'on renvoie des ministres, que le public ait marqué autant de regret et même d'indignation. La cabale ennemie est en horreur. Les chefs du parti sont divisés entre eux. On n'a encore remplacé que le département de la guerre par un homme (M. de Monteynard) dont on dit peu de bien; c'est le prince de Condé qui l'a placé; on ne doute point que M. d'Aiguillon n'ait les affaires étrangères : l'on croit qu'on attend la fin des négociations pour le nommer; cependant il y en a qui prétendent que le prince de Condé ne l'aime pas. L'abbé Terray se mêle de la marine, mais par intérim. L'affaire du parlement se négocie; on se relâchera de part et d'autre. Le chancelier est dans une exécration générale. Voilà l'état des choses pour

---

(2) M. Robert Walpole.

le moment présent. Il m'est de la dernière indifférence que ce soit celui-ci ou celui-là qu'on mette en place.

Je suis fort bien avec mesdames d'Aiguillon et de Mirepoix; mais elles ne me seront utiles à rien, et je n'ai rien à leur demander; ma fortune est médiocre; j'y réglerai ma dépense, et je vais éprouver ce mois-ci ce que je serai en état de faire. J'ai assez d'amis, ou pour parler plus juste, de connaissances; j'en ai reçu dans cette occasion (1) beaucoup de marques d'attention et d'empressement. Je donne à souper tous les samedis; j'ai de fondation, ce jour-là, mesdames d'Aiguillon, de Mirepoix, la marquise de Boufflers, de Crussol; MM. de Beaufremont, de Pont-de-Veyle, l'envoyé palatin, et votre cousin, qui me marque beaucoup d'amitié; je lui trouve de l'esprit, un bon cœur et beaucoup de sincérité.

Les autres jours, je soupe de temps en temps chez madame de Caraman, madame d'Enville, madame de Jonsac, chez les Trudaine, chez les Brienne, et puis chez moi, avec deux ou trois personnes; toujours la Sanadona (2), qui est bien plate et qui me copie à faire mal au cœur. Elle a pour amie la vicomtesse de Choiseul, qui a suivi M. de Praslin, son beau-père, dans son exil (3); ainsi c'est un rapport parfait de sa situation à la mienne; les autres personnes, un des oiseaux, un diplomatique, un compatriote; enfin ce que le hasard me donne. Il m'arrive ces jours-ci un évêque à qui je prête le logement qu'occupait votre nièce; il me paraissait, il y a deux ans, un homme de bon sens et d'assez bonne compagnie. J'en ai presque perdu le souvenir; je vous dirai comment je le trouverai; c'est l'évêque de Mirepoix (4), vous l'avez dû voir chez moi.

J'ai presque entièrement perdu les idoles et je n'y ai nul re-

---

(1) La disgrâce du duc de Choiseul.
(2) Mademoiselle Sanadon, à qui M. Walpole avait donné ce nom.
(3) Le vicomte de Choiseul, fils du duc de Praslin, enveloppé dans la disgrâce de son cousin-germain, le duc de Choiseul.
(4) L'abbé de Cambon, conseiller au parlement de Toulouse, évêque de Mirepoix.

gret. Je vois assez souvent la maréchale de Luxembourg, rarement la princesse de Beauvau ; voilà son mari qui va arriver et qui est fort mon ami. Je me suis fait une loi de ne point souper chez madame de Luxembourg avec vingt ou vingt-cinq personnes ; je veux mener la vie qui convient à mon âge. Je ne sors jamais avant neuf heures du soir ; il ne me convient point de faire des visites ; je m'établis à quatre heures dans mon tonneau et je reste rarement seule. Ce qui me désespère, c'est que je ne trouve aucune lecture qui m'amuse. Par déférence pour vous, j'ai entrepris l'histoire de Malte ; mais je ne puis la continuer. C'est un recueil de gazettes, ce sont des fous, des brigands, des scélérats, des dévots ; j'en suis restée à Louis le Jeune ; je ne puis me résoudre d'aller plus loin. Les croisades me paraissent aussi extravagantes que le roman d'Amadis, et cette passion pour recouvrer les lieux saints, la plus sotte, la plus plate entreprise qui pût jamais passer par la tête. Le style en est fort coulant, j'en conviens ; mais je voudrais que l'auteur eût fait un autre usage de son talent ; je vous en demande pardon ; je me sais mauvais gré de n'être pas de votre avis (1).

Je suis désespérée de ne pouvoir pas vous faire lire les mémoires de Saint-Simon : le dernier volume, que je ne fais qu'achever, m'a causé des plaisirs infinis ; il vous mettrait hors de vous. Je ne saurais faire des projets pour l'avenir ; mais cependant je veux me persuader qu'il n'est pas impossible que vous les lisiez un jour ; ils sont actuellement à Chanteloup, ils en reviendront peut-être.

(1) M. Walpole, lui répondit : « Je suis fâché que les chevaliers de « Malte ne vous amusent point ; ce sont des gazettes, dites-vous ; ce « sont des fous, des brigands, des scélérats, des dévots. Eh ! mon Dieu, « n'est-ce pas là l'histoire ? Ne venez-vous pas d'être charmée de le Vas- « sor et de M. de Saint-Simon ? Qu'était donc le règne de Louis XIII ou « de son fils ? La Terre-Sainte ne valait-elle pas le quiétisme et la bulle « Unigenitus ? Et les folies des jésuites et des jansénistes, qu'en direz- « vous, si ce n'étaient des absurdités inintelligibles et plus tristes et moins « amusantes que la conquête de Jérusalem ? »

J'ai souvent des nouvelles de ce pays-là ; le grand abbé (1) a enfin obtenu la permission d'y aller ; il partit lundi. La grand'maman m'écrit des lettres charmantes, pleines d'amitié et de confiance ; elle se conduit comme un ange ; elle est environnée de ses belles-sœurs et beaux-frères, ce qui, avec l'abbé, avec Gatti, la petite sainte (2) et une autre dame de Choiseul et son mari, et M. et madame de Lauzun (3) qui iront samedi, fait, comme vous le voyez, assez de monde : le maître et la maîtresse de la maison se portent bien.

Il me reste à vous parler sur toutes les offres que vous me faites (4) ; j'en suis très-flattée, non par vanité, mais par sensibilité ; je ne serai point dans le cas d'en faire usage ; croyez que ce ne sera pas par fierté ni manque de confiance, mais je ne suis pas dans le cas d'en avoir besoin.

Ne trouvez-vous pas cette lettre assez longue? je n'y ai rien omis.

Adieu. Je compte trouver pour commencement dans votre première ou seconde lettre les mots que je vous ai demandés, *j'y consens.*

Voici des vers que je trouve fort jolis :

> Comme tout autre dans sa place,
> Il dut avoir des ennemis ;
> Comme nul autre, en sa disgrâce,
> Il acquit de nouveaux amis (5).

Ils sont d'autant meilleurs, qu'ils sont très-vrais ; il n'y a jamais eu d'exemple de regrets aussi généraux, il n'y a peut-

(1) L'abbé Barthélemy.
(2) Madame de Choiseul-Betz.
(3) Le duc et la duchesse de Lauzun ; le duc était le neveu maternel de la duchesse de Choiseul.
(4) Ces offres consistaient, de la part de M. Walpole, à remplir la « lacune que la disgrâce de M. de Choiseul, ainsi que le non-paiement « de sa pension, devait avoir produite dans les revenus de madame du « Deffand.
(5) Le duc de Choiseul.

être pas vingt personnes qui osent marquer de la joie. Les vers à son honneur pleuvent de toute part, ainsi que les épigrammes contre les ennemis; tous les ministres étrangers sont consternés. Ils furent hier à Paris chez M. de La Vrillière, le roi étant à Marly jusqu'à demain au soir; on verra mardi prochain chez qui ils iront à Versailles, c'est-à-dire où ils dîneront; l'avant-dernier mardi, au sortir de chez le roi, ils s'en revinrent à Paris avant dîner.

Je trouve que ceci ressemble à l'assassinat de César, on n'avait rien prévu de ce qu'on ferait après.

LETTRE XCIX.

Paris, jeudi 10 janvier 1771.

Je reçois votre lettre du 4; il est inconcevable que vous n'eussiez pas encore reçu ce jour-là une lettre de dix pages du 26 et du 27 de décembre (1); votre cousin s'en était chargé; je le verrai cet après-dîner, et je lui demanderai raison de ce retardement; j'en suis inquiète; je compte bien que, dès que cette lettre du 27 vous sera parvenue, vous ne tarderez pas un instant à me l'apprendre.

Votre amitié, vos attentions, sont un puissant spécifique contre mes chagrins. On n'est point isolé quand on a un véritable ami, fût-il à mille lieues, dût-on ne le jamais revoir. Vous me faites espérer que, s'il n'y a point de guerre, vous viendrez ici; vous serez bien étonné si je vous exhorte à n'en rien faire; c'est cependant le conseil que je vous donne. C'est pour vous une grande fatigue; vous craignez le passage, les mauvais gîtes de la route, le logement des hôtels garnis, l'ennui du séjour. C'est acheter bien cher le plaisir d'un moment;

(1) C'est là la lettre dont l'éditeur regrette la perte.

je ne veux point que vous mettiez en compte celui que vous me ferez, et puis ne sera-t-il pas suivi d'une bien grande douleur, quand il faudra se séparer pour toujours? car je ne me flatte pas qu'il puisse être suivi d'un autre; deux ans d'intervalle est tout ce qu'il peut y avoir entre ma vie et le dernier de tous les voyages. Voilà ce que la raison me dit, je veux l'écouter et la croire; mais cependant quel bien cette raison nous fait-elle? Elle éteint ou amortit tous les sentiments naturels, et met à la place des idées qui nous sont toujours étrangères, qui ne s'insinuent jamais véritablement dans notre âme, qui nous font dire en bâillant que nous sommes heureux. J'honore la raison puisqu'il le faut, mais elle ne fait pas tant de bien qu'on s'imagine; je ne sais si elle rend estimable, mais je sais bien que quand elle est dominante, elle ne rend pas aimable. Voilà une dissertation des plus fastidieuses; c'est la suite et l'effet des froides réflexions que la raison me fait faire; j'ai envie de la laisser là, de changer de note, et de vous dire tout naturellement : Venez, venez me voir, mon cher ami, tout le plus tôt que vous pourrez; choisissez le plus beau temps et le moment où vous vous porterez le mieux.

Cette lettre sera écrite à diverses reprises, puisqu'elle ne partira que lundi.

Vendredi 11.

Votre cousin m'a rassurée sur ma lettre du 27 ; il prétend qu'il est impossible qu'elle soit perdue; il l'a fait partir par son courrier; je compte bien que vous y répondrez sur-le-champ. Mais je ne recevrai cette réponse que lundi, quand la poste sera partie, parce que dans ce temps-ci on nous délivre les lettres un jour plus tard.

Je n'ai rien appris hier; tout ceci n'a point encore pris couleur. Qu'est-ce que cela me fait? quel intérêt y puis-je prendre? il n'y a plus qu'un point important pour moi, c'est de m'ennuyer le moins qu'il sera possible ; le pire de tous les états c'est l'indifférence; vous seul pouvez m'en garantir. Quand je pense à tous les gens que je connais, même avec lesquels je vis journellement, qu'on appelle *mes amis*, il n'y en a aucun, hommes et femmes, qui aient la plus légère velléité de sentiments pour moi, ni moi pour eux; il y en a même dans ceux que je vois le plus souvent, en qui je démêle une jalousie, une envie, dont je suis occupée sans cesse à arrêter les effets et les progrès; la vanité, les prétentions, rendent la plupart des gens insociables. Ai-je tort de trouver qu'il est malheureux d'être né? Vous suffisez cependant pour m'empêcher d'être malheureuse; mais voyez de quel genre est le bonheur que vous me procurez, et de combien de traverses il est accompagné. Il n'y en aura plus à l'avenir, du moins je l'espère, que celle de l'absence; mais n'est-elle pas bien grande.

Je vous demande pardon de vous parler de vous et de moi : mais n'est-on pas entraîné malgré soi à parler de la seule chose qui intéresse? Hélas! il n'est que trop vrai que tout le reste ne saurait ni m'amuser ni m'occuper. Adieu pour aujourd'hui, peut-être reviendrai-je à vous demain.

Dimanche 13, à 2 heures.

Je crois vous avoir mandé dans une de mes dernières lettres que je donnais à souper pour la dernière fois à douze personnes, et que je ne voulais plus à l'avenir avoir tant de monde; eh bien! en conséquence, nous étions hier seize, dont j'enrageais; je ne me mis point à table; je restai avec le comte de Broglio, votre ambassadeur, et votre cousin. On établit un vingt-un où je ne jouai pas; je m'ennnuyai beaucoup. Vos trois jeunes gens restèrent les derniers, Fox, Spencer, et Fitzpatrick; c'est ce dernier qui, je crois me plaît le plus; il a de la douceur, de la souplesse, mais je le connais trop peu pour en bien juger; pour le Fox, il est dur, hardi, l'esprit prompt; il a la confiance de son mérite; il ne se donne pas le temps de l'examen, il voit tout du premier coup d'œil, et il voit tout à vue d'oiseau, et je doute fort qu'il fasse la distinction d'un homme à un autre. Ce n'est point par suffisance. Il n'a point l'air méprisant ni vain; mais on ne communique point avec lui, et je suis persuadée qu'il ne peut former aucune liaison que celle qu'entraîne le jeu, et peut-être la politique; mais de celle-ci je n'en sais rien.

Il arriva avant-hier matin un courrier d'Espagne; on ignore quelle nouvelle il a apportée; on juge sur les physionomies; mais les uns les voient tristes et les autres gaies. On dit qu'on ne tardera pas à savoir à quoi s'en tenir. Je tremble de l'apprendre. Si nous avons la guerre, je ne sais ce que je deviendrai; je ne veux point vous attrister, ainsi je me tais.

LETTRE C.

Paris, samedi 19 janvier 1771

Je n'ai reçu qu'hier vos lettres du 8 et du 12. Ce retardement m'a bien déplu; j'avais grand besoin d'être tirée d'un redoublement de mélancolie qui se tournait en vapeurs. Votre amitié m'est un grand spécifique, et sans ce maudit océan, qui est si mal placé, puisqu'il nous sépare, je serais, malgré mon âge et tant d'autres circonstances, la plus heureuse du monde. Vous me faites espérer une visite; je n'ai pas assez de générosité pour vous en détourner; je sens que je le devrais; c'est une complaisance qui vous coûte trop cher; le voyage est terrible, l'habitation détestable. Puis-je raisonnablement me flatter de vous dédommager de ces inconvénients? Je sais bien que vous ne me laisserez voir aucun ennui, et que je me laisserai aller à croire que vous n'en avez point. Mais actuellement que je ne suis point avec vous, et que je réfléchis sur tout ce qui s'est passé entre nous, je ne suis pas sans crainte. Voilà ce que ma conscience m'oblige de vous dire.

Si en effet vous venez ici je mènerai la vie qui vous conviendra; vous déciderez entre le dîner et le souper. Présentement je soupe, mais j'ai quelques velléités pour le dîner; c'est la société qui m'arrête; mon plan est de toujours manger chez moi, sans cependant m'astreindre à ne pas souper ailleurs : jusqu'à présent je n'ai guère soupé chez moi plus de deux fois la semaine parce que j'ai été invitée ailleurs. Les jeudis, je vais chez madame de Jonsac, où il y a un cavagnol (1); je soupe ordinairement une fois dans la semaine chez les Caraman; j'ai la maison des Brienne (2), où je vais tant que je veux; madame d'Anville me prie quelquefois, et quand madame de Mirepoix est à Paris, je peux presque toujours passer les soirées avec elle, soit chez elle, chez moi, ou chez madame de Caraman. Comme madame d'Aiguillon loge avec son fils, elle n'ose guère m'inviter; mais elle vient chez moi de fort bonne grâce. Mon souper du samedi est fondé pour elle et pour madame de Mirepoix; je vais en établir un autre dans la semaine pour les Luxembourg et les Beauvau; les oiseaux sont la troupe légère qui sont admis indifféremment dans les deux camps. Les jours où je suis seule, j'ai la Sanadona, votre cousin qui ne soupe point, et j'aurai incessamment de plus l'évêque de Mirepoix, qui occupera le logement de votre nièce. Les hommes que je vois journellement sont votre ambassadeur (3), qui est le meilleur homme du monde, plusieurs diplomatiques, Pont-de-Veyle, le prince de Beaufremont, et plusieurs autres qu'il serait trop long de nommer; l'évêque de Rhodez et l'abbé de

(1) Sorte de jeu de hasard.
(2) Le comte de Brienne, son petit neveu, était le frère de M. de Loménie de Brienne, archevêque de Toulouse et ensuite cardinal de Loménie. Le comte de Brienne avait épousé une femme fort riche, et tenait un grand état à Paris. Au règne suivant, il fut, pendant peu de temps, ministre de la guerre. Lui-même, et plusieurs de ses parents périrent pendant la révolution. Son frère, le cardinal archevêque, fut trouvé mort dans son lit le jour qui précéda celui où l'on vint se saisir de sa personne pour le conduire à Paris et le faire juger par le tribunal révolutionnaire.
(3) Georges Simon, comte d'Harcourt.

Cicé; il a de l'esprit, de la gaîté, est au fait de tout; je ne sais cependant s'il vous plaira.

Je vois souvent de Lisle; il m'annonce toujours madame du Châtelet; il me dit les plus belles choses de sa part; mais je m'obstine à me laisser chercher, par un sentiment d'humilité qui a l'apparence de la fierté.

Voilà un compte exact de la vie que je mène; je préférerais bien l'habitation d'un château, avec le très-petit nombre de gens que j'aime, *à la solitude du grand monde*, comme dit M. Craufurd.

Ah! il a raison; on est bien seule par l'indifférence que l'on a pour ceux qu'on voit, et celle que l'on a pour nous.

Nos affaires vous occupent beaucoup en Angleterre, jugez de ce qu'elles font ici. Tout n'est que conjectures; les exilés doivent être flattés de tout ce qui se passe, et leur courage est bien étayé; eux et leurs amis se conduisent très-prudemment.

Nous aurons de grands événements ces jours-ci; le parlement persiste à ne point remplir ses fonctions, ce qui est d'un grand inconvénient pour le public. Il les reprit il y a trois ou quatre jours parce qu'ils comprirent mal la lettre de jussion; ils crurent qu'on retirerait le préambule de l'édit de la chambre de justice, et qu'il y aurait des modifications pour le troisième article (1); sur cela ils se remirent à juger, et prononcèrent la sentence de séparation de M. et de madame de Monaco. Voilà le seul acte qu'ils firent (2); le lendemain ils apprirent, par de nouvelles lettres de jussion, que l'édit et le préambule n'étaient point supprimés, et ne le seraient jamais. Nouvel arrêté de leur part, où ils confirment tout ce qu'ils ont dit et fait pré-

---

(1) Par lequel le parlement était obligé de reconnaître, comme une loi de l'État, l'obligation indispensable de toutes les cours souveraines d'enregistrer tous les édits que le roi pourrait leur adresser, quand même ils seraient contraires à leurs propres remontrances.

(2) Que les plaisants du jour appelèrent *la paix de Monaco*.

cédemment; si bien qu'il n'y a que madame de Monaco qui a profité du moment.

Nous croyons ici la paix, et on se persuade qu'on attend qu'elle soit assurée pour faire les arrangements du ministère; chacun nomme les ministres à sa fantaisie. Pour moi, je ne change point d'opinion, mais je pourrais bien me tromper. Ce qui est de certain, c'est que cela m'est fort indifférent.

Mes projets sont très-conformes à vos conseils; je ne pense point aller à Chanteloup avant cinq ou six mois d'ici. On s'y porte bien, la bonne intelligence subsiste. M. de Stainville en est arrivé mercredi au soir; il distribua le jeudi les lettres à tout le monde, excepté à moi; j'en étais furieuse. J'envoyai hier matin chez lui pour savoir si en effet il n'avait point de lettres pour moi; il me fit dire qu'il en avait une, et qu'il me l'apporterait lui-même l'après-dîner; il n'est point venu, et ne m'a point envoyé de lettre. Je m'imagine qu'il l'a perdue.

Je vous ai mandé que vous n'aviez qu'à m'envoyer votre lettre pour la grand'maman, et que je la lui ferais tenir; ne faites nul effort, et imaginez que c'est à moi que vous écrivez.

A 9 heures du soir.

L'ambassadeur me fournit une occasion pour vous faire tenir cette lettre; je n'ai qu'un moment pour vous écrire. Tout est en combustion ici. On ne doute pas que demain ou après-demain il n'y ait une inondation de lettres de cachet pour le parlement (1). Le prince de Condé est allé à Chantilly; on le

(1) La même nuit que madame du Deffand écrivait cette lettre, une troupe de mousquetaires fut détachée chez la plupart des membres du parlement pour leur remettre des lettres de cachet, avec injonction de déclarer s'ils voulaient reprendre leurs fonctions ordinaires; en conséquence de quoi ils devaient signer oui ou non. Environ quarante, qui n'avaient pas reçu de lettres de cachet, se rendirent au palais deux jours après, avec le premier président à leur tête, et dressèrent un acte contre les procédés qui avaient eu lieu, dans la seule intention de se mettre dans

croyait exilé, mais on dit qu'il ne l'est pas ; il est pour le moins dans la disgrâce. On est plus en doute que jamais sur le choix du ministre des affaires étrangères. Le roi dit l'autre jour à M. de Monteynard : Vous êtes des ennemis de M. de Choiseul. Sire, il m'a toujours refusé ce que je lui ai demandé ; mais je ne suis point son ennemi ; il a trop bien servi votre majesté. Un quidam dit à ce même Monteynard : Prenez garde à vous, car vous êtes environné des amis de M. de Choiseul. Ah ! dit-il, je crains bien moins ses amis, que ses ennemis.

Enfin, M. de Stainville m'a apporté deux lettres de Chanteloup, l'une de cinq pages, de la grand'maman, que je n'ai pas encore eu le temps de lire ; l'autre de quatre pages, de l'abbé, que j'aie lue ; il me dit ce qu'il y a de plus obligeant sur l'empressement qu'on a de m'avoir à Chanteloup.

Je suis contente au-delà de toute expression de ces deux mots : *j'y consens;* je ne vous en parlerai plus jamais.

Adieu, ma chambre est pleine de monde ; je vous quitte à regret.

LETTRE CI.

Dimanche 27, à 2 heures après midi.

La poste est si ridicule, qu'elle n'a plus de jours marqués ; je souhaite que le facteur interrompe cette lettre ; mais je ne l'espère pas.

Je suis transportée de joie : j'appris hier à midi que nous avions la paix, qu'elle avait été signée chez vous mardi 22, dans la matinée. Si vous en avez été aussi aise que moi, vous m'aurez écrit avant le départ du courrier. Celui de l'ambassadeur arriva hier, et il est de toute probabilité que celui du pu-

la même catégorie que leurs confrères qui avaient reçu des lettres de cachet.

blic doit arriver aujourd'hui. S'il ne m'apporte point de lettres, j'en serai étonnée. En attendant que je sache ce qu'il en sera, je vais répondre à votre lettre du 18.

C'est une antipathie naturelle que j'ai pour les croisades, et cela dès mon enfance. Je hais don Quichotte et les histoires de fous; je n'aime point les romans de chevalerie, ni ceux qui sont métaphysiques; j'aime les histoires et les romans qui me peignent les passions, les crimes et les vertus dans leur naturel et leur vérité; j'aime surtout les détails des intrigues, et c'est ce qui fait que je préfère infiniment les mémoires et les vies particulières aux histoires générales. Mais je ne vous ai point dit mon dernier mot sur celle de Malte. Le siége de Rhodes m'a fait plaisir, et m'a fort intéressée. Il faut vous faire un aveu; mon esprit s'affaiblit, se fatigue, se lasse, je n'ai plus de mémoire; je ne suis plus capable d'application; il n'y a presque plus rien qui m'intéresse; je suis dégoûtée de tout; il me semble qu'on n'est point né pour vieillir; c'est une cruauté de la nature de nous y condamner; je commence à trouver mon état insupportable. J'ai eu des chats, des chiens qui sont morts de vieillesse et se cachaient dans les coins, dans les trous; ils avaient raison. On n'aime point à se produire, à se laisser voir, quand on est un objet triste et désagréable. Cependant il faut de la dissipation et je peux m'en passer moins qu'un autre; mais, comme je ne veux point traîner dans le monde et fatiguer les autres, j'ai pris le parti de ne jamais faire de visites. Je reste dans mon tonneau (c'est l'équivalent des coins et des trous de mes chiens et chats); jusqu'à présent, il n'est pas de mauvais air de m'y venir chercher; le temps arrivera qu'il n'y aura que les désœuvrés qui prendront cette peine. Pour prévenir cette honte, je rassemble autant que je puis ce que nous appelons la bonne compagnie, que le plus souvent j'appellerais la sotte compagnie. De temps en temps, il me prend des dégoûts pour celui-ci, pour celle-là, mais je me contrains, et je me dis : qui sont ceux qui valent mieux? les seuls que j'excepterais sont bien loin de moi, et vraisemblablement pour toute ma vie. Voilà des idées tristes qui vous désolent, et ne vous invitent pas à sortir de chez vous. Je tombe toujours dans l'inconvénient de vous parler de moi, et j'ai d'autant plus de tort que je n'ignore pas combien cela vous ennuie.

Si vous vous souciiez de nos nouvelles, j'aurais bien à raconter; un ancien, un nouveau parlement, cent quarante ou cent soixante personnes exilées, toutes éparpillées; des magistrats de nouvelle ordonnance (1), qui s'assemblent tous les jours, et sont comme le cuisinier dans l'*Andrienne* de Térence. On nous annonce pour demain la nomination du ministre des affaires étrangères; peut-être est-il déclaré présentement; je n'ai encore vu personne, la curiosité ne me tourmente point. Si c'est le fils (2), et que vous écriviez à la mère, en lui parlant de moi, ne faites mention que de mon amitié pour elle; je ne puis jamais être dans le cas d'avoir besoin de son fils.

J'ai oublié de vous dire que j'avais mandé à la grand'maman les choses obligeantes que vous m'aviez écrites sur elle, et que vous étiez dans l'intention de les lui dire à elle-même; elle m'a répondu avec beaucoup d'amitié pour vous, mais, en même temps, de vous détourner de lui écrire parce qu'elle serait embarrassée de la réponse; elle s'est fait une loi de ne point écrire par la poste. Cependant je crois que vous feriez bien de m'envoyer une petite lettre pour elle.

(1) Après le renvoi et l'exil de tous les membres du parlement qui avaient refusé de reprendre leurs fonctions, un tribunal temporaire fut formé pour remplir leurs places. Plusieurs membres du parlement avaient pris la fuite, pour éviter de se voir forcés d'entrer dans ce nouveau corps; mais ils furent contraints de revenir sous peine d'être mis en prison et de perdre leur charge. Les gens du roi avaient demandé la permission de résigner leurs places; mais ils furent refusés, et obligés de figurer dans le nouveau tribunal. Ce nouveau parlement fut si mal vu par le peuple, qu'il fallut donner aux conseillers qui y siégeaient des soldats pour les garder, ce qui ne les empêcha pas même d'être sifflés et molestés, quand ils se rendaient aux cours de justice, avec le chancelier à leur tête.

(2) Le duc d'Aiguillon.

LETTRE CII.

Paris, vendredi 15 février 1771.

Vous faites beaucoup valoir votre amitié, et vous ne surfaites point votre marchandise ; elle m'est d'un prix inestimable ; et quoique celle que j'ai pour vous puisse avoir quelque petite valeur, elle ne peut m'acquitter, ni être du même prix que la vôtre. Parmi les qualités que je puis avoir, il en est une qui, par sa propre nature, est tantôt bonne, tantôt mauvaise ; c'est une chose difficile à vous expliquer ; j'aurais l'air de me donner une louange. Je vous dirai seulement le résultat de cette qualité ; c'est de sentir et démêler parfaitement tout ce qu'on pense de moi, et d'en recevoir une impression si vive, que je n'ai pas le pouvoir de modérer mon mécontentement ou ma satisfaction ; mais comment, avec toute l'amitié dont vous êtes capable, avez-vous aussi peu d'indulgence ? Vous êtes comme le grand turc d'un de nos opéras ; il dit à la sultane, qu'il vient de quitter pour une autre :

> Dissimulez vos peines
> Et respectez mes plaisirs.

Je ne dois donc pas, quand je suis triste, vous le laisser voir : vour devriez m'envoyer un modèle de lettre. Si je vous parle des uns, des autres, nouvelle matière à réprimande. Je suis *variable, difficile à vivre, épineuse, indiscrète ;* enfin, en épluchant vos lettres, que dis-je, éplucher ! vraiment vous vous expliquez très-clairement et très-continûment, et vous ne me laissez aucun doute sur toutes vos préventions contre moi. Savez-vous l'effet que cela me fait ? c'est que je ne vous en aime pas moins, que je n'en compte pas moins sur votre amitié. Je conviens que nos caractères ne se ressemblent point : vous avez du pouvoir sur vous-même, ou plutôt vous êtes né heureusement ; vous êtes gai, vous avez des talents, vous vous passez de tout, vous vous suffisez à vous-même. Je suis diamétralement tout le contraire ; et je vais vous faire un aveu très-vrai, et qui vous surprendra peut-être, c'est que j'ai tous les défauts que vous me reprochez ; ce qui fait que je ne peux pas me souffrir moi-même, et que je me supporte avec beaucoup plus de peine que les autres ne peuvent me supporter. Je me demande souvent comment il est possible que vous soyez devenu mon ami, puisque même mon amitié, qui pourrait me tenir lieu de mérite est ce qui vous déplaît le plus. *O altitudo!* je n'y comprends rien. Mais enfin il n'est pas nécessaire que je le comprenne ; il me suffit que cela soit.

Samedi 16, à 8 heures du matin.

Assurément vous donnez bien le démenti à saint Augustin. Il a dit : aimez, et faites tout ce qu'il vous plaira (1). Je ne fais et ne dis rien qui ne vous déplaise. Je viens de relire vos lettres, celle du 4 et du 7 ; je ne les ai reçues qu'hier, les deux derniers courriers ayant manqué. Je ne nie pas que vos réprimandes ne soient fondées. J'ai encore bien des défauts, je fais encore bien des fautes ; mais n'êtes-vous pas injuste de ne me pas trouver corrigée sur bien des articles? Vous n'aimez pas le style *larmoyant*. Ce terme n'est-il pas dur, et votre amitié ne vous rend-elle sensible qu'aux malheurs où vous désirez d'apporter du remède? Vous m'interdisez de vous parler des autres : *je ne veux des amis que pour les rendre dépositaires de mes peines.* Je ne nie pas que ce soit une grande consolation d'en pouvoir faire cet usage. Croyez-vous que je ne voulusse pas aussi qu'ils en usassent de même avec moi? et que si vous vous aviez du chagrin, que si vous m'en faisiez confidence, vous

(1) *Ama et fac quodvis.*

ne trouvassiez pas en moi de la sensibilité, et que je n'essayasse de vous consoler en vous excitant à me confier toutes vos peines? je ne penserais pas que vous ne me voulussiez faire jouer que le rôle d'une *complaisante* au lieu de celui d'une amie. Ah! que vous me connaissez mal, quand vous croyez que je veux vous *dompter*! Mon ambition serait bien satisfaite si je pouvais me flatter de vous avoir *apprivoisé*.

Il ne me reste plus qu'un mot à dire, et puis je ne vous parlerai plus de moi. Je désire passionnément de vous revoir; je crains presque également que vous vous donniez cet ennui et cette fatigue. A l'égard de l'ennui, je vous épargnerai très-certainement celui que vous craignez le plus; comme vous aimez les détails, je vais vous raconter tout ce que je fais et tout ce que je sais.

Le mardi gras, je donnai à souper à toute la société du feu président, ce qui m'amusa médiocrement. Le lendemain, mercredi, je soupai encore chez moi avec très-peu de monde; j'avais madame et mademoiselle de Churchill (1). Le lendemain, jeudi, j'eus une belle visite: on m'annonça le comte Scheffer, qui, en entrant, me dit qu'il m'amenait deux jeunes gentilshommes qui désiraient de m'être présentés et faire connaissance avec moi; c'étaient les princes de Suède (2). L'aîné me parut le plus aimable du monde, d'une politesse aisée et facile, beaucoup de gaîté. Ils restèrent une demie-heure chez moi; ils y doivent revenir, et me demander à souper, à ce que m'a dit M. de Creutz (3). Hier matin, M. de Beaufremont fut les voir; ils lui parlèrent beaucoup de moi d'une façon fort obligeante. Je soupai vendredi chez les Brienne avec vos parentes, et je soupai encore hier avec elles chez la mar-

---

(1) Feu lady Marie Churchill, belle-sœur de M. Walpole, et sa fille aînée, qui fut mariée ensuite a feu lord Cadogan.

(2) Le feu roi de Suède, Gustave III, et son frère le duc de Sudermanie, qui devint roi de Suède après l'abdication de Gustave IV.

(3) Le ministre de Suède a Paris; il avait succédé au comte Scheffer, qui avait longtemps habité Paris en la même qualité.

quise de Boufflers, où était madame de Mirepoix, qui doit donner un bal à votre nièce de demain en huit. On la trouve jolie, et on dit qu'elle ressemble en beau à notre dauphine. Ce soir c'est mon samedi, et ma compagnie ordinaire. Demain, chez madame de Mirepoix, avec la maréchale de Luxembourg sa petite-fille (la duchesse de Lauzun), la marquise de Boufflers, etc. Mardi je donnerai à souper aux Beauvau, à l'archevêque de Toulouse et au comte de Broglio.

La princesse de Poix (1) accoucha mercredi d'un garçon, ce qui a causé une grande joie.

L'on n'a encore disposé d'aucune charge ni d'aucune place ; tout n'est ici que conjectures ; j'en fais une qui me déplaît fort, c'est que notre paix avec vous ne sera pas durable.

J'espère que M. Churchill (2) m'apportera les éventails et la soie de la grand'maman. Adieu. Cette lettre est sans chaleur et sans âme ; mais je n'ai pas bien passé la nuit, et j'ai la tête fort faible.

Dimanche 17.

J'eus hier au soir mesdames de Mirepoix et d'Aiguillon ; cette dernière est d'une gaîté ravissante et d'une impartialité parfaite. La pauvre maréchale est triste ; je la plains ; elle m'intéresse. Je lui rends tous les bons offices que je peux. Je vous assure que, si vous venez ici, vous ne vous ennuierez pas autant que vous vous l'imaginez ; nous aurons bien matière à conversation. J'ai la plus grande frayeur de mourir avant ce voyage, et cette crainte me fait user d'un grand régime. Je suis inquiète aujourd'hui de mon ami Pont-de-Veyle ; il avait la fièvre hier : il est aussi vieux que moi, et se persuade être beaucoup plus jeune. Il mène la vie d'un homme de trente ans ; ce serait pour moi une grande perte : c'est à tout prendre

(1) La fille du prince de Beauvau, mariée au prince de Poix, le fils aîné du maréchal de Mouchy.
(2) Charles Churchill, mari de lady Marie Churchill.

mon meilleur ami ; il y a cinquante-trois ou quatre ans que nous nous connaissons. Je le vois presque tous les jours; il a l'esprit raisonnable; il juge les hommes tels qu'ils sont; il se conduit selon vos principes et sans se faire d'efforts ; il vit uniquement pour lui, et c'est peut-être ce qui le rend plus sociable, parce qu'il ne fait dépendre son bonheur de qui ce soit ; il n'exige rien de personne, et ne s'assujettit à aucune contrainte : il n'est pas raisonneur; mais il est philosophe dans la pratique : à tout prendre, c'est l'homme qui me convient le mieux, et je serais très-fâchée de le perdre.

J'oubliais de vous dire que mercredi dernier, jour des cendres, je fis usage de votre *j'y consens* (1). Ce fut une scène assez comique ; j'étais avec deux messieurs qui étaient les acteurs, et j'avais Pont-de-Veyle pour spectateur. La scène, qui naturellement devait être sérieuse, fut fort gaie : les deux messieurs sont des personnages de comédie ; ils furent fort embarrassés à désigner le siége que j'occupais : ce n'était point, disaient-ils une chaise, ni un fauteuil, ni un canapé, ni une bergère, ni une duchesse; un tonneau ou une ravaudeuse les auraient trop surpris : ils n'auraient pas voulu se servir de ces mots ; enfin ils écrivirent *fauteuil*.

J'ai une vraie satisfaction que cette affaire soit terminée, et jamais vous ne m'avez fait un plus véritable plaisir qu'en prononçant ces deux mots. J'en attends trois autres qui me rendraient bien contente; devinez-les.

Avant de finir, il faut que je vous dise que je suis très-contente de vous ; je vois que vous voulez m'aimer, et que vous vous connaissez bien, et que vous me connaissez bien aussi, vous me dites avec franchise tout ce qui pourrait vous refroidir et tout ce qui pourra me conserver et peut-être augmenter votre amitié; je vous en suis obligée, et j'aime bien mieux

---

(1) Elle avait fait son testament, et avait légué tous ses manuscrits à M. Walpole.

cette manière, que des protestations où l'on se trompe soi-même autant qu'on trompe les autres.

LETTRE CIII.

Paris, jeudi 21 février 1771.

C'est par votre cousin (1) que vous recevrez cette lettre ; j'aimerais mieux que ce fût par un autre : je le vois partir avec regret. Il avait mille attentions pour moi ; sa société m'était fort agréable ; il aime mes parents ; il en est fort aimé ; nous étions d'accord dans presque toutes nos façons de voir et de juger ; il n'est point cérémonieux, mais il est poli par caractère ; je l'ai toujours trouvé obligeant et empressé pour tout ce qui pouvait me faire plaisir. Quoique fort prudent, il a de la franchise ; il a beaucoup d'esprit ; le grand-papa en pensait beaucoup de bien ; je suis bien persuadée que s'il était resté en place, il ne nous aurait pas quittés ; mais il a prévu avec raison que les successeurs du grand-papa ne lui ressembleraient pas, et qu'il ferait difficilement de bonne besogne avec eux, surtout si c'est les deux qu'on nomme, si c'est le d'Aiguillon et le Broglio.

Je crois que les éléments sont dérangés, comme les têtes. La mer est donc impraticable ? point de courrier hier, point aujourd'hui, point de vos nouvelles ! Je ne devrais peut-être pas avoir tant d'impatience d'en recevoir ; je prévois que votre première lettre sera encore un peu sévère ; je meurs d'envie d'être quitte de celle-là, parce que j'espère et je suis même sûre que celles qui suivront seront fort douces. Que cela soit, mon ami, je vous en prie. Vos lettres me font beaucoup d'effet, soit en bien soit en mal ; et si vous saviez combien je suis

(1) M. Robert Walpole.

faible, combien j'ai besoin de soutien et de consolation, jamais, non jamais, vous ne m'attristeriez.

Je vous dirai pour nouvelle, que j'ai touché ce matin la demi-année de ma pension échue le 1er octobre. Il y en a de moins bien traités que moi ; mais j'avais écrit à M. le Clerc, qui est celui qui paie, un billet très-pathétique qui a eu son effet. Votre cousin vous dira toutes nos nouvelles ; il est émerveillé, ainsi que tous les citoyens et les étrangers, de tout ce qui se passe. Rien n'est plus ineffable, c'est la Tour de Babel, c'est le chaos, c'est la fin du monde, personne ne s'entend, tout le monde se hait, se craint, cherche à se détruire. La guenon (1) qui nous gouverne est aussi insolente que bête. La pauvre madame de Mirepoix joue un rôle pitoyable. Je ne crois point que ses cent mille livres de rente soient aussi solides qu'elle veut se le persuader ; elle n'a ni contrat, ni brevet : elle a un bon sur je ne sais pas quoi, qui peut changer selon la volonté du contrôleur. Je pense qu'on veut la tenir par la crainte ; elle n'a pas le crédit de rien faire pour son frère le chevalier (2), ni pour son neveu d'Hénin (3), ni même pour se faire payer ce qui lui est dû ; elle ne fait de recrue d'aucune femme pour partager son service, et quand madame de Valentinois partira pour aller au-devant de la princesse de Savoie (4), elle n'aura plus que madame de Montmorency pour compagne. Rien n'est plus digne de compassion. Une grande dame, une très-bonne conduite, beaucoup d'esprit, beaucoup d'agrément ; toutes ces choses réunies, ce qu'il en résulte, c'est d'être l'esclave d'une infâme. —

(1) Madame Du Barry.
(2) Le chevalier de Beauvau, frère cadet du prince de Beauvau, fut connu ensuite sous le nom de prince de Craon. Son fils, après la mort de son oncle, devint prince de Beauvau.
(3) Le prince d'Hénin, frère cadet du prince de Chimay, dont la mère était la sœur de madame de Mirepoix. Le prince d'Hénin est mort à Paris, condamné par le tribunal révolutionnaire.
(4) La comtesse de Valentinois fut nommée première dame d'honneur de la fille du roi de Sardaigne, mariée au comte de Provence depuis Louis XVIII.

27.

Madame d'Aiguillon joue un rôle bien différent ; sa gaieté naturelle, son peu de sensibilité, et une honnêteté naturelle lui font avoir la meilleure conduite et la meilleure contenance.

Si vous êtes curieux des détails, interrogez votre cousin ; je suis persuadée qu'il en sait plus que moi sur tout ce qui regarde le parlement (1). Il vous dira que les ministres étrangers travaillent avec M. de La Vrillière ; c'est à peu près comme quand M. de Mazarin faisait de son palefrenier son intendant (2).

On est présentement bien seuls à Chanteloup : il n'y a plus que madame de Grammont et madame de Stainville : la concorde règne toujours ; mais est-elle au fond du cœur ? j'en doute. M. de Beauvau demandera bientôt la permission pour lui, sa femme et le marquis de Boufflers ; j'attends avec impatience la réponse qu'on lui fera, j'en tirerai des conséquences pour moi. J'aurai après cela encore bien des réflexions à faire, et des conseils à prendre, mais je n'en veux recevoir que de vous ; j'espère, mon ami, que vous ne me les refuserez pas ; et que quand vos affaires, et surtout votre santé vous le permettront, vous me ferez une petite visite. Je ne sauterai point à pieds joints par-dessus la félicité, pour me jeter dans la douleur ; je jouirai du plaisir d'être avec vous, et tant qu'il durera, je ne penserai point à la séparation. Je ne vous promets pas de cher-

---

(1) Dans un lit de justice tenu le 23 de ce mois, le roi passa un édit par lequel il déclarait que, comme la juridiction du parlement de Paris était trop étendue, allant de Lyon jusqu'à Arras, il avait jugé nécessaire de la partager en six différentes cours, sous la dénomination de *Conseils Supérieurs*. Toutes ces cours devaient avoir une égale juridiction, et se tenir à Arras, Blois, Clermont, Lyon, Poitiers et Paris.

(2. On disait que le duc de Mazarin s'amusait à faire une loterie des emplois que les gens qui composaient sa maison devaient remplir la semaine ou le mois suivant ; de manière que souvent il arrivait que son palefrenier devenait son intendant, et son cocher son chef de cuisine. Voyez les vers de Voltaire :

On conte que l'époux de la célèbre Hortense.
Signala plaisamment sa sainte extravagance.

cher à vous plaire, il faudra que ce bonheur m'arrive de votre pure grâce; je n'entends rien à l'art qu'on met dans la conduite; je sens bien qu'il est souvent nécessaire; mais si j'y avais recours, je rappellerais la fable de l'Ane et du petit Chien. J'ai un million de défauts, je le sais bien, et je serais bien fâchée que vous ne les connussiez pas tous; ce ne serait plus moi que vous aimeriez, et je craindrais toujours que vous ne vinssiez à me connaître; je ne serais point à mon aise avec vous. Ce n'est pas que je ne veuille me corriger, mais je ne veux pas me contrefaire.

Ma liaison avec madame votre sœur est fort honnête, mais pas fort vive. Tout le monde la trouve fort aimable; et elle l'est en effet beaucoup. Adieu, je ne sais quand j'aurai de vos nouvelles. La mer est impertinente.

LETTRE CIV.

Jeudi 7 mars 1771, à 6 heures du matin.

Nous n'eûmes point hier de courrier, je crois qu'il arrivera aujourd'hui. Peut-être m'apportera-t-il mes lettres; mais si je l'attendais pour y répondre, vous n'en recevriez de moi que de demain ou d'après demain en huit, et je ne veux pas vous accoutumer à être si longtemps sans entendre parler de moi; d'ailleurs j'ai besoin de m'occuper de ce qui m'intéresse, pour faire diversion à un ennui qui ne fait qu'augmenter, et je crains bien qu'il ne devienne insupportable; n'ayez pas peur, voilà le seul mot que je dirai de moi.

Vous savez que le prince royal que nous avions chez nous est changé en roi (1); ce changement arriva le premier de ce mois, à huit heures et demie du soir; le comte de Scheffer partit

(1) Par la mort de son père, Frédéric Adolphe.

sur-le-champ pour Versailles, n'espérant pas voir le roi plus tôt que le lendemain matin. Le roi ayant appris, par M. de Duras, que M. de Scheffer était arrivé, lui fit dire de venir, et lui donna audience quoiqu'il fût déjà couché; grâce si singulière qu'elle n'avait encore été accordée à personne. Il s'informa comment le roi de Suède voudrait être traité; que si c'était en roi, il irait le lendemain le visiter; et que, lorsqu'il viendrait à la cour, il lui donnerait la droite. M. de Scheffer dit qu'il garderait le même incognito. Le roi de Suède fut mardi à Versailles, il eut une longue conférence tête à tête avec le roi, après laquelle on fit entrer le prince Charles et M. de Scheffer. Ce nouveau roi est enchanté du nôtre; il a bien raison; il en a reçu toutes les marques d'amitié et de considération possibles; il n'a pas eu lieu d'être aussi satisfait de nos princes du sang, qui ont un peu manqué de civilité envers lui. Ce roi fut hier à l'Académie des sciences; il ne fut point harangué, mais d'Alembert fit un discours rempli de son éloge; l'on dit qu'il est admirable : il revint après chez lui, et il reçut des visites de plusieurs dames. Aujourd'hui il va à l'Académie française, où il entendra encore son panégyrique directement ou indirectement, et toujours par d'Alembert; sans doute qu'après être rentré chez lui, il recevra encore des dames; mon tour viendra; M. de Scheffer m'a dit qu'il voulait m'admettre à cet honneur; je ne l'ai point recherché, mais j'ai cru ne devoir pas le refuser. Je n'ai dit à personne que je devais faire cette visite; si elle n'avait pas lieu, on se moquerait de moi, et si elle a lieu, on ne pourra pas dire que je m'en sois vantée d'avance; c'est un honneur dont je me passerais fort bien, mais que je ne suis pas fâchée de recevoir, parce que quelques marques de considération sont du moins de petites armes défensives contre l'orgueil et l'insolence. Tous les Suédois partiront lundi, et laisseront ici une très-bonne odeur; je suis bien fâchée de ce qu'ils n'iront point en Angleterre; ils comptaient y passer deux mois au moins. Ce roi vous plairait beaucoup; il aurait bien voulu rester encore longtemps prince royal; il avait beaucoup d'objets de curiosité qu'il aurait bien voulu satisfaire; mais il faut qu'il retourne dans son triste pays : en voilà bien assez sur cet article. Je pourrais en traiter un autre qui serait bien plus long; mais ce n'est pas matière à raconter par la poste : tout ce que je puis vous dire, c'est que je ne suis point frondeuse, et que je suis fort éloignée d'approuver tout ce qui se passe. M. et madame de Beauvau partirent avant-hier pour Chanteloup. Ils en reviendront le 18; et le 21, M. de Beauvau sera reçu à l'Académie (1); vous me ferez savoir si vous êtes curieux de son discours. Je ne le suis guère de tous les écrits qui paraissent aujourd'hui; on en est inondé; à quoi cela servira-t-il? A faire des papillottes.

LETTRE CV.

Paris, dimanche 10 mai 1771.

En vérité, mon ami, la lettre que M. Churchill m'a apportée m'a causé la plus étonnante surprise; je ne me souviens plus de ce que ma lettre du 15 contenait; mais il faut que je me sois bien mal exprimée, puisqu'elle vous a tant déplu : je répondrai aux endroits que vous en citez. Je vous ai dit que je n'entendais rien à l'art qu'on met dans la conduite; hélas! mon Dieu, cela n'est que trop vrai. J'ajoute que je suis bien aise que vous connaissiez tous mes défauts. Y a-t-il du mal à cela? Est-ce dire que je ne veux pas m'en corriger? Je voudrais n'en avoir aucun, et vous ne pouvez pas me soupçonner d'un dessein formé de vous déplaire; ah! j'en suis bien loin, et je suis bien décidée, non pas à mettre de l'art dans ma conduite, mais à la régler suivant vos avis et vos conseils, tant que vous vou-

---

(1) A la place du président Hénault.

drez bien m'en donner. Je vous ai dit encore, *je sais que je vous déplais, je sais que je vous ennuie*. Pouvez-vous me faire un crime de ces expressions? Mais enfin j'ai tort, puisque je vous ai fâché, et je pèserai à l'avenir toutes mes paroles au poids du sanctuaire. Si, après m'être bien observée, vous m'apprenez que je continue à vous ennuyer et vous déplaire, j'irai m'enterrer à Chanteloup pour le reste de ma vie, et je serai bien persuadée que j'ai couru après une chimère, en cherchant un ami véritable.

Il y a bien longtemps que je suis persuadée qu'on ouvre les lettres aux bureaux; on aura vu dans les miennes beaucoup d'estime et d'attachement pour vous; vous savez ce qu'on peut avoir lu dans les vôtres, et si mon amour-propre a pu en être flatté.

Je me proposais de vous faire le récit du souper que j'ai fait avec le roi de Suède; mais je m'en acquitterai bien maussadement aujourd'hui : n'importe, vous aimez les faits, voici donc comme cela s'est passé.

Je comptais, jeudi dernier, souper chez les Brienne; M. de Creutz vint chez moi l'après-dînée, et me dit que son roi me priait de passer la soirée et de souper chez lui. Je n'hésitai point à l'accepter; je lui demandai quelle serait la compagnie : mesdames d'Aiguillon, et nulle autre. J'eus du monde dans le courant de la journée, et entre autres madame votre sœur, qui m'avait amené une dame de ses amies; elles restèrent chez moi jusqu'à neuf heures avec d'autres personnes; je leur demandai la permission de sortir, et je dis tout bas à madame Churcill où j'allais, en la priant de n'en point parler. Je trouvai chez le roi, les deux duchesses (1) et MM. de Sestain et de Creutz. Le roi s'occupa de me faire donner un bon fauteuil, me fit changer de celui où on m'avait placée d'abord, pour me mettre dans un plus commode; il aurait voulu avoir un tonneau. La

(1) La duchesse d'Aiguillon mère, et la duchesse d'Aiguillon, épouse du ministre.

grosse duchesse se mit à chanter la chanson que j'avais faite sur mon tonneau, disant au roi qu'elle était de ma façon. Le petit prince et M. Scheffer arrivèrent, et ce fut là toute la compagnie. Avant le souper, on lut le discours que d'Alembert avait prononcé à l'Académie des sciences en présence du roi qui y avait été la veille ; c'était sur la philosophie et les philosophes, les persécutions, les triomphes que la vérité a toujours éprouvés, l'éloge de tous les princes qui l'ont protégée, et particulièrement celui des princes qui sont venus nous visiter ; le prince héréditaire, le roi de Danemarck. A cet éloge, le roi fit un mouvement, dit un oh! qui vous ressemblait comme deux gouttes d'eau. On passe ensuite à lui, roi de Suède; on loue feu son père, sa mère, son second frère, son petit frère, le roi de Prusse, et ensuite le roi de France. Ce discours est bien écrit, mais un peu froid et un peu long. Il me parut que le roi en jugeait fort bien ; il ne disserte point, mais ses premiers mouvements expriment ce qu'il approuve ou ce qu'il blâme ; je lui trouve plusieurs choses de vous, et j'aurais voulu que vous l'eussiez pu connaître. Nous soupâmes ; après le souper on parla du chevalier de Bouflers ; on me fit chanter l'ambassade (1), et puis madame d'Aiguillon dit au roi de me demander la chanson des philosophes (2), après laquelle elle dit tout bas qu'elle était de moi ; et le roi, elle et toute la compagnie crièrent comme on fait à la fin des nouvelles comédies, *l'auteur, l'auteur, l'auteur !* On se retira à minuit. Je ne puis vous dire à quel

---

(1) Chanson fort connue, du chevalier de Bouflers, qui commence par ces mots :

« Enivré du brillant poste,
« Que j'occupe récemment, etc., etc.,

(2) On appelle aujourd'hui l'excessive licence
« Liberté ».
On prétend établir à force d'insolence
« l'Égalité ».
Sans concourir au bien prôner la bienfaisance
se nomme « Humanité. »

point madame d'Aiguillon fut aimable, et tout le soin qu'elle se donna pour me faire valoir. Le roi, son petit frère, MM. Scheffer, de Sestain et de Creutz, furent hier souper à Ruel, où il ne devait se trouver que les deux duchesses, MM. d'Aiguillon, de Richelieu et de Maurepas; on dit que cette cour suédoise partira demain; le roi a beaucoup de regret à son voyage d'Angleterre. Je suis persuadée qu'il vous aurait plu; on ne peut avoir plus de gaieté, de facilité, de politesse et de franchise.

Voilà un long récit. Ah! si je vous disais tout ce qui se passe ici, il faudrait bien changer de ton: c'est selon moi des choses épouvantables. Il y a une lettre anonyme qu'on porte à toute la noblesse, pour l'exciter à écrire à M. le duc d'Orléans, pour le prier de demander au roi le rappel du parlement; on envoie le modèle de la lettre qu'il faut écrire; il est vraisemblable qu'aucune personne sensée ne se rendra à cette invitation.

Toutes les places et les charges sont toujours vacantes. Il y a un homme ici au comble du malheur, M. de Maillebois (1); on l'avait nommé directeur des troupes avec MM. d'Hérouville et de Mailly. Les maréchaux de France ont fait des représentations au roi contre lui; on lui a ôté son emploi, et on l'a donné au comte de Muy; sa femme me fait une pitié ex-

(1) M. de Maillebois était fils du maréchal de Maillebois, et a été regardé comme un jeune homme de mérite, et comme un officier qui donnait de grandes espérances. Il servit sous son père, en Italie, et fut ensuite beaucoup employé par le maréchal de Richelieu, au siège de Mahon. La même année il fut nommé maréchal général des logis de l'armée du maréchal d'Estrées; mais après la bataille d'Hastenbeck, on fit courir des bruits si désavantageux sur sa conduite pendant cet engagement, qu'il jugea à propos d'écrire un mémoire pour sa justification, dans lequel il représenta le maréchal comme un général inepte et absolument fou. Il fut sévèrement puni de cette démarche imprudente (comme on l'appelait alors), par la perte de tous ses emplois militaires, et fut renfermé au château de Dourlens. Il ne se releva jamais de cette disgrâce; et malgré les différentes tentatives qu'on fit en sa faveur, les maréchaux de France s'opposèrent toujours aux sollicitations de ses amis pour le faire réintégrer dans le service.

trême; il n'y a pas d'exemple d'une personne aussi complétement malheureuse (1).

Si jamais je vous revois, mon ami, j'aurai tant de choses à vous raconter que les journées ne seront pas assez longues; je m'engage par serment à ne vous rappeler le souvenir d'aucun de nos différends, ni de traiter aucun des sujets qui vous déplaisent.

LETTRE CVI.

Mercredi 13 mars 1771.

J'aurais bonne grâce de répondre avec humeur à une lettre toute pleine d'amitié, tandis que je réponds avec la plus grande douceur à celles qui ne sont pas de même. Je suis on ne peut pas plus reconnaissante de l'intérêt que vous me marquez. J'aurais fort désiré que vous eussiez suivi votre premier projet, et que vous eussiez placé votre voyage en mars ou avril. Vous dites que c'est ma faute si vous avez changé d'avis. Je m'examine en vain, et je ne puis trouver quels sont mes torts. J'abandonne cette recherche; vous prétendez que j'en ai, cela suffit.

Dimanche 17.

J'ai voulu attendre une occasion pour cette lettre; votre ambassadeur m'a fait espérer qu'il en aurait une demain; si elle manque, elle partira mercredi par son courrier; j'imagine que les lettres qu'il porte ne sont point visitées aux bureaux. Je vais donc, dans cette confiance, vous parler *à cœur ouvert*. Ces mots vous font peur; rassurez-vous, vous ne lirez rien qui vous fâche.

(1) Madame de Maillebois, femme très-aimable, était fille du marquis d'Argenson, et sœur du marquis de Paulmy.

Je suis dans une grande perplexité pour mon voyage; je ne me porte point bien. Mes meilleures nuits sont de trois ou quatre heures de sommeil, et presque toujours de deux; je m'affaiblis beaucoup; le plus léger exercice me semble impossible. Je me lève fort tard; de mon lit, je passe à mon tonneau; je ne sors point, ou quand je sors, ce n'est qu'à neuf heures du soir, pour aller dans des maisons où je trouve peu de monde, et où je suis fort à mon aise. Comment pourrai-je soutenir pendant trois jours de suite, d'être en voiture huit ou dix heures, et de coucher, deux ou trois nuits, dans des cabarets? J'arriverai à Chanteloup morte de fatigue; les embrassades, les compliments achèveront de m'épuiser. Voilà l'arrivée, voyons le séjour. Je serai certainement fort bien reçue, avec tendresse par la grand'maman, avec joie par le grand-papa; avec beaucoup de politesse de madame de Grammont, avec beaucoup de plaisir par le grand abbé. Je serai fort contente de les voir; ils auront le plus grand désir de me bien traiter, de me mettre à mon aise; je voudrai y être, je me dirai que je le dois, mais machinalement je ferai des efforts; je craindrai de les ennuyer, je chercherai à leur plaire; je serai désolée si je me trouve affaissée, comme il m'arrive souvent dans mon tonneau. Je suis quelquefois dans l'impossibilité de parler, de penser, et d'écouter ce qu'on dit. Voilà l'état où je suis. Doit-on sortir de chez soi? Je ne crains point de tomber malade; je finirai comme le président; il semble qu'il ait tracé ma route, je le suis pas à pas. Cet aveu *dépouillé d'artifice* vous surprendra; je n'en ai pas pris la copie dans l'essai des moyens de plaire de Moncrif, ni dans Quinault, ni dans Scudéri; mais quand on parle à son ami, quand on veut se conduire par ses conseils, il faut lui faire un exposé fidèle. Il faut ajouter à tout ceci la difficulté de mesures qu'il faut prendre. La grand'maman, le grand-papa et tout ce qui est avec eux, disent qu'il faut que je parte sans demander permission, et que deux jours après mon départ, je fasse rendre une petite lettre à

M. de La Vrillière, dont la grand'maman m'a envoyé le modèle. Plusieurs personnes ne sont point de cet avis, et nommément madame de Mirepoix, qui se chargera d'obtenir ma permission; elle en a déjà parlé à madame Du Barry, qui lui a répondu qu'elle ne le voulait pas, et que si j'y allais, elle me ferait ôter ma pension. La maréchale s'est moquée d'elle, a tourné ses menaces en plaisanterie, et en effet je n'en ai pas peur; ce n'est pas ce qui m'arrêtera. Ce malheur là n'arrivera point, et s'il arrivait je m'en consolerais. Ma santé est donc le plus grand obstacle que je trouve. Mais peut-être me porterai-je mieux d'ici au mois de mai.

Je n'ai point la crainte de paraître ridicule à madame de Grammont et au grand-papa; de m'attirer le mépris de l'une et d'ennuyer l'autre en traitant le système de l'amitié; vous avez eu le privilége exclusif d'en être importuné, et si vous interrogiez tous les gens de ma connaissance et de mes amis, ils vous diraient que personne n'est plus éloigné que moi des dissertations sur toutes matières, et surtout sur celle-là.

Lundi 18.

Comme cette lettre vous sera rendue par un particulier, et qu'elle ne passera pas par les bureaux, je puis hasarder des nouvelles.

La dame Du Barry prend plus de crédit que jamais, et cependant elle ne peut venir à bout de placer le d'Aiguillon; toutes les places restent vacantes, tous les prétendants ont chacun leur protecteur; ces protecteurs ont le pouvoir de nuire, et non pas celui de pouvoir servir leurs protégés. Je vois que la maréchale (1) n'est admise à aucune confidence; elle voit les choses de plus près, mais elle en est réduite aux conjectures qui peuvent être plus vraisemblables que les autres, mais sur lesquelles on ne peut rien tabler. Le prince de Condé nuit à

(1) La maréchale de Mirepoix.

beaucoup de gens ; c'est lui qui détermina la disgrâce de mes parents, c'est lui qui s'oppose à M. d'Aiguillon ; cependant le patron ne l'aime point. On croit que le Monteynard ne restera point ; que le Terray sera chassé ; que le chancelier périra. On ne prévoit que des chutes, des disgrâces ; on ne sait ce que tout cela deviendra. Vous me demanderez pourquoi donc je prétends que madame Du Barry a tant de pouvoir, puisqu'elle ne peut déterminer à rien ; c'est qu'elle ne se soucie de rien, qu'elle ne veut du bien à personne, qu'elle change d'avis et de sentiment à tout moment. Nous verrons comment M. de Beauvau sera reçu à son retour de Chanteloup. On lui avait accordé sa permission de très-mauvaise grâce ; il y a passé dix ou douze jours ; il en revient aujourd'hui. Le prince que vous croyez y en avoir passé trois est apparemment le prince de Beaufremont ; il n'y a point encore été, il n'a pu obtenir sa permission ; mais la grand'maman croit que c'est par la mauvaise volonté de M. de La Vrillière, à qui il s'est adressé pour l'avoir ; et cela pourrait bien être, puisque M. et madame de Tingri (1) l'ont obtenue en s'adressant directement au maître ; ils y ont passé quinze jours, et reviennent aujourd'hui. Madame de Brionne, M. d'Ayen et madame de Tessé, qui demandèrent la permission, au commencement de ce mois, ne l'ont obtenue que pour le mois prochain. J'aurai le temps d'ici au mois de mai de voir ce qui arrivera ; je me conduirai en conséquence.

Le petit prince de Suède est très-malade d'une dyssenterie, ce qui retarde le départ du roi son frère.

Je m'aperçois que je vous promettais des nouvelles, et que je ne vous tiens pas parole ; c'est qu'on croit savoir ce qui se passe, et qu'en voulant s'en rendre compte à soi-même, on trouve que l'on ne sait rien ; ce qu'on a su la veille est détruit par ce qu'on apprend le lendemain.

(1) Le prince et la princesse de Tingri. Le prince de Tingri sortait d'une branche de la maison de Montmorency ; il était un des quatre capitaines des gardes du corps.

Qu'il n'en soit pas de même entre nous, mon ami, et que le plaisir que m'a fait votre dernière lettre ne soit point diminué par celles qui la suivront.

Je n'ai point eu de lettres du petit Craufurd.

LETTRE CVII.

Paris, dimanche 24.

Vous n'aurez qu'un mot aujourd'hui; je compte avoir cette semaine une occasion par laquelle je vous enverrai les discours de l'Académie, dont l'un est de M. Beauvau, l'autre de M. Gaillard, et les réponses de l'abbé de Voisenon.

Le roi de Suède part demain. La maladie de son frère l'a retenu plus longtemps qu'il ne voulait. On a nommé pour ambassadeur auprès de lui M. de Vergennes (1).

L'évêque d'Orléans (2) est exilé dans une de ses abbayes, qui est dans le faubourg du Mans.

Vous m'avez annoncé une lettre de M. Craufurd, je n'ai pas entendu parler de lui.

Je lis la *Vie de Charles-Quint*, de Robertson; l'article de Luther m'a fait plaisir; mais ce qui m'en a fait infiniment, c'est *Gil-Blas*, que j'avais déjà lu plus d'une fois; mais, grâce à mon peu de mémoire, il a eu pour moi presque l'agrément de la nouveauté; ce qui me confirme bien que la facilité du style est ce qui fait le charme de tout ouvrage, et le fait passer à la postérité; il n'y a que les livres facilement écrits qu'on peut relire plus d'une fois, et même sans cesse. Témoin les *Lettres de Mme de Sévigné;* les *Mémoires de Grammont;* plusieurs volumes de Voltaire; je dirais pres-

(1) Le même qui fut ensuite ministre des affaires étrangères.
(2) L'abbé de Jarente. Il fut pendant plusieurs années, durant le ministère du duc de Choiseul, chargé de la *Feuille des bénéfices.*

que les *Mémoires de Melle de Montpensier*; encore quelques autres, mais pas en grand nombre.

Adieu, jusqu'à un des jours de cette semaine, je ne sais pas lequel ce sera.

LETTRE CVIII.

Paris, mardi 26 mars 1771.

Voilà l'occasion que j'attendais; je puis vous parler librement. Nous sommes dans des craintes mortelles: on dit que tout le monde va être exilé; tous les princes du sang, excepté le comte de la Marche, parce qu'il n'a pas signé la lettre au roi dans laquelle les princes demandaient le rappel du parlement; quatorze ducs, pour s'être joints aux princes; et plusieurs autres grands seigneurs, entre autres M. de Beauvau: c'est peut-être celui qui est dans le plus grand danger; son sort sera bientôt éclairci, il entre en quartier (1) lundi; il est allé aujourd'hui à la chasse avec le roi, il doit souper ce soir chez moi; je saurai quelle mine on lui aura faite. Les griefs qu'on a contre lui sont toutes les imprudences de sa femme, dont la hauteur et, soit dit entre nous, l'insolence, est un peu forte; nul ménagement dans ses propos. On leur avait refusé la permission d'aller à Chanteloup; elle lui a fait écrire une lettre au roi si pressante, qu'il arracha la permission. Ils ont donc passé dix jours à Chanteloup. Avant qu'il partît, il était bruit d'une lettre à M. le duc d'Orléans pour l'inviter à se mettre à la tête de la noblesse; on prétend qu'il y a eu une vingtaine de personnes qui en ont écrit. La dame Du Barry a déclaré qu'elle voulait qu'on éloignât de la cour tous les amis de M. de Choiseul, qu'on leur ôtât toutes les places et emplois qu'il leur avait

(1) Comme un des quatre capitaines des gardes-du corps du roi.

donnés. M. d'Usson, qui devait aller en Suède, a été révoqué; M. de Vergennes est à sa place. Le baron de Breteuil court grand risque; on sollicite beaucoup la dame pour lui : on espère l'adoucir. M. de Malesherbes, M. de Sartine, l'archevêque de Toulouse, peut-être M. de Trudaine, etc., etc., auront des lettres de cachet, ils s'y attendent. M. d'Aiguillon partit dimanche pour Veret, qui est sa terre. Il en revient vendredi ou samedi. Il veut, à ce qu'on dit, qu'on porte tous les grands coups en son absence; on ne doute point qu'il n'ait les affaires étrangères, et que la dame ne surmonte la répugnance que le roi paraît y avoir. Le roi de Suède a rendu de grands services à M. d'Aiguillon; le roi partit hier; toutes les apparences de regrets et d'amitié pour l'absence du grand-papa ont été de pures comédies. La dame est plus souveraine que ne l'était sa devancière (1) et même le cardinal de Fleury; elle est irritée au dernier point, et ce qui me fait trembler, c'est la peur qu'on ne laisse point mes parents où ils sont, et qu'on ne les envoie bien plus loin, qu'on ne les dépouille de leurs places et de leurs charges, enfin qu'on ne mette le comble à leurs malheurs. Ce temps-ci est affreux; on ne peut prévoir par où il finira.

Je me flatte que cette lettre vous parviendra sans inconvénient, vous ne tarderez pas, je vous prie, à m'en mander la réception; je serai fort inquiète jusqu'à ce que j'aie reçu votre réponse.

Je vous envoie les discours de l'Académie (2), et la lettre anonyme adressée à la noblesse, en conséquence de laquelle cette vingtaine de personnes dont je vous ai parlé ont écrit à M. le duc d'Orléans.

Je vous avoue que je désapprouve fort leur conduite, je trouve qu'ils s'attirent tout leur malheur.

(1) Madame de Pompadour.
(2) A la réception du prince de Beauvau à l'Académie française, à la place du président Hénault.

Vous jugez bien que tous mes projets sont à vau-l'eau; j'ajouterai ce soir ou demain matin ce que j'aurai appris.

Je tâche de me bien conduire. Adieu, à tantôt ou à demain matin.

Depuis cette lettre, je reçois un billet de la princesse de Beauvau, qui me mande qu'elle est incommodée, et qu'elle me prie que le souper de ce soir soit chez elle; j'y consens.

Je soupai hier chez la maréchale de Mirepoix avec le prince de Conti, l'Idole et la maréchale de Luxembourg, etc., etc. Je restai seule avec la maréchale de Mirepoix; elle a une entorse, je crois vous l'avoir mandé; elle est depuis dix jours à Paris; elle ne saurait marcher; mais elle ne laissera pas d'aller demain à Versailles; elle agira pour son frère (1) avec une grande vivacité; et si, malgré cela, il y arrive malheur, elle se retirera. Ses sentiments sont nobles, tendres et généreux.

Pour moi, mon ami, je suis tout abasourdie; je ne sais où j'en suis, je ne prévois que les plus grands malheurs, je ne sais ce que je deviendrai; je ne tiens plus à rien; il ne me reste plus qu'à végéter. Vous êtes bien heureux de pouvoir vous passer de tout, de vous suffire à vous-même. Il n'y a que ce bonheur-là dans le monde; on ne peut s'appuyer ni compter sur rien; fait-on des imprudences, on en est puni; a-t-on une bonne conduite, elle est déconcertée par les événements; a-t-on eu du discernement dans le choix de ses amis, les accidents, les circonstances vous en séparent, on se trouve seul dans l'univers : peut-on compter pour quelque chose la société des sots ou des indifférents? On est tout en vie, et on éprouve le néant. Je demande pardon de ces lamentations, mais peut-on toujours souffrir sans se plaindre? Si mes parents sont maltraités, si on les fait sortir de leur demeure, j'en serai touchée jusqu'au fond du cœur. J'aime tendrement la grand'maman; je suis persuadée de son amitié; elle mérite si peu son malheur; elle a tant de vertus, tant de courage,

(1, Le prince de Beauvau.

que les plus indifférents s'intéressent à elle. J'aime aussi le grand-papa ; il est aimable, doux et bon. Le grand abbé m'intéresse beaucoup ; il est capable d'une véritable amitié ; il était heureux, sa fortune sera renversée; le malheur de la grand'maman lui tournera la tête. Je ne perds point de vue tous ces objets ; ils affaiblissent mon âme plus qu'ils ne l'irritent. J'espère que je deviendrai imbécile ; tant mieux, si je perds tout sentiment.

Il est à propos de vous dire quels sont les gens que je vous ai nommés. M. de Malesherbes est premier président de la cour des aides; il est fils de l'ancien chancelier M. de Blancmenil ; il a fait des remontrances et un arrêté d'une grande force, et qui ont fort déplu (1). M. de Sartine est notre lieutenant de police (2). Le tort qu'on lui trouve, c'est de n'être pas délateur.

Ce qu'on solicite pour M. le baron de Breteuil, c'est qu'il ne soit point révoqué de son ambassade à Vienne ; on rappellera, à ce qu'on dit, M. de Guignes.

---

(1) La suppression de la cour des aides formait une partie du plan du chancelier Maupeou pour la réforme de la judicature en France, qui eut lieu dans ce temps-là. Lamoignon de Malesherbes se distingua toujours comme magistrat, à la tête de sa cour, et ensuite comme ministre d'État sous le règne de Louis XVI, et s'opposa avec énergie aux taxes nouvelles et aux lettres de cachet. Après la démission de son ami, le sage, l'éclairé Turgot, en 1776, il demanda également à se retirer des affaires. Mais en 1793, à l'âge de 70 ans passés, il se présenta à la barre de la Convention pour y prendre la défense de Louis XVI, en disant : « J'ai « été deux fois appelé au conseil de celui que vous allez juger, dans « le temps où cette fonction était ambitionnée de tout le monde ; je lui « dois le même service, lorsque bien des gens trouvent cette fonction « dangereuse. »

Il fut victime de son généreux dévouement, et périt sur l'échafaud peu de mois après, avec sa fille, madame de Rosambo, et sa petite-fille, madame de Châteaubriand.

Le même qui, sous le règne suivant, fut ministre de la marine.

Mercredi 27.

La journée d'hier n'a rien produit; je soupai chez les Beauvau; le mari revenait de la cour; il avait chassé, avait été traité comme à l'ordinaire; ils ne paraissaient pas trop inquiets, et puis la femme a un courage indomptable. La gloire est sa passion, rien ne lui fait peur; l'exil, la perte du commandement, sont des bagatelles, en comparaison de l'honneur qui résulte d'assurer la liberté, de se garantir du pouvoir arbitaire, etc. Les Idoles partent aujourd'hui pour l'Isle-Adam, avec la maréchale de Luxembourg et Pont-de-Veyle; j'ai eu tort de ne vous pas mander qu'il se porte fort bien; je lui ai dit que vous me demandiez de ses nouvelles; il en est très-reconnaissant, et m'a bien recommandé de vous dire mille choses de sa part. C'est mon ami sans doute; M. de Beauvau l'est aussi; et puis en second ordre, j'en ai trois ou quatre autres. Oh! sans doute, je suis bien en amis. C'est ma faute si je ne suis pas contente; on a raison de le penser, de me le dire : eh bien! malgré cela, j'ai le travers de ne me pas trouver heureuse.

Vous me direz ce que vous pensez des harangues. Je lis Charles V, de Robertson, qui ne m'amuse guère; c'est un de mes malheurs de ne plus trouver de lecture qui me fasse plaisir. Je ne puis souffrir l'histoire où l'on s'attache à démêler les causes morales des événements et les réflexions philosophiques; c'est pour cela que je préfère les anecdotes aux mémoires, et les mémoires aux histoires. J'ai le projet de vous faire lire Saint-Simon; j'annonce à la grand'maman que j'ai une grâce à lui demander, qui me comblera de plaisir, mais dont je ne lui parlerai que quand il sera temps; elle me persécute dans toutes ses lettres pour me faire dire ce que c'est; je n'y réponds point, et je ne m'expliquerai que quand ce pourra être à bonne enseigne; mais comme il me faudra peut-être quelque temps pour déterminer à m'envoyer ces livres, il faudra s'y prendre un peu d'avance pour les demander.

Je finis, en vous priant instamment de ne pas tarder un moment à me répondre.

Vraisemblablement le baron de Breteuil n'ira point à Vienne; la dame Du Barry ne le voulut point voir lundi dernier, où elle lui avait promis une audience; elle ne lui a point donné d'autre rendez-vous. La maréchale de Mirepoix ne va point aujourd'hui à Versailles; elle me dit hier qu'il n'en était pas besoin. Je souperai ce soir chez elle avec le comte de Broglio en tiers. C'est lui qu'elle protége; je ne sais si elle réussira, j'en doute.

Si par hasard vous voyez votre cousin, vous lui direz ce que vous voudrez des choses que je vous mande, ou rien du tout si vous l'aimez mieux. Il y a quelques jours que je n'ai vu M. et madame Churchill; je les trouve fort aimables. M. Churchill a de la gaîté; madame, de la douceur et de la politesse; mademoiselle, de la grâce, de l'agrément; elle plaît infiniment.

M. de Beauvau porta dimanche son discours au roi, qui ne lui en dit pas un seul mot hier; cela me paraîtrait un mauvais signe; mais on prétend que cela ne signifie rien.

Comme j'ai encore de la marge, voici quatre méchants vers.

> La cour royale est accouchée
> De six petits parlementaux (1),
> Tous composés de coquinaux;
> Le diable emporte la couvée.

Avouez que je vous ennuie à la mort, et que vous me trouvez une grande bavarde; je suis toujours hors de propos; je vous accable de mes écritures, et l'on se plaint ailleurs de ce que je n'écris point. Je renonce à bien faire; on se passe de l'approbation, en n'ayant point à tâche de l'obtenir.

Je n'ai point abandonné mes projets de voyages, mais j'attendrai que tout ceci ait pris couleur; tous les temps sont égaux, et j'aime pour le moins autant la campagne l'hiver que l'été; je

---

(1) Ceci fait allusion à la division qui venait de se faire de la juridiction du parlement de Paris.

ne puis pas me promener : ainsi qu'est-ce que me fait le beau temps ?

Lettre anonyme envoyée avec le projet de la lettre à M. le duc d'Orléans.

27 mars 1771.

J'ai l'honneur de vous envoyer, Monsieur, le projet d'une lettre que je crois qu'il est convenable d'écrire dans les circonstances présentes à M. le duc d'Orléans ; ce moyen étant le seul qui nous reste pour porter au roi nos réclamations, puisqu'il nous est défendu de nous assembler.

J'ai l'honneur de vous avertir que tous les maréchaux de France qui ne sont pas pairs, M. le marquis de Poyanne, M. le duc de Goutault, M. le marquis de Ségur, M. le prince de Beauvau, M. le marquis de Castries, M. le comte de Jarnac, M. le duc de Liancourt, MM. de Coigny, ainsi qu'un très-grand nombre de gentilshommes, reçoivent en même temps semblables projets, et vous pouvez en conférer avec eux ; car je crois qu'il est important de ne pas perdre de temps.

Je vous demande pardon, Monsieur, de ne point signer ; mais le but de cette démarche doit vous servir de preuve que je suis digne d'être membre d'un corps dont j'ai les droits autant à cœur.

Je suis bien loin de croire, Monsieur, que le style de la lettre que j'ai l'honneur de vous proposer soit le meilleur que vous puissiez prendre, et je suis persuadé que les changements que vous y ferez, si vous jugez à propos d'en faire, seront à l'avantage de la démarche que j'ai l'honneur de vous proposer.

Projet de la lettre à M. le duc d'Orléans.

Monseigneur,

La noblesse soumise depuis longtemps au malheur de n'avoir point de chef, de représentant, et de ne pouvoir s'assembler, remet avec confiance ses intérêts dans les mains de V. A. S., dans une conjoncture où le renversement des lois et des formes observées jusqu'à présent dans l'État, cause les plus vives alarmes à tous les ordres qui le composent.

Tout gentilhomme vraiment conduit par l'honneur ne peut voir, sans une mortelle peine, qu'on déshonore pour ainsi dire la nation, en rendant arbitraire, par conséquent tyrannique, un gouvernement doux et réglé qui subsiste avec tant d'éclat depuis tant de siècles.

L'édit du mois de décembre dernier, en attaquant d'abord la magistrature, et en l'anéantissant bientôt après, annonce assez ce que les mauvaises intentions d'un seul peuvent faire éprouver à des sujets qui vivent actuellement sous le meilleur des maîtres, et ce que la postérité doit craindre du despotisme qu'on cherche à établir, et dont le parlement qu'on se propose de substituer à l'ancien serait l'instrument le plus dangereux, en abusant du nom des lois et des formes.

C'est à vous, Monseigneur, que votre rang et vos sentiments approchent si naturellement du trône, de faire valoir les justes réclamations d'un ordre si distingué dans l'État, que Henri IV a daigné se dire le premier gentilhomme de son royaume. Que par vous le roi soit éclairé sur ses vrais intérêts, et que la noblesse vous doive d'avoir fait entendre une voix qui ne s'élève jamais que pour publier son respect pour le roi, son attachement aux vrais intérêts de l'État, et sa reconnaissance pour S. A. S.

Je suis avec, etc.

LETTRE CIX.

Paris, mardi 3 avril 1771.

Votre aventure (1) fait tenir ici toutes sortes de propos; les uns disent que c'est à votre cousin (2) qu'elle est arrivée, qu'on voulait lui enlever ses dépêches; les autres disent que c'est à vous : que l'on vous soupçonnait d'avoir une correspondance secrète avec M. de Choiseul; mais bientôt on n'en parlera plus. Nous avons ici, ainsi que vous à Londres, d'autre fil à retordre. La prudence me défendait de vous entretenir; mais je n'ai pas

(1) L'hôtel de M. Walpole, dans Arlington-Street, fut forcé, sans que ses domestiques s'en aperçussent; toutes les serrures furent ouvertes, et les effets que contenaient les armoires, les secrétaires, etc., éparpillés dans les appartements, sans que rien se trouvât enlevé.

(2) M. Robert Walpole qui avait été secrétaire d'ambassade à Paris.

besoin de ces défenses, mon aversion naturelle pour la politique et encore plus pour l'intrigue, me fait ignorer presque tout ce qui se passe. Nous sommes inondés de papiers et de paperasses ; le peu que j'en ai lu m'a tellement ennuyée, que j'ai pris une ferme résolution de n'en pas lire davantage. Tout ce qui me fâche, ce sont les imprudences des mauvaises têtes, qui peuvent nuire à des gens sensés et malheureux, qui, bien loin de les approuver, les condamnent et s'en affligent. Vous devez m'entendre, et concevoir qu'il en résulte pour moi beaucoup d'incertitudes dans mes projets.

Je serais fort affectée de vos troubles (1) si vous jouiez quelque rôle ; mais je connais trop votre façon de penser pour avoir la moindre inquiétude.

La maréchale de Mirepoix est toujours retenue ici par son entorse ; elle ne peut pas encore mettre le pied à terre ; j'en suis fâchée pour elle, mais il en résulte un bien pour moi ; je passe les soirées avec elle : et j'y trouve des personnes que vous savez qui me plaisent beaucoup ; la grosse duchesse, le petit comte de Broglio, et d'autres que vous ne connaissez pas, et qui sont aimables, et dont vous vous accommoderiez fort bien.

Je soupai hier chez madame de Jonsac, j'y jouai à cavagnol ; elle ira le mois prochain à Jonsac ; car telle est la volonté de son mari, et elle est son esclave. Je pense souvent que, quand on se trouve malheureuse, on doit songer qu'on n'est pas sa femme, ni celle de M. de Maillebois. S'il n'y avait pas une autre vie, et qu'on n'eût pas le paradis pour expectative, le sort serait bien injuste de rendre aussi malheureuses les deux plus parfaitement honnêtes femmes que je connaisse. Je pourrais parler d'une troisième (2), vous comprenez bien qu'elle elle est, mais ses malheurs ne sont pas du même genre : ils n'affais-

---

(1) Les troubles qui eurent lieu à l'élection de Middlesex, et l'expulsion de Wilkes de la chambre des communes qui en fut la suite.

(2) De la duchesse de Choiseul.

sent pas l'âme, ils ne lui ôtent pas le ressort, ils ne l'humilient pas, ils donnent de l'éclat à ses vertus.

Voilà tout ce que vous aurez de moi aujourd'hui ; je vous ai accablé de lettres depuis quelque temps. N'allez pas croire, je vous prie, que c'est par le goût que j'ai pour bavarder ; vous êtes la seule personne à qui j'aime à écrire.

LETTRE CX.

Paris, mercredi 1ᵉʳ mai 1771.

De votre lettre du 24, l'article qui me plaît davantage c'est le désarmement de vos vaisseaux ; j'ignorais le risque que je courais (1), heureusement je ne l'apprends que lorsqu'il est passé.

Soyez persuadé que si vous venez ici, comme vous le faites espérer, vous serez content sur tous les points que vous désirez de moi ; ni bouderies, ni importunité d'aucun genre, rien ne troublera votre tranquillité et n'entreprendra sur votre liberté. Par un bonheur extrême vous trouverez ici votre famille (2), circonstance très-avantageuse pour moi ; je ne serai point inquiète de votre amusement, ce que je serais indubitablement, si vous n'aviez que moi pour compagnie et pour ressource.

Vous me faites une peinture bien pathétique du bonheur dont on peut jouir dans la vieillesse, quand on conforme les occupations de sa vie à cet état (3) ; un chien, un chat, un

(1) En cas de rupture entre la France et l'Angleterre.
(2) La sœur de M. Walpole, lady Marie Churchill, et sa famille.
(3) M. Walpole l'avait faite de la manière suivante : « Quand je vois une
« vieille femme sans enfants, sans parents, sans amis, sans esprit, qui
« ne s'occupe que de sa partie de jeu pour la soirée, je me dis : voilà une
« personne heureuse ! Elle croit assez à ce que lui dit son directeur pour
« avoir de l'espérance ; l'on ne saurait guère craindre une éternité de tour-

apothicaire, un directeur, des voisines médisantes; hors ce dernier article, tous les autres me manquent; j'aurai bientôt un chat, je voudrais avoir un chien, mais pour les deux autres je ne saurais les désirer.

Je vous félicite, autant que vous vous en applaudissez de l'heureuse situation de votre âme; vous êtes vraiment philosophe. Je ne sais auquel vous devez plus de reconnaissance, de la nature ou de l'expérience. Pour moi, qui ne dois rien ni à l'une, ni à l'autre, je suis dispensée et même il m'est interdit de m'applaudir de rien; je passerai ma vie à faire des fautes, à m'en repentir, à les réparer, et puis à recommencer. J'ai perdu toute espérance, toute idée du bonheur; ce qui me console, c'est que je ne vois pas que les autres soient plus heureux que moi. Excepté vous, tout le monde s'ennuie, personne ne suffit à soi-même, et c'est ce détestable ennui dont chacun est poursuivi, et que chacun veut éviter, qui met tout en mouvement.

Notre chancelier s'est mis dans une situation qui l'en mettra à l'abri pour longtemps. Il rendra le dernier soupir avant d'avoir eu le temps de bâiller; ce n'est pas un homme, c'est un diable : tout est-ici dans un bouleversement dont on ne peut pas prévoir quelle sera la fin. Je ne saurais entreprendre de vous faire des détails. Il y en aurait d'immenses à raconter; les faits principaux, vous les aurez lus dans le procès-verbal du lit

---

« ments pour avoir pesté contre son chat ou sa femme de chambre. Son
« apothicaire, ses petits comptes, sa marchande, son dîner, et quelque
« dévote qui lui confie des mensonges scandaleux, l'amusent, et elle se
« croit pieuse en damnant sa voisine; elle n'aime personne, et se croit pétrie
« de tendresse pour le genre humain, en donnant quelques sous aux pau-
« vres, les dimanches. Mon amie, vous vous moquerez de moi, mais voilà
« ce que j'appelle le bonheur. Rien n'afflige cette bonne personne. C'est
« le pendant d'un philosophe. Son libraire, c'est l'apothicaire de la
« dévote. Ses rivaux, ses voisines; son cercle chez le baron d'Holbach,
« la partie de jeu. Le dîner tient la même place chez l'un et l'autre; et
« la renommée est le paradis de l'encyclopédiste. J'aimerais mieux cependant être la dévote; il y a moins d'affectation à son fait. »

de justice (1); on en annonce un autre dans le courant de ce mois, il sera suivi de nouveaux exils, d'édits bursaux qui achèveront la ruine de tout le monde. On ne nomme point de ministre des affaires étrangères; on dit continuellement: c'est dans deux jours que M. d'Aiguillon sera nommé: il s'en passe quinze sans qu'il en soit question; alors on dit: ce ne sera pas lui, ce sera celui-ci, ce sera celui-là; aujourd'hui on pense que ce sera le chancelier: enfin, on en dit de toute façon et ce qu'on a dit la veille est démenti par ce qu'on dit le lendemain.

Comme cette lettre vous sera rendue par le courrier de l'ambassadeur, je puis risquer une chanson assez plaisante sur l'air de la *Fée Urgèle*. Cependant je tremble en l'écrivant.

Wiart, qui est encore plus prudent que moi, ne veut pas l'écrire (2).

Il m'arrive une bonne fortune après laquelle je soupirais depuis longtemps; c'est un livre qui me plaît infiniment; il est de M. Gaillard: il a pour titre: *Rivalité de la France et de l'Angleterre;* il est par chapitres, et chaque chapitre est les événements du règne d'un roi de France et d'un roi d'Angleterre contemporains; Louis le Jeune et Henri II, Philippe-Auguste et Richard Cœur de lion, etc. Ledit Gaillard est fort partial; je trouve qu'il a raison, je suis de son avis; devinez par-là pour quelle nation il est.

Je soupai hier chez la grosse duchesse avec la maréchale de Mirepoix, le maréchal de Richelieu, le petit comte de Broglio. Vous voyez que j'étais tout au travers de l'armée ennemie; on m'y traite fort bien, quoique l'on n'ignore pas que je ne sois bien fidèle à mon parti.

Ah! je comprends la répugnance que vous avez à écrire. Je

---

(1) Tenu le 13 avril pour l'établissement final des nouveaux tribunaux, créés à la place du parlement.
(2) Voyez la lettre suivante.

l'éprouve souvent; depuis douze ou quinze jours je ne peux pas tirer de mon génie une page entière; c'est un malheur qui vous est réservé, qui n'est uniquement que pour vous, que cette facilité que j'ai, quand je vous écris, à remplir quatre pages; cependant aujourd'hui il n'y en aura que trois; je ne puis mettre à l'épreuve ni votre patience ni la mienne, à vous raconter tout ce que je fais, tout ce que j'entends, tout ce que je dis. Tout cela est ennuyeux à la mort. Adieu.

LETTRE CXI.

Mercredi, 8 mai 1771.

Je suis fort contente d'être bien avec vous, mais je ne le suis pas de votre santé. Si je vous en marquais trop d'inquiétude, vous vous mettriez en colère, et je ne veux plus vous fâcher. Si cette maudite goutte vous revient, toutes mes espérances seront détruites, et mes projets changés.

Vous ne me dites point quand votre cousin reviendra. Je compte que ce sera ces jours-ci. Votre ambassadeur (1) est le meilleur homme du monde, je l'aime beaucoup, mais à la manière dont on aime son chien; il vient chez moi, se campe dans un fauteuil, nous nous faisons des amitiés, nous ne nous disons rien, nous restons ensemble; et nous sommes contents l'un de l'autre; il me donne la facilité de vous écrire et de vous envoyer tout ce que je veux.

Voilà la protestation de nos princes (2), vous jugerez par

---

(1) Le comte d'Harcourt.
(2) Contre le lit de justice tenu le 13 avril. Les princes du sang ayant été mandés pour y assister, refusèrent tous, excepté le comte de la Marche, fils du prince de Conti. Ils avaient tous écrit au roi que, ne pouvant donner leur suffrage à ce qu'on se proposait de faire, ils ne croyaient pas convenable d'assister au lit de justice.

là si nos affaires sont en train d'accommodement; on ne comprend rien à ce qui regarde M. d'Aiguillon; la dame ne peut parvenir à le faire ministre. Tout ce qui se passe est ineffable ; on ne peut prévoir quelle en sera la fin. La petite maréchale(1) est à sa campagne; j'y vais souper ce soir avec mon évêque de Mirepoix ; c'est un homme qui me convient fort, mais je ne réponds pas qu'il vous plaise ; nous n'avons pas toujours les mêmes goûts, mais c'est surtout en fait de lecture. Je lis actuellement un livre qui a pour titre : *la Rivalité de la France et de l'Angleterre*, par M. Gaillard; il me fait beaucoup de plaisir. Quand vous serez ici, vous m'en direz votre sentiment; je ne hasarderai point de vous l'envoyer, d'autant qu'il est bien loin d'être fini; il n'en est qu'à Philippe de Valois et Édouard III. Il n'y a que trois volumes; il y en aura peut-être douze ou quinze.

J'eus hier à souper milady Mary Coke, avec mesdames de Luxembourg, de Lauzun, l'Idole, sa belle-fille que j'appelle le *Trognon*, et puis des évêques et des archevêques.

Malgré la prudence de Wiart, je vais le forcer d'écrire la chanson dont je vous ai parlé, il n'y a point de risque, à ce que l'on m'a dit, parce qu'on n'ouvre point le paquet des ambassadeurs.

AIR *de la Fée Urgèle.*

L'avez-vous vue, ma Du Barry,
Elle a ravi mon âme,
Pour elle j'ai perdu l'esprit,
Des Français j'ai le blâme :
Charmants enfants de la Gourdan,
Est-elle chez vous maintenant?
Rendez-la-moi,
Je suis le roi,
Soulagez mon martyre ;

(1) La maréchale de Mirepoix.

> Rendez la moi,
> Elle est à moi,
>
> Je suis son pauvre sire.
>
> L'avez-vous vue, etc.
>
> Je sais qu'autrefois les laquais
> Ont fêté ses jeunes attraits :
> Que les cochers,
> Les perruquiers
> L'aimaient, l'aimaient d'amour extrême,
> Mais non pas autant que je l'aime :
> L'avez-vous vue, etc.

Je ne sais si je vous ai envoyé la lettre aux princes (1) sur l'air *de l'allure, mon cousin;* en tous cas la voici.

> Ne venez point ici, mon cousin,
> C'est mon ordre suprême,
> Et dites à mes autres cousins
> Qu'ils en fassent de même, mon cousin ;
> Sur ce je prie Dieu qu'il vous ait, mon cousin,
> En sa sainte et digne garde.

Adieu, je vais me lever. Je n'ai point encore eu de nouvelles de madame Churchill.

On a retranché une grande partie des fêtes qu'on devait donner au mariage, toutes celles qui devaient être à Marly ; un opéra, le bal masqué, une tragédie ; on a changé la table du banquet royal, parce que les princes n'y seront point ; les princesse y sont invitées ; elles y iront ainsi qu'à la célébration, mais elles n'iront point au bal paré ni à aucun spectacle.

(1) Le roi était si irrité de la conduite des princes du sang qui ne s'étaient pas rendus au lit de justice du 13 avril, que le jour suivant ils reçurent tous des lettres de la propre main de Sa Majesté, par lesquelles elle leur défendait de paraître en sa présence, de voir aucune personne de la famille royale, ni de se trouver dans aucun lieu où la cour pourrait se rendre. C'est la formule de ces lettres qui était tournée en ridicule.

Notre comtesse de Provence arrive dimanche à Fontainebleau ; le roi et toute la famille royale y vont samedi l'attendre ; toute la cour ira lundi à Choisy, le mardi matin à Versailles ; le mariage se fera à midi. Le marié a, dit-on, trois cautères, et la mariée fort peu de dents.

LETTRE CXII.

Paris, mercredi 12 juin.

Au nom de Dieu, ne me marquez plus de craintes, ayez la plus entière certitude que, si nous nous brouillons jamais, ce ne sera pas pour les mêmes sujets. Je sens l'excès de votre complaisance, j'en suis si reconnaissante, j'ai tant de joie de l'espérance de vous revoir, qu'il me semble que rien ne peut plus m'affliger ni m'attrister. Je venais de recevoir une lettre de M. de Beauvau qui annonce les projets les plus ruineux ; j'y suis insensible ; je ne sens que le plaisir que j'aurai de vous voir. Vous trouverez les mémoires de Saint-Simon ; l'abbé me mande qu'ils partiront à la première occasion : me voilà un peu rassurée sur votre ennui. Ne me faites point de procès sur mon inégalité ; c'est le défaut de tous les gens naturels, il est plus ou moins grand selon les caractères ; il tient aussi à la santé, et surtout aux digestions ; les fraises et la crême me rendent triste, et me causent des impressions différentes ; aussi j'observe de m'abstenir des choses qui me donnent des vapeurs ; enfin, enfin, je serai bien trompée, si vous n'êtes extrêmement content de ma raison et de ma conduite.

Je n'entends point parler de madame votre sœur ; mais selon ses anciens projets, elle doit arriver en même temps que vous.

Vous ne trouverez personne de votre connaissance ici ; Compiègne, Chantilly, Villers-Coterets enlèvent tout le monde ;

vous n'aurez que Saint-Simon, vos parents, la Sanadona et moi pour toute compagnie; nous ferons tant que vous le voudrez des voyages à Ruel et à Roissy (1); j'aurai cent mille et mille choses à vous raconter, autant de conseils à vous demander. Pour moi, je crois que le temps sera très-bien employé; j'espère, et même je crois que vous ne vous ennuierez pas. Vous trouverez la scène changée : M. d'Aiguillon en place (1), d'autres nouveaux ministres; vous entendrez crier des édits qui nous couperont bras et jambes; nous parlerons de Strawberry-Hill; je renouvellerai connaissance avec Rosette; je serai bien trompée, si les journées me paraissent longues.

Adieu, d'ici là écrivez-moi, ne m'écrivez pas, vous êtes le maître. Je trouverai tout bon.

LETTRE CXIII.

Paris, dimanche 23 juin 1771.

Vous aurez votre même logement au Parc-Royal, et nous nous en sommes assurés fort à propos; quelques jours plus tard, il n'aurait plus été temps. Me voilà donc sûre que vous vous mettrez en route le 7; ma joie est bien troublée par la connaissance que j'ai de la fatigue que vous aurez, du sacrifice que vous faites de vos occupations, de vos amusements. Comment vous dédommager de tout cela? mérité-je ce que vous faites pour moi? l'estime et l'amitié que j'ai pour vous ne sont-ils pas des sentiments très-naturels? exigent-ils de si grandes marques de reconnaissance? C'est à moi à vous donner toutes sortes de marques de la mienne; ne doutez pas que la première de toutes ne soit de bannir de mes discours tout ce

(1) Les châteaux de plaisance de la duchesse d'Aiguillon douairière, et de M. de Caraman.
(2) Comme secrétaire d'État pour les affaires étrangères.

qui pourrait troubler votre tranquillité, nous ne rappellerons point le passé, j'aime mieux convenir d'avoir été assez ridicule pour que vous vous soyez mépris à ce que je pensais, que de vous ennuyer par des explications qui seraient pour le moins aussi fatigantes qu'inutiles. Je ne vous ferai point veiller, vous déciderez de l'heure du repas et vous réglerez totalement ma conduite pendant tous les jours que vous voudrez bien me donner. De votre côté, je vous demande avec instance de ne me laisser voir aucune crainte ni aucune défiance, et qu'il n'y ait entre nous ni plaintes, ni reproches, ni gêne, ni embarras; enfin que je puisse pendant quelques semaines être heureuse et goûter le plaisir. Préparez-vous à me trouver bien vieillie; ce n'est pas de l'extérieur que je parle, il n'importe guère; c'est de l'âme. Elle est bien affaissée; si vous la ranimez, vous ferez un beau miracle.

Vous trouverez les mémoires de Saint-Simon, ils rempliront quelques-unes de vos heures; nous ferons des promenades tant qu'il vous plaira. La grosse duchesse se fait un grand plaisir de vous revoir; madame de Mirepoix vous fêtera beaucoup. Vous trouverez, à ce que j'espère, l'ami Pont-de-Veyle en fort bonne santé, sa fièvre n'est presque plus rien. Vous ferez connaissance avec un homme dont je fais cas; il est parfaitement raisonnable, presque autant que vous, mais pas à la vérité tout à fait aussi aimable; l'évêque de Mirepoix.

Vous verrez aussi l'ami Tourville, mais rarement, et puis les oiseaux avec leur cortége, le prince de Beaufremont, le prince de Monaco; vous verriez aussi plusieurs étrangers, si l'on n'allait pas à Compiègne le 16. Voilà mes alentours; mais sur quoi je fonde votre plaisir et le mien, ce sont les Churchill, dont je n'ai point de nouvelles: ils arriveront sans doute à peu près dans le même temps que vous.

Adieu; ma joie est mêlée de crainte. Le voyage m'inquiète; je ne me consolerais point, s'il vous causait la plus légère incommodité.

LETTRE CXIV.

Paris, 26 juin 1771.

Mon premier mouvement, en ouvrant votre lettre, a été la terreur; mais, Dieu merci, vous vous portez bien, vous êtes content de moi, rien ne dérange vos projets; il ne me reste plus d'autre crainte que la fatigue du voyage, et un peu de l'ennui du séjour. Les du Châtelet sont arrivés cette nuit de Chanteloup. On a dû les charger des Mémoires de Saint-Simon; ils n'ont point encore envoyé chez moi, mais apparemment ils y enverront avant le départ de la poste; ainsi je pourrai vous mander si je les ai reçus.

Est-il possible que je ne vous aie pas mandé la nomination de M. d'Aiguillon, qui a été le 5 de ce mois? Il donna hier son premier dîner; il y eut cinquante-cinq personnes. Madame d'Aiguillon, la mère, en fit les honneurs ainsi que sa belle-fille. Tous les diplomatiques sont enchantés de notre grosse duchesse; en effet elle est charmante : sa joie est si naturelle, si simple, si exempte de hauteur, de fausse gloire, et elle est si éloignée d'être avantageuse, que tous les différents partis sont contents d'elle, l'estiment, l'aiment et lui veulent du bien. Vous faites très-bien de lui écrire : elle compte que vous ferez de fréquents voyages à Ruel.

Il est plaisant que vous ayez ignoré la nouvelle destination de votre cousin (1) et qu'ici nous sachions mieux que vous ce qui se passe à Londres. Nous le regrettons beaucoup; tous ceux qui le connaissent et qui ne jugent pas par les manières extérieures, l'estiment et l'aiment. Comme il va être absent pour bien des années, il ne m'importe plus de ce que vous pensez pour lui;

(1) Comme ministre plénipotentiaire à la cour de Lisbonne.

mais s'il était resté parmi nous, j'aurais désiré que vous l'eussiez aimé. Il retourne à Londres lundi ; je vous écrirai par lui pour la dernière fois, et ce sera pour vous souhaiter un bon voyage. Suivant mon calcul, je vous embrasserai, de vendredi en quinze ; ce sera le 12 ; je souperai cependant chez moi le 11, avec quelque espérance que vous pourriez bien arriver. Je crois que votre présence me sera fort utile pour toutes sortes de santés ; celle de l'âme sans doute, et même celle du corps, qui depuis quelque temps n'est pas des meilleures.

Pont-de-Veyle se porte mieux, mais il a cependant toujours de petits ressentiments de sa fièvre ; mais il ne veut ni vieillir ni être malade ; il se fait un grand plaisir de vous revoir, non-seulement par l'amitié qu'il a pour moi, mais c'est qu'il en a pour vous.

Je donne demain à souper à milord Grantham, à M. Robinson (1), à votre ambassadeur, à votre cousin, à madame de Mirepoix, peut-être à madame d'Aiguillon, et à plusieurs autres ; ce sera, j'espère, le dernier souper dans ce genre, car je suis infiniment dégoûtée de la nombreuse compagnie. Adieu.

LETTRE CXV.

Mardi, 3 septembre à dix heures du matin 1771.

Toutes réflexions faites, la meilleure tournure que je puisse donner à mes lettres est celle d'un journal ; je vous écrirai donc tous les jours l'histoire de la veille ; vous y trouverez rarement des faits intéressants, mais il y aura quantité de noms propres, quelquefois des faits, toutes les nouvelles que j'apprendrai ; et jamais, non jamais, des pensées ni des réflexions.

---

(1) Le feu lord Grantham et son frère. Le lord Grantham était alors ambassadeur extraordinaire à la cour de Madrid.

Pour commencer, hier quand vous fûtes parti (1), on ferma ma porte ; on l'ouvrit une demi-heure après, et l'on m'apporta un billet de la princesse de Beauvau, et deux lettres de la pos e, le billet disait qu'il ne fallait prier personne pour ce soir, qu'on pouvait bien quelquefois souper en particulier. Les lettres étaient de deux prélats, l'une de mon neveu (*l'archevêque de Toulouse*) fort triste, fort tendre, et fort naturelle ; l'autre de mon ami, qui a le bonheur de vous plaire (*l'évêque de Mirepoix*) ; la date était du 28 ; il ne savait rien de l'événement (2) ; il me disait ses conjectures ; il ne savait rien non plus du changement de mes projets ; il me croyait partie, ou même arrivée ; il m'exhortait à être fidèle à la résolution de ne pas excéder un mois ; il est dans tous vos principes, ses conseils ressemblent aux vôtres ; c'est la pierre de touche à laquelle je reconnais le bon sens et l'amitié.

Mercredi, à 7 heures du matin.

Ma journée d'hier fut bien insipide ; je vis l'évêque d'Arras (3), je sentis du plaisir à être dégagée d'avec lui ; je vis aussi votre cousin (4), il viendra me tenir compagnie ce soir. Il rit plus qu'il ne parle ; je suis si sérieuse qu'il est impossible que je ne l'ennuie ; je ne sais de quoi lui parler ; j'eus hier à souper M. et madame de Beauvau, la princesse de Poix, l'archevêque d'Aix (5), et l'ami Pont-de-Veyle ; je mis toutes vos leçons en pratique ; elles me deviendront chaque jour plus aisées à suivre : je m'intéresse si peu à tous les sujets qu'on traite, j'y prête si peu d'attention qu'il me sera facile de ne choquer personne par mes contradictions ; dans le temps que la conversation fut le plus

(1) M. Walpole arriva à Paris, le 10 juillet, et quitta cette ville le 2 septembre suivant.
(2) La disgrâce du prince de Beauvau, et sa retraite du gouvernement de Languedoc.
(3) M. de Conzié, évêque d'Arras.
(4) M. Thomas Walpole.
(5) L'abbé de Circé.

animée, je pensais à Arras, à Calais, au passage à Douvres, et à Londres; j'aurais préféré des nouvelles de ces lieux-là, à toutes celles de la cour et de la ville.

LETTRE CXVI.

Mardi 3 septembre 1771, à six heures du soir.

M. Blaquiere (1) passa hier la soirée chez moi; voici ce qu'il m'a raconté. Le 25 du mois passé, qui était un vendredi, il fut dîner chez M. d'Aiguillon; on ne se mit à table qu'à trois heures, le conseil ayant duré jusqu'à cette heure-là. C'était le propre jour de la gazette où est l'article de milady Waldegrave. M. d'Aiguillon, en rentrant chez lui, prit M. Blaquiere en particulier, et lui dit : Monsieur, je viens de porter au roi la gazette, et je lui ai fait lire l'article d'Angleterre. Sa Majesté est très-en colère contre les gazetiers, de leurs insolences; il est bien éloigné de vouloir manquer de considération au roi d'Angleterre, il m'a ordonné de les punir, et on leur a ôté la gazette. M. Blaquiere marqua beaucoup de surprise, et assura M. d'Aiguillon que le roi d'Angleterre ne serait nullement fâché de l'article, mais beaucoup de la punition qu'on voulait faire aux auteurs; que souffrant dans son propre pays tout ce que les papiers publics contenaient contre lui, il était bien éloigné de trouver mauvais les écrits des autres pays, et qu'il ne ferait certainement nulle attention à cette gazette (2). Le même jour, M. d'Aiguillon tint le même propos à milord Harcourt, qui lui fit la même réponse, et ne se contentant pas de lui avoir parlé, il lui donna

(1) Le colonel *Blackiere*, ensuite sir John, et maintenant lord Blackiere. Il était secrétaire d'ambassade auprès du lord Harcourt.
(2) Dans la *Gazette de France* on avait parlé de la comtesse douairière de Waldegrave, comme femme du duc de Glocester, avant que leur mariage fût rendu public, et reconnu par la cour de Londres.

par écrit le désaveu de cette gazette, en le priant de le notifier au roi d'Angleterre.

Le Blaquiere ne doute point que l'on cherchait un prétexte pour ôter la gazette à messieurs Arnauld et Suard; milord Harcourt a sollicité pour eux ainsi que M. Blaquiere, mais on croit qu'on ne leur pardonnera pas, et l'on me dit hier qu'il était question de la donner à M. Marin.

M. de Guignes a été bien reçu; le soir le roi lui donna le bougeoir (1); on ne doute cependant pas que vous n'ayez le baron de Breteuil : mais rien n'est encore déclaré.

Adieu, mon cher ami, votre laquais attend ma lettre, il part demain matin; il compte n'arriver que mardi ou mercredi, ainsi je ne doute pas que vous ne receviez ma lettre par la poste, un jour plus tôt que celle-ci.

LETTRE CXVII.

Paris, lundi 23 septembre 1771.

Oui, je désire d'être raisonnable; mais que faut-il donc faire pour y parvenir? Je croyais que vous étiez charmé de ma conduite, que vous y aviez trouvé du changement, et que vous vous en applaudissiez; et point du tout, vous me donnez des louanges que je ne mérite pas, pour faire passer à leur faveur un blâme que je ne mérite peut-être pas davantage. Je ne peux pas, dites-vous, souffrir la contradiction. Quand on me donne des raisons, je suis toujours prête à m'y soumettre; mais je ne saurais supporter le manque de justesse, l'opiniâtreté et l'aigreur. Je pourrais avoir le ton plus doux et plus poli, j'en conviens, mais je ne suis point avantageuse, et je suis toujours

---

(1) C'était une marque de faveur accordée par le roi à bien des courtisans dont il était entouré lorsqu'il allait se coucher.

prête à me rendre aux avis des autres quand ils sont raisonnables. Voulez-vous que je ne dispute plus? voulez-vous que je change de caractère? Non, vous ne le voulez pas. Il vaut mieux être un méchant original qu'une bonne copie; il faut se rechercher dans son naturel, il faut le régler, le conduire, mais jamais le perdre. Je peux être née imprudente; il faut m'en corriger et me contenter d'être franche, et ne point me donner pour être mystérieuse et réservée; rappelez-vous, mon ami, les personnes qui sont toutes parfaites, qui s'observent sans cesse, qui passent les vingt-quatre heures sans faire une faute, et mettez-moi à côté, moi qui en fais bien plus que Dieu n'en pardonne aux justes, et dites franchement laquelle vous plaît le plus. Soyez raisonnable à votre tour, mon ami, contentez-vous des progrès que vous avez trouvés à votre dernier voyage, espérez d'en faire encore davantage dans ceux qui le suivront. Dites-moi pourtant toujours la vérité, mais n'affectez plus une sévérité dont il n'est plus besoin. Ne pensez plus de moi ce qu'on dit aux enfants, *quand on vous donne un pied, vous en prenez quatre*. Oh! non, non, vous n'avez plus rien à craindre; hélas, hélas! c'est tout au contraire; je suis bien éloignée de me flatter et d'abuser; je suis toujours prête à tomber dans les plus excessives défiances. Mais voilà-t-il pas que vous bâillez! Venons aux nouvelles, aux noms propres, etc.

Votre cousin arrivera à Londres, chargé de toutes sortes d'écrits; je lui ai recommandé de vous prêter ceux dont vous serez curieux. La fin de la seconde partie de *la Correspondance* pourra vous divertir : *les Lettres d'un homme à un autre homme* m'ont paru ce qu'il y a de plus raisonnable; mais, dans le fond, tout cela ne vous fait rien. Ce qui me décourage à vous mander des nouvelles, c'est qu'il me semble qu'elles vous doivent bien peu intéresser. Vous vous affectez cependant de celles de la cour de Louis XIV. Voyons l'effet que vous feront celles de la cour de Louis XV. Vous étiez ici quand on a ôté au prince (*de Beauvau*) son commandement. Vous avez vu la lettre du roi et sa réponse. Le jour de votre départ il eut une audience du roi. Il lui donna le mémoire de l'état de ses affaires, de ses dettes, qui sont sept cent mille francs qui portent intérêt, et quatre cent soixante mille livres de dettes criardes; il demande des secours d'argent et de continuer à être employé lieutenant-général, ce qui vaut trente-sept mille francs d'appointement. La première demande a été refusée tout net. On n'a point encore répondu à la seconde. Vous trouverez comme moi qu'on a grand tort de contracter autant de dettes quand on n'a pas les fonds pour en répondre, et qu'il ne faut pas être si glorieux et avoir tant de hauteur quand on a besoin d'avoir recours aux grâces. Tout cela n'est que trop vrai, mais j'en plains davantage ce pauvre prince qui a été entraîné dans le malheur, ainsi que notre premier père, par l'instigation de sa femme, qui fut séduite par l'instigation de Lucifer, ou de son orgueil.

La sœur (1) affecte beaucoup de chagrin; elle dit à moi et à d'autres qu'elle rend tous les services qui dépendent d'elle; je ne sais si cela est sincère et si la haine qu'on a pour la belle-sœur ne l'emporte pas sur l'amour qu'on a pour le frère. Je marche sur des œufs entre ces deux partis, et ne voulant m'attirer l'inimitié d'aucun, je n'ai l'amitié véritable ni de l'un ni de l'autre. Tous les deux me parlent très-librement et sans défiance, mais c'est par le besoin et le plaisir qu'ils ont à répandre leur fiel. Toute la part que j'y prends, c'est d'observer le cœur humain; je n'en connais qu'un, dont je puisse penser du bien; souffrez cette douceur en passant.

J'eus avant-hier le prince, la princesse (*de Beauvau*), les archevêques d'Aix et de Toulouse. Ce dernier est bien triste; il croyait n'être qu'aux premiers échelons, et il pourrait bien ne jamais monter plus haut; son esprit s'en ressentira. Le mouvement lui était nécessaire pour s'accroître, le repos l'affaiblira (2).

(1) La maréchale de Mirepoix.
(2) Voyez son portrait par madame du Deffand, dans le premier volume de ce recueil.

Le chancelier poursuit son ouvrage. Les parlements de Bordeaux et de Toulouse sont cassés et rétablis, celui de Rouen sera détruit, je crois, le 26; on y subtituera un conseil supérieur. Celui d'Aix viendra après. Il sera cassé et rétabli. Celui de Bretagne est réservé pour la bonne bouche. On ôtera le commandement de cette province à M. de Duras; le comte de Broglio espérait l'avoir, il est presque sûr qu'il ne l'aura pas, et qu'il sera donné à M. de Fitz-James.

La duchesse de Bouflers (1), qui avait donné sa démission de sa place chez madame la Dauphine, vient d'être remplacée par la duchesse de Luxembourg (2).

Adieu, à demain ou à un autre jour. Je prévois que votre cousin ne partira pas sitôt.

Mercredi 25.

Depuis lundi, il n'est pas survenu de grands événements; les gazettes, si vous les lisez, vous auront appris la mort de la duchesse de Villars, et que sa place est donnée à madame la duchesse de Cossé, fille de M. de Nivernois (3). Elle l'aurait refusée de grand cœur; mais son mari, qui est favori de la sultane (4), l'avait demandée à son insu et l'a obligée de l'accepter; mais comme elle nourrit sa petite fille, on lui permet de n'entrer en exercice qu'après qu'elle l'aura sevrée. Madame la Dauphine n'a pas d'éloignement pour elle; mais elle est fâchée qu'on n'ait pas choisi pour cette place une de ses dames de compagnie. On parle tous les jours du renvoi de l'abbé Terray :

(1) Veuve du duc de Bouflers, fils de la maréchale de Luxembourg, de son premier mariage, et mère de la duchesse de Lauzun.
(2) Le mari de cette dame n'était pas un fils du maréchal de Luxembourg, mais du duc de Bouteville, branche de la maison de Luxembourg. Durant la vie de son père, on le nommait M. de Royanne. Il épousa une fille du marquis de Paulmy, et prit après son mariage le titre de duc de Luxembourg.
(3) Remarquable par son esprit.
(4) Madame Du Barry.

mais au moment qu'on le croit noyé, il reparaît sur l'eau. Sa dame de la Garde (1), qui est une infâme, vient d'être renvoyée; il y a été forcé; ce sacrifice le soutiendra peut-être quelques semaines, mais il périra à la fin. J'ai quelque soupçon que votre cousin en sera fâché; il a, dit-on, d'assez fâcheuses affaires avec les fermiers généraux sur les fournitures de tabac, et le Terray lui est favorable.

Je trouve que vous avez raison quand vous dites qu'il y a des *esprits marchands,* qui se moquent et méprisent tout ce qui n'a pas directement l'intérêt pour but. Je pensais l'autre jour que bien des gens faisaient une grande dépense d'esprit sans en avoir la propriété; tout ce qu'ils ont est d'emprunt, ou de hasard, comme l'argent du jeu. Je dis cela hier à la maréchale de Luxembourg : je fus bien surprise de ce que non-seulement elle trouva que j'avais raison, mais elle dit qu'elle allait me le prouver par un exemple dont elle me demandait un grand secret; elle me nomma tout bas l'idole. Ah ! mon Dieu, lui dis-je, vous ne vous souvenez donc pas que c'était la femme du monde que vous prétendiez qui avait le plus d'esprit ? Ah! oui, dit-elle, je le pensais alors, et je ne le pense plus aujourd'hui; et moi, madame la maréchale, je ne l'ai jamais pensé.

Il me resterait à vous parler des ambassades. Tout est encore problématique; mais votre cousin, qui vous rendra cette lettre, est très-instruit sur cet article qui sera plus éclairci quand il partira, qu'il ne l'est à présent. Pour moi, je crois toujours que ce sera le baron de Breteuil; il vous dira aussi que tout le corps diplomatique donne l'un après l'autre des dîners au *bacha* d'Aiguillon. *Bacha,* souvenez-vous que c'est ainsi que je l'appellerai. L'ambassadeur d'Espagne se distingue singulièrement; il ne va à aucun de ces dîners. Il a refusé celui de madame de

---

(1) La maîtresse de l'abbé Terray, qui de concert (comme on le supposa) avec l'abbé, recevait de l'argent non-seulement pour chaque faveur, mais pour chaque acte de justice ou d'injustice qu'on sollicitait dans le département du contrôleur-général des finances.

Va'entinois où était la sultane; la sultane en doit donner un lundi, où tous nos mandarins et tous les diplomatiques sont invités.

J'ai eu une seconde visite de Caraccioli; il parle facilement, abondamment, et communément. Cela vaut autant et même un peu mieux que Saint-Chrysostome (1).

Y a-t-il exemple d'une pareille bavarderie? ah! je vous en crois bien ennuyé. Cependant elle pourrait n'être pas finie, cela dépend du départ de votre cousin.

Lundi 30.

La lettre que je reçus hier, datée du 23, devrait bien me couper la parole; j'y ai cependant répondu hier par la poste; je ne vous en dirai donc rien aujourd'hui, si ce n'est que je vous prie de bannir vos craintes, ou du moins de ne m'en plus parler : attendez mon manque de parole pour m'en dire de dures et de désobligeantes; je les mériterai alors comme étant la plus basse, la plus sotte, la plus folle, en un mot la plus ridicule du monde.

Je ne sais plus du tout quand votre cousin partira; je suis bien tentée de vous envoyer ce volume par le Blaquiere; il prétend qu'il n'y aura nul inconvénient; si je vois que votre cousin ne se détermine pas à partir, je pourrai bien prendre ce parti.

Je vais vous surprendre, en vous apprenant que la grosse duchesse dîne aujourd'hui à Lucienne chez la sultane; le bacha, son fils, a exigé d'elle cette complaisance; il y a huit jours qu'elle s'en défend; mais il a fallu céder ou se brouiller avec lui. La petite maréchale (*de Mirepoix*) est fort aise de l'avoir pour compagne. Les autres femmes qui sont à ce dîner, sont mesdames de Valentinois, de Montmorency et de Choiseul;

(1) Nom que par plaisanterie de société on avait donné, on ne sait trop pourquoi, à mademoiselle Sanadon.

ce dernier nom vous surprend ; mais c'est celle qui est jeune et belle, et dont le mari est le grand ennemi du grand-papa (1). Les autres convives sont, M. le chancelier, tous les ministres d'État et tout le corps diplomatique, excepté les ambassadeurs d'Espagne et de Naples; ce sont les seuls qui ne vont point chez elle ; apparemment qu'ils suivent leurs instructions.

Je ne veux point tarder à vous donner du plaisir; l'affaire de l'armure (2) est en très-bon train; mais après l'aventure des Mémoires de M. Saint-Simon (3), je n'ose plus compter que sur ce que je tiens. Dites-moi, si votre prudence vous le permet, s'il n'y a point quelque sujet d'inquiétude sur la guerre. Nos confédérés (4) d'ici, qui ne demanderaient que plaies et bosses, en murmurent quelque chose; le prétendant a quitté Rome. On dit qu'il va se mettre à la tête des confédérés de Pologne; le marquis de Fitz-James est parti avec une commission de notre cour. On dit que c'est pour le joindre; cela ferait-il quelque sensation chez vous ? Cette nouvelle ne me paraît qu'une peau d'âne, c'est-à-dire un conte.

LETTRE CXVIII.

Paris, mercredi 9 octobre 1771.

J'attendais constamment le départ de votre cousin pour faire partir mon volume ; il est énorme ; mais ce sont des rapsodies de trois semaines, de vieilles nouvelles, des réponses à quel-

(1) Un M. de Choiseul, qui était au service de la marine, de la même famille que le duc de Choiseul; mais principalement connu par son inimitié contre son parent.
(2) L'armure de François Ier, maintenant à Strawberry-Hill.
(3) Le manuscrit des *Mémoires du duc de Saint-Simon* publiés depuis. Madame du Deffand le croyait entre les mains du duc de Choiseul, tandis qu'il était déposé aux archives des affaires étrangères.
(4) C'est de la sorte qu'elle indique le parti du duc de Choiseul.

ques-unes de vos lettres dont vous ne vous souviendrez plus ; enfin de vrais galimatias. Pourquoi me l'envoyer, me direz-vous ? je n'en sais rien, si ce n'est par le regret du temps que j'aurais perdu. Vous voilà prévenu ; si vous craignez l'ennui à un certain point, tenez-vous-en à la lettre d'aujourd'hui, et jetez le volume au feu.

J'ai de bien mauvaises nouvelles à vous donner sur l'armure : voilà le billet que je viens de recevoir de madame de La Vallière, qui vous mettra parfaitement au fait. Vous jugez bien que j'attendrai votre réponse pour terminer cette affaire ; l'armure restera chez madame de La Vallière jusqu'à ce que je l'aie reçue. Ce bijou me paraît un peu cher (1), et ressemble beaucoup au casque du château d'Otrante. Si vous persistez à le désirer, je le payerai, je le ferai encaisser et partir sur-le-champ. C'est certainement une pièce très-belle et très-rare ; mais, comme vous voyez, infiniment chère, et pour laquelle il faudra peut-être faire bâtir un château de Madrid, comme nous en avons dans le bois de Boulogne.

A l'égard de votre lit, de ses circonstances et dépendances, et des deux fauteuils, je n'enverrai chercher le marchand de la rue de la Huchette que lorsque M. d'Aiguillon se sera décidé à nommer un ambassadeur (2). Votre cousin vous racontera tout ce qu'il fait. Il est très-bien instruit, et il vous mettra au courant, mieux que je ne pourrais faire, de l'état des choses et du jugement qu'on en peut porter ; il a de l'esprit, de la chaleur et beaucoup de franchise, je devrais peut-être dire d'indiscrétion ; vous ne serez pas étonné si ces deux mots me paraissent synonymes.

Nos confédérés sont étrangement scandalisés du dîner que la grosse duchesse d'Aiguillon a fait à Lucienne ; la grand'-

---

(1) On l'avait d'abord estimé mille écus ; mais il fut acheté pour cinquante louis.

(2) Pour Londres. C'est avec le bagage de cet ambassadeur qu'on devait envoyer le lit de M. Walpole.

maman dit qu'elle s'est *souillée*. La crainte qu'elle me paraît avoir de le céder en chaleur et en animosité aux *Dominations* (c'est ainsi que je nomme les dames de Beauvau et de Grammont), la fait tomber dans des exagérations ridicules et risibles. Vous ne le croirez jamais, mais je me conduis avec une prudence ineffable; j'en suis moi-même étonnée; et je cherche quelle est la cause de ce grand changement; je n'aurai point la fadeur de vous dire, *c'est le désir de vous plaire*; non, ce n'en est point le motif, il me semble que c'est plutôt la vanité de jouer dans tout cela une espèce de petit rôle, et puis ajoutez l'excessive indifférence que j'ai pour les deux partis. Je vous sais bien bon gré de m'avoir détournée de mon voyage; c'était une entreprise, par rapport à mes forces et à mes sentiments, beaucoup plus grande que nature. Je me trouve très-bien de l'habitation de mon tonneau. Je crains moins l'ennui, je m'accoutume à mon âge; je sens que mon bonheur dépend de supporter patiemment les privations, et d'arriver par degrés à pouvoir me passer de tout.

On est d'avant-hier à Fontainebleau; Paris sera pour moi comme Londres l'est pour vous; mais je n'ai point de Strawberry-Hill, je ne puis avoir les mêmes occupations que vous avez. D'abord je n'ai point d'yeux, ni de talent; je n'ai ni chien, ni chat, ni goût, ni fantaisies, et je suis, pour ainsi dire, réduite à moi-même, à mademoiselle Saint-Chrysostome et quelquefois à la fièvre, et à la continuelle toux de l'ami Pont-de-Veyle: oui, à sa toux et à sa fièvre; car dès qu'il a du relâche, il abandonne le coin de mon feu pour l'Opéra-Comique, et ma soupe et mon poulet pour aller souper ailleurs. Eh bien! en vérité, je trouve tout cela fort bon.

Je vois beaucoup le Caraccioli; c'est comme si je l'avais vu toute ma vie; on est pour lui, dès la première fois qu'on le voit, ce qu'on pourrait être pendant toute une éternité. Il m'amena hier Goldoni pour me lire une comédie qu'on appelle le *Bourru bienfaisant*; on m'en avait dit tant de bien, que je désirais de l'entendre. Je fus bien attrapée, c'est la pièce la plus froide, la plus plate qui ait paru de nos jours (1). Mais j'aurai plus de plaisir ce soir : mesdames de Mirepoix, de Boufflers et de Boisgelin souperont chez moi; elles réciteront des scènes du *Misanthrope*, elles en récitèrent avant-hier des *Femmes savantes*, mais si parfaitement bien, qu'il y avait longtemps que je n'avais entendu rien qui me fît autant de plaisir. Mais je m'avise que je ne vous en fais guère en écrivant si longuement ; j'espère du moins que le style ne vous déplaira pas, c'est celui dont je serais avec tous mes autres amis.

Ne tardez pas à me répondre, et à vous décider pour l'armure ; si vous persistez à la vouloir, vous l'aurez au plus tard dans le courant du mois prochain.

LETTRE CXIX.

Mercredi 30 octobre 1771.

Nous voilà donc en paix ! le ciel en soit béni ; il nous y maintiendra, j'en suis sûre, et nous n'aurons plus à l'avenir de querelles, *nos disputes ne rouleront que sur des larcins d'idées*. Comment trouvez-vous cette phrase? la croyez-vous de moi? J'espère que non : elle est de Marmontel, dans le conte des Trois Sultanes. Ah! mon Dieu, quel auteur! qu'il a de peine, qu'il se donne de tourments pour avoir de l'esprit! il n'est qu'un gueux revêtu de guenilles.

Vous saurez que j'ai passé une nuit blanche, mais si blanche, que depuis deux heures après minuit que je me suis couchée, jusqu'à trois heures après midi que je vous écris, je n'ai pas exac-

(1) Cette pièce est excellente. Lue par Goldoni, qui parlait mal notre langue et la prononçait encore plus mal, elle put lui paraître ennuyeuse.

tement fermé la paupière; c'est la plus forte insomnie que j'aie jamais eue; mais depuis quinze jours, je ne dors que quatre ou cinq heures par nuit, séparées par des lacunes de six, sept ou huit heures; je ne souffre point, j'ai rarement de l'agitation, je ne sais à quoi attribuer cette incommodité; j'imagine toujours que ce sont les digestions; cependant je mange fort peu; et tous les jours je fais quelque retranchement; je me porte bien dans la journée, j'ai la tête libre, et le seul inconvénient que j'éprouve, c'est un peu de faiblesse, et surtout dans les jambes. Suivez mon exemple, non pas en ne dormant point, mais en me rendant un compte aussi fidèle de votre santé, et c'est de quoi vous ne me parlez jamais.

Je suis parfaitement satisfaite que vous soyez content de mes lettres; les louanges que vous leur donnez me font beaucoup de plaisir; la vanité sans doute peut y avoir part, mais en vérité moins que vous ne croyez. J'ai beaucoup de correspondances actuellement, et même j'en suis fort fatiguée. Quelquefois j'écris des lettres dont je ne suis pas mécontente; eh bien! alors je regrette qu'elles ne soient pas pour vous, et puis je m'en console, parce que vous seriez bien importuné d'en tant recevoir.

Je viens d'écrire à la grosse duchesse, qui est à Pontchartrain; je la prie de s'informer du petit paquet que vous m'annoncez et que je n'ai point reçu. Madame de Mirepoix a fait un voyage ici, de deux jours, nous avons soupé ensemble chez les Caraman. Son frère est toujours dans la détresse; s'il n'obtient aucun secours, je ne sais ce qu'il deviendra.

Madame de Luxembourg partit lundi dernier pour Chanteloup; elle y restera huit jours; rien n'est plus comique et plus singulier que cette visite. C'est pour qu'elle soit placée dans ses fastes; ce n'est pas assurément l'amitié qui en est le motif.

Oui, vous avez raison, mon voyage, quoique pour le printemps prochain, n'est pas cependant fort prochain, et sûrement vous serez appelé au conseil; je me trouve trop bien de ceux que vous voulez bien me donner.

Souffrez qu'aujourd'hui je ne vous mande point de nouvelles; j'ai la tête un peu étourdie.

Je n'ai plus rien à vous dire de votre armure, elle est payée et je ne crois pas qu'elle le soit plus qu'elle ne vaut; peut-être aurait-elle été au-dessus de cinquante louis à l'inventaire; mais il y a grande apparence qu'elle aurait été par delà.

J'ai vos deux fauteuils chez moi; je ne sais ce qui adviendra de votre lit. Les ambassades ne se nomment point; j'en suis fâchée, et fort inquiète; j'ai peur que cela ne signifie rien de bon.

Je ne vous ai point parlé de la chute de la moitié d'une aile du château de Chanteloup; cet accident arriva le 12 de ce mois, à huit heures et demie du soir, comme on était à table; un quart d'heure plus tôt, il y aurait eu plusieurs personnes d'écrasées; et si ç'avait été la nuit, il y en aurait eu plus de trente; heureusement tout le monde en était sorti; le dommage sera pour douze ou quinze mille francs.

LETTRE CXX.

Paris, mercredi 13 novembre 1771.

Oh! pour cette fois-ci votre lettre est *forte de choses;* j'attends avec impatience que vous me confirmiez la résurrection du duc de Glocester (1), mais je ne m'y attends pas. Que je plains madame votre nièce! Convenez que la vie est abominable, que les malheurs sont réels et le bonheur une illusion; j'en suis si fortement persuadée, que la vieillesse m'est moins

(1) Le duc de Glocester, alors en Italie, avait été dangereusement malade et abandonné des médecins.

insupportable que naturellement elle le doit être ; je dis sur toutes les choses qui me fâchent (et qui sont continuelles); cela ne durera pas longtemps ; cependant la mort me fait peur ; je ne saurais y fixer ma pensée, mais je déteste la vie. Mes insomnies me feront perdre l'esprit ; ce n'est pas assurément de me coucher trop tard qui en est la cause : je suis presque tous les jours couchée entre une et deux heures.

Vous me reprochez d'écrire des nouvelles à d'autres qu'à vous, ce reproche est injuste ; à qui donc ai-je écrit? vous êtes ma seule correspondance en Angleterre. Je suis comme les petits chiens qui ne *sautent que pour le roi* ; ce n'est que pour vous que je fais l'effort de raconter. Ce que je peux vous dire aujourd'hui, c'est que le baron de Breteuil ne vous portera point votre lit, à moins que vous ne vouliez aller coucher à Naples, où il est nommé ambassadeur ; on ne doute point que M. de Guignes ne retourne chez vous. On prétend que milord Harcourt ne reviendra ici que les premiers jours de janvier, et vous ne reverrez apparemment M. de Guignes que dans le même temps.

Voilà tout le monde qui va arriver de Fontainebleau ; je ne m'en soucie point du tout ; j'ai le bonheur d'acquérir de la paresse, qui a beaucoup de ressemblance à l'indifférence ; je ne trouve point cet état fâcheux, il y a longtemps que je pense que c'est celui qui convient à mon âge. Il est heureux de pouvoir se passer de ce dont on ne peut jouir.

Je suis charmée de tout ce que vous me dites sur le sens commun ; tout esprit qui ne l'a pas pour base est fatigant, et ennuyeux à la longue. Je suis absolument de même avis que vous (1). Croyez fermement qu'il y a plus de rapport entre

---

(1) M. Walpole avait dit : « En tout, qu'on pense ce qu'on veut, il n'y « a de sûr que le sens commun. Il me semble que toute autre sorte d'es- « prit n'est qu'un écart, une manière de déraisonner agréable pour le mo- « ment, mais suivie de regrets. Notre route est crayonnée, bornée, limitée. « Il faut y marcher aussi doucement qu'il est possible ; il ne tient pas à

vous et moi que vous ne pensez : vous avez plus de force d'esprit et beaucoup plus d'esprit, vous êtes un meilleur observateur, vous avez par conséquent beaucoup plus d'expérience ; vous n'avez point besoin d'appui, je ne saurais m'en passer ; vous vous suffisez à vous-même, et je ne puis supporter d'être à moi-même ; enfin je suis une femmelette, et vous êtes un homme ; il faut que dans notre commerce chacun y mette son contingent, vous de la raison, moi de la confiance et de la docilité.

L'Idole est au comble de la gloire ; elle avait écrit au roi de Suède ; sa lettre n'était point parvenue au roi, mais comme on la lui avait annoncée, il l'a prévenue et lui a écrit des choses charmantes et admirables ; je crois vous avoir mandé que madame de Luxembourg lui avait aussi écrit ; j'ai vu la réponse qu'il lui a faite, qui est fort bien. Cette maréchale qui est partie pour Chanteloup le 28 du mois passé, n'est point encore de retour. On dit qu'elle arrive ce soir. Est-ce à vous que j'ai mandé que les voyages de Chanteloup ne signifiaient plus rien ? On ne sait plus quel sentiment y conduit.

Je suis si charmée de ce que vous dites que vous diriez à l'enfant que vous élèveriez, que je me fais votre enfant ; je vous prends pour mon confesseur, mon avocat, mon médecin, enfin pour mon sens commun. Adieu. Je suis fâchée que vous n'ayez point vu votre cousin Thomas. Je voudrais que vous causassiez avec lui.

« nous d'en tracer une nouvelle, sans rendre la seule que nous ayons plus
« difficile et quelquefois dangereuse. Si j'avais un enfant à élever, je
« serais tenté de ne lui dire que ce peu de mots : Ne prenez de guide à
« votre conduite que le sens commun, qu'il soit votre confesseur, votre
« médecin, et votre avocat. »

LETTRE CXXI.

Vendredi 15 novembre 1771.

Cette lettre-ci est un hors-d'œuvre, je vous prie de n'en être point fâché; je pourrais lui trouver une raison, mais je veux bien l'avouer, ce n'est qu'un prétexte. Milord Spencer m'a dit qu'il partait dimanche; je vous l'annonce pour que vous puissiez prévoir son arrivée, et envoyer chez lui chercher trois paquets.

J'ai relu bien des fois votre dernière lettre; je ne puis vous dire à quel point j'en suis charmée. Il n'y a point de meilleure consolation pour moi que l'intérêt que vous me marquez; je ne puis douter qu'il ne soit sincère; indépendamment de tout ce qui peut me le prouver, le style seul m'en peut convaincre : votre philosophie est si simple, si naturelle, qu'elle fait sur moi une grande impression; mais je voudrais qu'il pût suffire de se soumettre à tous les malheurs inévitables, pour les pouvoir supporter patiemment; j'y fais tout mon possible; soyez sûr que je bannis tous les raisonnements, et que je suis aussi persuadée que vous qu'il faut s'en tenir au sens commun. Je ne m'afflige point d'être vieille et aveugle, parce qu'il est impossible que cela soit autrement; mais il est des malheurs qu'on croit qui pourraient cesser, où l'on se flatte qu'il y aurait du remède; on ne peut s'empêcher de le chercher, de le désirer; mais bien loin de le trouver, on accroît ses peines par les difficultés qu'on rencontre; on ne peut compter sur la bienveillance de personne : ou l'on vous blâme, ou l'on vous envie; on ne trouve que de l'indifférence ou de la haine, de l'insipidité ou de la malignité, et souvent toutes les deux rassemblées dans les mêmes personnes. Ne l'avez-vous pas éprouvé, et n'est-ce pas par cette même raison que vous aimez tant la solitude? Je n'ai qu'un seul bonheur dans ma vie, c'est d'avoir fait un ami tel que vous; mais voyez et jugez à quelle condition j'en jouis. Ne craignez rien, je n'en dirai pas davantage, je passe à ce qui peut vous amuser.

Je vis hier madame de Luxembourg, qui m'apporta une lettre de la grand'maman. Elle n'était de retour que la veille au soir; elle se loue beaucoup des gens qu'elle a vus; je fus très-contente de tout ce quelle me dit; je crois qu'elle s'est très-bien conduite, et qu'on a été très-content d'elle.

L'abbé Barthélemy arrive ces jours-ci; j'aurai du plaisir à le revoir; il me fera passer quelques moments agréables.

Voilà tout le monde qui à la file arrive de Fontainebleau : M. et madame de Beauvau aujourd'hui; madame de Mirepoix dimanche; et tous les étrangers successivement.

Le Blaquiere a du Stanley (1) dans sa façon de parler; il n'a pas le même accent, mais il a la même manière. Il est lent, il est froid, n'a point de premier mouvement, il pèse tout ce qu'il dit, et tout ce qu'il dit me paraît pesant sans avoir de poids. J'aimais bien mieux Robert (2), *lequel est un grand ennemi des inutilités.* J'en suis une pour lui, aussi je n'en entends plus parler.

Mon petit présent à la grosse duchesse (*d'Aiguillon*) a parfaitement réussi : je suis fort bien avec elle; elle est extrêmement occupée. Madame de Maurepas (3) est très-mal, il n'y a pas d'apparence qu'elle en revienne; son mari sera au désespoir et c'est ce qui afflige la duchesse; elle retourne aujourd'hui à Pontchartrain; je devais souper avec elle ce soir, et je souperai entre l'ami Pont-de-Veyle et Saint-Chrysostome; je suis fort contente de cette dernière. Je lui pardonne l'ennui qu'elle me donne : ce n'est pas de sa faute. Je voudrais seulement qu'elle s'en tînt à

---

(1) M. Hans Stanley avait signé les préliminaires de la paix connue par la dénomination de *paix de Paris.*
(2) M. Robert Walpole.
(3) Elle était sœur de la duchesse douairière d'Aiguillon.

son insipidité naturelle et qu'elle ne voulût point avoir l'éloquence de son patron. Mais n'ayez point peur; je ne dis cela qu'à vous. J'en dis du bien à tout le monde; non-seulement je tolère, mais je flatte sa petite vanité autant qu'il m'est possible.

Ma conduite avec la mère Oiseau (1) est un peu plus difficile et scabreuse. Je veux n'y être ni bien ni mal, et ce milieu-là est aussi difficile à établir que celui d'entre le monarchique et le despotique. La nièce (2), qui chante si bien, *sans dépit, sans légèreté*, me plairait beaucoup davantage; mais j'ai peur de n'en pas tirer grand parti; elle a beaucoup d'humeur et d'inégalité. Elle a de la vérité, et c'est par où elle me retient, car de toutes les bonnes qualités c'est celle-là, sans nulle comparaison, dont je fais le plus de cas, et sans laquelle toutes les autres me choquent ou m'ennuient.

Samedi.

La grosse duchesse n'a point été à Pontchartrain; je soupai hier chez elle avec l'ami Pont-de-Veyle, la Saint-Chrysostome, un évêque, le chevalier de Redmont et madame de Chabrillant; on fit un wisk pendant lequel je causai avec la duchesse; c'est une honnête et bonne personne, et qui me traite toujours de mieux en mieux. J'eus l'après-dîner le Caraccioli; je perds les trois quarts de ce qu'il dit; mais comme il en dit beaucoup, on peut supporter cette perte. Je vis aussi le prince de Beauvau; il est profondément triste: je le tiens aussi malheureux que notre premier père. Il est peut-être encore plus triste: mais ce qui est ineffable, il n'a aucun repentir; il mangera, je vous jure, toutes les pommes que son Ève voudra; j'ai des instants où j'en suis affligée, mais soudain je me console par l'extrême contentement qu'ils ont de leur gloire prétendue. Ils sont dépouillés, ils sont presque nus, ils n'ont nulle ressource, mais ils sont des héros. Leurs créanciers ne partagent pas leur gloire; tout le monde est fou.

(1) La marquise de Boufflers.
(2) La vicomtesse de Cambise.

LETTRE CXXII.

Lundi, 2 décembre 1771.

Il y a aujourd'hui trois mois que (1).... devinez quoi? mais il n'est pas question de cela.

J'ai encore l'abbé Barthélemy ici ; nous souperons demain tête à tête pour la dernière fois. Aujourd'hui j'ai les Beauvau.

Madame de Cambise, oiseau de ma volière, s'est envolée. Je ne cours point après. Elle reviendra quand il lui plaira ; je ne me fais point honneur de cette philosophie ; je suis assez d'avis que l'on n'en a que pour ce qui est indifférent.

Mardi.

J'eus hier à souper les Beauvau, la marquise de Boufflers, la Saint-Chrysostome, la princesse de Monaco, Pont-de-Veyle et M. de Stainville. La princesse (*de Beauvau*) resta la dernière et ne m'a quittée qu'à trois heures. Il n'y a point d'exemple d'une éloquence aussi abondante en paroles ; je pourrais être flattée de sa confiance si le résultat de tout ce qu'elle m'a dit n'avait été à sa plus grande gloire. Sa politique, sa conduite partent de sentiment, d'une élévation peu commune, d'une prudence consommée, d'une justice, d'une équité irréprochables ; il n'y a qu'elle et ses amis qui aient de l'honneur et de la probité ; tous les autres ont des âmes basses, intéressées, et ne sont dignes que du mépris. Je crois m'être tirée de cette conversation avec retenue et sagesse. Il faut avouer que cette femme a beaucoup d'esprit, du caractère, et même des vertus ; j'en connais peu qui aient autant de vérité et de loyauté, mais elle a tant soit peu d'orgueil, et beaucoup de vanité, ce qui arrête le penchant qu'on

(1) M. Walpole avait quitté Paris ce jour-là.

pourrait avoir à l'aimer (1). J'aurais du plaisir, je l'avoue, à observer dans chacun les nuances de leurs amours-propres; mais il me reste si peu de temps à vivre, que je prends tout en passant sans m'occuper à en tirer du profit; je me livre tout entière à la paresse, à l'indifférence. Il en résulte une impartialité qui me fait regarder la société comme une lecture ; je cause avec un parti, et puis tout de suite avec celui qui lui est contraire, comme je passe d'un alinéa à un autre ; et comme je n'ai plus de mémoire, j'oublie tout ce qu'on me dit aussi promptement que j'oublie ce que je lis. Je n'ai point, comme vous, la ressource de mille goûts différents; la privation du sens qui en produit le plus me réduit à n'en avoir point d'autre que celui de la société ; je m'y rends le moins difficile qu'il m'est possible : mais il m'est impossible de ne pas être intimement persuadée que tout est vent et néant dans ce monde, excepté le sentiment de l'âme pour lequel vous avez tant d'horreur, et pour lequel vous êtes si propre.

J'ai mal dormi cette nuit ; sans être malade ni même sans aucune incommodité particulière, je ne me porte point bien ; j'ai le sentiment de ma destruction, je m'aperçois chaque jour de quelque faculté que je perds. Ceux qui doivent être longtemps sans me revoir ne s'apercevront que trop de ce dépérissement.

Ce détail n'est pas gai, mais,

A raconter ses maux souvent on les soulage.

Peut-être que la lettre que j'attends demain dissipera tous mes nuages.

Mercredi 4.

J'avais pris une terrible résolution que je n'aurais peut-être pas tenue. Je m'étais dit : Si je trouve dans la lettre que j'attends

(1) Voyez un autre et différent portrait de la princesse de Beauvau dans les Mémoires de Marmontel, tome III, page 156.

des lamentations sur la peine qu'on a à écrire, sur la disette de nouvelles, etc., etc., je n'ajouterai rien à ce que j'ai écrit, et je ne ferai partir ma lettre que par la poste de lundi.

Mais je suis bien éloignée de ce procédé ; votre lettre est charmante, la plus gaie, la plus délibérée, enfin telle que vous êtes quand vous êtes de votre mieux ; il faut que je me tienne à quatre pour ne vous pas dire en bon français ce que je pense ; je vous le dirai donc en italien, un *t*, un *i*, un *a*, un *m*, et un *o*. Votre esprit me plaît infiniment, toutes vos idées, toutes vos définitions sont vives et justes ; eh ! mon Dieu ! mon Dieu ! que je hais la mer et ses poissons ! Mais ne parlons pas de cela.

J'ai beaucoup joui du grand abbé ; nous avons soupé trois fois tête à tête. Vous rappelez-vous la lettre que vous m'écrivîtes quand vous apprîtes par votre cousin Robert mes projets de voyage et de séjour ? Tout ce que vous aviez prévu, tout ce que vous aviez jugé est de la plus grande justesse. Mon Dieu ! que j'aurais de choses à vous dire ! car je suis persuadée que ce qui m'intéresse ne vous est point indifférent ; j'en ai trop de preuves pour en douter.

Vous avez raison de ne vous point alarmer de mes insomnies ; elles ne me tueront point, mais elles accéléreront la décrépitude, et il est assez triste de vivre quand on n'est plus que la moitié de soi-même.

J'ai ce soir un grand cavagnol composé d'oiseaux et d'oisons. Demain j'aurai la maréchale de Luxembourg, sa petite-fille la princesse de Beauvau, et sa belle-fille (*madame de Poix*), et puis des hommes ; quelque goût que vous ayez pour les noms propres, je ne saurais croire que vous aimiez les litanies. Je me dispense de vous en faire.

Le maréchal de Biron, après trente et un ans de mariage, vient de mettre à la porte madame sa femme (1) par raison d'incompatibilité ; il lui rend tout son bien, et comme il est fort

---

(1) Née Montmorency.

considérable, on lui donne à lui une gratification annuelle de quarante mille francs, en attendant un grand gouvernement. Mon pauvre prince (1) n'est pas spectateur bénévole de ce procédé.

Dites-moi, je vous prie, si vous avez la grande histoire de M. de Thou, et si vous en faites cas.

LETTRE CXXIII.

Paris, vendredi 12 décembre 1771.

La Saint-Chrysostome vient de partir pour l'Opéra; j'ai au moins une heure et demie, deux heures, avant qu'il m'arrive du monde.

Dimanche, à 2 heures.

Je fus interrompue. J'attends actuellement le facteur, qu'il m'apporte une lettre, ou non, et quoique je ne sois pas à terme, je ne vous en écrirai pas moins. J'ai trop de choses à vous dire.

Enfin, le malheur tant craint et tant prévu vient d'arriver; M. de Choiseul n'a plus les Suisses (2). Sa démission lui a été demandée, et il l'a envoyée sur-le-champ; je ne suis pas assez sûre de toutes les circonstances pour vous les dire. Chacun les raconte différemment. Tout ce que je sais certainement, c'est que sa soumission a été prompte et parfaite, sans parler d'aucune capitulation. Ceux qui peuvent être les mieux instruits croient qu'on lui a accordé ou qu'on lui accordera deux cent mille francs d'argent comptant et cinquante mille francs de pension sur la

(1) Le prince de Beauvau. La cour lui avait refusé toute indemnité pécuniaire, lorsqu'on lui ôta le gouvernement de la province de Languedoc.
(2) Le duc de Choiseul était capitaine-général des gardes-suisses.

charge, réversible à la grand'maman. Mais le pauvre abbé (*Barthélemy*) est bien à plaindre, s'il perd sa place de secrétaire. Jusqu'à présent le changement de général n'a point entraîné celui de secrétaire; M. Malézieux Détournelle, qui l'était sous M. le prince de Dombes et le comte d'Eu, a conservé sa place sous M. de Choiseul, et ce n'a été qu'à sa mort qu'elle fut donnée à l'abbé Barthélemy; personne ne doute que ce ne soit M. le comte de Provence à qui le roi donnera les Suisses (1).

Quittons les grands sujets, pour venir à nos petites affaires. Je suis désolée, désespérée, de vous avoir donné le conseil d'envoyer des oiseaux au Carrousel (2); on m'a fait comprendre que cela vous coûtera des sommes immenses; il me reste l'espérance que vous n'aurez pas trouvé le moyen de les faire partir; je tremble d'apprendre qu'ils soient en chemin; au nom de Dieu, s'il en est encore temps, désistez-vous de cette idée; je vous en ferai tout l'honneur, vous en aurez tout le mérite; mais enfin, s'ils sont partis, je vous prie de me faire savoir ce qu'il vous en coûte.

Trois heures sonnent, point de facteur; s'il n'arrive point, je vous dis adieu, et je fais partir ma lettre.

LETTRE CXXIV.

Mardi 17 décembre 1771.

Ai-je tort de vous écrire aussi souvent? dois-je renfermer en moi tout ce que je pense, et n'êtes-vous pas assez mon ami, pour que je puisse espérer de trouver en vous quelque consolation, ne fût-ce que celle de vous parler avec confiance? Je n'exige

---

(1) Ils furent donnés à S. A. R. monseigneur comte d'Artois.
(2) A la duchesse de la Vallière. Elle avait pris beaucoup de soin pour faire voir l'armure de François Ier à M. Walpole, qui désirait lui envoyer quelques oiseaux étrangers pour sa volière.

point que vous répondiez à chacune de mes lettres ; mais quand je suis bien noire, que je ne sais plus que devenir, il ne me vient point d'autre idée que celle de vous écrire. Je sens cependant une sorte de crainte ; je me dis : A quoi cela sera-t-il bon ? à le fatiguer, à l'importuner ; il me répondra avec sécheresse, avec humeur, je serai plus malheureuse qu'auparavant ; ne dois-je pas être contente qu'il entretienne une correspondance avec moi, sans abuser de cette complaisance ? Oui, je me dis tout cela, mais après ces sages réflexions, je ne sais plus que devenir. Je ne saurais me suffire à moi-même ; je n'ai de goût ni d'amitié pour personne, ni personne n'en a pour moi ; je me tourmente pour avoir du monde a souper. J'ai mille peines à rassembler une fastidieuse compagnie qui m'ennuie à la mort. Si dans ce nombre il y a quelques personnes qui valent mieux que les autres, je suis piquée du peu de cas qu'elles font de moi, de leur orgueil, de leur importance, etc. Je suis tentée quelquefois de partir pour Chanteloup ; s'il n'y avait que la grand'maman, je n'hésiterais pas malgré les soixante-quatre lieues ; mais la belle sœur, et tous ses adhérents me repoussent et me font changer d'avis. Je me représente l'état où je serais si je venais à m'en repentir, et alors je conclus qu'il vaut encore mieux supporter le malheur présent et actuel que d'en aller chercher un bien loin, qui serait peut-être encore plus grand. Je reçus hier un petit billet de l'abbé. Il me mande qu'il arrivera à Paris aujourd'hui ou demain ; ce pauvre homme est bien à plaindre ; j'attends que je l'aie vu pour continuer cette lettre. Comme il y aura dans la continuation, des noms et des faits, elle m'obtiendra le pardon du triste préambule.

Samedi 21.

Depuis trois jours, j'ai eu table ouverte, c'est-à-dire douze ou treize personnes chaque fois ; le jour le plus brillant fut hier ; c'étaient les Beauvau, la Cambise, le Stainville, le Toulouse, trois étrangers, Caraccioli, *Mora* (1), et Creutz. Cela ne se passa pas mal. Le Caraccioli est commode : on est à son aise avec lui, on n'a aucun embarras pour l'entretenir.

Je compte mardi donner la messe de minuit (2) aux Beauvau, aux Luxembourg, etc. N'allez-vous pas conclure que je me divertis fort bien? ah! mon Dieu! que j'en suis loin!

Le petit Sorbe (3) mourut hier d'apoplexie; il dînait chez madame de la Vallière, et en rendant son verre à son laquais il rendit l'esprit; il n'a pas souffert une minute; ce soir, tout son corps était violet de la tête aux pieds. Il n'avait pas un sou de bien. Il laisse soixante mille francs de dettes et deux sœurs, honnêtes filles, très-dévotes, dont il avait grand soin, et qui ne sauront plus que devenir. Il y a des gens si malheureux qu'on est honteux de se le croire quand on se compare à eux. Mais à quoi sert de penser, de réfléchir? on est nécessairement gouverné, entraîné par ce qu'on sent. Je suis un peu trop moraliste, n'est-ce pas?

Les Suisses ne sont point encore donnés, cela est assez étrange. Le traitement de M. de Choiseul est cent mille écus en argent et soixante mille francs de pension sur la charge : on la disait réversible à la grand'maman : on prétendait hier que ce n'en serait que la moitié; le brevet n'est point encore signé.

Il est certain que vous reverrez M. de Guignes avant le 15 ou 20 du mois prochain; vous aurez par lui de mes nouvelles; je pourrais en recevoir des vôtres par milord Harcourt.

Je suis actuellement en pleine jouissance du grand abbé; sa

---

(1) Il en est souvent parlé dans les Lettres de mademoiselle de l'*Espinasse*.

(2) Une des chambres de madame du Deffand avait une tribune qui donnait dans l'église du couvent de Saint-Joseph; c'est là qu'elle rassemblait quelques amis pour entendre la messe de minuit à Noël, après laquelle elle donnait un souper nommé le *réveillon*.

(3) M. de Sorbe, envoyé de la république de Gênes en France. Il était fort aimable en société.

fortune reçoit un grand échec; mais on supporte tout quand on n'est pas frappé par l'endroit sensible.

Je voudrais bien que vous eussiez reçu ma dernière lettre assez à temps pour n'avoir pas conclu votre marché d'oiseaux; je suis réellement désolée de vous avoir donné ce maudit conseil, qui, si vous l'avez suivi, doit vous coûter des sommes immenses.

Au nom de Dieu, ne me parlez plus des avances que j'ai faites, et ne vous ingéniez point pour me rembourser; je suis bien pauvre, mais pas assez pour que cette bagatelle m'incommode le moins du monde, et si je comptais jusqu'à un certain point sur votre amitié, j'exigerais de vous que vous ne m'en parlassiez jamais; rien ne serait plus honnête, rien ne me prouverait plus l'intimité de notre amitié. Ah! mon Dieu! quel mot m'est échappé? pardonnez-le-moi, je vous prie.

J'ai écrit à M. Trudaine, pour le prier d'écrire à M. Caffieri, directeur de la douane de Calais, de ne pas tarder un moment à faire partir les deux caisses qui sont à son adresse. J'ai, je vous l'avoue, grande impatience de les recevoir; j'aurai beaucoup de plaisir à tirer tout ce qu'elles contiennent, et à en faire la distribution. Vous moquez-vous en me faisant des excuses des soins que vous me donnez? je dirai, comme madame Remy dans le Paysan parvenu, à qui on reprochait l'usage qu'elle faisait de sa maison : *Ne voila-t-il pas un beau taudis que le mien, pour en être chiche?* Il en est du loisir de votre sibylle, comme du taudis de madame Remy.

Adieu, je crois cette lettre éternelle; cependant si j'en reçois une de vous demain, j'ajouterai à son éternité.

C'est M. le comte d'Artois qui a les Suisses, rien n'est plus sûr.

LETTRE CXXV

Paris, lundi 6 janvier 1772.

Tout ce que je crois infaillible manque toujours ; j'étais sûre d'une lettre ce matin, il n'y a point eu de courrier ; voilà ce qui arrivera souvent cet hiver. Je vous ai promis, ou pour mieux dire, menacé d'un volume. Il faut le commencer.

Le 6 du mois passé, M. du Châtelet (1) étant à Chanteloup, jouant au pharaon, sur les dix heures du soir, on vint lui dire qu'on le demandait. Rentrant un moment après, il se mit au jeu, et dit à la compagnie que c'était un soldat de son régiment, qu'il aurait beaucoup à écrire la nuit, ou, ce qui serait encore mieux, qu'il partirait le lendemain ; il se leva, et M. de Choiseul, se doutant de quelque chose, sortit avec lui. Ce soldat était un courrier de M. d'Aiguillon, qui apportait une lettre à M. du Châtelet. Il lui mandait que le roi voulait la démission de M. de Choiseul de sa charge des Suisses ; qu'il sût de lui quel dédommagement il désirait, et qu'il rendît promptement réponse. M. de Choiseul rentra sans rien dire, continua à jouer jusqu'à l'heure ordinaire, et puis il écrivit au roi ; et M. du Châtelet, chargé de sa lettre, partit le 7 de grand matin. Arrivé à Versailles, il fut chez M. d'Aiguillon à qui il ne voulut point remettre la lettre ; mais il lui dit les propositions qu'elle contenait : 1° sa liberté ; 2° le payement de ses dettes, dont il faisait l'énumération ; trois ou quatre millions qu'il avait mangés du bien de sa femme, et deux autres à différents créanciers ; il rappelait le souvenir d'une grâce qui lui avait été accordée et signée sept ou huit mois avant sa disgrâce, et qui n'avait pas été consommée, parce qu'on y avait omis une formalité qu'on

---

(1) Le comte du Châtelet, avait été ambassadeur en Angleterre. Il était alors colonel du régiment du Roi, infanterie

devait réparer et qui avait été négligée; je ne me ressouviens pas bien en quoi cette grâce consistait, mais c'était sur le bailliage d'Haguenau, auquel on devait joindre une forêt et différents droits. Cette grâce aurait suffi pour le parfait arrangement de ses affaires. Après cette visite au ministre, M. du Châtelet fut chez le roi, lui présenta la lettre. Est-ce la démission, lui dit le roi? Non, mais les propositions qu'il fait à Votre Majesté. Je ne veux point la lettre, je veux la démission. Tout de suite M. du Châtelet envoya un courrier à Chanteloup, qui rapporta la démission, sans aucune condition. Le roi alors reçut la lettre qui l'accompagnait, et la mit dans sa poche sans la lire, et dit qu'il donnerait deux cent mille francs d'argent comptant et cinquante mille francs de pension sur la charge, qui seraient reversibles à la grand'maman. Autre courrier à Chanteloup pour apprendre cet arrangement; sur-le-champ la grand'maman écrivit par la poste à M. du Châtelet qu'elle ne voulait point qu'il fût question d'aucune grâce pour elle; qu'elle lui recommandait de le déclarer, et qu'absolument elle ne voulait entrer pour rien dans le traitement qu'on ferait à son mari. M. du Châtelet était bien résolu de ne point obéir à cet ordre, et se garda en effet d'en parler; mais cette lettre avait été lue, et heureusement elle ne mit point d'obstacle à la négociation. M. du Châtelet insista sur une augmentation, et ne trouvant point de facilité auprès de M. d'Aiguillon, il se détermina à parler à madame du Barry, en qui il trouva plus de douceur et de facilité; il obtint cent mille francs de plus, ce qui en fit trois cents, et dix mille francs de plus pour la pension, ce qui en fit soixante, et toujours les cinquante reversibles à la grand'maman. Cette affaire consommée il s'en est suivi une brouillerie dans toutes les formes entre M. d'Aiguillon et M. du Châtelet. Le premier avait écrit à l'autre, dans sa lettre du 6, en annonçant la demande de la démission, qu'il avait parlé au roi conséquemment à une conversation qu'il avait eue avec lui, il y avait six ou sept mois, dans laquelle il lui avait confié que M. de Choiseul consentirait très-volontiers à se démettre de sa charge si on lui en faisait un bon parti. M. du Châtelet lui en a donné le démenti, et affirme que ce fut lui qui lui dit qu'on ne laisserait certainement pas la charge à M. de Choiseul, et qu'il s'agissait de savoir ce qu'il pourrait désirer pour dédommagement; qu'alors il lui avait répondu, que comme il avait des dettes immenses, il imaginait que si on les acquittait, il consentirait volontiers à perdre sa charge; mais qu'il parlait de lui-même et qu'il ne savait point ce que pensait M. de Choiseul, ne l'ayant jamais entretenu sur ce sujet; et qu'ainsi il avait grand tort de dire que c'était en conséquence de sa conversation avec lui qu'il avait parlé au roi. Je ne sais lequel des deux a menti; j'ai quelques notions qui me forceraient à croire que M. du Châtelet a parlé le premier; quoi qu'il en soit, M. du Châtelet, en dernier lieu, s'est parfaitement bien conduit; M. de Choiseul et tous ses amis disent qu'ils sont extrêmement contents de lui.

Mais, mon ami, l'on ne fait que mentir; il ne se dit rien aujourd'hui qu'on puisse croire; tout ce qu'on affirme le plus affirmativement, se trouve faux ou du moins très-douteux. On dit, par exemple, que ce qui avait déterminé le roi à lui ôter les Suisses, est une lettre qu'il avait reçue du comte de Provence qui les demandait pour lui, et que cette lettre était l'ouvrage de M. de la Vauguyon, de M. d'Aiguillon et de madame de Marsan (1).

L'autre parti assure que M. le comte de Provence n'a point écrit, ce qui paraît vraisemblable, puisqu'on a donné les Suisses à M. le comte d'Artois. La seule chose dont on ne puisse douter, c'est que M. de Choiseul ne les a plus. Il a pris

---

(1) La princesse de Marsan, née Rohan-Rochefort, était la veuve du prince de Marsan, de la maison de Lorraine. Elle possédait à la cour l'espèce de crédit que donnent une haute naissance, un rang distingué, une grande habileté et une bonne conduite, accompagnés d'un caractère naturellement porté aux intrigues politiques.

la résolution d'acquitter ses dettes, non ce qu'il doit à sa femme, car cela est impossible, mais à ses autres créanciers; ils vendent leurs tableaux, leurs diamants, une grande partie de leur vaisselle; il est même question de leur hôtel et de deux maisons qui y tiennent; le tout pourrait faire la somme de seize ou dix-sept cent mille francs, y compris les cent mille écus de sa charge (1).

Si vous pensez que tout ceci diminue la gaieté de M. de Choiseul, vous vous trompez; sa bonne humeur n'en souffre pas la plus légère altération. On a eu bien de la peine à contenir la grand'maman et à l'empêcher de faire un refus formel de l'article qui la regarde.

Pour le grand abbé, son affaire n'est point encore finie; c'est M. d'Affry qui s'en mêle, c'est son ami intime, c'est lui qui aura le travail avec le roi, du moins on le croit. L'abbé, vraisemblablement, ne gardera point sa place (2); on dit qu'elle pourra être supprimée, on croit qu'on lui assurera la moitié du revenu sur la place même, si elle est donnée à d'autres, ou sur les fonds destinés pour les Suisses; tout ce qu'il craint, c'est une pension sur le trésor royal, ou une abbaye. Son sort ne peut pas différer encore trop longtemps à être décidé; dès qu'il le sera, il repartira pour Chanteloup; en attendant, je le vois tous les jours.

Mardi 7.

Je viens de relire ce que je vous ai écrit hier, vous n'y comprendrez rien, on ne peut pas être moins clair, je n'ai pas le talent des détails; d'ailleurs pourquoi en faire? que vous im-

(1) Le duc de Choiseul mourut à Paris en 1785, endetté, à ce qu'on dit alors, de trois millions de livres.

(2) La place de secrétaire des gardes suisses. On trouva fort mauvais, dans le temps, qu'elle eût été donnée à un ecclésiastique. Peu après cette nomination, on vit au bal de l'Opéra un masque habillé moitié en abbé et moitié en uniforme des gardes suisses.

porte? Madame de Sévigné les rendait intéressants, il est impertinent de suivre son exemple quand on ne peut pas l'imiter. Vous allez penser que je quête des louanges, puisque vous croyez que je n'irai à Chanteloup que pour chercher des *cajoleries*; je ne dis pas que je ne les aime, mais cependant je sens bien quand elles sont sincères, et ce n'est que quand elles le sont qu'elles me font véritablement plaisir; enfin il n'y a que la vérité qui me plaise, je ne la trouve véritablement qu'en vous.

M. de Stainville nous dit hier que l'affaire de l'abbé était finie, qu'il avait dix mille francs de pension sur la place de secrétaire, que son successeur n'était point encore nommé, et qu'on croyait que cette place serait supprimée et ses fonctions réunies à celui qui a le bureau des Suisses. M. d'Affry est nommé administrateur de tout le corps (1), il travaillera avec le roi, et il a vingt mille francs de pension; il a mérité ce traitement par sa bonne conduite; il a rempli parfaitement ses devoirs envers le grand-papa sans déplaire au roi; il aime fort l'abbé, et il l'a bien servi.

Le prince de Beauvau, conduit par sa femme, n'a fait que des sottises; il a bravé le roi, et fini par lui demander l'aumône. Je crains bien qu'on ne la lui fasse pas; ils doivent aller l'un et l'autre le mois prochain à Chanteloup. Ils y resteront jusque vers la fin de mars; le quartier (2) sera le 1er avril. Jugez de la bonne mine que lui fera le roi, et ce qu'il en obtiendra. Rien n'a été si ridicule que le voyage de madame de Luxembourg à Chanteloup; elle était l'ennemie des Choiseul, et comme il est du bel air actuellement d'être dans ce que nous appelons aussi l'*opposition*, elle a employé toutes sortes de

---

(1) Nommé colonel des gardes suisses en 1780, il conserva cette place jusqu'en 1792, ou il fut arrêté à Paris, lors des événements du 10 août. Un de ses fils périt aux Tuilleries le 10 août.

(2) Le quartier de service du prince de Beauvau, comme un des quatre capitaines de la garde du roi.

manéges pour se réconcilier avec eux; elle a été très-bien reçue, parce que c'était pour eux un nouveau rayon de gloire et qu'ils en sont ivres. La pauvre grand'maman, à qui on n'en laisse que des bluettes, fait sacrifice sur sacrifice, et parvient à peine à l'ombre de la considération; la sœur engloutit tout, et sous l'apparence de quelque politesse pour cette grand'maman, on écrase son amour-propre. Les visites qu'on reçoit, toutes les attentions sont pour cette belle-sœur; excepté madame de Brionne qui n'a d'objet que le maître du logis, et les Tingri, Château-Renaud, Petite Sainte qui ont été pour la grand'-maman, elle n'a de part dans les visites des autres que des civilités apparentes. Le seul grand abbé est parfaitement à elle.

En voilà assez sur les Choiseul.

Vous ne garderez pas le Guignes bien longtemps, ou je suis trompée; j'ignore qui lui succédera : on dit le marquis de Noailles (1). On n'apprend rien par la maréchale de Mirepoix, parce qu'en effet elle n'est au fait de rien. Elle n'a aucun crédit. On la satisfait avec de l'argent, pour lequel elle a une grande avidité, non pour arranger ses affaires, mais pour le dissiper en niaiseries. Le roi lui a fait présent d'un tapis de la Savonnerie pour le salon de sa nouvelle maison qui est dans un quartier abominable, à mille lieues de tous ses parents et amis; le prétexte qui la lui a fait prendre, était le projet de marier son frère le chevalier; le mariage dont il s'agissait est rompu; il n'en fera jamais d'autre; personne, comme de raison, ne voudra de lui.

Cette lettre est immense et ne vous fera certainement nul plaisir. Je ne vous ai dit que des choses inutiles, et j'omets peut-être toutes celles qui auraient pu vous amuser, mais, mon ami, on n'est pas vieille impunément; on perd la mémoire,

---

(1) Le marquis de Noailles, second fils du maréchal duc de Noailles et frère du duc d'Ayen. Il ne remplaça qu'en 1776 le comte de Guignes dans l'ambassade d'Angleterre.

l'imagination. Il ne reste que l'amitié, et c'est sur quoi il faut se taire. Adieu.

LETTRE CXXVI.

Vendredi 7 février 1772.

Les courriers, presque toujours, arrivent présentement un jour plus tard, ce qui rend les réponses plus tardives ; je n'ai reçu votre lettre qu'hier, et celle-ci ne partira que lundi.

Combien vous faudrait-il donc de matériaux pour faire une lettre ? une révolution dans un royaume ne vous suffit-elle pas (1) ? cette aventure ne m'intéresse guère plus que le siége de Jérusalem, la prison de Bajazet, etc., etc. Quand les événements publics n'influent ni sur moi, ni sur mes amis, je n'y prends aucun intérêt, et je les écoute avec une distraction scandaleuse. J'ai l'air d'une imbécile.

Vous m'inquiétez sur l'état du duc de Richmond. Le changement d'air lui serait peut-être bon. Je lui conseille d'en essayer, et de venir en France. Ce conseil n'est pas tout intérêt à part, car j'avoue que je serais ravie de le revoir ; vous le lui direz, si vous le jugez à propos.

Je commence à être rassurée sur mon pauvre ami Pont-de-Veyle. Il n'a presque plus de fièvre ; il l'a eue double-tierce pendant vingt jours. Nous avons fait une grande perte en M. de la Vauguyon : vous sentez bien que c'est une contre-vérité ; excepté l'archevêque et les jésuites défroqués, tout le monde a marqué une joie immodérée. On croit qu'on ne nommera pas un autre gouverneur : c'est l'opinion publique ; le prince a

(1) L'arrestation des comtes de Brandt et Struensée, et l'emprisonnement de la reine alors régnante de Danemark, et de plusieurs personnes de la cour, soupçonnées d'avoir conçu le projet de faire signer au roi une renonciation à la couronne, afin de s'emparer du gouvernement du pays.

quatorze ans quelques mois ; ce qui pouvait arriver de mieux pour son éducation, c'est d'être délivré d'un tel gouverneur (1).

On s'attendait dimanche dernier à une promotion de six cordons bleus, MM. de Trême, de Villeroi, de Levy, de Sourche, de Montmorin, de Croissy. Ce ne fut qu'à dix heures du matin que l'on sut qu'il n'y en aurait point ; le soir il y eut un bal à l'Opéra, il y arriva six masques, avec des nez de papier bleu, longs d'un pied, avec un écriteau, *Promotion de* 1772. Cette folie est assez plaisante.

Madame Du Barry a eu ces jours passés un fort gros rhume. Elle fut saignée deux fois dans le même jour. Elle se porte bien présentement, et le roi se porte à merveille, dont je suis fort aise.

Je continuerai cette lettre, s'il survient quelque événement. J'en oubliais un bien important, c'est que la chatte de madame de Luxembourg, la fameuse madame Brillant, est morte, âgée de quinze ans, et ce qui est bien remarquable, c'est que cela est arrivé un vendredi, jour toujours funeste à la maréchale.

Dimanche 9.

Je ne sais rien de nouveau ; je n'ai pas assez de gaieté pour vous dire des riens ; j'appelle ainsi le détail de ce que je fais. Je n'ai plus de contenance en vous écrivant, je ne suis point ferme sur mes pieds, j'ai toujours peur de tomber à droite ou à gauche. Je ris, quand vous louez mon esprit, je vois que c'est pour ne pas écraser tout à fait ma vanité ; vous êtes trop bon juge pour que je puisse croire vos louanges sincères ; ce sont vos blâmes qui m'ont persuadée de votre vérité, et vous leur devez toutes les importunités dont vous vous plaignez.

(1) Le duc de la Vauguyon avait été gouverneur du Dauphin, depuis Louis XVI, et de ses deux frères, dont le plus jeune, le comte d'Artois, était encore sous sa conduite.

Si vous n'étiez pas aussi vrai que vous me le paraissez, je ne penserais pas pour vous de la manière que je fais.

Je vais pourtant vous rendre quelque compte de ce que je fais. Pour fuir l'ennui, je me dissipe autant que je peux, je soupe rarement chez moi ; je vais de côté et d'autre, je lis toutes sortes de livres, je n'en trouve presque point qui me plaisent; celui qui me fait le plus de plaisir actuellement, ce sont les *Lettres de Bussy* (*Rabutin*); vous allez vous récrier : tout le monde s'en est dégoûté et n'en a porté de jugement que sur celles qu'il écrit au roi. Je ne lis point celles-là, et je hausse les épaules en lisant celles de madame Scudéri ; je m'imagine que vous trouvez que les miennes leur ressemblent, et ce qui me le persuade le plus, c'est que les réponses de Bussy ressemblent beaucoup à celles que vous me faites; pour vous le prouver, vous n'avez qu'à lire la cent quatre-vingt-neuvième du tome cinquième, page deux cent soixante-dix-neuf, je veux mourir si vous ne trouvez pas une parfaite ressemblance. Je conviens que cette madame Scudéri est insupportable, et qu'elle quête de l'amitié comme on demande l'aumône; quoiqu'elle ait de l'esprit, son style est si fade, si ennuyeux, si languissant, que j'admire la patience de Bussy, d'avoir entretenu une telle correspondance : belle matière à réflexion! Mais presque toutes les autres lettres sont charmantes. Dans les deux premiers volumes, il n'y a que sa correspondance avec madame de Sévigné, et je conviens que les lettres de celle-ci sont encore plus agréables que celles de son cousin. Dans les cinq autres volumes, celles de madame de Montmorency sont très-agréables, celles du père Rapin, de Benserade et de beaucoup d'autres me paraissent très-bonnes, et les réponses de Bussy encore meilleures ; les jugements qu'il porte de tous les ouvrages qui paraissent me semblent excellents. Je vous prie encore d'avoir la complaisance de lire une lettre de madame de Sévigné, c'est la quarante-troisième du second tome, page cent quatre. Le commencement n'est rien ;

c'est vers la fin qu'elle fait l'éloge d'un évêque d'Autun. Je ne crois pas qu'il y ait rien de plus agréable (1). Si vous avez des moments perdus, relisez ce recueil de lettres, passez celles au roi et celles de madame Scudéri, et si l'on peut se bien juger soi-même, vous conviendrez que vous avez beaucoup du style de Bussy. Vous en avez la vérité, le délibéré, le bon goût, mais vous n'en avez pas la vanité, que je lui pardonne en faveur de cette vérité que j'aime tant, et à qui la modestie donne quelques petites entorses.

Peut-être vous moquerez-vous de cette analyse; en ce cas, je n'en ferai plus à l'avenir. Je serais fâchée d'être réduite à ne faire que des gazettes, ou à ne parler que de la pluie et du beau temps. Je ne sais jamais le temps qu'il fait, je sais peu ce qui se passe; peut-être conclurez-vous qu'il ne me reste qu'un parti à prendre, celui de ne point écrire; si c'est votre avis, il faut le dire.

Mes inquiétudes ne sont point calmées sur mon pauvre ami Pont-de-Veyle. La fièvre ne l'a point encore quitté. Elle est moins forte, mais c'est peut-être parce qu'il s'affaiblit lui-même.

Pour moi, je suis absolument brouillée avec le sommeil. Je suis cinq heures de la nuit livrée à mes belles réflexions; j'épuise tous les livres pendant quatre ou cinq heures, et je dors après deux ou trois heures sur les onze heures ou midi; je me lève fort tard. Sur les six heures les visites arrivent, je

(1) Voici ce passage : « Vous avez présentement votre aimable évêque. « Je vous plains, si vous n'êtes pas en état de profiter du séjour qu'il doit « faire à Autun. Il m'avait priée de lui écrire; mais je vous déclare que « je n'en ferai rien : je suis étourdie et accablée de la beauté de son es-« prit. Je vis par hasard, au moment qu'il partait, deux pièces toutes divines « qu'il a faites, et à mesure que je les lisais, et que j'en étais charmée, « je prenais ma résolution de n'écrire jamais à un tel homme. Qu'il re-« vienne donc, s'il veut savoir ce que je pense. La douceur et la facilité « de son esprit s'accommodent mieux à ma faiblesse; l'éclat en est « caché par sa modestie et par sa bonté. Voilà l'état où je suis pour votre « prélat. »

sors sur les neuf, je rentre à minuit ou une heure, et je me dis : pourquoi suis-je née? pourquoi craindrais-je de finir?

LETTRE CXXVII.

Mercredi 12 février 1772.

Je ne suis point trop mécontente de la lettre que je reçois, excepté les *racines profondes*. Voilà tout ce que je vous dirai ; et à propos de racines, je n'ai reçu qu'avant-hier celles que vous m'avez envoyées (1), elles embaument ; je vous en remercie, vos sachets en seront meilleurs.

Je me hâte de vous apprendre que Pont-de-Veyle n'a plus de fièvre ; voilà trois jours de suite qu'il vient chez moi, ce qui me plaît extrêmement, premièrement parce qu'il est guéri, et secondement parce que j'allais chez lui tous les jours, et qu'il me déplaît beaucoup de sortir avant neuf heures. Il sera très-sensible à l'intérêt que vous prenez à lui.

Vous faites fort bien de ne point écrire à madame d'Aiguillon. Ne suivez jamais mes conseils ; il ne me convient nullement d'en donner. Je m'en repens toujours l'instant d'après. Suivez votre instinct, il vaut mieux que toutes mes lumières. J'ai ri de ce que vous êtes *une bête féroce à demi apprivoisée*. Je pense que cela est un peu vrai, mais je ne suis pas comme vous, je ne hais point tout ce que je crains ; tout au contraire, je crains toujours un peu ce que j'aime beaucoup.

Je ne sais pas si vous vous souvenez que M. de Gontault (2) ne m'aimait guère et que de sa vie il n'était venu chez moi ; il y vint il y a trois jours, et il y soupera lundi prochain. Ma chambre est un petit théâtre, il y a des changements de dé-

(1) Des racines d'Iris.
(2) Le duc de Gontault, frère du maréchal duc de Biron, et père du duc de Lauzun. Il avait épousé la sœur de la duchesse de Choiseul.

coration; aux Beauvau, aux Stainville, aux Praslin, etc., succèdent les Mirepoix, les d'Aiguillon, les Chabrillant, les Bédé, etc.; tout cela se rencontre quelquefois, sans se combattre et sans se fuir. Pour moi, je pense que rien n'est si absurde que d'être fanatique, et rien de si malavisé que d'attiser les haines.

Je ne doute pas que l'on n'apprenne la mort de votre princesse (1) l'ordinaire prochain. Je suis bien persuadée que sa fille (2) est très-innocente de tous les projets qu'on lui impute, et sans être grande politique, j'ai un système sur tout cela, qui, je suis persuadée, est fort juste; la dame qui envoie une boîte *ornée* de son portrait (3), a je crois plus de part à ce qui est arrivé que celle qui est enfermée. Les médecins jouent de grands rôles à Copenhague (4), on les tient dans les cachots, tandis que les nôtres courent les champs et abandonnent leurs malades. Gatti est à Naples, et a laissé là la grand'maman; Pomme (5), qui a été malade pendant la maladie de Pont-de-Veyle, partit il y a quatre ou cinq jours pour la Provence sans dire adieu, et sans avertir personne. Bouvard dit qu'il faut s'en consoler parce qu'il a laissé son secret, l'eau de veau et les

---

(1) La princesse douairière de Galles, mère de Georges III. Elle décéda le 8 février 1772.

(2) Caroline-Mathilde, reine de Danemark. Le lendemain matin d'un bal masqué donné à la cour, le 17 janvier 1772, elle fut arrêtée par ordre de la reine douairière avec le consentement du roi, et renfermée dans le château de Cronenbourg, comme coupable d'avoir voulu forcer le roi à renoncer à la couronne, pour établir une régence qui concentrerait tout le pouvoir entre les mains de la reine régente et de ses favoris.

(3) La reine douairière de Danemark, dont la conduite paraît bien plus dictée par un esprit d'intrigue politique et par des vues ambitieuses, que celles d'une jeune princesse étourdie, dissipée, âgée de vingt et un ans. C'était l'âge de la reine Caroline-Mathilde lors de sa catastrophe.

(4) Les comtes de Struensée et de Brandt, favoris de la reine de Danemark, et fauteurs du projet dont il a été parlé, avaient tous les deux étudié la médecine, avant leur rapide élévation à la cour de Copenhague.

(5) Médecin que le traitement des maladies vaporeuses avait rendu célèbre.

bains. La Petite Sainte (1) est toujours assez malade, elle ira à Barége au mois de mai; son dernier voyage à Chanteloup lui a fait grand mal.

Madame de Croissy (2) vient de mourir; son mari est dans le dernier désespoir; elle était âgée de soixante et onze ans, il en a soixante-dix. Il y en avait cinquante qu'ils étaient mariés, et vivaient dans la plus grande union; que devient-on après une telle perte?

Je lis des voyages de Groënland qui m'ennuient à la mort; il vaut bien mieux dans ce pays-là être né ours que d'y naître homme; c'est M. de Creutz qui m'a forcée à faire cette lecture.

Votre Caraccioli me voit souvent, mais je n'augmente pas de goût pour lui. Il a une abondance de paroles qui ne sont qu'un amas de feuilles sans aucun fruit. Un des grands inconvénients de la vieillesse, c'est que l'on devient difficile; je ne sais pas si c'est que le goût se perfectionne, mais je sais que presque rien ne plaît; il n'y a plus rien d'agréable pour moi que les anciennes connaissances, parce qu'elles sont d'anciennes habitudes.

LETTRE CXXVIII.

Paris, vendredi 21 février, 1772.

Je ne saurais être de votre avis sur les Lettres de Bussy (*Rabutin*) (3), si ce n'est dans la préférence que vous donnez à ma-

---

(1) Madame de Choiseul-Betz.

(2) La fille du maréchal de Coigny. Elle avait épousé le marquis de Croissy, fils du marquis de Torcy, ministre des affaires étrangères vers la fin du règne de Louis XIV. On se réjouit de trouver en France, à la date de cette lettre, un exemple de parfaite union domestique dans la classe élevée.

(3) M. Walpole avait écrit: « Comment! je ne vous reconnais plus:

dame de Sévigné sur lui; celle-ci avait infiniment plus d'âme et de vivacité; tout son esprit n'était que passion, imagination et sentiment; elle ne voyait rien avec indifférence et peignait les amours de sa jardinière avec la même chaleur qu'elle aurait peint celles de Cléopâtre et de madame de Clèves. Ce n'est pas qu'elle fût romanesque, elle en était bien loin; le ton de roman est à la passion ce que le cuivre est à l'or. Bussy avait l'âme froide. Il avait la vanité d'une provinciale et toutes les bassesses d'un courtisan. Je ne regrette point qu'il soit mort; il m'aurait souverainement déplu, sa vanité était insoutenable. Cependant la vanité tout à découvert n'est pas ce que je hais le plus; on peut la repousser, la combattre; celle que je déteste est celle qui prend le voile de la modestie et qui, avec les dehors de la politesse, force à s'y soumettre ou du moins à la souffrir. Bussy ne disait de lui que le bien qu'il en pensait. Il croyait avoir infiniment de courage, parce qu'apparemment ce qu'il en avait eu en faisant la guerre, lui avait beaucoup coûté. C'est comme quand je me vante avec vous d'être extrêmement prudente; nous croyons toujours plus valoir par les qualités que nous acquérons, que par celles qui nous sont naturelles, et nous leur donnons du prix à proportion de ce qu'elles nous

« quoi donc! vous, vous qui ne vous souciez pas du style, qui n'aimez
« que les exhalaisons de l'âme et le naturel, vous trouvez belles les lettres
« de Bussy, où il n'y a que des riens en beau langage, et la plus fade
« vanité du monde! Il est pétri de prétentions jusqu'à son amour pour sa
« fille, où il n'était que le singe de madame de Sévigné, et vous trouvez
« que je lui ressemble! me voilà bien humilié! Tout modeste que je suis,
« et je le suis par excès d'ambition, je me trouve si inférieur à ce que
« je voudrais être, que je ne vois rien en moi que de fort médiocre;
« au lieu que Bussy, qui au fond de son cœur se rendait justice, s'imposait l'air de se croire un génie: encore renforçait-il ce faux mérite
« par l'orgueil de la naissance. *Un homme comme moi*, voilà le précis
« de tout ce qu'il a fait; bien qu'on est toujours fort peu de chose quand
« on n'est *qu'un homme comme moi*, ses Mémoires sont la platitude
« même; ses lettres, sauf votre respect, du dernier froid. Enfin, il n'y a
« que son Histoire des Gaules qui vaille quelque chose; mais celle-là
« me plaît beaucoup. »

coûtent. Voilà ce qui excuse les vanteries de Bussy sur sa valeur. Il avait beaucoup d'esprit, très-cultivé, le goût très-juste, beaucoup de discernement sur les hommes et sur les ouvrages, raisonnait très-conséquemment ; le style excellent, sans recherche, sans tortillage, sans prétention ; jamais de phrases, jamais de longueurs, rendant toutes ses pensées avec une vérité infinie ; tous ses portraits sont très-ressemblants et bien frappés. Vous n'avez point eu la complaisance de lire la lettre que je vous ai indiquée ; au nom de Dieu, lisez-la, et si vous ne vous y reconnaissez pas, je consens à être traitée par vous d'imbécile : c'est dans le cinquième volume, page 279, lettre CLXXXIX, à madame de Scudéri, du 5 septembre 1672. Cette madame de Scudéri était veuve de ce M. Scudéri du voyage de Bachaumont, gouverneur du château de Lagarde, qui avait fait la critique du *Cid*, et frère de mademoiselle Scudéri qui avait fait les romans de Cyrus et de Clélie. Cette femme était extrêmement pauvre, sa noblesse était des plus minces, et elle voulait être femme de qualité. Elle avait cultivé son esprit qui était médiocre. Elle prétendait à la célébrité, et avait tous les ridicules que les prétentions peuvent donner. Ses lettres sont insupportables, et j'avoue, à ma honte, que je crois vous en avoir écrit quelquefois qui peuvent leur ressembler. Quand je suis dans mes grandes vapeurs, mes grands ennuis, je fais des efforts pour en sortir ; je ne suis plus naturelle, je cherche mon âme, et je n'en ai que la réminiscence. Quelqu'un qui aurait une certaine dose de bonté supporterait cela patiemment, et verrait bien que ce n'est point un état permanent, que ce n'est qu'une situation accidentelle, et ne se mettrait point en fureur, et ne taxerait pas de romanesque la personne qui toute sa vie a été la plus éloignée de l'être. J'ajouterai à ceci que chacun aime à sa guise, que je n'ai qu'une façon d'aimer, c'est-à-dire infiniment ou point du tout. N'allez pas trouver mauvais ce que je vous dis ; voilà où m'a amenée insensiblement ce que je voulais vous dire sur Bussy. J'ajoute qu'il n'a pas compté imiter madame de Sévigné ; il était amoureux de sa fille, et couchait avec elle. C'est ce que j'ai su par feu la duchesse de Choiseul, ma véritable grand'mère (1), qui avait beaucoup vécu avec lui. Il y a dans le recueil de ses lettres plusieurs de celles de mon grand-père, qui était M. Brulard, premier président de Dijon.

Samedi 22.

Avouez que vous trouvez que je n'ai pas le sens commun, que je change de goût à tout moment. Non je n'en change point. Je hais ce qu'on appelle aujourd'hui bien écrire, et c'est peut-être parce que je le déteste, que j'ai été contente des lettres de Bussy. Je suis de votre avis sur ses Mémoires, ce n'est rien du tout, j'aime autant les gazettes. Nous avons une *Pélopide* (2) de Voltaire, qui nous annonce qu'il a rendu l'esprit, c'est-à-dire avant que de l'avoir faite ; je n'ai pas trouvé qu'elle valût la peine de vous l'envoyer.

La mort de votre princesse de Galles m'a touchée. Elle ne devait pas aimer la vie ; les malheurs sont bons à quelque chose : ils nous donnent du courage pour les derniers moments ; cependant qui peut s'assurer d'en avoir ?

J'ai trouvé dans les Mémoires de Bussy (tout mauvais qu'ils sont) un trait qui peint parfaitement ce que je pense. Il fut malade à la Bastille, et ce fut une diversion à son ennui. La maladie lui tint lieu d'occupations. Je comprends cela, parce que, quand je me porte bien, je ne sais que faire de moi, j'ai besoin de parler, d'agir, ce qui est fâcheux quand on a peu de moyens pour l'un et pour l'autre ; mais laissons là Bussy et moi pour n'y jamais revenir.

Aimez-vous la lecture des voyages ? je n'en saurais lire ; j'ai commencé ceux de Sibérie et ceux de Groënland sans pouvoir

---

(1) Marie Bouthillier de Chavigny.
(2) *Les Pélopides* ou *Atrée et Thyeste*, tragédie de Voltaire.

les achever. Je lis actuellement les *Mille et un quart d'heure*. Je vais relire la *Vie de madame de Maintenon*. Mon malheur, c'est que je suis obligée de lire cinq ou six heures par jour, je commence à six heures du matin, et cela dure souvent jusqu'à onze heures ou midi ; les insomnies allongent mes jours et abrégent ma vie. On en pourrait faire une énigme.

Je ne puis vous mander des nouvelles, si ce n'est l'exécution de la sentence rendue contre le fameux banqueroutier Billard ; il a été au pilori à la Grève une seule fois pendant deux heures, avec un écriteau, *Banqueroutier frauduleux, commis infidèle* ; il était en bas de soie, en habit noir, bien frisé, bien poudré ; quand le bourreau vint le chercher à la Conciergerie, il voulut l'embrasser, l'appela son frère, le remercia de ce qu'il lui ouvrait la porte du ciel, bénit Dieu de cette humiliation, et récita des psaumes le temps qu'il fut au carcan. Il fut conduit après hors de Paris, et comme sa sentence porte le bannissement, on ne doute pas qu'il n'aille à Rome auprès du général des jésuites, et moyennant cette protection, on s'attend qu'il sera un jour cardinal, et comme sa banqueroute est de cinq millions, il aura eu la précaution de faire passer des fonds dans les pays étrangers : il aurait été juste de le condamner aux galères.

Dimanche.

Cette lettre pourrait partir demain, mais ce serait enfreindre le protocole des huit jours, et comme il n'y a point de protocole pour l'étendue que doivent avoir les lettres, je n'aurai point scrupule de rendre celle-ci un volume ; il y a dans votre dernière encore des articles où je veux répondre.

Le pape peut être fort aise du renvoi de M. de Choiseul, mais s'il s'en applaudit comme étant son ouvrage, soyez sûr qu'il est la mouche du coche, et que chez nous ce sont les intrigues de cour qui embourbent nos voitures ; la bonne ou mauvaise administration n'y entre pour rien : on a vu cela de tous les temps.

Il n'y a pas beaucoup de nouvelles ici ; de petits événements, comme par exemple que madame de Mazarin (1) est admise aux petits voyages; qu'il y a eu dix-neuf personnes d'empoisonnées chez madame de Marsan par de la mort-aux-rats, dont on avait fait une pâte qu'on avait placée sur une planche et qui a été confondue avec des tranches de pain dont on a fait la soupe des gens; tous ont été fort malades, aucuns ne sont morts. Gerbier, l'avocat, a été mieux empoisonné par une médecine d'un empirique qui l'a brûlé vif; il n'est pas encore mort, mais on croit qu'il n'en peut pas revenir. J'attendrai demain l'arrivée du facteur pour fermer cette lettre; avouez que j'abuse de la permission, et que mes lettres sont éternelles; je parie que vous croyez que j'aime à écrire, eh bien! vous vous trompez, je suis en arrière avec tous ceux qui m'écrivent, et quand je me mets à dicter, Wiart pourrait vous dire que presque toujours il ne me vient rien.

Mercredi 26.

Le facteur est arrivé si tard, que j'ai cru que je n'aurais votre lettre que demain, et je balançais si je ferais partir la mienne; je vais donc commencer par un troisième volume.

Je regarde comme un très-grand malheur d'avoir un compatriote du caractère de Charles Fox; je n'aime point sa sorte d'esprit et j'ai bien mauvaise opinion de son caractère. Pour le Selwyn, je ne m'en suis jamais beaucoup souciée. Son esprit est à bâton rompu, il ne peut briller que dans son pays, qui lui fournit, bien plus que ne ferait tout autre, des occasions de dire des traits et de bons mots. Le nôtre, où règnent la monotonie et l'uniformité, ne lui inspirerait rien; vous m'avez une fois défini son esprit par un seul mot, je l'ai oublié. Était-ce *inspiration?* Il me semble que c'était encore mieux que cela; si vous vous en souvenez, dites-le-moi. On dit que c'est tant mieux pour nous quand il y a bien des factions chez vous; je ne sau-

(1) La duchesse de Mazarin, fille du duc d'Aumont.

rais vous en souhaiter ; je hais le trouble et la fronde, je ne suis point fanatique de la liberté ; je crois que c'est une erreur de prétendre qu'elle existe dans la démocratie. On a mille tyrans au lieu d'un. Enfin j'aime la paix, et comme mon désir pour moi en particulier est d'être gouvernée, je n'ai point de repugnance pour l'autorité. Cela vous paraîtra absurde. Vous vous moquerez de moi ; mais j'y suis accoutumée.

Votre duchesse, chez qui vous alliez dîner, n'est-ce pas la sœur de feu milord Hyde ? N'est-elle pas folle à lier (1) ? Je comprends que vous craigniez le retour de M. de Richmond, d'abord à cause de sa santé : mais ne craignez-vous pas aussi qu'il ne se joigne à Charles Fox ? Tout cela se joindra-t-il à milord Chatham ? Toutes réflexions faites, j'aime mieux *nous* ; nous sommes de vrais moutons, nous paissons tranquillement : il est vrai qu'on nous tond un peu trop près en attendant qu'on nous égorge ; mais que gagne-t-on à se révolter ?

LETTRE CXXIX.

Paris, jeudi 27 février 1772.

Cette lettre-ci sera un journal ; il me paraît que cette forme vous plaît assez, et elle me convient aussi. Je vais reprendre les choses de plus loin.

Lundi, votre ambassadeur donna un grand souper à M. le duc d'Aiguillon et à tous ses adhérents. Il y avait vingt et une ou vingt-deux personnes ; la grosse duchesse a dit que le choix était scientifique, parce que c'étaient des amis assez obscurs, et qu'il fallait être bien instruit pour les connaître et les trouver ; les da-

(1) Feu la duchesse de Queensberry. Madame du Deffand avait raison dans la première conjecture, et ne se trompait pas beaucoup dans la seconde.

mes étaient au nombre de neuf, d'abord les trois générations (1), et puis mesdames de Forcalquier, de Valbelle, de Nesle, d'Avarai, de l'Aigle, de Flamarens; les hommes, MM. le maréchal de Richelieu, de Maurepas, l'ambassadeur de Sardaigne. Comme je ne suis pas aussi savante que milord Harcourt, je ne puis vous dire le nom des autres. Ce milord veut me donner à souper. Il craint que je ne sois jalouse, et il a tort; je lui ai dit qu'il fallait qu'il priât madame de Mirepoix et madame d'Aiguillon, et qu'il leur laissât nommer la compagnie; je soupai hier chez le comte de Broglio avec les deux maréchales. Il n'y avait de femmes que la maîtresse du logis (2), sa sœur, duchesse de Boufflers (3) et moi; il y avait dix ou douze hommes. Ce soir et les deux jours suivants, je souperai chez moi; aujourd'hui j'aurai la mère oiseau, une madame de Polignac (4), non pas celle que vous connaissez, mais celle du Palais-Royal, qui vous divertirait; je l'ai raccrochée depuis peu, mais on ne la garde pas longtemps. En voilà assez sur ce qui me regarde, je viens aux questions.

Vous ne me parlez plus de notre danseuse (5); on dit qu'elle va revenir, et qu'elle est en dispute avec les directeurs de votre théâtre sur l'argent qu'on lui a promis.

Est-il vrai que vous faites un livre sur le jardinage? Si cela est d'où vient ne m'en avez-vous rien dit? Il paraît ici depuis quelques jours une épître en vers, qui a pour titre : *Despréaux à Voltaire;* elle est d'un nommé Clément (6), celui qui a écrit contre Saint-Lambert; je l'ai lue; elle ne vaut rien; ainsi je ne vous l'enverrai pas. Il dit beaucoup de mal de tous nos beaux esprits; il y a beaucoup de noms propres; tout ce qu'il dit est vrai, mais est grossier, plat et lâche; personne pre-

---

(1) Les trois générations de la famille du duc d'Aiguillon, sa mère, sa femme et sa bru, la comtesse d'Agenois.
(2) La comtesse de Broglio, née Montmorency.
(3) Mère de la duchesse de Lauzun.
(4) Madame de Polignac, née du Rumain.
(5) Mademoiselle Heinel, depuis madame Vestris.
(6) Critique célèbre que Voltaire appelait Inclément Clément.

sentement n'écrit bien. Indiquez-moi ce que je dois lire; car, je vous le jure, excepté vos lettres (dont le style me plaît indépendamment de la main) tout m'ennuie.

Vendredi 28.

Je reprends ma lettre où je l'ai laissée; oui, vos lettres sont excellentes, et fussent-elles d'un inconnu, elles me plairaient infiniment. Vous rendez vos pensées à merveille, et vous pensez beaucoup; je n'y trouve rien à redire, si ce n'est deux mots que vous en avez supprimés qui y faisaient fort bien; apparemment que vous les croyez contraires à mon régime.

Je vis assez de monde hier, mais des ennuyeux. Il faut apprendre à s'ennuyer, dit-on; on veut dire apparemment qu'il faut apprendre à ne pas s'ennuyer; si quelqu'un a cette recette, qu'il me la communique; je lui aurai plus d'obligation que s'il me donnait deux yeux et qu'il m'ôtât quarante ans. Je vis hier M. de Praslin (1); les hommes sont bien différents des statues; la distance de celles-ci les rapetisse, et c'est l'approche des autres qui les réduit presque à rien. Oh! que les places font d'illusions!

Samedi 29.

La journée d'hier fut peu de chose. Je vis la maréchale de Luxembourg, mon neveu l'archevêque; le reste ne vaut pas la peine d'être nommé. J'eus à souper madame de Cambise, Pont-de-Veyle et la Sainte-Chrisostome; cette Cambise me plaît, elle a un caractère à la vérité froid et sec, mais elle a du tact, du discernement, de la vérité, de la fierté. J'ai un certain désir de lui plaire qui m'anime. Ce ne sera jamais une amie, mais je la trouve piquante; c'est de toutes les femmes d'ici celle qui vous conviendrait le mieux.

(1) Le duc de Praslin qui avait été l'un des secrétaires d'État durant l'administration de son cousin, le duc de Choiseul.

L'on me donna hier des vers de Voltaire pour le chancelier ; on les a parodiés (1) ; je voudrais pouvoir vous les envoyer : mais cela ne se peut pas. J'ai voulu relire *Clarisse,* elle m'ennuie à la mort, je la laisserai bientôt là.

Adieu ; jusqu'à demain.

Lundi 2 mars.

Le lendemain n'a rien produit, le surlendemain guère davantage ; je soupai le samedi avec deux prélats qui se ressemblent comme deux gouttes d'eau, pour la taille, le son de voix, le même esprit, les mêmes sentiments, les mêmes idées, les évêques d'Arras et de Saint-Omer (2) ; ils ne sont ni plaisants ni badins : ce sont gens solides, occupés d'affaires d'administration ; ils sont adorés dans l'Artois. Ils y font des biens infinis ; c'est, à ce que je crois, où ils bornent leur ambition ; ils en ont l'air, ils le disent, mais ils seraient, je pense, très-propres à des places plus importantes : enfin ce sont de bonnes têtes.

(1) Les vers de Voltaire se trouvent dans ses œuvres. En voici la parodie :

> Je veux bien croire à tous ces crimes
> Que la Fable vient nous conter ;
> A ces monstres, à leurs victimes
> Qu'on ne cesse de nous vanter.
> Je veux bien croire aux fureurs de Médée,
> A ses meurtres, à ses poisons,
> A l'horrible banquet de Thyeste et d'Atrée,
> A la barbare faim des cruels Lestrigons :
> Ces contes cependant ne sont crus de personne.
> Mais que Maupeou tout seul ait renversé les lois,
> Et qu'en usurpant la couronne,
> Par ses forfaits il règne au palais de nos rois,
> Voilà ce que j'ai vu ; voilà ce qui m'étonne.
> J'avoue avec l'antiquité,
> Que ces monstres sont détestables ;
> Aussi ce ne sont que des fables,
> Et c'est ici la vérité.

(2) MM. de Conzié qui étaient frères. L'évêque de Saint-Omer devint depuis archevêque de Tours, et mourut en Allemagne, où il avait émigré pendant la Révolution.

Hier je passai la soirée au Carrousel; c'est un autre genre; je serais embarrassée de dire lequel; j'y retournerai encore ce soir pour mon lundi-gras; et demain, pour le mardi-gras, j'irai chez madame de Jonsac, où il n'y aura que sa nièce d'Andlezy, la Saint-Chrysostome et moi; vous conviendrez qu'il n'y a point de plaisirs plus innocents.

Dans ce moment le facteur arrive; la lettre que je reçois répond à plusieurs articles de celle-ci. C'est comme si vous l'aviez lue. Je suis de votre avis sur l'ambition (1), j'en reconnais le creux, le faux, le vide, mieux que personne; mais je la préférerais cependant à l'ennui, que j'ai peur qu'on ne confonde avec la tranquillité; quoi qu'il en soit, je ne m'ennuie pas au moment que je reçois vos lettres. J'en suis contente. Peut-être ferai-je encore un journal; ce qui pourra m'en empêcher, c'est le manque de faits; je n'ose hasarder les réflexions, je ne sais jamais où elles peuvent me mener, et il est assez facile de vous déplaire. Il n'est pas besoin de vous dire que je suis fort éloignée d'en avoir l'intention. Avez-vous les *Pélopides* de Voltaire? de tous les genres il ne lui manquait que l'ennuyeux; il ne lui manque plus rien.

LETTRE CXXX.

Paris, 11 mars 1771.

Vous me donnez un conseil que je ne puis suivre; je n'ai ni le goût, ni le talent d'écrire. Ce ne peut être un amusement

---

(1) M. Walpole avait dit : « Qu'est-ce que la grandeur externe? Un « hommage qu'on rend aux rangs dans tous les pays, dans tous les âges, « aux sots bien nés, à leurs femmes bien ou mal nées, bassesse du peu- « ple en présence des ducs, bassesse des ducs en présence des rois, adu- « lation d'historiens, et menteries de généalogistes! Voilà contre quoi on « troque le bonheur! le bonheur, ce moment de tranquillité qu'on « laisse toujours s'échapper, et qu'on ne retrouve plus! »

pour moi (1), il faut que j'y sois déterminée par une raison quelconque; je ne saurais écrire à froid; le passé est presque effacé de mon souvenir; à moins qu'on ne me questionne, jamais je ne me le rappelle, et pour ce que je vois journellement, il ne m'intéresse pas assez pour chercher à en conserver le souvenir.

Je suis bien de votre avis, nous sommes fort monotones (2); mais si vous n'êtes pas un original dans votre pays, c'est que tout y est outré et dépravé, et que vous n'êtes que naturel; vous seriez un original chez nous, parce que nous ne sommes rien par nous-mêmes, et que voulant être quelque chose, nous nous faisons copie de tels et tels, qui le sont peut-être de ce qu'ils ont lu, ou entendu raconter; enfin la simplicité, la vérité ne se trouvent pas chez nous; j'en conviens.

Je n'ai rien à vous mander de nouveau. La chose publique

---

(1) M. Walpole avait conseillé à madame du Deffand de s'amuser en écrivant : « Mais pourquoi toujours lire? pourquoi ne pas écrire? cela « intéresse davantage. Écrivez ce que vous avez vu. Si vous n'êtes pas « contente de ce que vous écrivez, vous n'avez qu'à le brûler. Mon ami « M. Gray disait que si l'on se contentait d'écrire exactement ce qu'on « avait vu, sans apprêt, sans ornement, sans chercher à briller, on aurait « plus de lecteurs que les meilleurs auteurs. »

(2) M. Walpole avait dit : « Vous aimerez mieux *vous* tant qu'il vous « plaira, mais soyez sûre que *vous* êtes bien insipides auprès de *nous*. « Vous êtes bien monotones, vos petits-maîtres savent ils se faire tour à « tour, beaux garçons, jaquets, législateurs, joueurs? Perdent-ils des mil- « lions et se vendent-ils pour des pensions qui ne suffisent pas pour payer « leurs bouquets journaliers! Oui, nous avons des cadets qui donnent un « louis par jour pour des roses, et des fleurs d'oranger au mois de janvier. « Ils entrent dans une assemblée derrière un buisson, comme nos anciens « Anglais qui allaient à la rencontre de Guillaume le Conquérant en « portant chacun une branche d'arbre. Lauraguais le Visigoth s'en for- « malise. Enfin nous avons des Perses et des Spartiates; nos damoiseaux « sont couverts de guirlandes et nos femmes écrivent sur la république. « Après, pas un individu qui ressemble à un autre : des originaux partout. « Il serait impossible de faire un portrait qui ne serait reconnu d'abord. « Je gage que vous m'avez trouvé assez original moi, eh bien! je ne fais « pas sensation; on me trouve assez plat et raisonnable. »

ne produit rien ; je mène toujours la même vie, et mes pensées sont toujours les mêmes.

Je trouve votre lettre charmante, mais d'un ton que je ne puis prendre ; il me faudrait plus de force et d'énergie que je n'en ai, pour y pouvoir répondre. Quoique je ne sois plus votre *Petite*, je suis cependant bien petite, bien sotte, bien puérile ; je n'ai qu'un petit cercle d'idées sur lesquelles je redis toujours les mêmes choses ; si je veux m'élever, je sens toute ma faiblesse.

Adieu. Peut-être ferai-je un journal pour l'ordinaire prochain ; dans ce moment-ci je ne trouve rien à dire.

LETTRE CXXXI.

Paris, mardi 17 mars 1772.

Savez-vous qu'en faisant le portrait de Lindor (1), qui est parfaitement ressemblant, vous avez, sans intention, des mêmes traits, fait le mien. Je ne sais pas si j'ai des *inspirations*, je ne le crois pas, *mais j'ai la faculté de sentir et non celle de comprendre. Ce qui frappe mon imagination n'arrive point, ou du moins très-difficilement et très-rarement à mon entendement.* Mais en quoi je ne ressemble point du tout à Lindor, c'est par le sommeil. Je ne demanderais pas mieux de suivre votre conseil ; j'écrirais volontiers, si j'avais des yeux ; mais je crois qu'il me serait impossible de dicter des faits ; à peine puis-je dicter mes pensées. Je n'ai point le talent de raconter ; ma mémoire qui est très-courte est à la glace ; j'estropie tous les bons mots que je répète ; mon esprit n'est point dans ma tête ; je suis le contraire de Fontenelle, de qui on disait qu'il avait deux cerveaux et point de cœur. Madame de Sévigné avait

(1) Nom donné par plaisanterie à M. Selwyn.

l'un et l'autre, et vous aussi ; mais gardez-vous bien de me placer dans cette classe. J'en suis parfaitement indigne.

Je viens de lire un ouvrage de M. Thomas ; l'*Éloge des Femmes des différents siècles ;* il s'est surpassé lui-même. Nous avions autrefois un charlatan qu'on appelait le gros Thomas ; il distribuait son orviétan sur le Pont-Neuf. C'était l'idole du peuple. Je prétends que M. Thomas est le gros Thomas du peuple bel-esprit. Voilà une de ses phrases, à propos de la distance que les rangs mettent entre les hommes : *L'orgueil ne se mêle pas, et fait signe que l'on recule.* Tout est du même style.

D'où vient brûlez-vous tout ce que vous écrivez ? me trouvez-vous indigne de rien lire ? manquez-vous de complaisance pour m'en faire quelque traduction ? vous pensez beaucoup et vous rendez très-clairement vos pensées ; que sait-on ? peut-être me feriez-vous penser à mon tour ? ne serait-ce pas une très-bonne œuvre de me tirer de l'ennui ? Je n'entends que des riens, et je ne suis pas même aussi heureuse que madame de Sévigné, qui se plaignait, quand elle était aux États de Bretagne, de dépenser tout son esprit en pièces de quatre sous ; la monnaie que je reçois et que je distribue, est encore au-dessous de cette valeur. Je ne regrette point de ne plus aller aux spectacles. Tout ce qu'on y donne est pitoyable ; en vérité, en vérité, on ne sait pas pourquoi on est sur terre, et cependant on n'a point envie de la quitter ; toujours quelques rayons d'espérance aident à soutenir l'instant présent ; mais elle est au fond de la boîte, et elle est terriblement couverte de contradictions, de chagrins et d'ennui.

Vous aimeriez mieux des nouvelles que tous ces beaux discours-là ; mais il n'y en a point ; ce sont des conjectures, des spéculations qui n'ont de consistance que par l'intérêt qu'on y apporte. Nous n'envoyons point d'escadre pour assiéger des châteaux, et délivrer des princesses prisonnières (1) ; ceci vous regarde, y a-t-il quelque fondement ?

(1) Ceci a trait à la reine de Danemark. On sait que le commodore

Mercredi 18.

Le facteur est passé, il n'y a point de lettres, j'en suis fâchée; j'attends avec impatience que vous m'appreniez comment vous aurez trouvé la lettre de Bussy. Je serais assez tentée de vous envoyer l'arrêt du parlement et le réquisitoire (1) contre les dernières brochures qui ont paru, et qui ont pour titre : la *Troisième partie de la Correspondance*, et le *Supplément a la Gazette*. Je n'ai point lu ces deux brochures, on dit qu'elles sont de la dernière insolence. Le réquisitoire me paraît admirablement bien écrit; je ne sais d'où vient que je ne vous l'envoie pas; deux raisons m'en empêchent : l'une que cela rendrait mon paquet trop gros, et l'autre, qui est la plus forte, c'est que cela vous serait fort indifférent.

Adieu donc; n'ayant point reçu de lettre, il faut bien que je finisse celle-ci.

LETTRE CXXXII.

Vendredi 20 mars.

Les lettres ont été bien retardées, elles ne sont arrivées qu'aujourd'hui. Non, vous vous trompez, *il ne faut pas tou-*

Macbridge, depuis amiral, fut envoyé dans le Sund avec trois frégates, pour conduire la reine de sa prison de Cronenbourg à Stade, d'où elle fut envoyée au château de Zell, résidence qui lui fut assignée d'après un arrangement convenu entre les cours d'Angleterre et de Danemark. Elle y termina sa triste carrière en 1774.

(1) Sur le réquisitoire de M. Jacques Vergès, avocat général du nouveau tribunal créé pour remplacer le parlement; cette assemblée condamna les deux brochures en question « à être lacérées et brûlées comme « impies, blasphématoires et séditieuses, attentatoires à l'autorité du roi, « injurieuses à la famille royale et aux princes du sang, tendantes à sou- « lever les peuples contre le gouvernement, et détourner les sujets de « l'obéissance qu'ils doivent au souverain, et du respect dû aux ministres « aux magistrats, etc., etc. »

jours que j'en revienne là. C'est où je ne retournerai jamais, soyez-en sûr; ç'aurait été un plaisant chemin pour y retourner, que de vous faire lire cette lettre de Bussy (1); c'est la conformité des expressions qui me surprit, et qui, jointe à la critique que vous faisiez de son style, me fit naître l'envie de vous faire lire cette lettre. Ah! je n'ai pas besoin d'être rabrouée. Ma tête s'affaiblit tous les jours, je deviens comme les enfants, j'ai besoin d'être caressée, qu'on me donne du bonbon; je crains qu'on ne me frappe, je trouve tout amer; je ne prétends pas avoir raison, mais on est comme on est : on n'est point maître de ses sensations. Madame de Beauvau me disait l'autre jour (apparemment pour me flatter) que ma manière de vieillir était surprenante, qu'on ne s'apercevait d'aucun changement. Ah! mon Dieu, mon Dieu! que cette louange est peu méritée! Je ne sais pas si je suis supportable pour les autres, mais je suis insupportable à moi-même. Vous avez raison, j'ai choisi un mauvais antidote contre la tristesse, en lisant *Clarisse;* le traducteur (2) a été bien malhabile, il pouvait retrancher hardiment un tiers du livre, sans supprimer aucun événement, sans altérer aucune situation; l'ouvrage aurait été bien meilleur. Il n'aurait pas été moins triste, mais infiniment moins ennuyeux.

J'aurais tort de décider que mes évêques (3) ne sont point ambitieux. Ils ont l'esprit ferme, appliqué; ils ne sont ni dévots, ni galants, ni intrigants; et comme il faut bien être quel-

(1) M. Walpole avait dit : « Enfin j'ai lu cette lettre de Bussy, et je « m'étonne que vous ayez eu envie de la citer. Que dit-elle d'abord? « sinon que quand madame de Scudéri avait des vapeurs elle persécutait « Bussy, et lui reprochait le manque d'amitié sans rime ni raison. Il s'en-« nuya de ses fantaisies, voilà par où je lui ressemble.

(2) C'est l'abbé Prévôt. Le Tourneur a ensuite retraduit *Clarisse* en rétablissant tout ce que Prévôt avait supprimé.

(3) Les évêques de Saint-Omer et d'Arras. M. Walpole avait dit à leur sujet : « Vos deux évêques ne me donnent point l'idée d'hommes sans « ambition. Il faut se contenter, si les ambitieux montent aux grandeurs « par l'échelle de la bienfaisance. »

que chose, et que rarement on fait le bien pour le bien, il se peut qu'ils soient ambitieux; mais les moyens dont ils se servent sont honnêtes. Je ne vois personne dont je croie que l'esprit vous conviendrait. Pour votre famille anglaise (1), je vous avoue qu'elle ne m'a point plu du tout; cette belle-mère est une jaboteuse singulièrement importune; son début avec moi fut sur la haute métaphysique; je me reproche de l'avoir brusquée; je lui ai paru sans doute une vieille de très-mauvaise humeur et fort bornée; elle m'aura bien jugée, et je ne m'en plains pas.

On dit ici que le chancelier Lambert est amoureux à la folie de notre danseuse (2) et qu'il veut l'épouser; il est depuis près de deux mois à Londres, et il n'y est allé que dans cette intention.

Il y a un homme qui s'est tué, il y a quatre jours, dans l'église de Saint-Eustache, sur le tombeau de sa maîtresse; cela n'est-il pas édifiant? il ne se passe guère de semaine qu'on n'apprenne un suicide; les banqueroutes en produisent plus que l'amour.

Je serai fort aise de revoir Lindor; la faculté qu'il a de s'endormir lorsqu'il s'ennuie, rend sa société très-commode. Je voudrais que tous les gens que je vois fussent de même; et ce que je voudrais plus que toutes choses, ce serait d'en pouvoir faire autant.

LETTRE CXXXIII.

Paris, vendredi 3 avril 1772.

Milord Carlisle me fait dire qu'il partira demain; je comptais que ce ne serait que lundi, et que j'avais du temps devant

(1) La famille de feu sir John Millar de Batheaston, composée de sir John et lady Millar, et sa mère madame Riggs.
(2) Mademoiselle Heinel.

moi pour vous écrire, et voilà qu'il faut que je me dépêche : c'est peut-être tant mieux pour vous. Vous ne vous souciez guère de nos nouvelles; je ne vous en sais pas mauvais gré. A peine m'intéressent-elles ; mais je vous ai annoncé que je vous en apprendrais, il faut tenir sa parole.

Notre ministère est en guerre presque ouverte ; le chancelier tout seul, M. d'Aiguillon à la tête des autres. Le chancelier a pour lui le clergé, c'est-à-dire le clergé dévot, l'archevêque de Paris (1), le cardinal de la Roche-Aymon, et ce qu'on regardait comme très-important, madame Louise (2). On commence à en avoir moins de peur, parce que le parlement vient d'enregistrer une déclaration qui restreint l'autorité du pape, malgré la volonté du chancelier. On regarde son crédit comme fort diminué, et M. d'Aiguillon, qui jusqu'à présent avait été protecteur des jésuites et des dévots, a changé de système; et c'est, à ce qu'il paraît, les ambassadeurs d'Espagne et de Naples qui ont le plus contribué à ce changement. Vous ne comprendrez rien à tout ceci ; je ne l'entends pas moi-même assez bien pour pouvoir vous l'expliquer. Il s'agissait de suspendre l'exécution d'un arrêt de 1762, donné à l'occasion de l'excommunication de Parme, qui ordonnait que tout ce qui viendrait de Rome serait examiné et enregistré au parlement avant d'avoir force de loi. Le chancelier avait obtenu une déclaration qui détruisait cet édit; il comptait sur la docilité de son parlement pour enregistrer cette déclaration ; il a été fort surpris de ce que son parlement a fait des remontrances. Ces remontrances ont été appuyées par le d'Aiguillon, et par des représentations et sollicitations très-vives des deux ambassadeurs, comme étant contraires au pacte de famille. L'arrêt de 1762 a donc été confirmé, et tout ce qui viendra de Rome, excepté ce qu'on appelle le pénitentiel, sera enregistré au parlement, ce qui sauve

---

(1) L'abbé de Beaumont.
(2) La fille de Louis XV, qui s'était retirée aux Carmélites.

la nation de la servitude de Rome, où le chancelier, pour gagner le clergé, voulait la soumettre. Tout ceci vous paraîtra un galimatias, mais vous pouvez en conclure que le crédit du chancelier reçoit une brèche considérable (1). On dit qu'il est question d'une négociation pour la réconciliation des princes, et que le d'Aiguillon et les autres ministres sont à la tête, et veulent en enlever l'honneur au chancelier. Il va y avoir une assemblée extraordinaire du clergé, l'ordinaire est qu'il n'y en ait que tous les cinq ans, celle-ci sera au bout de trois ans; on demande un don gratuit de douze millions, on en accordera dix; l'usage que l'on fait de tout cet argent est incompréhensible; on me dit hier qu'il y avait toute apparence que l'on ne continuerait point à payer au trésor royal, comme on a fait depuis le commencement de l'année; enfin, tout ceci paraît si incertain, si chancelant, qu'il semble impossible que l'état présent subsiste. Si vous voulez que je vous dise ce que j'imagine qui arrivera, c'est que le chancelier sera disgracié, que l'on donnera les sceaux à M. de Boynes (2), que l'on fera quelques changements aux opérations du chancelier qui faciliteront aux princes les moyens de se désister avec honneur de leurs protestations, qu'ils retourneront à la cour, qu'ils deviendront les valets de madame Du Barry, et qu'il ne restera que quelques vic-

---

(1) Le clergé et les parlements ont toujours été jaloux les uns des autres. Le chancelier Maupeou, qui n'ignorait pas que cette jalousie subsistait entre l'église et la robe, encourageait et appuyait les prétentions du clergé, qui voyait avec indifférence la destruction des parlements, sans songer que le pouvoir arbitraire qui anéantissait ses rivaux, pourrait, dans quelque autre occasion, lui être également redoutable à lui-même. Le nouveau tribunal de Maupeou ne fut pas plutôt établi que l'esprit de corps, un des plus puissants et des plus invariables moteurs des actions humaines, se trouva si parfaitement établi parmi ses membres, qu'ils insistèrent sur la nécessité d'enregistrer les déclarations du clergé, pour leur donner la validité d'une loi. Cependant c'était en faisant renoncer le parlement à cette prétention, que le chancelier avait obtenu l'adhésion du clergé à son nouveau système.
(2) Alors ministre de la marine.

times de l'héroïsme; je vois avec regret que M. de Beauvau sera une des principales. Cependant je soupçonne qu'il a trouvé quelques ressources; mais je n'en suis pas assez sûre pour hasarder de le dire.

Vous devez sentir combien il m'est important que vous ne tardiez pas un moment à m'accuser la réception de cette lettre.

Je n'ai point absolument renoncé au projet d'aller à Chanteloup. Je ne veux point m'ôter cette ressource, en cas d'un ennui insupportable (1); mais ce ne sera qu'à toute extrémité que je quitterai mon tonneau. Toutes les raisons pour rester chez moi sont si fortes, qu'il faudra une espèce de désespoir pour me faire partir, et alors on pourra m'appliquer le proverbe : *fin comme Gribouille, qui se jette dans l'eau de peur de la pluie.*

(1) M. Walpole répondit : « Milord Carlisle me remit votre lettre hier ; « si vous saviez à quel point vous contez bien, vous ne feriez autre chose « et vous vous ennuieriez bien moins. Quelle folie que de vouloir aller à « Chanteloup pour vous désennuyer ! C'est absolument une manie que la « manière dont vous parlez de l'ennui ; on dirait que vous êtes une fille « de seize ans qui est au désespoir qu'on ne lui permette pas de se di- « vertir tant qu'elle veut. Qu'est-ce donc que vous cherchez ? Vous voyez « beaucoup de monde, et ne savez-vous pas encore que tout le monde « n'est pas parfait? qu'il y a des sots, des ennuyeux, des traîtres? Vous « vous lamentez tout comme si vous étiez à votre première découverte de la « fausseté ou de la frivolité. Je vous parle actuellement sans humeur ; « je vous prie et vous conseille de quitter cette folie. Rendez-vous à la « raison, prenez le monde comme il est ; n'attendez pas à le refaire à « votre gré, et ne ressemblez pas à ce prince dans les Contes persans, « qui courait le monde pour trouver une princesse qui ressemblât à « certain portrait qu'il avait vu au trésor de son père, et qui se trouva « avoir été la maîtresse de Salomon. Vous ne découvrirez pas la maîtresse « de Salomon à Chanteloup. »

LETTRE CXXXIV.

Mardi 14 avril 1772.

Vous êtes obéi. On a corrigé les fautes d'orthographe, et fait quelques petits changements qui me donnent du scrupule; nous avons affaibli votre style : le vôtre a une certaine vivacité qui vous est unique, et qui vaut mille fois mieux que la lenteur et la froideur du correct (1). J'ai mis *difficultés* à la place de la *dépense;* j'ai peut-être tort. Venons à l'honneur que vous voulez me faire : il n'est pas douteux que je n'y sois bien sensible; mais mon amour-propre ne m'aveugle pas au point de consentir que vous me nommiez; il suffit qu'on me devine, en voilà assez pour ma gloire; je ne veux point nuire à la vôtre; vous vous exposeriez à un ridicule, et vous augmenteriez beaucoup la jalousie et la haine que tous les sots petits beaux-esprits ont pour moi. Je ne m'oppose point aux éloges que vous voulez bien me donner; j'y vois votre amitié, si je n'y trouve pas la vérité. La tournure que vous aviez prise est, dit Pont-de-Veyle, du style lapidaire; il aime mieux l'autre forme, c'est celle qu'il a prise dans la dédicace du *Siége de Calais,* et *des Malheurs de l'Amour.* Ce bon ami Pont-de-Veyle vous aime infiniment, je l'ai détourné de vous le dire lui-même; j'ai cru bien faire de vous épargner à l'un et à l'autre le petit embarras d'une lettre.

Il est très-vrai que le prétendant a épousé cette princesse (2),

(1) Ceci a rapport à la dédicace et à la préface de l'édition de la Vie du comte de Grammont, par M. Walpole.

(2) Une princesse de Stolberg. Sa sœur cadette avait épousé le comte de la Jamaïque, fils cadet du duc de Berwick. L'épouse du prétendant, connue depuis sous le nom de comtesse d'Albany, était certainement digne d'un meilleur sort que celui de partager les malheurs de la maison des Stuart, avec un mari également incapable de recevoir ou de commu-

qui est la sœur aînée de madame de la Jamaïque ; sa mère et elle sont venues à Paris, je ne sais pourquoi ; le prince n'y était point, elles l'ont été trouver ; j'ignore le lieu où il était, et celui qu'ils prétendent habiter à l'avenir : on dit que le prince a six cent mille livres de rente ; pour elle, elle n'a rien. Sa fortune me paraît bien peu digne d'envie ; n'est-ce pas un des plus grands malheurs que d'avoir des prétentions sans espérances ? elles ne causeront, je crois, à votre nation, aucune inquiétude.

Le vicomte Du Barry (1) aura la place de premier écuyer du roi ; il en a, dit-on, le brevet depuis quinze jours. MM. de

niquer les consolations de la vie domestique, et d'inspirer cet intérêt qu'aurait mérité sa position. Après avoir vécu quelques années ensemble, sans avoir des enfants, la comtesse d'Albany demanda et obtint, par l'intervention de son beau-frère le cardinal d'York, la permission de se séparer de son mari. Le prétendant continua à demeurer à Florence, et son épouse se rendit à Rome, où elle occupa, pendant quelque temps, un palais qui appartenait au cardinal en sa qualité de chancelier du saint-siège. Après la mort de son mari, arrivée en 1788, elle vint à Paris pour voir sa sœur. Elle était accompagnée dans ce voyage par le comte Alfieri, le célèbre tragique italien, avec lequel elle avait contracté une liaison intime. En 1791, elle passa en Angleterre, où elle est alliée à plusieurs familles distinguées ; sa mère étant fille de Thomas Bruce, comte d'Ailesbury, lequel était de la religion romaine, et vivait à Bruxelles, où il épousa une seconde femme, la comtesse de Sanna, dont il eut une fille unique, la mère de la comtesse d'Albany.

La comtesse d'Albany fut reçue en Angleterre avec tout le respect et tout l'intérêt dus à sa situation et à son mérite personnel. D'après les conseils de ses plus proches parents, elle fut présentée à la cour de Saint-James, à cette cour où, dans d'autres circonstances, elle aurait pu régner ; et la maison d'Hanovre vit la veuve, sans enfants, du dernier prétendant à cette couronne, solliciter une pension de la générosité du monarque en faveur d'une duchesse dont la pauvreté lui avait inspiré quelque estime. Après avoir resté quelques semaines en Angleterre, elle retourna à Paris, et repassa de là en Italie pour se fixer à Florence. En 1893 la comtesse Albany fit ériger un superbe monument, sculpté par Canova, dans l'église de Sainte-Croix, à la mémoire d'Alfieri qu'elle eut le malheur de perdre alors.

(1) Neveu du mari de la comtesse Du Barri. Il avait épousé mademoiselle de Tournon.

Coigny et de Polignac, qui espéraient l'avoir, en seront dédommagés, le premier par la charge de premier gentilhomme de la chambre de M. le comte d'Artois, et le second par celle de son premier écuyer. M. de Beauvau obtiendra aussi quelque dédommagement.

La vente des tableaux de M. de Choiseul a été portée à un prix inouï; elle monte à quatre cent cinquante mille livres. Je n'irai point à Chanteloup, ma santé ne me le permet pas. Je ne vous parlerai plus de mes ennuis, vous démentez trop bien ce vers de Corneille ou de Racine :

> A raconter ses maux souvent on les soulage.

Ah! bon Dieu! c'est tout le contraire.

Croyez que je vois bien tout ce que vous pensez, et ce que vous supposez que je pense; vous vous trompez, je n'attends rien, je n'espère rien; je vous surprendrais et vous ne me croiriez pas, si j'ajoutais : je ne désire rien. Cependant je me trompe fort moi-même, si cela n'est pas vrai.

Pour ne pas grossir mon paquet, je vais copier tout de suite les corrections de l'orthographe et ce que nous avons changé dans le style, que je crois que nous avons gâté. — (Il n'y a rien à changer au titre) (1).

Avis de l'Éditeur sur cette nouvelle édition.

« On ne prétend donner qu'une édition des Mémoires du
« comte de Grammont plus correcte que les précédentes. Ce
« livre unique n'a pas besoin d'éloge. Il est pour ainsi dire de-
« venu classique dans tous les pays de l'Europe. Le fond de
« l'histoire est véritable, l'agrément du style l'a fort embelli. Les
« premiers éditeurs avaient estropié plusieurs noms propres,
« on les a corrigés dans cette édition. On a encore rectifié la

(1) Le titre de son édition des Mémoires du comte de Grammont.

« confusion qui s'était introduite dans l'histoire des deux Ha-
« milton, l'auteur et son frère ; on n'a pas touché au texte.

« L'éditeur aurait voulu ajouter les portraits des principaux
« personnages ; mais il a trouvé trop de difficultés. Il s'est
« borné à ne donner que ceux de mademoiselle d'Hamilton, de
« l'auteur le comte Antoine d'Hamilton et de son héros le
« comte de Grammont. Malheureusement il n'a pu donner les
« deux derniers que d'après des tableaux faits dans leur vieil-
« lesse ; il n'existe de portrait du comte de Grammont que
« dans la salle des chevaliers du Saint-Esprit, aux Grands-Au-
« gustins, à Paris. L'éditeur a eu la permission de M. le mar-
« quis de Marigny d'en faire tirer une copie.

« Celui d'Hamilton est d'après son estampe, faite aussi dans
« ses dernières années. On a refusé à l'éditeur de faire tirer
« des copies des portraits des deux frères Antoine et George,
« et de la belle Jennings, qui se conservent dans une branche
« de la famille de cette dernière. »

A Madame ***.

« L'éditeur vous consacre cette édition, comme un monu-
« ment de son amitié, de son admiration et de son respect, à
« vous dont les grâces, l'esprit et le goût retracent au siècle
« présent le siècle de Louis XIV et les agréments de l'auteur
« de ces Mémoires. »

Je suis honteuse en faisant copier ceci ; je sens combien peu je mérite de tels éloges, et je ne comprends pas comment ils peuvent sortir de votre plume.

D'Alembert fut élu jeudi dernier secrétaire de l'Académie française, place vacante par la mort de Duclos (1) ; de vingt-

(1) Duclos avait succédé à Voltaire comme historiographe de France lorsque ce dernier s'expatria.

Duclos ne voulut jamais rien publier pendant sa vie en sa qualité d'historiographe ; mais il laissa à sa mort trois volumes curieux et authentiques, de mémoires sur la Régence et sur les premières années du

sept qu'ils étaient à l'Académie, il eut dix-sept voix pour lui, et l'abbé le Batteux en eut dix. Il y a un logement au Louvre attaché à cette place. Sans doute il ne l'occupera pas; il y a aussi douze cents francs d'appointements, sur lesquels il doit entretenir le feu de l'Académie; je ménagerais le bois en y jetant tous leurs beaux ouvrages.

LETTRE CXXXV.

Paris, mercredi 22 avril 1772.

Je suis un monstre, une folle, une insensée; si vous m'envoyez promener, si vous ne voulez pas entendre parler de moi, vous aurez raison, je ne serai point en droit de m'en plaindre, mais je serai dans le dernier désespoir. Oui, j'en conviens, ma lettre du mercredi 15 (1) est le comble de la folie et de l'impertinence; je ne prétends point l'excuser. Cependant, si quelque chose pouvait le faire, c'est que je ne me portais point bien. J'étais pleine de vapeurs, et votre lettre du 10, que je reçus ce jour-là, me parut dure, et d'une grande sévérité. Vous attribuiez mes ennuis à mon caractère, vous étiez fatigué de mes plaintes, vous trembliez en recevant mes lettres, enfin je n'y crus voir que sécheresse et dégoût : l'humeur me prit, et je vous écrivis des impertinences. A tout péché miséricorde, pardonnez-moi, mon ami, suivez l'exemple du Seigneur avec la Madeleine; dites comme lui, *Beaucoup de péchés lui sont remis, parce qu'elle a...* ah! je n'achève pas, je gâterais mes affaires, au lieu de les raccommoder. Au nom de Dieu, ne me grondez pas, ou ce qui serait bien pis, ne me boudez pas; nous étions si bien ensemble! J'ai fait une grande faute, je l'avoue. Il faut me la pardonner; vous devez voir que je ne suis pas incorrigi-

règne de Louis XV, écrits avec une franchise qui n'a permis de les publier que quelque temps après le commencement de la Révolution.

(1) Cette lettre ne paraît point.

ble. Je vais faire comme si j'avais obtenu mon pardon, et causer avec vous en toute liberté.

Le lendemain de cette lettre, jour du jeudi saint, je reçus vos deux petites caisses. Je les ouvris avec grand empressement; la bouilloire fut trouvée charmante. Sur-le-champ je la plaçai au milieu de ma table, les porcelaines furent rangées autour; il manquait une jatte pour le parfait assortiment, et vite, vite, j'en envoyai chercher chez madame Poirier. Madame de Mirepoix, qui était prévenue de l'arrivée de la bouilloire, arriva sur les six heures pour me demander du thé; depuis ce jour-là je tiens thé ouvert, et tout le monde admire la bouilloire; oh! si vous la voyiez en place, je n'aurais rien à désirer; ma joie cependant était troublée par mes remords; pour me soulager, je vous écrivis une longue lettre pleine de repentir, pleine de reconnaissance; je me satisfis en l'écrivant. Mais comme elle ne devait partir que le lundi, j'eus tout le temps de la réflexion. Je crus que cette lettre pourrait vous déplaire plus que celle qui causait mes remords. Je la jetai au feu, et je résolus d'attendre à aujourd'hui. Celle que je reçois me plaît infiniment. Vous voilà occupé dans votre petit château. Comment pourrez-vous raccommoder vos apôtres? et comment pourront-ils redevenir entiers de fracassés qu'ils ont été (1)? ce ne sera pas le moindre de leurs miracles.

Voilà donc ces oiseaux (2) en chemin; j'en suis désolée, ils n'arriveront pas en vie. Nous venons d'avoir trois jours de froid qui les auront tués; au nom de Dieu, ne suivez jamais mes conseils; je suis bien résolue de ne vous en plus donner; mais que sait-on? j'ai des premiers mouvements dont je ne suis jamais maîtresse. Ah! mon Dieu, j'ai bien des défauts; il est bien tard pour se corriger.

(1) Les vitrages peints de M. Walpole, à Strawberry-Hill. Ils avaient été cassés par l'explosion des magasins à poudre de Hounslow.
(2) Les oiseaux étrangers que M. Walpole envoyait à la duchesse de la Vallière.

Je prévois beaucoup d'ennuis. La demoiselle Saint-Chrysostome n'a pas le talent de les écarter. M. le prince de Conti m'enlèvera Pont-de-Veyle pendant un mois qu'il passera à Pongues. La grosse duchesse sera à Ruel, les Caraman à Roissy, madame de Jonsac à Jonsac, les Broglio à Ruffec; il ne me restera que la mère Oiseau, encore ira-t-elle peut-être en Lorraine, et son prince avec elle, ou en Franche-Comté; j'aurai donc pour toute ressource le Caraccioli, le Creutz et quelque virevousse de madame de Mirepoix, mais rien que jusqu'à Compiègne. Alors je n'aurai plus personne. Les Beauvau font leur quartier, qui ne finira qu'au 1ᵉʳ juillet, et tout de suite ils iront à Chanteloup. A propos d'eux, le prince vient d'obtenir une gratification annuelle de vingt-cinq mille francs, en attendant le premier gouvernement qu'on lui promet. De toutes les nouvelles que je vous annonçais, c'est la seule qui se soit encore réalisée. Il y aura une infinité de mariages la semaine prochaine : M. de Cauillac avec mademoiselle de Roncherolle; M. de Matignon, fils de madame de la Vaupallière, avec la fille du baron de Breteuil; M. d'Albon, neveu de ma belle-sœur (1), avec mademoiselle de Castellane. Ce dernier m'intéresse un peu, mais fort peu.

Vous savez que je destine le très-bel éventail que vous m'avez envoyé, pour la fête de madame de Luxembourg, qui est le 22 juillet; dans mes insomnies, j'ai imaginé d'y joindre un bouquet de marjolaine et de muguet, et sa mauvaise humeur, qui était assez grande ces jours passés, m'a inspiré le couplet que je vais vous dire, et qui ne sera point envoyé.

Sur l'air : *Vive le vin, vive l'amour!*

C'est le même air où j'en ai fait un que vous connaissez, qui commence : *Malgré la fuite des amours.*

J'ai préféré dans ce bouquet,
La marjolaine et le muguet,

(1. La marquise de Vichy.

A la fleur dont on craint l'épine :
L'emblème aisément se devine :
On ne veut point craindre en aimant ;
On veut qu'Amour devienne un bon enfant,
Qui, sans blesser, toujours badine.

Voici un autre couplet de madame de Bouflers sur un autre air du *Déserteur*.

AIR : *Tous les hommes sont bons.*

J'ai trouvé le moyen,
En ne dépensant rien,
De manger tout mon bien.
   J'ai joué,
   J'ai perdu ;
   Pour payer,
   J'ai vendu
   Ma chemise,
Et chez moi l'on ne voit pas,
Même aux heures des repas,
   Nape mise.

Ne trouvez-vous pas ce couplet plaisant ?

Madame de Cambise est favorissime de madame de Luxembourg et de l'Idole ; elle revient aujourd'hui avec tout le paganisme de l'Isle-Adam (1), où ils étaient depuis le mercredi saint.

Voilà bien des riens que je vous conte. Vous serez bientôt las de tels récits, vous pourrez me l'avouer sans me fâcher ; j'en fais serment, jamais, non, jamais je ne me fâcherai plus contre vous.

Et le pauvre Selwyn ! je suis bien fâchée de son état ; ce serait une perte pour vous ; malgré le respect que j'ai pour votre

(1) La société du prince de Conti. L'Isle-Adam était sa maison de plaisance.

philosophie, je vous crois très-sensible à la perte de vos amis ; vous avez beau dire, la société est nécessaire, on ne peut pas toujours vivre sur son propre fonds, et les dissipations qu'on a par les choses inanimées ne suffisent pas.

LETTRE CXXXVI.

Paris, mercredi 29 avril 1772.

Ah ! je n'y comprends rien. Je m'attendais à une lettre terrible, et jamais je n'en ai reçu de plus douce ; mais comme je vous sais incapable de feindre, je crois que vous n'avez point été choqué de ma mauvaise humeur, que vous avez jugé que j'étais plus digne de pitié que de colère, et que vous avez cru qu'il y aurait de l'inhumanité à augmenter mes peines. Tout ce qui me déplaît un peu de votre lettre, c'est qu'elle a eu *de l'intention* ; mais ne dois-je pas vous en avoir de l'obligation ? Et ne serait-ce pas d'un esprit bien de travers d'y trouver quelque chose à redire ? Ce serait faire du poison de tout. On se plaint pour être plaint, et quand on s'aperçoit qu'on inspire de la compassion, on en est fâché ; l'amour-propre n'a pas le sens commun.

D'où vient, mon ami, me prodiguez-vous tant de louanges ? est-ce cela que je désire de vous ? Vos blâmes, vos critiques, vos réprimandes me flattent bien davantage ; je trouve qu'elles prouvent plus votre amitié. Enfin, je ne veux point vous communiquer toutes mes pensées, vous êtes trop pénétrant pour ne les pas deviner.

Vous serez bien étonné de la lettre qui a précédé celle-ci ; elle est l'amende honorable de celle dont vous paraissez content, et qui effectivement ne devait pas vous irriter, en démêlant mon état et mon intention ; mais ce que j'espère, c'est que cette lettre, qui est du 22, doit vous prouver combien je crains d'être mal avec vous, que je regarde votre amitié comme le plus grand bonheur de ma vie, et que je sacrifierais toutes choses au monde pour la conserver.

Sans être plus modeste qu'une autre, je ne pourrais pas souffrir que mon nom fût à la tête d'un de vos ouvrages; il suffirait, auprès de bien des gens, pour vous attirer leur critique; mais je vous sais un gré infini de votre intention, parce que je suppose qu'elle a été en vous un premier mouvement, et non pas une marque de reconnaissance réfléchie, et que vous me connaissez assez pour savoir que ce ne sont pas des éloges que je désire et que j'attends de mes amis; c'est pour l'ordinaire de la fausse monnaie, et comme ce n'est pas celle que je distribue, je désire de n'en point recevoir.

Je m'attendais à quelque nouvelle plus particulière de votre flotte; tous ces jours passés on disait qu'elle était partie, et qu'elle allait à Copenhague; mais hier on changea de langage, et l'on dit qu'elle ne partirait pas. Mais ce qui est de certain, c'est que madame la maréchale de Luxembourg partit hier pour Chanteloup; rien n'est plus étonnant, mais rien ne doit étonner d'elle.

Adieu, mon ami, je suis contente, je craignais d'être mal avec vous; heureusement cela n'est pas, voilà tout ce qu'il me faut.

LETTRE CXXXVII.

Paris, lundi 11 mai 1772.

Je commence aujourd'hui ma lettre, parce que j'ai plusieurs bagatelles à vous dire, et que peut-être mercredi je ne trouverai pas de moments favorables pour écrire; je donnerai ce jour-là le thé à mesdames de Caraman et de Cambise. La première part jeudi pour Roissy. Cela me fâche un peu; je ne la vois pas bien souvent, mais c'est une des maisons où je me plais le plus. Je soupai hier au Carrousel, avec madame de Senneterre (1), le maréchal d'Armentières, sa femme et le petit Senneterre, l'ambassadeur de Sardaigne, le Craufurd, l'abbé Pernetty (2) (qui est une nouvelle connaissance que j'ai faite) et puis la jeune duchesse (*de Châtillon*) et madame Berthelot. Vos oiseaux furent admirés, la duchesse but à votre santé; vous êtes dans cette cour-là tout au mieux, et par bricole j'y suis fort bien aussi; peut-être y irai-je encore demain, parce qu'après cela je pourrai être quelque temps sans y retourner. L'abbé Barthélemy est parti ce matin, ou il partira demain; il ne reviendra pas sitôt; madame de Grammont partira jeudi, pour rendre visite à l'évêque d'Orléans, et ensuite à M. de la Borde; elle sera de retour le 28. Madame de Luxembourg, sans doute, reviendra bientôt. Madame de Brionne part aujourd'hui; l'évêque d'Arras partira jeudi avec une dame de ses amies. Il n'y sera que quinze jours au plus.

Il s'est passé de grands événements à l'Académie; on fit jeudi les deux élections aux places vacantes; l'abbé De Lille à celle de M. Bignon, et Suard à celle de Duclos. La règle est d'envoyer au roi l'élection pour qu'il l'approuve, et il a fait le contraire; M. de Beauvau, protecteur de Suard, prit la liberté de lui faire des représentations sur ce qu'il flétrissait deux honnêtes gens, qui étaient irréprochables par leurs mœurs, et qui n'avaient jamais écrit contre la religion. La réponse fut que le premier était trop jeune, qu'il pourrait se présenter dans quelques années, et que pour l'autre, il n'en voulait point; et

---

(1) La marquise de Senneterre, née Crussol de Saint-Sulpice, et mère de la maréchale d'Armentières.

(2) L'abbé Pernetty était un vieil ecclésiastique qui avait été longtemps jésuite. C'était un grand admirateur et amateur de curiosités. Il avait, entre autres, une dent de la célèbre Héloïse, montée en or, et pendue à sa montre. Il l'avait prise dans son tombeau au Paraclet, lorsqu'on l'ouvrit vers le milieu du dernier siècle.

comme le prince insista, il dit qu'ayant écrit, il ne pouvait pas se dédire. Le prince dit que cela n'était pas impossible et sans exemple, que Louis XIV avait une fois exclu La Fontaine et puis qu'il l'avait admis. Le roi dit que cela était fait et qu'il ne le changerait pas. Et sur Suard, il a dit que ses liaisons lui déplaisaient. Le prince de Beauvau est porté jusqu'aux nues pour le courage avec lequel il a soutenu les opprimés ; sa vérité, sa justice, sont exaltées. Pour moi, je voudrais qu'il les eût réservées pour quelques sujets plus importants, c'est un mince honneur que de se faire protecteur de pédants, ou de polissons ; mais je me tais, parce que tout cela ne me fait rien.

Voltaire m'écrit continuellement. J'en ai reçu deux lettres à la fois ces jours-ci, dont l'une était pour que je l'envoyasse à Chanteloup. Il m'a envoyé aussi son conte de *la Bégueule*. Il a l'air de n'en pas faire grand cas; si c'est de bonne foi, il a bien raison.

LETTRE CXXXVIII.

Mercredi 20 mai 1772.

Je n'ai reçu qu'hier 19, votre lettre du 7 ; le courrier ne l'a apportée que le 17. Je vous dirai pourquoi je l'ai reçue deux jours après son arrivée, quand j'aurai satisfait ma colère.

Il est indigne à vous de me répéter des menaces ; il faut que quelques magiciens vous fascinent les yeux en vous faisant trouver dans mes lettres ce qui est bien éloigné d'y être, et qui, je vous jure, n'y sera jamais ; non, vous n'y trouverez plus de sentiments d'aucune espèce, si ce n'est ceux d'estime, que vos accès d'humeur pourraient peut-être diminuer.

Je vais actuellement vous dire des choses qui vous surprendront. Devinez d'où je vous écris : d'un lieu où vous ne m'avez jamais vue, où je n'avais été, où je ne devais jamais aller, où l'on ne m'attendait point, où je me trouve fort bien, où

J'ai été admirablement, singulièrement reçue; devinez-vous? Ah! oui, cela est bien difficile. C'est de Chanteloup. Eh bien! oui, cela est vrai. Vous aimez les détails, je ne vous en épargnerai aucun.

Depuis trois semaines je me portais beaucoup mieux; mais je n'avais point le dessein de faire une telle entreprise. J'avais écrit à la grand'maman, ainsi qu'à vous, que j'étais trop vieille, que je ne pourrais pas soutenir la fatigue d'un voyage, que je ne pourrais causer que de l'embarras, que tout le monde se moquerait de moi, que chacun dirait : Peut-on se flatter à son âge d'être désiré? ne devrait-elle pas voir qu'elle ne doit l'empressement qu'on lui marque qu'à la politesse et à une sorte de reconnaissance qu'on lui doit! ne se trouvera-t-elle pas déplacée au milieu de gens qu'elle ne connaît pas, et dont les attentions qu'ils auront pour elle, par égard pour les maîtres de la maison, leur seront à charge? et ils s'en dédommageront en lui cherchant des ridicules qu'ils n'auront pas de peine à trouver. Voilà ce que je pensais, ce que je me disais, et ce qui m'a fait vous écrire plusieurs fois que je ne sortirais pas de chez moi. Voici ce qui a produit le changement.

Dimanche, 10 de ce mois, madame de Mirepoix vint prendre du thé chez moi. Nous étions tête à tête, quand, une ou deux heures après, on annonça M. l'évêque d'Arras. Ah! vous voilà à Paris, monseigneur, et depuis quand? — D'hier au soir, madame la marquise. — Y resterez-vous du temps? — Selon que vous l'ordonnerez. — Comment cela? — C'est que je viens vous proposer d'exécuter notre ancien projet. — Ah! je l'ai abandonné. — Pourquoi donc? — J'étale alors toutes les raisons ci-dessus. — Ah! mon Dieu, quelle folie! vous vous portez fort bien, ainsi votre santé n'est point un obstacle; vous aurez assez de force pour soutenir le voyage, vous coucherez trois nuits, quatre nuits, cinq nuits, s'il le faut, en chemin. Si vous vous trouvez incommodée, vous ne continuerez point votre route; je vous ramènerai chez vous, nous aurons deux voitures; la mienne, qui est très-grande, sera pour vos deux femmes, votre valet de chambre et le mien et pour tous vos paquets; nous ne resterons que le temps que vous jugerez à propos. Loin que ce voyage vous incommode, je suis bien persuadé qu'il vous fera du bien; d'ailleurs, pour vos autres craintes, elles sont ridicules, rapportez-vous-en à madame la maréchale. La maréchale, loin de me détourner, me presse de me rendre à ces propositions. Enfin, je me laissai persuader, et nous arrêtâmes de partir à la fin de la semaine, et nous prîmes la résolution de n'en parler à personne. Je ne voulais pas même confier ce secret à l'abbé Barthélemy, qui était à Paris, et qui devait partir le lendemain. La maréchale ne fut point de cet avis, parce que, dit-elle, il fallait qu'il eût soin que je trouvasse à mon arrivée un logement tel qu'il me le fallait, ce qu'il pouvait faire sans qu'on s'en aperçût; tout cela décidé, la compagnie survint; l'abbé venant me faire ses adieux, je le fis passer dans mon cabinet pour lui apprendre cette étonnante nouvelle; il en fut dans la plus grande surprise, et les premiers mouvements (qui sont rarement trompeurs) furent de la plus grande joie; je lui fis faire serment qu'il ne m'annoncerait point, et qu'il laisserait au grand-papa et à la grand'maman toute la surprise. Je ne devais point trouver madame de Grammont. Elle était prête à partir pour aller rendre visite à l'évêque d'Orléans, et à M. de la Borde; il n'y avait d'habitants que madame de Brionne, mademoiselle de Lorraine, MM. de Castellane, de Boufflers, de Bezenval et quelques Suisses, mesdames de Luxembourg et de Lauzun qui étaient sur leur départ, et que je rencontrerais vraisemblablement en chemin.

Toutes ces circonstances, jointes au beau temps, me convenaient infiniment; me voilà décidée, et dans la plus grande impatience de partir. Je n'en dis mot à mes gens de toute la journée; le lendemain, jeudi, je leur appris qu'il fallait qu'ils fissent leurs paquets et les miens, que je partirais pour Chanteloup le jeudi ou le vendredi au plus tard ; ils furent fort étonnés, et ajoutèrent peu de foi à ce projet ; je leur recommandai le secret ; il fut bien gardé ce jour-là. L'après-dînée, je vis Pont-de-Veyle, à qui je ne dis mot, non plus qu'à mademoiselle Sanadon. Le mardi, même silence. Le soir j'allai souper au Carrousel ; je crus honnête d'informer madame de la Vallière : je lui écrivis un petit billet que je lui donnai, qui la mettait au fait de tous mes arrangements ; elle le lut, le jeta au feu et ne dit mot. Le mercredi, tous les domestiques de la cour voyant des ouvriers travailler à ma berline, des valises, des portemanteaux que l'on portait pénétrèrent ce grand secret. Mademoiselle de Sanadon et Pont-de-Veyle me firent des reproches ; je leur dis que j'avais voulu éviter toutes représentations, contradictions et critiques, que je ne voulais pas encore en parler à tout le monde, que je partais vendredi, et que le lendemain, jeudi, j'en instruirais les gens de ma connaissance, ce que je fis en effet à tous ceux qui vinrent chez moi ! j'écrivis à mesdames de Jonsac, de Beauvau, de Boufflers, d'Aiguillon, à l'archevêque de Toulouse, etc. Je soupai encore ce même jour chez madame de la Vallière : je lui fis tout haut mes adieux, ainsi qu'à tout ce qui était chez elle.

En voilà assez pour aujourd'hui. Demain ou cette après-dînée, je commencerai la relation du voyage. J'y joindrai celle de la réception, du séjour, et je me propose de vous écrire tous les jours tant que je resterai ici.

Jeudi 21, à dix heures du matin.

Je reprends mon récit. Le vendredi, je me portais fort bien ; je me sentis beaucoup de courage ; j'attendis jusqu'à trois heures (heure indiquée pour le départ) monseigneur l'évêque. Il arriva, nous nous établîmes tous les deux dans ma berline, nos gens dans la sienne, et nous voilà en marche. Nous arrivâmes à Étampes à huit heures, moi assez fatiguée ; je fis un très-méchant souper, je me couchai tout de suite, je dormis assez mal; nous partîmes le samedi, à onze heures; pendant la route, une assez bonne conversation, la lecture de quelques articles de l'Encyclopédie de Voltaire, et nous arrivâmes à Orléans entre six et sept heures; j'étais plus fatiguée que la veille, et je n'eus rien de plus pressé que de me coucher.

Nous avions délibéré en chemin si nous n'irions pas débarquer chez l'évêque d'Orléans qui était à Meun, sa maison de campagne, à quatre lieues d'Orléans; j'en perdis bien promptement toute idée: nous apprîmes que mesdames de Grammont et du Châtelet y étaient arrivées ce jour-là; mon évêque me dit qu'il avait envie d'y aller souper et coucher, et qu'il viendrait me retrouver le lendemain matin, de bonne heure. J'y consentis très-volontiers, et je lui recommandai de ne point parler de moi. Après deux bonnes heures de sommeil, je m'éveillai entre huit et neuf heures, je fis encore un nouveau souper, je dormis mal le reste de la nuit, je me levai entre dix et onze; l'évêque arriva à midi. J'oublie de vous dire qu'à mon réveil Wiart me dit que la princesse de Ligne avait passé la veille au soir par Orléans, pour aller à Meun, et qu'un de ses gens lui avait remis une lettre; c'était de la grand'maman. Colman, qui l'avait reçue depuis mon départ, ayant su celui de madame de Ligne par un de ses gens, lui avait donné cette lettre; elle était datée du 13, elle prouvait clairement que l'abbé avait fidèlement gardé mon secret; elle m'envoyait un fromage. L'évêque, de retour de Meun, me dit qu'il n'avait pas dit un mot de moi; mais madame de Ligne, à son arrivée, débuta par lui demander où j'étais, qu'elle m'avait apporté une lettre. Alors madame de Grammont lui demanda ce que cela voulait dire. — Madame du Deffand, lui dit-il, est à Orléans. — Comment, dit madame de Grammont, cela est vrai! pourquoi ne l'avez-vous pas amenée ici? M. d'Orléans et moi nous allons la chercher. Mon évêque dit que j'étais trop fatiguée, et que je m'étais couchée. —. Eh bien! nous irons lui rendre une visite. Mon évêque s'y opposa. — Mais, dit madame de

Grammont, est-elle attendue à Chanteloup? — Non, madame, elle se fait un plaisir de les surprendre. — Je vais faire partir un courrier tout à l'heure pour les prévenir; madame de Choiseul serait furieuse de ne pas avoir été avertie. L'abbé était-il instruit de son dessein? — Il le savait, madame, mais il lui avait promis le secret. — Cela est infâme à lui de l'avoir gardé; madame de Choiseul, mon frère et moi ne lui pardonnerons jamais. Pourquoi a-t-elle pris le temps où je partais? combien y restera-t-elle? — Je l'ignore, mais ce ne peut pas être bien longtemps. — Ah! elle ne peut pas y rester moins de deux ou trois mois; on ne fait pas un tel voyage à son âge pour peu de jours : je serais excessivement fâchée, si je ne la trouvais pas; je suis dans l'admiration de cette marque d'amitié. J'en suis touchée jusqu'aux larmes; je vais faire partir mon courrier. — Au nom de Dieu! n'en faites rien et n'ôtez pas à madame du Deffand le plaisir de les surprendre. Elle le promit. L'évêque d'Orléans se plaignit de ce que je n'avais point voulu venir chez lui, et fit promettre à mon évêque qu'il m'y amènerait à mon retour.

Je pars à une heure d'Orléans; j'arrive à Blois vers les huit heures, je débarque à l'évêché, j'y fus bien couchée, je dormis fort bien, j'en pars à deux heures et j'arrive à Chanteloup à six. Je trouve dans la cour la grand'maman, madame de Luxembourg et le grand abbé. On arrête le carrosse, on ouvre la portière, on fait descendre l'évêque, la grand'maman monte à sa place, se précipite dans mes bras. Nous nous étouffons mutuellement à force de baisers et de caresses, on me trouve belle comme le jour, le meilleur visage du monde, enfin des cris de joie, des transports très-naturels, très-vrais, très-sincères : la grand'maman jouait la surprise, mais la feinte dura peu. Elle avoua qu'ils avaient reçu un courrier de madame de Grammont (elle n'aurait pu nous le cacher, car nous l'avions rencontré qui retournait à Orléans); elle en avait reçu une lettre, et le grand-papa aussi, toute remplie d'éloges de mon procédé; elle m'aurait, dit-elle, chargée sur ses épaules pour m'emmener; elle les excitait à ne me point laisser partir jamais, et surtout de lui donner entière assurance que rien ne les ferait consentir à me laisser partir avant son arrivée. Le lendemain, en partant d'Orléans, elle a encore écrit sur le même ton, et a de plus prié la grand'maman de me donner l'appartement qu'elle occupe (et qu'elle ne veut point qu'on donne à personne), si elle juge que j'y serai plus commodément. Elle dit des horreurs de l'abbé, elle veut qu'on le châtie de sa fausseté; je crois en effet qu'il n'avait point parlé; il n'était pas, m'a-t-il dit, bien sûr que j'exécutasse mon projet. Vous êtes étonné que je ne vous dise rien du grand-papa; il était à la chasse avec tout le reste de la compagnie. Il n'arriva qu'une heure après; j'étais à la toilette de la grand'maman; il se jette à mon cou, se récrie : Enfin vous voilà donc! je ne l'espérais plus, etc. Il me quitta pour aller voir madame du Châtelet qui était arrivée avec son mari une demi-heure après moi, il ne faut pas que j'oublie madame de Luxembourg; elle devait partir le lundi; mais dès qu'elle sut que j'arrivais ce jour-là, elle retarda son départ jusqu'au mercredi.

En voilà assez pour aujourd'hui, il faut que je me repose.

L'après-diner.

Je viens de relire ce que je vous ai écrit ce matin. Oh! l'ennuyeuse relation! quels misérables détails! me voilà bien corrigée de raconter.

Il faut pourtant que j'ajoute que je suis contente de tout le monde; que pour plaire à la grand'maman on me fête, on me caresse; mais cela ne m'empêche pas de me trouver étonnée d'être si loin de chez moi. Mon évêque, qui n'a pas fait le voyage pour un seul objet, est actuellement à Marmoutier, abbaye auprès de Tours, pour exécuter une commission dont il est chargé; il en reviendra samedi, il y retournera lundi; il y fera plusieurs voyages, et sitôt que ses affaires seront terminées, nous partirons, ce qui ne peut pas être plus tard que le 15 de juin. Cette lettre-ci partira lundi 24, vous la recevrez lundi 29. Que votre réponse, je vous en conjure, ne soit point sévère ; ne condamnez point mon voyage. J'ai suivi ce que vous dictiez pour l'année passée ; je suis partie dans la belle saison ; mon séjour sera court : j'aurai donné une marque d'affection ; plus mon âge me donnait de dispense, plus on me sait gré de l'effort que j'ai fait. Je n'en serai point incommodée, et j'aurai la satisfaction d'avoir marqué mon amitié. Enfin n'empoisonnez pas une action que j'ai crue honnête, et qui ne me causera que du contentement, si vous ne la désapprouvez pas. J'entends la grand'maman qui arrive ; il faut que je vous quitte.

Vendredi 22, à 8 heures du matin.

Cette visite était une attention, elle craignait que je ne fusse malade, parce que j'avais paru plus tôt les jours précédents ; une heure après, le grand-papa vint chez moi : je fus très-contente de tout ce qu'il me dit ; et ce qui me contenta bien davantage, c'est qu'un quart-d'heure après être descendue, je reçus votre lettre du 15. Je ne l'aurais reçue qu'un jour plus tôt si j'avais été à Paris. Je vais répondre à cette lettre.

Il faut que vous me grondiez toujours, et que, me voulant toutes sortes de bien, vous ne discontinuiez pas à me faire du mal. N'est-il pas bien juste de vous fâcher de ce que je vous demande plus souvent de vos nouvelles, si vous êtes incommodé, et n'y a-t-il pas de la férocité à me déclarer que, si vous êtes malade, je n'en saurai rien ? Voilà ce que vous avez d'insupportable ; quand votre imagination est une fois frappée, vous n'en revenez plus, vous ne vous apercevez pas qu'on soit corrigé, vous ne vous embarrassez pas de causer de vrais chagrins, vous ne savez pas qu'une lettre qui m'afflige est un chagrin qui dure quinze jours ; cependant, faites comme vous le jugerez à propos.

Mesdames de Luxembourg et de Lauzun partirent mercredi matin. Nous n'avons ici que les du Châtelet, mesdames de Brionne et de Ligne (1) ; le baron de Bezenval s'en va demain, et je ne vois pas qu'on attende sitôt personne. La vie qu'on mène me convient fort ; on déjeune à une heure, y va qui veut ; on reste après dans le salon tant et si peu qu'on veut ; sur les cinq ou six heures, chasse ou promenade ; on soupe à huit heures, et l'on se couche à toutes sortes d'heures, aussi tard et d'aussi bonne heure qu'on veut ; on joue à toutes sortes de jeux, on jouit d'une grande liberté, on fait très-bonne chère ; je suis logée le plus commodément du monde. Mon appartement est au premier, il est très-beau ; mes femmes, Wiart et mes deux laquais sont tous auprès de moi. Enfin rien ne me manque que votre approbation. Elle n'arrivera qu'au moment que je serai bien près de mon départ ; car je ne pourrai recevoir de réponse à cette lettre que le 4 ou le 5 de juin ; qu'elle soit douce, je vous en supplie ; ayez égard à ma faiblesse, pardonnez-la-moi, et ne me menacez plus à l'avenir.

La grand'maman m'a bien recommandé de vous parler d'elle. Elle serait enchantée que vous fussiez ici ; il est fâcheux qu'elle soit un ange, j'aimerais mieux qu'elle fût une femme, mais elle n'a que des vertus, pas une faiblesse, pas un défaut. Je suis parfaitement contente du grand-papa. On ne peut être plus aimable, plus doux, plus facile ; il s'amuse de tout ; ce séjour-ci est délicieux. L'abbé est charmant ; il m'a bien recommandé de vous parler de lui. Le marquis de Castellane veut aussi que je le nomme. Madame de Brionne est très-douce, très-polie ; madame de Ligne loge à côté de moi ; comme elle ne descend point pour le déjeuner, nous avons le

(1) La princesse de Ligne, dont il est ici question, était la fille du marquis de Mézières. Sa mère était anglaise, mademoiselle Oglethorpe, sœur du vieux général Oglethorpe. La princesse de Ligne était la tante maternelle de madame de Brionne, et mère du prince de Ligne.

projet de prendre notre thé souvent ensemble. Voilà une assez longue lettre.

Vous serez sans doute surpris que dans ma lettre du **13** je ne vous aie point parlé de mon voyage. J'avais beaucoup de répugnance à vous l'apprendre, et j'avais presque pris la résolution de ne vous en parler qu'à mon retour ; mais je n'ai pu me résoudre à cette dissimulation, et je me suis permis seulement de ne vous l'avouer que quand, par mon calcul, l'annonce de mon retour toucherait presqu'à la nouvelle de mon départ.

LETTRE CXXXIX.

Chanteloup, jeudi 11 juin 1772.

Je ne sais en vérité quel parti prendre. Rien n'égale votre sévérité ; avec vous les punitions surpassent de beaucoup les crimes. Je ne vous répéterai point ce que je vous ai dit dans les deux lettres que vous avez reçues de moi depuis que je suis ici ; à quoi cela servirait-il ? à vous fatiguer, et à m'attirer de nouveaux dégoûts. Si je n'étais pas convaincue de votre sincérité, de votre vérité, oserai-je ajouter de votre amitié, je croirais que votre colère, votre silence me prouvent aujourd'hui que vous ne cherchiez qu'un prétexte pour rompre avec moi. Qu'est-ce qui vous faisait exiger que je ne vinsse point ici ? apparemment la crainte des inconvénients qui en pouvaient être la suite. Qu'est-ce qui avait fait faire le serment de n'y point venir ? la même crainte, et celle de vous déplaire qui était la plus forte de toutes. Je vous ai dit comment j'avais changé de résolution. Ce qui me reste à vous dire aujourd'hui, c'est que mon séjour s'est aussi bien passé et a aussi bien tourné que je pouvais le désirer ; mais on ne se permet des détails que lorsqu'on est persuadé de l'intérêt ; votre conduite m'annonce la plus parfaite indifférence, cependant vous avez écrit un billet à mademoiselle Sanadon. C'est laisser entrevoir quelque lueur ; elle s'est contentée de me mander ce qu'il contenait, elle ne me l'a pas envoyé ; je lui ai demandé si vous le lui aviez défendu, ou bien si elle jugeait qu'il me chagrinerait trop, elle m'a répondu : Je n'ai point eu de défense, mais vous avez deviné.

Je ne sais ce que tout ceci deviendra ; si je ne suis point effacée de votre souvenir, vous pouvez juger de la situation où je suis. Vous m'avez quelquefois entendu dire que, pour que j'aimasse véritablement, il fallait que j'eusse quelque crainte de ce que j'aimais. Je trouve qu'aujourd'hui la dose est un peu trop forte ; je n'ose ni parler, ni me taire : il me semble que quelque parti que je puisse prendre, il me tournera à mal. Je crains de ne plus entendre parler de vous. Si je reçois une de vos lettres, je l'ouvrirai en tremblant ; si vous y exercez toute votre sévérité, vous me ferez bien de la peine. En arrivant à Paris, je n'y trouverai qu'un désert, je ne puis rien trouver d'agréable que le rétablissement de notre correspondance. C'est cette seule espérance qui me détermine à quitter ce lieu-ci où l'on m'accable de soins, d'attentions, et où l'on voudrait me retenir toujours, ou du moins jusqu'au mois d'octobre. Je n'ai pas été ébranlée un moment, et sans les affaires que l'évêque a dans ce pays-ci, et qui l'ont retenu bien plus longtemps que je ne l'aurais voulu, je ne serais restée ici que quinze jours. Ces affaires seront terminées samedi. Je l'attends ce jour-là, et comme il n'a vu qu'en passant les maîtres de cette maison, il a exigé que je consentisse qu'il restât avec eux deux jours, je n'ai pu le refuser. Nous partirons donc décidément, sans que rien puisse y mettre obstacle, mardi prochain, 16 de ce mois ; je coucherai ce jour-là à Blois, le mercredi à Orléans, le jeudi à Étampes et le vendredi à Saint-Joseph. J'ai tout lieu d'espérer que je soutiendrai aussi bien la fatigue de ce second voyage que du premier ; mais ce que je ne soutiendrai point, c'est votre colère, ou, ce qui serait cent fois pis, votre indifférence.

Cette lettre n'aura pas le même sort de quelques autres. Elle ne sera pas déchirée, elle partira; je prie Dieu qu'il l'accompagne de sa grâce, et qu'elle en trouve en vous.

Adieu, mon ami; que je ne vous donne point ce nom en vain, je vous prie. Comment peut-on hésiter quand il dépend de soi de causer le bonheur ou le malheur?

LETTRE CXL.

Chanteloup, samedi 13 juin 1772.

Vous avez dû juger, par ma dernière lettre, que je n'en avais point reçu de vous quand je vous l'ai écrite; c'est hier seulement que m'est parvenue celle du 2 juin. Je dis parvenue, car ce n'est pas sans peine qu'on s'est déterminé à me l'envoyer; il y a eu un combat entre la demoiselle Sanadon et Colman : celui-ci, guidé par son attachement, voulait me la faire tenir; l'autre, glorieuse de l'honneur de votre confiance, voulait de plus en plus la mériter, en exécutant vos ordres à la rigueur, qui étaient, prétendait-elle, de retenir jusqu'à mon retour tout ce qui pourrait venir de vous pour moi. Heureusement Colman a été le plus fort, et cette lettre m'a bien surprise; je ne savais plus si j'en recevrais de ma vie.

Je conviens que vous avez dû être fâché de mon voyage; le succès me justifie, et je ne puis le défendre par aucune autre raison : j'ai tout lieu d'espérer que je soutiendrai le voyage qui me reste à faire. Quant au séjour, il s'est passé au delà de mes souhaits. Je ne suis point en train aujourd'hui d'entrer dans aucun détail; je vous dirai seulement que je crois m'être parfaitement bien conduite, que tout le monde a été content de moi, et que je suis contente de tout le monde. La foule commence à arriver, c'est le véritable moment pour mon départ ; je quitterai le tonneau de Chanteloup pour celui de Saint-Joseph, que je retrouverai avec autant de plaisir que si je n'en avais pas eu dans celui de Chanteloup.

Je voudrais que vous puissiez avoir une assez bonne lunette pour voir ce qui se passe ici ; je ne reviens point d'étonnement de la paix qui y règne ; elle est dans tous les propos, dans toutes les actions, et certainement dans l'âme : tout le monde est d'accord, chacun fait ce qu'il veut, chacun dit ce qu'il pense ; on ne s'observe point, on ne se contraint point, et tout est dans le plus parfait unisson : le grand-papa est étonnant ; il a trouvé en lui tous les goûts qui pouvaient remplacer les occupations. Il semble qu'il n'ait jamais fait d'autre étude que de faire valoir sa terre ; il fait bâtir des fermes, il défriche des terrains, il achète des troupeaux dans cette saison, pour les revendre au commencement de l'hiver, quand ils auront engraissé les terres, et qu'il aura vendu leurs laines. Je suis intimement persuadée qu'il ne regrette rien, et qu'il est parfaitement heureux ; je suis ravie d'en avoir jugé par moi-même, je n'aurais jamais cru tout ce qu'on m'en aurait dit. Ne croyez point que dans ce récit il y ait de l'engouement ni de l'enthousiasme, c'est la pure vérité. Je me suis fort plu ici, j'y ai mené une vie fort douce ; mais cela n'a pas empêché qu'il n'y ait eu bien des moments où je ne me sois trouvée très-déplacée, et que votre silence ne m'ait causé bien du chagrin ; mais tout prend fin. Adieu.

LETTRE CXLI.

Chanteloup, mardi 16 juin 1772.

Je ne pars point aujourd'hui, un contre-temps insupportable a tout dérangé ; l'évêque, après avoir terminé toutes ses affaires, revint samedi ici ; il se plaignit d'un très-grand mal de tête : quelques moments après il lui survint un frisson qui fut suivi d'une très-violente fièvre qui lui dura la nuit et toute la journée du lendemain ; par bonheur elle fut accompagnée d'une abondante sueur ; on fit venir un médecin d'Amboise, qui ne porta d'abord aucun jugement sur son état ; il voulut attendre au lendemain : hier matin, le trouvant sans fièvre, il lui fit prendre trois grains d'émétique, qui réussirent fort bien ; le soir il était sans fièvre. Je viens dans le moment d'envoyer savoir de ses nouvelles ; il a très-bien passé la nuit, il a pris, il y a une heure, une médecine de rhubarbe : il descendra cette après-dînée dans le salon, et vraisemblablement rien ne nous empêchera de partir vendredi. J'ai une impatience extrême de me trouver chez moi ; vous savez que je n'ai pas le talent de dissimuler, ainsi je n'ai pas pu le cacher : on m'en fait des reproches, on prétend que je m'ennuie, j'ai été obligée de confier à la grand'maman la véritable raison de cette impatience ; elle ne se contentait point de celle que je lui donnais, la crainte d'être importune n'étant bonne à rien, celle de tomber malade, d'être déplacée au milieu d'un monde que je ne connaissais guère, et à qui je devais paraître un personnage bien hétéroclite : elle détruisait tout cela par la manière dont j'étais traitée, et par les empressements et les attentions qu'on avait pour moi ; elle n'a pas voulu combattre l'autre raison que je lui ai confiée, de peur de me faire de la peine. J'ai bien vu qu'elle ne la trouvait pas solide ; mais, comme son cœur est excellent, elle sent qu'il y a telles espérances, fussent-elles vaines, qu'on préfère à des réalités, quelque agréables qu'elles puissent être. J'espère donc partir vendredi, et pour que vous soyez absolument sûr de ma marche, je ne fermerai cette lettre que ce jour-là. La grand'maman m'a demandé si je vous parlais d'elle, et si je vous avais rendu compte de ce que son mari m'avait dit pour vous, du plaisir qu'il aurait de vous revoir ici ; je lui ai dit que je n'y avais pas manqué. — Eh bien ! pourquoi ne viendrait-il pas? Je ne doute pas, ai-je répondu, que vous n'en fussiez fort aise ; que je connaissais votre estime pour le grand'-papa, et votre tendre attachement pour elle. En vérité, il faut les voir ici pour connaître parfaitement tout ce qu'ils valent, je dis l'un et l'autre, car le mari est aussi excellent dans son genre, qu'elle l'est dans le sien. Je suis parfaitement contente de la belle-sœur ; j'aurais des sujets d'entretiens avec vous pour une année. J'aurai passé ici cinq semaines, et je puis vous dire, avec la plus grande vérité, que je n'y ai pas eu un moment d'ennui, pas éprouvé le plus petit dégoût, la plus légère contradiction ; l'abbé, le marquis de Castellane ont eu de moi des soins infinis ; j'ai joui de la plus grande liberté ; c'est le ton de la maison. Point de compliments, on ne se lève pour personne, on reste chez soi, on va dans le salon, on cause avec qui l'on veut ; les uns vont à la promenade, les autres restent dans la maison ; on est dix-huit ou vingt à table ; les premiers arrivés s'y placent : on y arrive à l'heure qu'on veut, on n'attend personne. Au sortir de table on reçoit les lettres de la poste, chacun lit les siennes en particulier, on se dit les nouvelles qu'on apprend, on s'arrange ensuite pour le jeu, on joue, ou on ne joue pas, cela est égal ; après le jeu, va se coucher qui veut ; ceux qui restent font la conversation, qui est très-gaie, très-agréable, parce qu'il y a beaucoup de gens d'esprit et de très-bonne compagnie ; le grand-papa, la grand'maman et la sœur restent toujours les derniers ; je ne les ai pas fait veiller une minute de plus qu'ils ne le voulaient, et qu'ils n'ont coutume. Vous voyez que cette vie est assez agréable, et qu'il serait assez naturel de la quitter avec regret ; cependant rien n'est si vrai que j'ai la plus grande impatience d'être chez moi. Je trouverai encore Pont-de-Veyle à mon retour ; mais peu de jours après il suivra son ennuyeux prince aux eaux de Pougues, où il restera un mois. Sans le Carrousel, je serais totalement privée de toute compagnie ; et dans ce Carrousel je n'y trouverai pas la fille : elle est aux eaux de Bourbonne pour deux mois.

Les Beauvau, immédiatement après leur quartier, qui finit le 1ᵉʳ juillet, viendront ici, où ils resteront deux mois aussi; et puis le 6 de juillet on ira à Compiègne; ce qui achèvera de m'ôter quelques étrangers, et les apparitions de la maréchale de Mirepoix. Les Broglio vont dans leurs terres pour jusques au mois de janvier. Vous voyez que, pour quelqu'un qui craint l'ennui, le parti que je prends est courageux, et qu'il faut que je sois bien sensible au plaisir que je reçois de la poste une fois la semaine.

Mercredi 17.

La princesse de Tingri arriva hier à neuf heures du soir; elle nous apprit une nouvelle qui vous fâchera et qui m'afflige infiniment, la mort de madame d'Aiguillon : elle n'en savait aucune circonstance, sinon que c'était d'apoplexie, et qu'elle était à Ruel. Madame de Tingri l'avait apprise le lundi, à onze heures du soir, et c'est ce même jour-là qu'elle était morte. C'est une perte pour moi; mais je ne veux vous rien dire de triste, je détourne toute réflexion.

Mon évêque se porte bien; nous partons toujours vendredi; la chaleur est diminuée, il pleut; j'espère que notre voyage se passera bien, que je trouverai de vos nouvelles en arrivant.

Jeudi 18, à 8 heures du matin.

Rien de changé pour mon départ. Point de confirmation de la mort de madame d'Aiguillon ; je ne la crois pas moins véritable : il n'y eut point hier de lettres de Paris. Je me fais un grand plaisir de me retrouver chez moi. Je ne me repens point d'être venue ici, mais je ne ferai plus de semblables escapades; je vais conformer ma conduite à mon âge, et mériter, si je puis, l'estime et la considération ; on m'en a beaucoup marqué ici, et je pars remplie de reconnaissance et de satisfaction.

Si quelque accident imprévu apportait quelque changement,

je l'ajouterais à cette lettre ; je ne la ferai mettre à la poste que quelques heures avant son départ, qui sera quelques heures avant le mien; si je n'ajoute rien, c'est que je serai partie.

Vendredi, à 8 heures du matin.

Enfin, rien n'est si sûr, je pars aujourd'hui à six heures du soir. Je ne comprends pas qu'on puisse joindre tant de plaisir à tant de regret; jamais je ne pourrai vous peindre, vous faire comprendre la manière dont j'ai été traitée ici; le cœur le plus sensible et le plus tendre aurait été satisfait de l'amitié qu'on m'a marquée; l'orgueil, la vanité, l'amour-propre n'auraient rien eu à désirer, en attention, en égard, en politesse, en préférence. Ah! je croirai avoir rêvé; les souvenirs, pendant quelque temps, me tiendront lieu de compagnie. J'aime la grand'maman plus que jamais; le grand-papa est étonnant : enfin, ce sera matière à lettres pour longtemps, d'autant plus que ce que je vais trouver ne fournira pas grand'chose à dire.

Je crains un peu la chaleur que j'aurai pendant le voyage, voilà quatre jours qui seront assez pénibles. Je n'arriverai que lundi 22, jour auquel cette lettre sera mise à la poste, vous ne la recevrez que le 26 ; mais tout va rentrer dans l'ordre accoutumé, et c'est ce qui vous rend raison de la joie que j'ai de partir.

Hélas, hélas! rien n'est si vrai que notre grosse duchesse mourut lundi dernier, d'apoplexie, en une demi-heure de temps; elle était à Ruel et dans son bain. C'est une très-grande perte pour moi; il m'en reste bien peu à faire : je tremble pour Pont-de-Veyle, quoiqu'il se porte bien présentement.

Je croirai, en me retrouvant à Saint-Joseph, m'être rapprochée de vous. Si, par impossible, je pouvais m'en trouver encore plus près, j'aurais de quoi vous amuser longtemps, non-seulement par des récits, mais par des lectures. J'ai rencontré ici un ancien ami qu'il y avait trente ans que je n'avais vu, avec qui j'ai renoué, et qui me prêtera des manuscrits bien curieux, dans le goût de ceux qui m'ont été refusés, mais d'une bien meilleure plume, et d'une personne qui a joué un grand rôle.

Si je ne trouve pas de vos nouvelles en arrivant, cela sera bien triste.

LETTRE CXLII.

Paris, mardi 23 juin 1772.

Votre plume est de fer trempé dans le fiel. Bon Dieu! quelle lettre! Jamais il n'y en eut de plus piquante, de plus sèche et de plus rude; j'ai été bien payée de l'impatience que j'avais de la recevoir.

J'arrivai hier à cinq heures du soir, me portant à merveille, sans être fatiguée du voyage, dans la plus grande joie de me retrouver chez moi, dans le plus grand contentement de mon séjour à Chanteloup, dans l'espérance de trouver de vos nouvelles, et que votre lettre mettrait le comble à ma satisfaction. Ah! mon Dieu, que j'ai été surprise! elle a produit un effet tout contraire. Tout mon bonheur a été détruit, un instant m'a fait plus de mal que les cinq semaines ne m'avaient fait de bien.

Mercredi 24.

Madame de Mirepoix revint de Versailles hier pour souper avec moi; elle a vu madame votre cousine (1); elle la trouve belle et bien faite, bon air, bonne grâce; elle en est charmée; je n'ai point encore entendu parler d'elle, on ne m'a point dit qu'elle eût envoyé chez moi.

Le courrier d'aujourd'hui ne m'a point apporté de lettre;

(1) Madame Damer, qui se trouvait alors à Paris avec son mari.

si je n'en dois plus recevoir (comme vous me le faites entendre), je voudrais savoir quelle en est la raison : je croyais qu'il n'y avait que le tribunal de l'inquisition où l'on punissait les gens sans leur dire pourquoi.

J'allais fermer ma lettre, mais je ne puis me résoudre à la laisser partir sans vous parler naturellement. Vous me rendez par trop malheureuse. Est-ce votre intention ? Vous me dites que vous m'avez beaucoup d'obligations ; quelles sont-elles, si ce n'est mon amitié pour vous ? est-ce la reconnaître que de refuser de me donner de vos nouvelles ? Si vous avez jamais éprouvé de l'inquiétude, vous devez savoir que c'est un mal insupportable ; je vous demande en grâce, mais avec la dernière instance, de ne m'y pas condamner. Je ne sais pas quel sujet de plainte (excepté mon voyage) je vous ai donné. J'ai une tête qui se trouble encore plus facilement que la vôtre. Ne m'exposez point à rien faire qui puisse vous déplaire.

P. S. A 6 heures du soir.

Ma lettre a été interrompue par l'arrivée de madame Damer ; Pont-de-Veyle était chez moi qui la trouve infiniment jolie, et moi je la trouve infiniment aimable ; je lui ai dit qu'elle serait la maîtresse de me voir aussi souvent qu'elle voudrait ; je me flatte que vous ne doutez pas de mes attentions ; elle soupera chez moi samedi, et peut-être vendredi, si je puis avoir madame de Mirepoix.

LETTRE CXLIII.

Paris, 8 juillet 1772.

Ma dernière lettre, monsieur, vous aura fait connaître que vous auriez pu vous dispenser de m'écrire celle-ci ; elle doit vous rassurer à tout jamais sur la crainte que je ne vous attire des ridicules. Comme vous ne doutez point que tout ce que nous nous écrivons fait d'abord l'amusement des bureaux, et parvient ensuite à la cour, je veux m'expliquer ainsi que vous, et ne leur pas laisser l'impression que vous leur donnez de moi.

Voici donc, monsieur, la déclaration que je leur fais. Je vous ai sincèrement aimé. J'ai cru l'être de vous; jamais mes sentiments n'ont été par delà l'amitié, et si on compare mes lettres à celles de madame de Sévigné, et si on lit celles que j'écris à madame la duchesse de Choiseul, on n'y trouvera aucune expression plus vive, et plus tendre que celle d'une mère pour une fille, et d'une amie pour une amie. De plus, mon âge me devait mettre si fort à l'abri de tout soupçon, que je ne devais pas craindre les interprétations ridicules. Mais enfin tout est fini; y a longtemps que je devais connaître que notre liaison vous était à charge. Tout m'annonçait votre changement; je ne m'en plains pas, monsieur, rien n'est si libre; mais ce dont je me plains, et dont je suis extrêmement offensée, c'est de votre procédé; on ne traite point une femme de mon âge, et qui a quelque considération dans la société, d'une manière aussi méprisante. Beaucoup de vos lettres m'ont fort désobligée, ainsi que celle-ci : mais celle d'avant celle-ci m'a mortellement blessée; je vous la renvoie, vous jugerez vous-même si j'y pouvais répondre autrement que j'ai fait (1). Celle que je reçois aujourd'hui ne change rien aux dispositions où j'étais. Tous vos griefs sont si puérils qu'on n'y peut répondre. *Être inquiète de votre santé; vous demander trois fois consécutivement si vous avez entendu un article de ma lettre* (dont je n'ai actuellement aucun souvenir) *ce sont*, dites-vous, *les façons d'une coquette*. L'énumération de mes crimes aura apprêté à rire à messieurs des bureaux.

Je ne veux, dites-vous encore, *que faire des esclaves, je n'aime que moi, et comme aussi vous n'aimez que vous, nous ne pouvons jamais nous accorder.*

(1) Cette lettre n'a pas été trouvée.

Eh bien! monsieur, ne nous accordons pas, et terminons une correspondance qui n'est pour vous depuis longtemps *qu'une persécution*.

Le reproche que vous me faites d'aimer le *romanesque* ferait rire tous ceux qui me connaissent; jamais personne n'en a été moins soupçonnée; je trouve assez singulier d'être si peu connue de vous; je ne me serais jamais attendue que vous seriez la personne du monde qui me connaîtrait le moins, et qui aurait pour moi le moins d'estime; toute *coquette* que je suis, monsieur, je me souviens quelquefois de mon âge; il me console des dégoûts et des chagrins de la vie, parce qu'il me reste peu de temps à les supporter.

Je finis en vous rassurant sur la crainte de recevoir souvent de mes lettres. Vous n'en aurez jamais qu'en réponse aux vôtres.

Madame votre cousine (1) a beaucoup de succès; sa figure, son maintien, son esprit, ses agréments plaisent à tout le monde, et en particulier à madame de Mirepoix, qui a pour elle des attentions infinies. Vous y entrez pour beaucoup, monsieur; elle est ravie qu'une occasion aussi agréable la mette à portée de vous prouver la continuation de ses sentiments.

J'ai chez moi depuis deux mois un paquet de M. Mariette pour vous; il est trop considérable pour qu'on puisse le donner à aucun particulier. Voulez-vous qu'on vous l'envoie par les voitures publiques, ou qu'on le fasse partir avec les bagages de milord Harcourt? Wiart attendra vos ordres: vous pourrez toujours l'employer à tout ce qui vous conviendra, il exécutera vos commissions avec le même zèle.

(1) Madame Damer.

LETTRE CXLIV.

Paris, 30 août 177..

Est-ce que je n'aurai plus de vos nouvelles? je commence à le croire. Est-ce ainsi qu'on finit avec une amie? Les fautes que vous me reprochez sont-elles d'un genre à autoriser cette conduite? Je vous propose la paix; oublions de part et d'autre le passé. Donnez-moi de vos nouvelles; souvenez-vous que vous m'avez dit mille fois que vous seriez toujours mon ami. Malgré toutes les apparences, je ne puis croire que vous ne le soyez plus.

LETTRE CXLV.

Paris, 14 octobre 1772.

Je m'en étais doutée, et j'aurais cru en être sûre dans tout autre temps; mais j'avais pris pour une continuation de la pénitence que vous m'aviez imposée pour mes forfaits, votre long silence. Voilà donc ce silence expliqué, et dans le moment même où, en attendant et en espérant une lettre, je faisais le projet de celle que je vous écrirais en réponse, je me préparais à vous dire, en cas que vous vous moquassiez de moi, ou que vous me traitassiez de Turc à More, que comme les gens avec qui je vis étaient beaucoup moins éclairés que vous, je vous priais de ne leur point faire remarquer ceux de mes défauts qui leur étaient échappés; l'esprit romanesque, par exemple, parce que jusqu'à présent ils avaient cru que le peu d'esprit que j'avais était simple et sans recherche et surtout éloigné de toute emphase et affectation; j'aurais ajouté que votre silence ne me faisait point de peine, parce que je ne voulais de vous aucune complaisance, et qu'il fallait que vous eussiez autant de besoin de m'écrire et de recevoir de mes lettres, que je peux en avoir moi-même.

De plus, je vous aurais encore dit que j'avais une grâce à vous demander, qui était de me donner votre parole d'honneur que si vous étiez malade, ou même incommodé, vous me le manderiez, afin que dans les temps où je n'entendrais point parler de vous, je fusse sûre que vous vous portiez bien, et que je n'eusse pas deux inquiétudes à la fois, l'une de votre santé, et l'autre de ce mot exécrable.

Je voudrais pouvoir vous égayer et avoir un caractère aussi heureux que le vôtre; mais on a, comme vous savez, celui qu'on a reçu de la nature, qui ne nous a pas consultés en nous donnant le jour; j'aurais rejeté tous ses dons si j'en avais été la maîtresse.

Je vous envoie des vers de Voltaire que l'on a extraits de sa tragédie des *Lois de Minos* (1), que l'on représentera cet hiver, et j'y joins des vers qu'il a faits pour mademoiselle Clairon, à l'occasion d'une ode que Marmontel avait faite pour lui, pour l'inauguration de sa statue, et qu'elle récita chez elle, habillée en prêtresse, ayant mis le buste qu'elle a de lui sur une table en posant sur sa tête une couronne de lauriers (2).

La duchesse de Sully, fille de M. de Poyanne, à l'âge de vingt ans, est morte cette nuit, après une maladie de quinze jours d'une suite de couche. Madame de Poix a passé ces quinze jours entiers auprès de son lit, sans se coucher que deux ou trois heures dans les vingt-quatre heures, prenant le temps où son amie paraissait plus tranquille. Les Beauvau devaient souper ce soir chez moi, mais ils n'y viendront pas. Ils ne sauraient

---

(1) On regardait ces vers comme faisant allusion à la conduite du parlement, et de la punition qu'on venait de lui infliger.
(2) Voyez ces vers et la relation de cette fête dans les Mémoires de Marmontel.

la quitter, elle est dans une affliction qui ressemble au désespoir : où placerez-vous ce sentiment? Il ne vous paraîtra pas vraisemblable; oserez-vous dire qu'il est romanesque? Il ne paraît ainsi à personne, et moins à moi (je l'avoue) qu'à qui que ce soit. Adieu.

ACTE III.

Du ciel qui conduit tout la sagesse infinie
Réserve, je le vois, pour de plus heureux temps
Le jour trop différé de ses grands changements :
Le monde avec lenteur marche vers la sagesse,
Et la nuit des erreurs est encor sur la Grèce.
Que je vous porte envie, ô rois trop fortunés!
Vous qui faites le bien dès que vous l'ordonnez;
Rien ne peut arrêter votre main bienfaisante;
Vous n'avez qu'à parler, et la terre est contente.

ACTE IV.

Allez : dites-leur bien que dans leur arrogance,
Trop longtemps pour faiblesse ils ont pris ma clémence;
Que de leurs attentats mon courage est lassé;
Que cet autel affreux, par mes mains renversé,
Est mon plus digne exploit et mon plus grand trophée;
Que de leurs factions enfin l'hydre étouffée
Ne distillera plus les flots de son poison
Sur moi, sur mon État, sur ma triste maison.
Je suis roi, je suis père; et veux agir en maître;
Et vous, qui ne savez ce que vous devez être,
Vous, qui toujours douteux entre Pharès et moi,
Vous êtes cru trop grand pour servir votre roi,
Prétendez-vous encore, orgueilleux Mérione,
Que vous pouvez abattre ou soutenir mon trône?
Ce roi dont vous osez vous montrer si jaloux,
Pour vaincre et pour régner n'a pas besoin de vous.
Votre audace aujourd'hui doit être détrompée.
Ou pour ou contre moi tirez enfin l'épée :

Il faut dans ce moment, les armes à la main,
Me combattre ou marcher sous votre souverain.

Vers adressés à mademoiselle Clairon.

Les talents, l'esprit, le génie
Chez Clairon sont très-assidus ;
Car chacun aime sa patrie.
Chez elle ils se sont tous rendus,
Pour célébrer certaine orgie
Dont je suis encor tout confus.
Les plus beaux moments de ma vie
Sont donc ceux que je n'ai point vus.
Vous avez orné mon image
Des lauriers qui croissent chez vous ;
Ma gloire, en dépit des jaloux,
Fut en tous les temps votre ouvrage.

LETTRE CXLVI.

Dimanche, 15 novembre 1772.

Vous m'avez crue folle, je vous le pardonne ; vous croyez que la sensibilité et la tendresse ne doivent point être dans l'amitié, qu'elles supposent d'autres sentiments ; vous vous trompez, mais j'abandonne cette matière. Tout ce que vous pourrez penser du passé ne me fait plus rien. Vous n'aurez pas de sujets à l'avenir de porter des jugements aussi faux.

M. Craufurd vous rendra plusieurs rogatons que j'hésite un peu à vous envoyer. Mais je suppose que dans vos heures de loisir vous pourrez les parcourir.

L'affaire de M. de La Borde pourra vous surprendre ; j'en fis la proposition à M. de Beauvau, sans trop imaginer qu'elle fût acceptable : mais mon âge, et la facilité que ces sortes de gens-là ont à se défaire de ces sortes d'effets sans risquer d'y perdre m'y détermina (1).

Les autres papiers sont des plaisanteries que vous trouverez peut-être bien fades, mais que puis-je vous dire de plus piquant? M. Craufurd vous racontera la vie que je mène ; il vous dira, s'il veut parler franchement, qu'il me trouve excessivement vieillie et de corps et d'esprit ; que le nombre de mes connaissances est assez étendu, mais que je n'ai pas un ami, excepté Pont-de-Veyle, qui les trois quarts du temps m'impatiente à mourir ; que la Sanadona est d'une platitude extrême, que je vis cependant fort bien avec elle, qu'elle me fait faire une étude de la patience et de l'ennui ; qu'enfin je suis assez raisonnable, mais pas infiniment heureuse, étant fort peu contente de tout ce qui m'environne, et moins de moi que de personne. Ma santé est médiocre, mais je n'en désire pas une meilleure, je serais fâchée d'avoir plus de forces et d'activité ; mais ce que je voudrais, ce serait d'être dévote, d'avoir de la foi, non pas pour transporter des montagnes, *ni pour passer les mers à pied sec*, mais pour aller de mon tonneau à ma tribune, et remplir mes journées de pratiques qui, par un nouveau tour d'imagination, vaudraient pour le moins autant que toutes mes occupations présentes. Je lirais des sermons au lieu de romans, la Bible au lieu de fables, la Vie des Saints au lieu de l'histoire, et je m'ennuierais moins ou pas plus de ces lectures que de toutes celles que je fais à présent ; je supporterais plus patiemment les défauts et les vices de tout le monde, je serais moins choquée, moins révoltée des ridicules, de la fausseté, des menteries que l'on entend, et qu'on trouve sans cesse ; enfin j'aurais un objet à qui j'offrirais toutes mes peines, et à qui je ferais le sacrifice de tous mes désirs. Voilà les châteaux en Espagne

(1) Madame du Deffand avait fait proposer par son ami le prince de Beauvau, à M. de la Borde, le célèbre banquier, de convertir quelque capital qu'elle avait dans les fonds publics, en une rente viagère, dans l'idée d'augmenter par là ses revenus.

que je fais dans mes insomnies. Quand je vous en parle, ce n'est pas pour m'en plaindre, c'est souvent dans les vingt-quatre heures le temps où je m'ennuie le moins.

Demain j'aurai une grande assemblée chez moi. Le Kain viendra lire *les Lois de Minos* que l'on donnera le mois prochain; Voltaire l'en a prié par un billet qu'il m'a envoyé pour lui, en même temps que son épître à Horace, que je vous envoie, et qui vous fera convenir, si je ne me trompe, que vous n'êtes pas le seul Horace qui reçoive d'ennuyeuses épîtres. Je continuerai celle-ci jusqu'au départ de M. Craufurd.

Samedi 21, à 11 heures du matin.

J'ai depuis le mois de juillet trois in-folio et deux in-quarto des lettres de madame de Maintenon au cardinal et au maréchal de Noailles; un de ces in-quarto est des Lettres de madame des Ursins à madame de Maintenon; je fais copier celles-ci, et je chercherai quelque occasion de vous les envoyer; elles sont assez curieuses, elles contiennent tout ce qui s'est passé depuis la fin de 1706 jusqu'à la fin de 1709. Il est plaisant qu'on me laisse ces manuscrits! j'attends qu'on me les redemande; peut-être les a-t-on oubliés : ils ne valent pas les Mémoires de Saint-Simon, il s'en faut bien.

Je suis un peu honteuse de toutes les rapsodies que je vous envoie, ce sont les événements importants de la vie que je mène.

P. S. A 3 heures d'après midi.

Comment donc! c'est un prodige, il m'arrive ce que je désirais. Je reçois une lettre que je n'espérais que mardi ou mercredi, et le commencement de cette lettre est ravissant! mais ce qui suit n'est pas de même, et ce pied douloureux, et cette main qui s'enfle me font craindre que ce ne soit pas une affaire finie.

Vous me demandez de quoi fournir à la conversation ; vous recevrez une grande abondance de pauvretés dont vous ne pourrez pas faire usage, si ce n'est du paquet de Voltaire.

Je ne me souviens plus si je vous ai envoyé *les Systèmes* et *les Cabales;* si vous ne les avez pas, je vous les enverrai par quelque autre occasion ; notre littérature ne nous produit que des platitudes abominables ; c'est un de mes plus grands malheurs de ne savoir plus que lire : je rabâche tous les anciens livres. Je voudrais de tout mon cœur pouvoir vous amuser, mais je ne sais plus ce que c'est qu'amusements.

Mon paquet de Chanteloup était fermé ; je ne l'ouvrirai pas ; mais je vous envoie des chansons qui furent faites pendant que j'y étais. Vous savez que la mode est le parfilage ; tous les présents qu'on fait sont de fils d'or à qui l'on donne toutes sortes de formes, chapeau, perruque, puits, souricière, chien, chat, oiseau : c'est la folie présente, et qui fait briller le faste et la magnificence, parce qu'on réduit à rien ce qui est fort cher. Je n'ai point donné dans ce travers, et je m'en tiens à faire de rien quelque petite chose. J'ai déjà fait de mon effilage soixante-dix aunes de tricot. Bon ! il n'est pas vrai que vous ayez trouvé votre habit joli ? oserez-vous le porter ? J'ai pensé que sa destination serait d'être donné à Philippe, et je m'en serais contentée ; jugez de ma gloire, si vous daignez le porter.

Notre chose publique va toujours de même. Le chancelier et le d'Aiguillon sont toujours à couteaux tirés, tous les ministres sont réunis avec ce dernier, il n'y a que le Monteynard qui soit du parti de l'autre. La dame (*madame Du Barry*) est toujours triomphante ; plusieurs dames se présentent pour grossir sa cour. On les essaye, et on en rejette la plupart.

Madame la duchesse de Mazarin est à demi admise, c'est-à-dire qu'elle est comme sont les doubles au théâtre. La princesse de Kinski (1) a été rejetée ; la princesse de Montmorency (2) s'est

---

(1) La princesse de Kinski, née Palfy.
(2) La princesse de Montmorency, née Montmorency, d'une branche

retirée depuis qu'on a reçu madame de Mazarin. Ce qu'il y a de bien plaisant, c'est que toutes les dames ne veulent point aller au spectacle avec celles qui sont admises.

Voilà tout ce que vous aurez pour le présent; si le Craufurd ne part pas demain, je pourrai ajouter à cette lettre.

LETTRE CXLVII.

Lundi 16 novembre 1772.

La poste cette fois-ci n'a retardé que d'un jour. Je n'ai jamais songé à vous faire des reproches, je n'ai qu'à me louer de votre exactitude; je ne m'en suis prise qu'aux vents qui me faisaient recevoir de vos nouvelles de trop anciennes dates.

Celles que vous me donnez aujourd'hui de votre goutte m'affligent extrêmement. Deux mois de souffrances! rien n'est si terrible; est-ce que les bottines n'ont plus aucun succès? vous devez être d'une étrange faiblesse. Je comprends que tout doit être fatigue pour vous, que vous ne pouvez pas parler, et que même vous ne pourriez pas entendre lire; je sens, comme je le dois, l'effort que vous vous faites pour m'écrire.

Mardi, 17.

Hier au soir j'eus assez de monde à souper; Le Kain, à la prière de Voltaire, vint nous faire la lecture des *Lois de Minos*. Ah! je fus bien confirmée que la vieillesse ne fait que des efforts impuissants; le temps de produire est passé, il ne faut plus penser à augmenter sa réputation, et pour ne la point diminuer, il ne faut plus faire parler de soi. Je suis bien trompée, si cette pièce a le moindre succès; il y a cependant quelques beaux vers. Dès qu'elle sera imprimée, je vous l'enverrai. On ne peut refu-

de cette illustre maison établie en Flandre. Elle fut mariée au prince de Montmorency, fils aîné du prince de Tingri.

ser à Voltaire la curiosité de le lire, tant pis pour lui s'il s'expose à la critique. Son exemple doit servir de leçon non-seulement aux gens à talents, mais à tout le monde en général. On ne doit plus dans la vieillesse prétendre à aucun applaudissement; il faut consentir à l'oubli, et le consentement qu'on y donne de bonne grâce peut du moins mettre à l'abri du mépris. Le petit Craufurd a assisté à cette lecture; il vous en rendra compte, mais il ne vous confiera pas combien les belles dames sont empressées pour lui; il soupe ce soir chez l'Idole, qui voudrait bien qu'il lui trouvât plus d'esprit qu'à personne; demain ce sera chez madame de Bussy (1), celle-là voudrait être trouvée la plus belle. Madame de Cambise a aussi ses prétentions d'être jugée la plus piquante; enfin il est si occupé par les empressements qu'on a pour lui, qu'il l'est beaucoup moins de sa santé. Je crois qu'il partira dimanche; il soupera chez moi vendredi avec le duc et la duchesse de Manchester, et samedi avec sa bonne amie madame de Roncherolles; elle et moi nous sommes d'anciennes connaissances, des amies solides; les petits soins ne sont pas pour nous, mais nous possédons une certaine confiance dont, en mon particulier, je suis fort satisfaite. Je vous répète encore qu'il vous portera de vrais rogatons, et qu'il m'a bien promis de ne vous les remettre que quand vous les lui demanderez.

Je viens de relire ma lettre, je la trouve ennuyeuse à la mort, mais elle passera telle qu'elle est; quand je raisonne, je ne sais ce que je dis.

---

(1) Madame de Bussy, née Messey, sœur de l'évêque de Valence, et mariée à M. de Bussy, qui a commandé dans l'Inde.

LETTRE CXLVIII.

Paris, dimanche 13 décembre 1773.

Ce dont je suis le plus pressée en ouvrant vos lettres, c'est d'en savoir la date ; toujours Strawberry-Hill ! Ne verrai-je donc jamais, de Londres ? Quelle abominable goutte ! il y a trois mois qu'elle dure. Je crois que notre ami Craufurd vous trouvera terriblement changé ; j'exige de lui un récit fidèle. Qu'y a-t-il à gagner d'être trompé ? Je crois que vous m'avez dit la vérité, que vous ne m'avez rien caché de vos souffrances ; de tout ce que vous valez, c'est votre vérité que j'estime et que j'aime le plus ; elle ne m'est pas souvent favorable, mais j'ai la satisfaction de ne point traiter avec un masque, de ne point recevoir de fausse monnaie ; je sens parfaitement à qui j'ai affaire, et si je suis trompée, je ne peux m'en prendre qu'à moi. Je me suis plu quelquefois, je l'avoue, à me tromper ; c'était une faiblesse d'enfant, mais j'en suis bien revenue.

J'ai peu de choses à vous dire aujourd'hui qui me soient personnelles. Madame de Mirepoix doit m'amener cette après-dînée mademoiselle Pitt (1) ; elle prétend qu'elle a demandé à me voir, et qu'elle aurait très-mauvais air à son retour en Angleterre, si on savait qu'elle ne m'a point vue. C'est apparemment à vous que je dois cette célébrité ; si elle était vraie, j'en serais très-flattée, mais je sais trop ce qu'il en faut rabattre.

Les Beauvau, qui ont fait un voyage en Lorraine, sont de retour de jeudi au soir ; j'ai vu hier et avant-hier le prince et non la princesse, mais elle soupera chez moi demain : elle est venue fort à propos ; on espère beaucoup en elle pour empêcher M. le duc d'Orléans de suivre l'exemple que vient de lui donner

(1) Mademoiselle Anne Pitt, sœur unique du premier comte de Chatham.

le prince de Condé, en se réconciliant avec le roi, malgré la protestation qu'il avait signée avec les autres princes, par laquelle ils faisaient serment de ne jamais reconnaître le nouveau parlement, et protestaient contre ce que la force ou la faiblesse pourrait leur faire faire. C'est M. le comte de la Marche (1) (qui était le seul qui n'eût point signé la protestation) et M. de Soubise qui ont été les négociateurs; il y en a qui disent aussi l'abbé Terray; mais on affirme que ni le chancelier, ni le d'Aiguillon, ni la dame (2) n'y ont pas eu la moindre part. Personne ne doute que le duc d'Orléans n'ait le plus grand désir de faire comme son cousin : il n'y a que son fils qui le retienne; c'est un jeune homme très-entêté, et qui croit, ainsi que son oncle le prince de Conti, jouer un grand rôle en étant à la tête d'une prétendue faction, qui n'a produit, ni ne produira jamais d'autre effet que de n'être bonne à rien, et de ne pouvoir procurer du bien à leurs amis, à leurs domestiques, à la chose publique et à leurs propres affaires. Ce n'est pas ici comme chez vous : il faut être ici à la tête d'une armée quand on veut faire des remontrances. Ces grands princes, depuis leurs protestations, sont devenus des bourgeois de la rue Saint Denis; on ne s'aperçoit point à la cour de leur absence, ni à la ville de leur présence.

On nommera incessamment la maison du comte d'Artois; quand la liste paraîtra, je vous l'enverrai, et vous saurez ce qu'on peut écrire par la poste. Quand je trouverai des occasions sûres, je vous dirai tout ce qui viendra à ma connaissance. Je vous envoie la réponse de la Harpe (3), une chanson et de petits vers sur M. le prince de Condé : il y en aura sans doute une infinité d'autres; je recueillerai ceux qui en vaudront la peine, et vous les aurez quand j'en trouverai l'occasion.

(1) Fils du prince de Conti, le seul des princes du sang qui se soit constamment tenu du côté de la cour, dans ses discussions avec le parlement de Paris.

(2) Madame Du Barry.

(3) Elle est intitulée : *Réponse d'Horace à M. de Voltaire*, en réponse à son *Épître à Horace*.

M. de Choiseul a eu un très-gros rhume, il s'est cru de l'eau dans la poitrine, et pour la première fois de sa vie, il était devenu fort triste et fort inquiet : vous devez juger de l'état de la grand'maman. Dans ce même temps arriva la clavicule de l'abbé (1), et une compagnie de vingt personnes dont elle n'était l'objet d'aucune. Cette femme, pas plus grosse qu'une petite poupée, a un courage de lion ; tout le monde devrait l'adorer et l'aimer, mais elle ne produit point cet effet ; on l'estime, mais elle ennuie, parce que les vertus, quoique supérieures aux sentiments, ne sont pas si agréables : on est forcé à les admirer, mais cette admiration est une sorte d'effort qui fatigue. Voilà un raisonnement tout à fait dans son goût ; n'allez pas vous révolter contre : songez que je vous parle à l'oreille, et qu'excepté Wiart, qui est une sorte de muraille, personne ne m'entend.

Voici la chanson, sur l'air : *Réveillez-vous, belle endormie*.

> Pour faire une fausse démarche
> Condé se montre le premier,
> Crainte que son cousin la Marche
> Des hommes ne fût le dernier.

Vers adressés a madame de Monaco.

> Quand le prince est à vos genoux,
> Vous sentez que le prince est roux ;
> Et lorsque le prince vous lorgne
> Je vois que Son Altesse est borgne.

Je donne à madame de Luxembourg, pour ses étrennes, un coffre de parfilage, c'est-à-dire couvert de fils d'or ; c'est la mode : ce coffre sera rempli de diablotins ; elle les aime à la folie. J'ai prié vainement Pont-de-Veyle de me faire des couplets : il ne l'a pas voulu, je les ai faits moi-même ; ils sont détestables, qu'importe ? Les voici. Air : *Réveillez-vous, belle endormie*.

> Je désirais que cette étrenne
> Fût *accompagnée* d'un couplet ;

(1) L'abbé Barthélemy s'était, par une chute, cassé la clavicule.

Je n'ai pu tirer de ma veine
Un seul vers qui m'ait satisfait.

Je me suis adressée aux diables,
A leurs ministres, les lutins;
Mais les trouvant peu secourables,
Mon recours est les diablotins.

LETTRE CXLIX.

Paris, 11 janvier 1773.

Vous avez vu, par ma dernière lettre, pourquoi j'ai été quelque temps sans vous écrire. Vous me demandez si l'on est content de vos Grammont; on trouve le papier fort beau, les gravures mauvaises, le caractère pourrait être plus net, on voudrait plus d'intervalle entre les lignes, et le format trop carré; voilà toutes les critiques que j'ai recueillies. Pour l'épître dédicatoire, personne ne l'a remarquée, du moins on ne m'en a pas parlé, et j'en ai été fort aise. Je suis si fatiguée de la vanité des autres, que j'évite les occasions d'en avoir moi-même.

Depuis les deux visites dont je vous ai parlé, de mademoiselle Pitt, je ne l'ai point revue; on dit qu'elle ne se porte point bien, et qu'elle restera encore ici quelque temps. Je lui crois une sorte d'importance qu'elle ne veut pas commettre en s'abaissant à me rechercher; en effet, elle me ferait trop d'honneur. Je donnerai à souper jeudi aux Manchester et à votre ambassadeur (1), qui ne me plaît point du tout; j'aime mieux son secrétaire (2), qui me paraît bon homme et fort officieux.

Le Caraccioli me visite fort assidûment; il adore madame de Beauvau, son éloquence l'a subjugué : cet homme est un peu

(1) Le comte de Mansfield, alors vicomte de Stormont.
(2) M. Saint-Paul.

braillard, mais il est doux, et a de la franchise et de la candeur; sa santé n'est point bonne. Pour moi, je sors rarement de mon tonneau, et jamais avant neuf heures; je retranche tous les jours sur mon manger et me porte bien, aux insomnies près; mais depuis huit ou dix jours je ne dors pas plus de trois ou quatres heures par nuit, quoique j'en reste douze ou treize dans mon lit; mais comme je ne souffre point, je prendrais le mal en patience si j'avais des livres qui pussent m'amuser; mais tout ce qu'on nous donne de nouveau est détestable; le style d'aujourd'hui est horrible, lâche, recherché, de la philosophie partout, une morale rebattue, sèche. Il y a un roman de M. Dorat, dont le titre est *les Malheurs de l'inconstance;* il est rempli de toutes les pensées, les idées, les réflexions qui lui ont passé par la tête depuis qu'il est né. Les événements ne cheminent point : j'ai eu la patience de lire le premier tome; pour le second, je n'ai lu que la fin de chaque lettre. Ah! vous avez raison, les lettres pleines de raisonnements sont bien ennuyeuses; il vaut bien mieux qu'elles soient à bâton rompu.

Nous avons une actrice nouvelle (1), je crois vous en avoir parlé; les uns la trouvent divine, les autres qu'elle le deviendra, et moi je pense qu'elle sera médiocre, c'est-à-dire peut-être un peu au-dessus de mademoiselle Vestris, mais qu'elle n'aura jamais une manière à elle, et qu'elle sera au-dessous de mademoiselle Clairon et de mademoiselle Dumesnil, quand elle a été bonne. Je continuerai cette lettre, s'il me survient quelque chose à vous dire.

Mardi 2.

La journée d'hier n'a rien fourni. Je ne sortis qu'à neuf heures pour aller chez les Caraman; la compagnie était madame de Cambise, le comte de Broglio, son frère l'évêque, et l'évêque de Mirepoix; la conversation fut douce et facile, et c'est sans com-

(1) Mademoiselle Raucourt.

paraison la maison où je me plais le plus; ma liaison avec eux se fortifie tous les jours, mais il y a de nécessité tous les ans une absence de six mois qu'ils passent à Roissy; je peux y aller tant que je veux, mais je ne saurais découcher; et faire dix lieues pour un souper me devient chaque année une corvée plus difficile; je n'ai de ressource fixe pour les étés que le Carroussel; mais à chaque jour suffit son mal, et jusqu'au mois de mai je ne manque pas de compagnie.

Par grand extraordinaire j'ai dormi cette nuit; je me trouve un peu réparée. Hier j'étais si fatiguée, que je m'endormis dans mon tonneau, et que je reçus des visites tout d'un somme; la duchesse de Bouflers entra et sortit de chez moi sans que je m'en doutasse; je ne l'appris qu'à mon réveil.

A 5 heures du soir.

Je suis seule, je n'ai rien à faire et vous ne haïssez pas les longues lettres quand elles sont en style de gazette. Je vous dirai donc que je viens de recevoir une lettre de la grand'maman. Voici ce qu'elle me mande après m'avoir parlé de votre santé :

« Remerciez-le bien pour moi, je vous prie, du présent qu'il
« me fait (1), et ayez la bonté de me faire relier ce livre en beau
« maroquin rouge, parce qu'il sera placé dans mon petit cabinet
« particulier avec l'estampe de notre Horace. Il me ferait un
« présent bien plus précieux encore, s'il voulait bien me donner
« ses œuvres; je goûterais le prix de l'ouvrage et je sentirais
« celui de l'amitié qui m'en aurait gratifié. »

Il paraît depuis quelques semaines un livre qui a pour titre : *Les Trois Siècles de notre Littérature*, ou *Tableau de l'esprit de nos écrivains, depuis François Ier jusqu'en 1772, par ordre alphabétique* (2).

J'ai été contente des deux premières pages de la préface, elles

---

(1) L'édition des Mémoires du comte de Grammont, par M. Walpole.
(2) De M. l'abbé Sabatier de Castres.

annoncent un bon ouvrage ; mais la suite en est si ennuyeuse, que je n'ai pu la continuer. Après vous avoir écrit ce matin, je me suis fait lire l'article de Voltaire, qui contient quarante-trois pages in-octavo ; je parierais qu'il n'est pas de la même main que le reste de l'ouvrage ; je m'imagine qu'à peu de chose près, vous en seriez fort content. Si ce livre n'est point chez vous, et que je puisse l'avoir, je vous l'enverrai.

Vous aurez les *Lettres de madame des Ursins*, par la première occasion que je trouverai.

Je vous dirai que je soupçonne d'avoir fait l'article de Voltaire, M. de Pompignan ; il respire la vengeance, et parmi les gens qu'il reproche à Voltaire d'avoir outragés, dont la liste est grande, il n'est point nommé. Je vais chercher l'article Pompignan, et je vous dirai demain s'il me confirme mes soupçons.

Mercredi 13.

Je lus l'article Pompignan hier, je me confirmai dans l'idée que celui de Voltaire était de lui, et qu'il était aussi l'auteur du sien. J'ai relu ce matin l'un et l'autre ; mais soit qu'ils m'aient été plus mal lus, ou que je varie dans mes jugements, je n'ai plus d'opinion ; ce peut-être de Palissot, de Fréron, enfin de qui on voudra. Je n'y ai point trouvé l'énergie que j'avais hier cru y trouver ; ce n'est pas la peine de vous l'envoyer.

Les gens qui avaient critiqué le format de Grammont s'en dédisent ; ainsi, si vous faites une nouvelle édition, croyez-moi, n'y changez rien, cela vous coûterait de la peine et des frais ; si vous voulez toujours que l'épître soit à la tête, gardez-vous bien d'y mettre mon nom. Je suis très-touchée et reconnaissante des marques de votre considération, et je ne prétends pas en tirer aucun autre avantage, et de plus, je ne veux point exciter de jalousie et donner occasion de parler de moi.

Je vous envoie un petit écrit sur les jésuites.

Trouvez-vous cette lettre un peu longue ? elle vous déplairait moins à Strawberry-Hil; elle est déplacée à Londres, où vous avez mieux à faire.

LA PASSION DES JÉSUITES.

Le pape présente à divers souverains de l'Europe le général des jésuites, en leur disant : ECCE HOMO ! *à quoi répondent ces princes, savoir :*

Le roi de Portugal.........	*Tolle, tolle, crucifige.*
Le roi d'Espagne..........	*Reus est mortis.*
Le roi de France..........	*Vos dicitis.*
La reine de Hongrie........	*Quid mali fecit?*
L'empereur......,.........	*Non invenio in eo causam.*
Le roi de Prusse...........	*Quid ad me?*
La république de Venise......	*Non in die festo, ne forte tumultus fiat in populo.*
La république de Lucques.....	*Virum non novi.*
Le roi de Naples et l'infant duc de Parme...............	*Nos legem habemus, et secundum legem debet mori.*
Le roi de Sardaigne.........	*Innocens sum a sanguine ejus.*
Le pape réplique............	*Corripiam et emendatum vobis eum tradam.*
Le général des jésuites.......	*Post tres dies resurgam.*

Tous les ordres religieux disent au pape :

Jube ergo custodiri sepulchrum usque in diem tertium, ne forte veniant discipuli ejus, et furentur eum, et dicant plebi :

SURREXIT A MORTUIS, et erit novissimus error pejor priore.
Le pape réplique . . . . *Ite, custodite, sicut scitis.*

LETTRE CL.

Paris, 5 janvier 1773.

Je vois avec peine que vos forces reviennent bien lentement ; j'admire votre courage, et de vos vertus c'est celle que j'envie le plus et que je n'aurai jamais ; ce n'est pas à mon âge qu'on peut l'acquérir ; j'en suis bien fâchée, connaissant parfaitement tous les inconvénients de la faiblesse.

J'ai reçu par madame Damer deux exemplaires des Lettres de madame de Pompadour ; j'ai fait grand plaisir à Pont-de-Veyle, en lui en donnant un. Vous pouvez lire ces lettres, elles ne sont sûrement pas de madame de Pompadour ; mais elles ne sont pas ennuyeuses ni de mauvais ton ; il y a du mal de beaucoup de gens. Je suis curieuse de savoir comment vous aurez trouvé celle de M. le duc d'Orléans (1) ; j'avoue qu'elle me paraît très-bonne ; il me semble seulement qu'elle s'est fait trop attendre ; c'est le sujet de toutes les conversations et de toute les disputes.

Je ne reçois plus de nouvelles de Voltaire. Peut-être m'a-t-on fait des tracasseries avec lui. Il a écrit à d'Alembert que le roi de Prusse lui avait envoyé une jatte de porcelaine où il y avait un Amphion, une lyre, et une couronne de laurier ; Voltaire, par sa réponse, lui a demandé *s'il mettait ses armes partout*. Ce roi lui a répliqué par application de ces trois choses à sa *Henriade*, à tous ses autres ouvrages, et même à ses bâtiments, car il prétend avoir construit une ville. Voltaire a envoyé copie de cette lettre, que l'on dit être charmante, et à qui par conséquent le récit que je viens de vous faire ne ressemble pas.

Le livre dont vous êtes charmé réussit parfaitement ici ; mais il vient d'être défendu. Tout le monde dit qu'il est de l'abbé Raynal (2) : on en doit être étonné, car les ouvrages qu'il a faits précédemment ne donnaient pas lieu de penser qu'il en pût faire

---

(1) Une lettre du duc d'Orléans au roi. Le duc, à ce qu'il paraît, ne tarda pas à suivre l'exemple de son cousin, le prince de Condé, en se réconciliant avec la cour. Le motif et la récompense de cette soumission étaient la permission du roi d'épouser, avec certaines restrictions, madame de Montesson.

(2) L'*Histoire philosophique et politique des deux Indes*.

un aussi bon que le dernier; je ne l'ai point lu, je n'ai pas l'esprit assez solide pour faire de telles lectures : elles demanderaient une application dont je suis incapable, et un désir de s'instruire que je n'ai pas; je ne cherche qu'à tuer le temps, faute de trouver les moyens de le bien employer. Je ne veux pas vous faire perdre le vôtre par une plus longue lettre. Adieu.

Que vous dirai-je de mademoiselle Pitt? elle m'a rendu deux visites; elle doit m'en rendre encore une avant que de partir, à ce qu'elle m'a fait dire. Je crois qu'elle a beaucoup d'esprit, qu'elle a du goût, qu'elle juge bien des ouvrages. Je ne sais si elle juge aussi bien les hommes; elle les voit peut-être à vue d'oiseau, et se croit fort supérieure à tous; elle parle bien, mais pesamment; je lui trouve quelques rapports avec feu madame de Sandwich (1). Ne serait-elle pas un peu envieuse et jalouse? mais à dire le vrai, je ne la connais pas assez pour la pouvoir juger; je pense qu'elle ne manque pas d'agrément quand elle est à son aise, mais moi je ne le suis pas en vous parlant d'elle, car je ne suis pas en état de la définir.

LETTRE CLI.

Paris, lundi 25 janvier 1773.

Je suis on ne peut pas plus affligée de ce retour de goutte; mais vous auriez eu grand tort de me le laisser ignorer : je me repose sur la confiance que j'ai que vous m'informerez toujours exactement de votre santé; je compte que sur cet article vous me parlerez avec autant de vérité que vous avez fait tant de fois sur d'autres, c'est-à-dire sans aucun ménagement.

---

(1) La comtesse de Sandwich, mère du feu comte de ce nom. Elle était fille de Wilmot, comte de Rochester, et vécut longtemps à Paris, où elle mourut dans un âge fort avancé. C'est à cette dame que Ninon de Lenclos donna son portrait, qui se trouve actuellement dans la collection de Strawberry-Hill.

Vous enverrez, dites-vous, à la grand'maman, non-seulement tout ce que vous avez fait, mais tout ce que vous avez imprimé (1). Je vous dirai naturellement que je ne vous le conseille pas : elle n'entend point l'anglais ; la demande qu'elle vous a faite est une politesse, et un mouvement d'amitié pour vous et pour moi ; elle ne s'en souvient peut-être déjà plus ; attendez qu'elle vous renouvelle sa demande. Ignorez-vous que dans notre pays on a une civilité banale qui ne signifie rien ? La grand'maman a mieux que cela, j'en conviens ; elle a de la bonté, elle veut obliger, elle veut qu'on soit content d'elle ; mais excepté son mari, soyez sûr qu'elle n'aime rien ; gardez vos livres, croyez-moi.

Comment avez-vous pu croire que Voltaire fût à Paris, et que je ne vous l'eusse pas mandé ? Il n'est pas assez fou pour y venir, et je suis bien éloignée de le désirer. Je n'entends plus parler de lui ; il n'a pas répondu à la lettre où je le remerciais de la lecture que le Kain m'était venu faire de ses *Lois de Minos* : si je n'avais pas conservé cette lettre, je croirais qu'il y avait quelque chose qui aurait pu lui déplaire ; je l'ai relue, et je n'ai pas cette crainte.

Vous et M. Selwyn vous êtes de mauvais puristes dans notre langue (1) ; j'ai consulté un très-grand grammairien, M. de Beauvau, pour savoir si j'avais fait une faute en écrivant, *par grand extraordinaire, j'ai dormi*, etc. 2°. C'est une expression, m'a-t-il dit, fort usitée dans la conversation, dans les lettres et dans les discours familliers. Ce n'est pas que je

(1) M. Walpole avait dit : « J'obéirai aux ordres de la grand'maman
« comme imprimeur, non comme auteur. Elle aura tous les livres de ma
« presse, dont quelques-uns sont de moi. Ils se vendront en fatu comme
« des raretés, pas comme de bons écrits ; mais voilà le seul titre sous
« lequel j'aurai la hardiesse de les offrir à madame de Choiseul. Ce n'est
« pas que je la soupçonnerais d'être capable de me traiter comme a fait
« Voltaire, qui me demanda mon *Richard III*, et puis m'accusa de lui
« avoir envoyé mes ouvrages sans qu'il me les eut demandés. »

(2 Voyez la lettre CXLIX, du 11 janvier 1773.

prétende au beau langage ; je ne sais pas un mot de grammaire, ma manière de m'exprimer est toujours l'effet du hasard indépendant de toute règle et de tout art ; aussi je ne suis point flattée quand on me dit que j'écris bien, car je n'en crois rien.

Si vous faites une seconde édition de Grammont, il y faudra observer bien des choses ; que les caractères soient plus nets, l'encre plus noire et moins grasse, les lignes moins pressées et l'orthographe mieux observée ; surtout substituez le mot *aimable* à la place d'*amiable* : ce dernier n'est point en usage. Voilà ce qui regarde le public. Pour ce qui me regarde en particulier, et que j'ai fort à cœur, c'est que mon nom ne soit jamais imprimé ; j'ai craint qu'il ne le fût dans votre première édition, je crains bien plus qu'il ne le soit dans la seconde ; on croirait que, mécontente de ce que l'on ne m'a pas devinée, j'ai obtenu que vous me fissiez connaître ; je suis bien éloignée de chercher la célébrité, je crains la considération qu'on n'exprime que par la jalousie et l'envie ; trouvez bon que je me contente d'être considérée par vous ; je recevrai toujours avec reconnaissance et plaisir toutes les marques d'estime que vous voudrez bien me donner, mais de vous à moi (1).

LETTRE CLII.

Paris, lundi 1ᵉʳ février 1773.

Si mes inspirations vous font rire, vos appréhensions me font le même effet. Est-il possible que vous en ayez encore? Je

---

(1) M. Walpole lui dit en réponse : « Les critiques de mon Grammont « ne me choquent point, elles sont bien légères. Je trouve votre éloigne- « ment pour y voir votre nom très-déplacé. On en aura dit tout ce qu'on « en pourrait dire, et qu'importe? — La jalousie des envieux doit-elle « être obstacle à la déclaration de mon amitié et de ma reconnaissance ? « Il me semble que l'omission me donne mauvaise grâce, et a l'air de « partir de ma timidité plutôt que de la vôtre. C'est pourquoi j'insiste, et « vous supplie de m'accorder la permission. »

vous croyais le tact plus fin; mais laissons cela. Ce qui est bien éloigné de me faire rire, c'est l'obstination de cette maudite goutte, mais c'est encore sur quoi il faut me taire.

J'eus bien envie de vous écrire l'ordinaire d'avant celui-ci, pour vous apprendre la nouvelle du jour; c'est que madame Forcalquier avait été à Choisy, le mardi 26. Il y eut comédie ce jour-là; la nouvelle actrice y jouait le rôle d'Hermione; la dame soupa avec le roi; la voilà admise aux voyages. J'en suis fort aise par rapport à madame de Mirepoix : tandis que tout le monde s'en étonne, moi je ne suis étonnée que de ce que cela n'a pas été plus tôt.

On ne parle ici que de bals d'après-dînées; il y en a trois ou quatre par semaine. Les Brienne, les du Châtelet, M. de Monaco, M. de Bouzolle, etc., etc., sont ceux qui en donnent le plus souvent. Je soupe ce soir chez madame de Luxembourg, pour entendre réciter par La Harpe sa tragédie des *Barmécides* tout entière : car nous n'en entendîmes que trois actes, il y a aujourd'hui quinze jours.

J'attends votre réponse sur *les Trois Siècles de notre littérature* et sur *l'Almanach royal*, j'y joindrai *les Lois de Minos*, et si vous voulez tout cela, je vous l'enverrai par les Manchester, qui partiront dans le courant de ce mois; ils souperont jeudi chez moi.

Mardi 2.

J'ai entendu *les Barmécides*, j'ai eu du plaisir; il y a de très-beaux vers; je crois qu'il y a beaucoup à critiquer, et que la chaleur avec laquelle l'auteur l'a lue a pu faire illusion; si elle est bien jouée, je crois qu'elle aura du succès; il n'y a pas de comparaison aux *Lois de Minos*.

Mercredi 3.

J'eus hier à souper les Beauvau, madame de Luxembourg, l'évêque de Mirepoix, M. de Stainville, le comte de Broglie,

Pont-de-Veyle et l'ambassadeur de Naples; jamais je ne me suis plus ennuyée. Nous débutâmes par lire un long écrit de Voltaire que l'ambassadeur avait apporté, et nous annonça comme devant nous faire mourir de plaisir; c'est l'éloge des philosophes et de la philosophie. Il prouve, par cent exemples, qu'il n'y a point eu d'États heureux et bien gouvernés que lorsque les philosophes ont dominé; cet écrit a trente ou quarante pages. Nous cûmes après quantité de petites histoires, de petits récits que nous fit la princesse, et tous étaient à sa plus grande gloire : je me contins avec une fermeté héroïque et une prudence consommée pour ne point laisser entrevoir ce que je pensais. Je m'aperçois avec plaisir que les efforts que je fais me sont très-utiles, non-seulement pour éviter l'écueil présent, mais pour faciliter de me garantir de ceux à venir; je me dis souvent : si M. Walpole était témoin de ma conduite, il en serait content.

LETTRE CLIII.

Dimanche, 7 février 1773.

Ceci est un hors-d'œuvre; mais vous ne vous en apercevrez que par la date; je suis toute seule et de très-mauvaise humeur. Il n'y a point eu de courrier aujourd'hui et je l'attendais avec impatience, étant (s'il m'est permis de le dire) fort inquiète de votre santé; être dix jours sans recevoir de nouvelles me semble un peu long : j'espère en apprendre demain, et que vous aurez été en état d'écrire. Si votre main était entreprise, M. Craufurd, je me flatte, prendrait la peine d'y suppléer.

Il n'y a rien ici de nouveau; il devait y avoir un bal mercredi, chez M. d'Aiguillon, une espèce de fête qu'il devait donner à madame la comtesse (1); mais le roi fait un voyage

(1) Du Barry.

ce jour-là : je ne sais pas si c'est partie remise ou rompue.

Les Manchester partent dans le courant de cette semaine : je compte que votre première lettre m'apprendra si vous voulez *les Trois Siècles de notre littérature*; vous les avez peut-être chez vous, mais si vous ne m'en parlez point, je vous les enverrai toujours avec *les Lois de Minos*, qui vous surprendront. Comment, quand on a fait de si bonnes choses, peut-on se résoudre à en faire de si médiocres? pourquoi ne se pas taire quand on n'a rien à dire? Il n'y a que les fous et les bêtes à qui il est permis de parler toujours, parce qu'ils n'ont pas plus d'idée dans un temps que dans un autre. M. Francés croit m'avoir trouvé un traducteur. Je n'abandonne point le projet de faire traduire votre tragédie: je ne l'exposerai point à la critique, je devrais supposer qu'elle n'en est point susceptible, mais nous sommes des gens fort difficiles ; ce qui est hardi nous paraît extravagant, et ce qui n'est pas fade nous paraît grossier : oh! nous avons le goût bien délicat. Quand je dis nous, j'ai tort, je dois m'en excepter; je ne saurais lire les ouvrages d'aucun de nos beaux esprits; ils n'apprennent rien, c'est toujours l'éloge de la philosophie, ou plutôt celui des philosophes; ils ne veulent pas qu'on croie en celui-ci, qu'on obéisse à celui-là; ce sont de sottes gens; ils ont un grand nombre de partisans aussi sots qu'eux.

Je pensais ce matin que j'étais bien vieille, et je m'examinais pour savoir si je serais bien aise de revenir à trente ans. En vérité, en vérité, j'ai senti que non. De quoi remplirais-je le temps que j'ai à vivre? Il faudrait toujours en venir au terme où je suis; je suis quitte actuellement des malheurs que j'ai éprouvés; je ne serais pas bien aise d'avoir à recommencer; ce n'est pas que je ne craigne la mort; mais comme on ne peut l'éviter, je ne m'afflige point du peu d'espace qu'il y a entre ce moment-là et celui où je suis. Tout ce que je désirerais, ce serait d'avoir un caractère semblable au vôtre, de ne pas connaître l'ennui : c'est un mal dont on ne peut se délivrer, c'est une maladie de l'âme dont nous afflige la nature en nous donnant l'existence; c'est le ver solitaire qui absorbe tout, et qui fait que rien ne nous profite. Ne renvoyez point à la raison : à quoi est-elle bonne? Tout ce qu'elle nous apprend, c'est de souffrir sans se plaindre; mais elle n'empêche pas de souffrir; elle enseigne encore, je l'avoue, à avoir des égards, à ménager les gens avec qui l'on vit, à supporter leurs ridicules, à conserver ses sociétés, à n'écarter personne de soi, je conviens de cela : eh bien! je n'en suis pas moins toute seule aujourd'hui, jusqu'à ma chère compagne la Sanadona qui m'a quittée pour aller à l'Opéra avec monseigneur le duc de Praslin, dont elle est grande favorite. C'est à son absence que vous devez vous en prendre, si mon bavardage vous ennuie.

LETTRE CLIV.

Jeudi, 10 février 1773.

Ce sont les Manchester (1) qui se chargent de vous remettre ce paquet; si vous les voyez, ne manquez pas, je vous prie, de leur dire tout le bien que je vous ai mandé d'eux. Rien n'est plus aimable que la duchesse (2), et si vous la connaissiez, elle vous plairait infiniment; elle a réussi auprès de tout le monde; on dit sa figure très-agréable; et pour ses manières, je m'en rapporte à moi-même; personne n'est plus doux, plus poli, et n'a le désir de plaire d'une façon plus agréable; elle est prévenante sans être empressée, et a infiniment l'usage du monde, et de cet usage fait pour tous les pays. Vous m'en croirez engouée; non, je l'ai vue peu souvent, je n'ai pas désiré de la voir davantage, je n'aurais su de quoi l'entretenir, et j'aurais craint de l'ennuyer.

(1) Le feu duc de Manchester et sa famille.
(2) Elisabeth d'Ashwood, douairière de Manchester.

Je vis hier le fameux M. Burke (1); *il parle notre langue avec la plus grande difficulté, mais il n'a pas besoin de sa réputation pour se faire juger homme de beaucoup d'esprit ; il trouva assez de monde chez moi et bonne compagnie, entre autres le comte de Broglio, l'évêque de Mirepoix et le Caraccioli ; il me fut amené par un M. Warte, qui me paraît le mâle de feu madame Hesse ; vous ne connaissez peut-être pas l'un, et vous n'avez peut-être jamais vu l'autre ; je leur donnerai à souper mercredi.*

Le courrier du mercredi a manqué ; je n'attendais pas absolument de vos nouvelles, mais je trouvais qu'il n'était pas impossible que j'en reçusse. Me voilà remise à dimanche. J'attends avec impatience d'apprendre quel est votre état et celui de M. votre neveu.

Peut-être ne vous soucierez-vous guère de tout ce que je vous envoie.

LETTRE CLV.

Mercredi 17 février 1773.

Ce que vous me mandez de votre état m'afflige infiniment, et surtout l'idée que vous avez de ne jamais guérir. Je suis bien éloignée de penser de même ; le retour du beau temps vous guérira, je le crois, je l'espère ; je sais bien qu'il n'y a point de conseil à vous donner sur votre régime. Vous avez toujours observé le plus sévère, et vous ne vous êtes point attiré les maux que vous souffrez. Est-ce une consolation de n'avoir point de reproches à se faire? Si c'en est une, elle est bien faible. Est-ce un bonheur d'être né? dites, le pensez-vous? mais je me tais, il ne faut pas ajouter la tristesse et l'ennui à tous vos autres maux.

Je prévoyais bien que les Lettres de madame des Ursins ne

(1) Le célèbre Edmond Burke.

vous amuseraient guère; celles de madame de Maintenon ne vous auraient pas été beaucoup plus agréables; on y trouve plus la femme d'esprit, mais il y règne une réserve, une contrainte qui ôte tout le plaisir. On aura incessamment les nouvelles Lettres de madame de Sévigné. J'ai remis à les lire quand elles seraient imprimées; je doute qu'elles soient aussi agréables que celles à sa fille; toute lettre où l'on ne parle pas à cœur ouvert, où l'on ne dit pas tout ce qu'on pense, tout ce qu'on voit, tout ce qu'on fait, où l'on n'écrit que pour écrire, où l'on démêle de la réserve, de la contrainte, devient une lecture bien fade. Celles que je reçois du grand abbé ne sont pas de ce goût-là; elles sont gaies et naturelles, et s'il n'y dit pas tout, il le laisse deviner. Il m'annonce un petit voyage ici dans le courant du mois prochain; j'en aurais du plaisir, si je pouvais en avoir.

La Bellissima en est restée à sa première sortie; elle n'a été suivie d'aucun autre voyage, elle n'est invitée à aucune fête, elle essaye de faire passer tout cela pour de la dignité; elle s'est rendue, dit-elle, à une invitation que personne n'oserait refuser. Cette raison serait bonne, si à cette soumission nécessaire elle n'avait pas ajouté une visite d'une heure qui ne l'était nullement; mais l'obscurité dans laquelle elle vit couvre tout; comme on pense peu à elle, on ne la blâme qu'en passant.

Il y a un monde énorme chez mes parents. C'est un bruit, un tintamarre qui accable la grand'maman; pour le grand-papa, il en est ravi. Ils auront une bien plus belle visite les premiers jours de carême, de M. le duc de Chartres: cela surprend tout le monde. L'archevêque de Toulouse et son frère y arrivent aujourd'hui. Enfin qui est-ce qui n'y va pas? il n'y a que ceux qui ne cherchent pas la considération.

Je donne ce soir à souper à votre M. Burke; il y a des gens ici qui l'appellent *Junius* (1); il me paraît avoir infiniment

(1) Beaucoup de monde soupçonnait alors que M. Burke était l'auteur des célèbres *Lettres de Junius*.

d'esprit. Il parle très-difficilement notre langue, je lui donne une compagnie que j'ai tâché de lui assortir; un M. Dubucq qui est aussi un grand esprit (1); le comte de Broglio, l'évêque de Mirepoix, madame de Cambise, les Caraman, etc. Adieu

LETTRE CLVI.

Paris, mercredi 24 février 1773.

Ah! je le vois bien, il est impossible que vous soyez jamais content de moi; tantôt c'est une chose, tantôt c'est une autre qui vous choque ou qui vous déplaît. Mais je ne sais d'où vient que vous vous êtes fait de moi une idée dont il ne vous convient pas de revenir; gardez-la, si cela vous fait plaisir; pourvu que vous n'ayez plus de goutte ni de fièvre, tout m'est égal; je désirerais seulement n'être pas obligée à m'observer quand je vous écris; on est quelquefois entraîné à parler de soi, à dire ce qu'on désire, enfin tout ce qui passe par la tête; mais cela ne vous convient pas, je m'en abstiendrai, mes lettres seront plus courtes et même moins fréquentes, si vous le voulez; je suis résignée à tout, excepté à faire des gazettes; quel intérêt prend-on à Londres à ce qui se passe à Paris? qu'importe à milords et messieurs de savoir les fêtes que l'on donne à la cour, les succès d'une nouvelle actrice, les tracasseries des bals? il faut être sur les lieux pour que cela intéresse; et quand on a l'Océan entre le pays qu'on habite et celui dont on reçoit des nouvelles, c'est à peu près comme si on en recevait de la Chine ou de l'autre monde. Je vous dirai pourtant que M. le duc de Chartres voulait aller à Chanteloup, qu'il en avait eu la permission, c'est-

(1) Dans les *Mélanges de madame Necker* il est fait mention de ses opinions sur différents sujets et de ses traits d'esprit. Il avait été premier commis de la marine, sous le duc de Praslin, durant l'administration du duc de Choiseul et jouissait de la réputation d'un homme à grands talents et d'une rigoureuse probité.

a-dire qu'on lui avait dit, comme on dit à tout le monde : Faites ce « que vous voudrez. » Il écrivit le 18 de ce mois au grand-papa qu'il irait lui rendre visite les premiers jours de mars ; le grand-papa a refusé cet honneur par une lettre très-respectueuse et très-raisonnable, et telle qu'il convient à sa situation. Un homme qui est dans la disgrâce ne peut ni ne doit point recevoir des marques de bontés distinguées de ceux qui appartiennent au maître. Mais qu'est-ce que cela vous fait ? rien, et à moi pas grand'chose.

Adieu ; guérissez-vous, et portez de moi tels jugements que bon vous semblera ; j'ai renoncé aux vanités de ce monde ; vous me donnez une commission que je doute de pouvoir exécuter (1). Quel ouvrage faites-vous donc qui vous rende cette connaissance nécessaire ? une bâtarde de Jacques II, le nom de sa mère, etc. Je ne connais point de vieux catholique anglais : je ne connais que des Anglais hérétiques et modernes ; enfin j'y tâcherai, mais ne comptez pas sur le succès.

Cette histoire de M. Blaquiere est-elle nouvelle ? il me semble que je l'ai lue dans des livres d'anecdotes anciennes (2).

Il me paraît que milord Stormont a assez d'indifférence pour ce que je pense de lui ; il a raison. Nous avons encore ici un Anglais que vous ne connaissez, je crois, pas, c'est-à-dire que vous ne voyez pas, car vous en entendez bien parler, c'est

(1) Cette commission était conçue en ces termes : « On m'a conté une « anecdote dont je suis très curieux d'apprendre les détails. C'est qu'il « mourut, il y a cinq ou six ans, à Saint-Germain en Laye, une vieille « femme qui s'appelait madame Ward ; après sa mort on vérifia sur ses « papiers qu'elle était fille naturelle de notre roi Jacques II. Je tiens « cette histoire de bonne main, et je vous serais très-obligé si vous vou- « liez vous donner la peine de vous informer de tout ce qui la regarde ; « comme le nom de la mère, son propre âge, etc., etc., vous savez com- « bien j'aime les particularités historiques. »

(2) M. Walpole avait dit à madame du Deffand que le colonel Blaquiere s'était battu en duel avec un Irlandais, qui se prétendait offensé de ce que le colonel Blaquiere, secrétaire de l'ambassade de lord Harcourt à Paris, avait refusé de le présenter à Versailles parce qu'il n'avait jamais été présenté à Saint-James.

M. Burke ; il est très-aimable ; il vous portera un livre dont il fait grand cas ; on ne l'a point encore en Angleterre, et je juge par le plaisir qu'il lui a fait, qu'il vous en fera aussi (1). Si vous voyez ce M. Burke, il pourra vous parler de moi. Je me flatte qu'il s'en louera ; j'ai eu pour lui toutes les attentions possibles ; tous mes amis et mes connaissances m'ont secondée, il partira content de notre nation.

LETTRE CLVII.

Paris, 26 février 1773.

Je vous écris d'avance, je ne sais quand vous recevrez cette lettre, ce sera M. Burke qui vous la portera. Si ce livre (2) que je vous envoie ne vous plaît pas, prenez-vous-en à lui ; il me l'a tant vanté, que je me suis imaginé qu'il vous ferait plaisir. On a quelques difficultés à l'avoir, on en a fait une seconde édition à laquelle on a mis des cartons, celle-ci n'en a point ; c'est le discours préliminaire qui charme tout le monde ; il pourra bien ne vous pas faire le même effet ; mais vous me saurez gré de l'intention.

Je vous envoie la lettre de M. le duc de Chartres au grand-papa avec la réponse. On a fait beaucoup de couplets sur les princes, sur les ministres ; ils sont très-méchants et très-mauvais. Je les ai envoyés à Chanteloup sans en garder de copie ; si je puis les ravoir, je vous les enverrai.

Je ne puis bien entendre ce que vous me dites à l'occasion de votre tragédie, avant de l'avoir lue ; tout ce que je sais, c'est que je comprends mieux, je l'avoue, les sentiments, que la grossièreté des passions. Je ne suis nullement attachée à la pu-

(1) *La Tactique* de M. le comte de Guibert, le même à qui sont adressées les Lettres de mademoiselle de Lespinasse.
(2) *La Tactique* du comte de Guibert.

reté ni même à la politesse du style; je déteste les phrases et j'aime l'énergie, et c'est ce qui me fait aimer vos lettres, même celles dont les jugements ne me paraissent pas justes. Mais vous y dites toujours vos pensées avec force et vérité. J'entends par vérité ce que vous croyez vrai, quoique très-souvent il me paraisse le contraire.

Je me flatte que cette explication ne vous déplaira pas, je l'ai crue nécessaire pour qu'elle nous sauvât à l'avenir toute méprise, toute fausse interprétation, et toute manière indirecte.

Vous m'avez donné une commission que j'ai crue d'abord impossible à exécuter. Cependant le désir de vous obliger m'en a fait chercher les moyens. J'ai écrit à madame de la Marck, qui connaît tout Saint-Germain et qui y règne, ainsi que M. de Noailles son frère; elle m'a fait une réponse très-polie dans laquelle elle me marque qu'elle va prendre toutes les informations que je désire; je souhaite qu'elle réussisse à satisfaire votre curiosité.

M. Burke ne partira que lundi; je pourrai reprendre cette lettre, s'il me survient quelque chose à vous dire.

Samedi 27.

Nous apprîmes hier la mort du roi de Sardaigne (1). Le mariage du comte d'Artois avec la sœur de la comtesse de Provence était déjà arrêté, mais aujourd'hui il y aura double alliance; Madame, sœur de M. le Dauphin, épousera le duc de Savoie (2); l'échange se fera, dit-on, dans le mois de novembre; on dit qu'il est très-certain que madame de Forcalquier sera dame d'honneur de la comtesse d'Artois; rien n'est plus surprenant; je voulais parier que cela ne serait pas. Mais on m'a bien conseillé le contraire.

(1) Victor Amédée.
(2) Après la mort de son grand-père, il devint prince de Piémont.

J'ai reçu ce matin des nouvelles de Chanteloup; la grand'maman ne se porte pas trop bien ; elle est maigre, elle est faible, son pauvre petit corps n'a pas autant de force que son âme a de courage. Le grand-papa se conduit parfaitement avec elle, d'une manière simple, naturelle, même affectueuse. La belle-sœur ne manque à rien ; mais malgré tout cela, excepté l'abbé, qui ne vit que pour elle, elle est tout isolée, et son amour-propre doit beaucoup souffrir. Vous pouvez remarquer que dans la lettre de M. le duc de Chartres, elle n'y est pas nommée (1). Les séjours de madame de Beauvau sont rudes à passer.

Que dites-vous des troupes que nous rassemblons à Dunkerque, à Calais, à Cambrai? ce ne sont encore que des régiments étrangers ; les enverra-t-on à Stockholm? en ce cas, seront-ce nos vaisseaux qui les conduiront? seront-ce les vôtres? en vous payant quarante-cinq francs par homme, y consentirez-vous? voilà ce qu'on ignore. L'ambassadeur Creutz paraît content ; il est le seul ministre étranger qui ait été admis à la fête de M. d'Aiguillon, et à celle de madame Du Barry.

On me dit hier que Voltaire avait écrit à M. d'Alembert une lettre charmante, et lui avait envoyé une épître qu'il a écrite au roi de Prusse, plus gaie et plus jolie que tout ce qu'il a jamais écrit ; si je parviens à l'avoir, je vous l'enverrai ; je n'entends plus parler de lui. Apparemment que les encyclopédistes m'ont fait quelque tracasserie ; je ne m'en soucie guère, et je perds sans regret cette correspondance.

Je compte que M. Burke partira lundi ; peut-être soupera-t-il chez moi ce soir, mais je souperai certainement avec lui demain chez madame de Luxembourg, où je l'ai fait inviter ; il y entendra *les Barmécides* de La Harpe ; je serai fort aise si vous

(1) Voici ce que M. Walpole remarqua sur cette omission : « L'omis-
« sion du nom de la grand'maman est d'une malhonnêteté outrageante.
« Le grand-papa l'a rétablie à son honneur. Il devrait faire rougir ce
« prince. »

le voyez; il se propose de vous rendre lui-même ma lettre, et ce livre de M. Guibert : vous me direz, après avoir lu le discours préliminaire, si vous en êtes content (1); je n'en ai lu que cela ; si vous n'en êtes pas content, vous pourrez laisser le livre à M. Burke, qui en est si charmé.

Dans cet instant l'ambassadeur de Naples m'envoie cette épître de Voltaire qu'il m'avait dit si parfaitement gaie et jolie; vous n'en porterez pas le même jugement, à ce que je crois.

Ce Thiriot, dont l'épître fait mention, est mort il y a quelques mois; il avait été ami, confident, colporteur de Voltaire; il était devenu le correspondant du roi de Prusse, qui lui donnait une médiocre pension pour cet emploi. Jadis on avait fait cette épigramme sur Voltaire :

> Malgré les gens qui me détestent,
> Je suis satisfait de mon lot ;
> Deux illustres amis me restent,
> Le roi de Prusse et Thiriot.

Madame la comtesse de la Marck a fait faire toutes les perquisitions possibles touchant l'origine, l'état et la résidence de madame Ward. Les plus anciens Irlandais qui demeurent au château de Saint-Germain ont été interrogés; aucun ne se rappelle d'avoir jamais entendu parler de ce nom, aucun ne sait si cette âme existe ; on a de plus feuilleté les registres mortuaires depuis 1750 jusqu'à présent ; il ne s'y trouve aucun nom qui approche de celui que l'on cherche ; il est cependant une ancienne femme de chambre de madame de Chambon, nommée Ward, âgée de cinquante ans environ, dont on con-

---

(1) M. Walpole répondit : « Je viens de lire le discours de M. Guibert,
« j'en suis bien médiocrement frappé. Le sujet demande de la profondeur,
« et ce monsieur n'est pas profond. Les comparaisons sont puériles, et
« sentent l'esprit d'Ovide. J'aime mieux la seconde partie, apparemment
« parceque je l'entends moins. »

naît parfaitement l'origine, qui n'est rien moins qu'illustre : ainsi elle ne peut être la personne dont il est question, puisqu'on la suppose d'ailleurs morte depuis cinq ou six ans; voilà tout ce qu'on a pu découvrir, et le résultat des informations qu'on a faites.

Copie de la lettre de M. le duc de Chartres à M. le duc de Choiseul, du 13 février 1773.

Je suis au comble de ma joie, M. le duc; je n'ai pas cru devoir demander plus tôt au roi la permission d'aller vous voir; je viens de la lui demander, et il m'a laissé le maître de faire ce que je voudrais sur cela. Vous connaissez trop, j'espère, mon amitié pour vous et madame de Grammont, et la reconnaissance que j'ai de celle que vous avez toujours eue pour moi l'un et l'autre, et dont vous m'avez donné tant de preuves, pour n'être pas sûr qu'il ne pouvait pas me faire un plus grand plaisir. Je profiterai de cette permission, si vous le trouvez bon, dans la première semaine de carême.

Oserais-je vous prier de dire à madame de Grammont combien je suis aise de penser que je vais la revoir, et que je pourrai jouir de son amitié, que, j'espère, elle a bien voulu me conserver.

Réponse de M. le duc de Choiseul, 20 février.

Monseigneur,

Mon premier mouvement et mon premier sentiment, en recevant hier au soir la lettre dont V. A. S. m'a honoré, a été de lui exprimer ma respectueuse reconnaissance de son souvenir, et de l'honneur qu'elle veut bien me faire. Je n'ai vu d'abord, ainsi que madame de Choiseul et madame de Grammont, que l'avantage que nous aurions de vous faire notre cour; mais en réfléchissant sur l'éclat qui est la suite de toutes les démarches de V. A. S., et sur la réserve qu'exige de moi ma position, j'ai craint que la marque de bonté dont vous voulez m'honorer ne produisît ces inconvénients pour vous-même, monseigneur, et plus certainement pour moi.

Dans le moment où le roi a laissé à V. A. S. la liberté de venir ici, il n'a pas pensé qu'il était contre le respect qui lui est dû qu'un prince de son sang eût aucune communication avec un de ses sujets dans sa disgrâce; et entre les autres preuves des disgrâces que j'ai éprouvées successivement depuis deux ans je ne puis pas me dissimuler que l'exil n'en soit une très-positive. Il pourrait arriver qu'on représentât au roi que V. A. S. ne devait pas lui demander une permission interdite aux princes du sang et aux disgraciés, que l'on parvînt à vous faire un démérite de vos bontés, monseigneur, et que l'on regardât comme un tort pour moi d'en avoir profité.

J'ai cru devoir mettre sous vos yeux ces réflexions; c'est, je vous assure, avec autant de regret que de peine. Ma sœur partage mes sentiments à cet égard, et nous espérons, monseigneur, que dans des temps plus heureux, nous pourrons jouir sans inconvénient de vos bontés, vous marquer notre reconnaissance et les sentiments d'attachement que nous vous devons, ainsi que le profond respect avec lequel j'ai l'honneur d'être, etc.

LETTRE CLVIII.

Jeudi 18 mars, à 6 heures du matin.

Le roi déclara aux ambassadeurs, mardi dernier, le mariage du comte d'Artois avec la princesse Thérèse de Savoie; leur maison n'est point encore nommée; on ne doute point que madame de Forcalquier ne soit la dame d'honneur; on cherche, dit-on, un mari à madame Boucault (1) pour qu'elle soit dame

(1) Madame de Boucault, née Brou. M. de Boucault avait été dans la finance.

d'atour. De quatre à qui on l'avait proposée, aucun n'a accepté. Madame de la Ferrière (1) était hier au soir à la dernière extrémité. Beaucoup des oiseaux de madame de la Vallière sont morts, et plusieurs perroquets. M. de Souza, ambassadeur de Portugal, doit épouser mademoiselle de Canillac, qui a dix-sept ou dix-huit ans, qui est belle et bien faite, mais qui n'a pas un sou. L'abbé Barthélemy arrive au plus tard les premiers jours de la semaine prochaine. S'il était permis de parler de soi, je dirais : J'en suis fort aise. Il est extraordinaire que M. Burke vous ayant parlé du *Connétable* (2), ne vous ait pas dit un mot des *Barmécides* (*de La Harpe*).

Comme il faut que votre lettre soit à la boîte avant huit heures, je finis ma gazette ; le reste à l'ordinaire prochain.

LETTRE CLIX.

Paris, 31 mars 1773.

Depuis votre lettre du 12, vous ne m'avez point écrit et je ne vous ai point écrit depuis le 18 ; c'est aujourd'hui le quinzième jour que je n'ai eu de vos nouvelles. Je ne saurais croire que ce soit que vous soyez malade, vous n'auriez pas la dureté de me le laisser apprendre par d'autres ; vous n'avez jamais eu ce mauvais procédé ; ce n'est pas non plus que vous soyez fâché contre moi, parce que vous n'avez pas sujet de l'être ; souffrez qu'en deux mots je vous rappelle nos dernières lettres.

Je vous ai extrêmement ennuyé en vous parlant de mes ennuis ; vous m'écrivîtes le 5 mars *que vous étiez excédé de mes lettres, que vous les haïssiez à la mort, que vous aimeriez mieux être une connaissance que mon ami*. Je fus si blessée

---

(1) Madame de la Ferrière, née Parens, était la mère de madame de Malesherbes, épouse du président Lamoignon de Malesherbes.
(2) *Le Connétable de Bourbon*, tragédie de M. le comte de Guibert.

de cet aveu, que je vous écrivis quatre lignes dont je me souviens très-bien; je vous disais que je vous avais cru mon ami, parce que vous m'aviez dit que vous l'étiez; que ne voulant plus être que ma connaissance, il fallait bien y consentir. Depuis je reçus votre lettre du 12, beaucoup plus douce que celle du 5, mais où vous me marquiez encore du mécontentement; je crus de la meilleure foi du monde que je ferais bien de vous écrire en forme de gazette, que vous ririez et seriez content de cette idée; mais il faut que tout me tourne mal; cependant je ne croirai jamais que vous vouliez rompre avec moi. Voici les conditions auxquelles je m'engage pour l'avenir : de ne point abuser de votre complaisance en exigeant que vous ne vous assujettissiez à aucune règle pour m'écrire, que ce ne soit que quand cela vous sera agréable; de ne vous jamais entretenir de mes ennuis, ni de mon dégoût de la vie; de ne me plaindre de personne en particulier, ni en général; de n'avoir plus *d'épanchement* comme vous l'appelez, c'est-à-dire de ne vous plus communiquer ni pensées ni réflexions. Je consens, si je manque à une de ces quatre conditions, à éprouver le plus grand malheur qui puisse m'arriver jamais, à être mal avec vous. Vous avez dû voir mon attention à éviter tout ce que vous traitiez de romanesque; et vous devez en conclure que je serai fidèle à tenir l'engagement que je prends aujourd'hui; mes lettres pourront n'être pas si amusantes, mais elles ne vous attristeront pas.

Les conversations d'aujourd'hui ne roulent que sur la politique. Les mouvements du Nord inquiètent beaucoup. On dit que nous n'entrerons point en danse, mais que nous pourrions bien payer quelques violons, ce qui fera que nous autres serons très-mal payés.

L'on commence à moins parler du mari de madame Boucault; il y en a qui prétendent que son mari est trouvé, que c'est M. de Bourbon-Busset, et qu'elle l'épousera le lendemain de la Quasimodo. Il y aura, dit-on, quarante-deux mariages dans cette semaine-là.

Le quartier de M. de Beauvau commence demain, à mon grand déplaisir; il ne finira qu'au 1er juillet, qu'il ira tout de suite à Chanteloup passer un mois ou six semaines, autant en Lorraine, et c'est le temps où il n'y a personne à Paris.

Je ne me porte point bien. Mes insomnies sont pires que jamais, et je ne comprends pas ce qui les cause, je diminue tous les jours ma nourriture.

On me dit hier que milord Stormont était de retour et qu'il avait eu en arrivant une conférence de trois heures avec M. d'Aiguillon; j'espère que vous ne rentrerez pas plus en danse que nous, je souhaite passionnément que nous restions en paix. Si je désire qu'elle soit entre nos nations, jugez si je désire bien vivement, qu'elle soit entièrement, parfaitement et solidement rétablie entre vous et moi; songez quelquefois que vous avez toujours été constant pour tous vos amis et amies, et que ce ne doit pas être moi qui vous fasse changer de caractère.

Je vous prie de considérer que si je ne reçois de vos lettres qu'en réponse à celle-ci, je serai encore quinze jours sans recevoir de vos nouvelles. M. Craufurd n'est pas capable d'avoir l'attention de m'en donner.

LETTRE CLX.

Paris, mercredi 21 avril 1773.

Une fois pour toutes, en vous rappelant vos fâcheries, rappelez-vous quels en ont été les sujets; et quand vous serez de bonne humeur, vous verrez que je n'ai pas été fort coupable; mais laissons tout cela et ne querellons plus.

Je crois aisément que vos forces ne sont point revenues, les changements de temps doivent vous être fort contraires, l'été pourra vous rétablir. Pour moi je fais de grandes enjambées vers ce que vous savez. Mes nuits sont épouvantables, j'épuise toutes les lectures. Je viens de lire les Mémoires de madame de Staal. Ils sont plus agréables pour moi que pour tout autre ; elle était mon amie, je passais ma vie avec elle, je connaissais tous les gens dont elle parle. Actuellement je lis Schakspeare.

On a nommé les officiers de la maison de M. le comte d'Artois ; on ne fera la maison de la princesse qu'il doit épouser qu'après le mariage de madame de Boucault ; on croit qu'il se fera demain avec M. de Bourbon-Busset. Rien n'est si glorieux pour madame de Forcalquier que ce retardement ; je crois vous avoir dit qu'elle ne voulait accepter d'être dame d'honneur qu'à condition que son amie serait dame d'atour.

D'où vient que vous ne me parlez plus de Rosette? est-ce qu'elle est morte?

LETTRE CLXI.

Paris, 12 mai 1773.

Je sens, comme je le dois, vos attentions pour le baron (1) ; je suis étonnée de la confiance qui l'a conduit chez vous ; je ne la lui avais pas inspirée ; j'avais évité de prononcer votre nom

---

(1) Le baron de Gleichen, envoyé extraordinaire de la cour de Copenhague en France, et qui, à cette époque, voyageait en Angleterre pour sa santé. M. Walpole a dit de lui : « Votre baron ne parlant pas notre
« langue, prendra ses informations des ministres étrangers qui sont des
« gens bien malhabiles, et qui raisonnent sur les gazettes. Il nous
« mesurera à la toise de ce qu'il a lu, ou sur ce qu'il a entendu dire en
« France. Il cherchera de la philosophie et n'en trouvera point ; il croira
« que nous n'agissons que par politique, et il s'y trompera davantage. Nous
« ne sommes que les restes d'un grand peuple, et ce ne sera que le siècle
« futur qui décidera de ce que nous sommes, et de ce que nous serons ;
« actuellement nous n'avons que ce qu'on peut appeler une routine. Le
« luxe est l'objet, et l'intérêt personnel le moyen. Tout le monde veut être
« riche, parce que nous n'avons ni principe, ni point d'honneur ; tout le
« monde veut se ruiner parce que c'est la mode. On n'est pas avare ; on
« n'est que corrompu. »

devant lui; je craignais qu'il ne me demandât une lettre, je la lui aurais refusée; il a plus d'audace que moi, et nous nous en trouvons fort bien l'un et l'autre. Il m'a écrit à son arrivée à Londres; il ne vous avait point encore vu, et n'avait vu personne; il se désespérait d'ennui. Ma crainte est qu'il ne vous soit à charge. Quoique je lui trouve de l'esprit, je conviens qu'on peut le trouver ennuyeux.

Nous avons toujours ici milady Spencer; elle réussit parfaitement; c'est à qui lui donnera à souper; j'eus cet honneur vendredi passé, et je le répéterai une fois avant son départ pour Spa, qui sera à la fin du mois; ce sera à peu près le temps, à ce que je crois, du départ de madame Greville, soit qu'elle retourne à Londres, ou qu'elle aille à Spa.

Pont-de-Veyle se porte mieux; et comme il y a peu de monde à Paris, et que ce qui y reste sont nos amis communs, nous soupons presque tous les jours ensemble, plus souvent chez moi qu'ailleurs.

La maison de la comtesse d'Artois n'est point encore nommée, ce qui surprend tout le monde; mais apprenez ce qui m'a bien troublée avant-hier. M. Francés me dit qu'il avait reçu une lettre de chez vous, où l'on lui mandait que vous ne désarmiez pas, et tout de suite M. de Presle me vint dire tout bas que M. Chamier lui avait écrit que nous allions avoir la guerre avec vous, et que c'était notre faute; tous mes diplomatiques m'ont assuré que la nouvelle était fausse; je ne puis être cependant parfaitement rassurée que par ce que vous me direz.

La comtesse de Choiseul, que la grand'maman appelle la *Petite Sainte,* s'est embarquée dimanche dernier sur la Seine, et ira par eau à Chanteloup, où elle restera quinze jours, et puis continuera sa route pour se rendre à Bareges; c'est une fort jolie femme avec qui je suis assez liée.

Madame de Luxembourg est à Chanteloup depuis dix jours; elle en reviendra à la fin du mois et ira tout de suite à Montmorency; je suis dans la plus haute faveur auprès d'elle. Il n'en est pas de même de l'autre maréchale (*de Mirepoix*); elle me traite avec froideur, sans qu'elle puisse en avoir d'autre raison que de ce que je vois souvent sa belle-sœur, ce qui ne peut être autrement, aimant et devant aimer autant son frère.

Voilà bien des riens que je vous écris; il me reste à vous parler de mes lectures; je suis tout au travers des Tudor de M. Hume; je n'y trouve pas un grand plaisir, mais cela ne m'ennuie pas extrêmement; conseillez-moi quelques lectures (1).

Comme il me reste une page, je vais la remplir par une chanson de la marquise de Boufflers, sur l'air : *Ton humeur est, Catherine.*

> Dimanche, j'étais aimable;
> Lundi, je fus autrement;
> Mardi, je pris l'air capable;
> Mercredi, je fis l'enfant;
> Jeudi, je fus raisonnable;
> Vendredi, j'eus un amant;
> Samedi, je fus coupable;
> Dimanche, il fut inconstant.

Une autre du chevalier de Boufflers sur M. de Beauvau, qui

---

(1) M. Walpole répondit : « Je ne sais quelles lectures vous conseiller. « Quand on a épuisé tous les sujets, une manière nouvelle de les redire « ne les rend pas nouveaux, quoi qu'on en dise. Encore cet avantage « tombe-t-il en partage à bien peu de gens. On a tout dit, on a contredit « tout. Peut-être recommencera-t-on à rebâtir ce qu'on vient de détruire, « et l'on n'y gagnera rien. On a dit que le soleil s'est usé, moi je crois « que c'est l'esprit humain. Il est possible qu'avec le temps on voie quel- « que nouveauté dans l'Amérique. Mais à moins d'un *déluge* (je ne sais « si c'est le mot français), l'Europe fournira aussi peu que la Tartarie. « Les jésuites tombent, faute d'être méchants. Nos méthodistes ne ren- « versent pas l'Église établie, faute d'absurdités nouvelles; et vos philo- « sophes se trompent en s'attendant à renverser des trônes, comme Luther « et Calvin, quand les livres ne sont plus une mode nouvelle. »

dînait chez la marquise de Boufflers, sur l'air : *Si le roi m'avait donné Paris sa grand'ville.*

> Sans plaisir, vous écoutez
> A la comédie ;
> Sans raison, vous disputez
> A l'Académie ;
> A mon bureau vous jugez,
> A ma table vous grugez ;
> Mais qui vous en prie, ô gué !
> Mais qui vous en prie ?

Autre sur la statue de Voltaire, faite par Pigal.

Air : *O filii.*

> Voici l'auteur de l'Ingénu ;
> Monsieur Pigal l'a fait tout nu ;
> Monsieur Fréron le drapera,
> Alleluia.

LETTRE CLXII.

Paris, dimanche 23 mai 1773.

Est-ce que je ne vous ai jamais parlé de l'amour effréné de M. le duc d'Orléans pour madame de Montesson (1)? il y a

(1) Madame de Montesson était une demoiselle Delahaye; sa naissance, sans être illustre, était distinguée, et sa figure, sans être jolie, était agréable. A l'âge de seize ou dix-sept ans, elle captiva le cœur du vieux et riche marquis de Montesson, du pays du Maine, qui la vit souvent au jardin du Luxembourg, où elle avait coutume de se promener avec sa mère. M. de Montesson était à la fois fort laid et singulièrement dégoûtant. Après quatre ou cinq ans de mariage il mourut, et laissa sa veuve, fort jeune encore, avec une fortune aisée et, qui bientôt s'accrut par la mort de son frère unique, M. Delahaye. Sa conduite était exempte de reproches, son aimable caractère et ses talents la firent rechercher

je ne sais combien d'années qu'il dure. L'honnêteté des mœurs de la dame, la pureté de ses sentiments, ou, si vous l'aimez mieux, son ambition lui ont fait faire une résistance qui a déterminé le duc à l'épouser. Le chef de la famille a refusé son consentement ; ainsi, selon nos usages, le mariage ne peut être qu'illégal, la femme ne saurait prendre ni le nom, ni les titres du mari sans le consentement authentique dudit chef. Mais un mariage clandestin visiblement caché se peut faire, et se fera sans doute, mais n'est point encore fait. La dame voyage à Spa en Hollande, et ne sera de retour qu'au mois de juillet, et ce sera dans cedit mois que se fera la célébration, où il n'assistera que le nombre de témoins nécessaire. On prétend que le duc promit à son fils de ne conclure cette affaire que dans deux ans du jour qu'il lui parlait, et ce terme expire au mois de juillet prochain. Sa passion, loin de se refroidir, n'a pris que de nouvelles forces. Si cette femme fait mal ou bien de consentir à un tel hymen, c'est un problème ; les avis sont différents. Je suis de l'avis de ceux qui l'approuvent, sa réputation demeure intacte. Si elle était d'une naissance illustre, elle aurait tort, parce que plusieurs exemples lui donneraient le droit d'être reconnue publiquement ; mais une très-petite demoiselle, veuve d'un petit gentilhomme, ne peut sans extravagance prétendre

---

dans le monde. Elle était une des quatre femmes à la mode, à qui Champfort (juge difficile) accordait le mérite d'être des actrices accomplies. Elle ne fut pas également heureuse comme auteur dramatique : une de ses pièces, *La Comtesse de Chazelles, ou la Femme sincère*, jouée au Théâtre Français à Paris, malgré toute la prévention favorable qu'on en avait, et tous les efforts qu'on fit pour la faire réussir, fut froidement reçue par le public. Son mariage avec le duc d'Orléans eut lieu dans le temps et dans les circonstances dont parle ici madame du Deffand, et avec le consentement verbal du roi, à condition qu'elle ne prendrait jamais le nom de duchesse d'Orléans, ni ses armes. Le duc mourut en 1786. Le caractère réservé et les manières affables de madame de Montesson, la sauvèrent des dangers de la Révolution. Elle n'émigra pas, se rallia au Consulat, et en 1802 elle donna un bal où Bonaparte et plusieurs membres de sa famille assistèrent. Elle mourut à Paris en 1809.

à un état qui pourrait par la suite la mettre au-dessus de tout le monde. Le sort des enfants, s'il en survient, est ce qu'il y a de plus embarrassant; ils ne sont point bâtards, puisqu'il y aurait un mariage en face d'église; ils seraient inhabiles à succéder, puisque le mariage serait illégal; il faudrait leur donner des rangs intermédiaires, mais alors comme alors. Je ne sais ce que l'Idole pense de cette aventure, et comment sa vanité se retournera. Celle de madame de Forcalquier vient de faire un grand pas de clerc, en acceptant une place qui la met dans la servitude et l'exposera à de grands brocards. Il n'y a pas quatre mois qu'elle disait à qui voulait l'entendre qu'il faudrait qu'elle fût bien extravagante pour qu'elle pût consentir jamais à prendre une place qui n'ajouterait rien aux honneurs dont elle jouissait; qu'étant une très-grande dame, jouissant d'une assez grande fortune, jamais elle ne s'assujettirait à aucune servitude. Eh bien! elle a accepté. Madame de Bourbon-Busset, autrement madame Boucault, est dame d'atour, et elles sont aujourd'hui à Versailles pour faire leurs remercîments. Le comte de Broglio ira recevoir la princesse.

Vous savez que M. de la Marmora, qui est rappelé, est nommé vice-roi du royaume de Sardaigne; il fait semblant d'en être fort content; mais on prétend que cette place est aussi agréable que si c'était d'être vice-roi de Sibérie; il faut résider pendant trois ans; l'air y est détestable et la compagnie affreuse; nous aurons à sa place le comte de Viri, que vous avez eu chez vous (1): nous ne nous apercevrons point du changement. Sans doute que mon baron (2) est du nombre des philosophes modernes et

(1) Fils unique du comte de Viri, qui, pendant plusieurs années, fut ministre de Sardaigne à Londres. Sous le nom de baron de Perrier, il épousa en Angleterre mademoiselle Speed, qui se faisait admirer par son esprit et la vivacité de son caractère. Elle est une des héroïnes d'une pièce de poésie de Gray, intitulée : *Long-Story*. A la mort de son père, le baron de Perrier prit le titre de comte de Viri, et depuis fut nommé ambassadeur en France et en Espagne.

(2) Le baron de Gleichen.

des plus entichés de cette manie ; je m'impatiente bien souvent contre lui ; je suis étonnée qu'il ne m'ait pas écrit depuis qu'il vous a vu ; il s'accrochera à quelque métaphysicien ; il est impossible qu'il n'y en ait pas quelques-uns chez vous ; mais votre genre d'esprit ne lui convient nullement. Notre M. Thomas est bien mieux son fait, il vient de donner un livre qui a pour titre : *Essai sur les Éloges, ou Histoire de la Littérature et de l'Éloquence.* Le baron en sera charmé. Le Caraccioli s'en extasie ; il m'a prêté le premier volume, j'en ai lu ce matin trois chapitres, ils m'ont impatientée et ennuyée ; tout est à l'alambic, rien n'y est sous sa face naturelle, c'est une abondance d'idées fausses, rendues brillantes par des recherches de mots et d'expressions ; ce n'est pas l'ouvrage d'un sot inspiré, mais d'un petit esprit qui se croit un génie.

Votre lettre vaut bien mieux que toutes les lectures que je fais depuis longtemps ; elle est remplie de traits vifs et sensés : je n'entreprendrai pas d'y répondre ; je connais trop le degré de mes forces, ou pour mieux dire l'excès de ma faiblesse.

LETTRE CLXIII.

Mardi, 1ᵉʳ juin 1773.

Le vent a été favorable, les lettres sont arrivées aujourd'hui ; je prévois que j'aurai de quoi remplir celle-ci, et qu'elle pourra bien être l'ouvrage de deux jours.

Je soupai avant-hier dimanche au Carrousel ; en rentrant chez moi, j'appris que madame Crewe (1) était arrivée : tout

(1) La fille de feu Fulke Greville et femme de John Crewe, de Crewe-Hall dans le Cheshire, depuis créé baron Crewe. La mère de madame Crewe, madame Greville, avait passé plusieurs mois à Paris, où elle occupait dans le couvent de Saint-Joseph un appartement attenant à celui de madame du Deffand.

mon domestique était occupé à préparer un gîte pour elle et sa suite.

Le lendemain, à peine furent-elles levées, et bien avant que je fusse visible, la mère et la fille allèrent s'établir au Parc-Royal ; l'après-dînée elles allèrent à l'Opéra-Comique avec mesdames de Bussy (1) et de Roncé (2), et revinrent ensuite souper chez moi.

Mercredi.

Hier je fus interrompue ; je reprends ma narration. Je devais souper au Carrousel ; la duchesse ayant appris l'arrivée de madame de Crewe, envoya prier la mère et la fille ; elles furent à la Comédie française ; au retour elles vinrent chez moi et nous fûmes toutes les trois chez la duchesse, où nous ne trouvâmes que sa fille, M. d'Entragues et M. de Rose. Jusqu'à présent, tous ceux que j'ai vus, et qui ont vu madame Crewe, la trouvent parfaitement belle : mais c'est ce soir qu'elle subira un grand examen, et que ses succès seront décidés ; l'on fera le parallèle d'elle et de milady Georgine (3) ; elles passeront toutes deux la soirée chez moi ; j'aurai quinze ou seize personnes à souper, et plusieurs autres qui, sous prétexte de me rendre visite, viendront les voir. Madame Greville et moi nous sommes parfaitement bien ensemble, sans engouement l'une pour l'autre ; j'ignore l'impression que je lui ai faite, j'ai reçu d'elle des attentions, des politesses ; j'y ai répondu de mon mieux par des prévenances, et par lui laisser en même temps la plus grande liberté ; j'ai souvent passé des journées entières sans la voir. Elle est fort liée avec milady Spencer, elles ne se quit-

---

(1) Madame de Bussy, née Messey, épouse de M. de Bussy, qui avait servi longtemps dans l'Inde.

(2) Madame Roncé, née Vibray. Elle s'était séparée de son mari, M. de Roncé, peu de temps après leur mariage, à cause de quelques mauvais désordres provenus dans un dérangement de son esprit. Elle fut ensuite nommée dame d'honneur de la princesse de Condé.

(3) Lady Georgina Spencer, feu la duchesse de Devonshire.

tent presque point ; elles ont plusieurs connaissances communes, mesdames de Mirepoix, de Caraman, de Bussy, du Châtelet, de Roncé, etc., etc., Madame Greville n'a presque pas rencontré la marquise de Bouflers, et elle a très-peu vu la comtesse.

Vous avez bien jugé milord Dalrymple (1), il est doux, poli, raisonnable : s'il avait tant soit peu d'âme, il serait aimable. Votre ambassadeur me plaît assez; on le trouve, quand on le connaît, moins froid, moins pédant et moins pincé qu'il n'en a l'air. Pour M. son secrétaire, c'est un très-bon homme, très-obligeant, mais voilà tout.

M. le duc de Bouillon a gagné son procès contre M. Latour d'Auvergne, le testament de M.-son père est cassé (2).

M. de Morangiés (3) fut jugé jeudi dernier au bailliage du palais. Il va en appeler au parlement, par qui il sera condamné, dit-on, beaucoup plus sévèrement.

(1) Depuis le lord Stair.
(2) Procès entre les héritiers du duc de Bouillon et M. de Latour d'Auvergne (d'une branche collatérale de cette famille), pour une partie de la succession léguée par le duc de Bouillon (père du prince de Turenne) à M. de Latour d'Auvergne.
(3) Le comte de Morangiés, homme de famille et officier général, mais accablé de dettes, et d'un caractère difficile, fut accusé de nier et de refuser de payer une dette de 100,000 écus, qu'il avait reçus d'un jeune homme appelé Veron. Ce procès fit grand bruit dans le temps, et donna lieu, suivant l'usage, à des mémoires et à des exposés sans fin de part et d'autre. Tous les jeunes libertins de la noblesse se rangèrent du côté du comte de Morangiés, dont ils tâchèrent de soutenir la réputation, et de justifier la conduite; tandis que les gens honnêtes et sensés n'y voyaient que les basses manœuvres d'un homme exercé depuis longtemps dans la chicane, par laquelle il avait trouvé moyen d'échapper aux poursuites de ses nombreux créanciers, et qui cherchait maintenant à faire charger de faux et d'escroquerie un jeune homme sans expérience et sans protection, d'une classe inférieure de la société, dans la seule vue d'éviter le payement d'une forte dette, reconnue par un billet de sa propre main. — Il fut condamné à payer la dette, et fut admonesté.

LETTRE CLXIV.

Samedi 12 juin 1773.

Je ne veux pas attendre à demain à vous écrire, j'ai trop de choses à vous mander; premièrement, voilà un paquet que j'aime mieux vous envoyer que d'entreprendre de vous rendre compte de ce qu'il contient. Vous me ferez savoir ce que je dois mander à madame de Jonsac.

Les Spencer partent demain, ils vont coucher à Roissy; madame Greville et sa fille les y accompagneront, et y resteront trois ou quatre jours après le départ des Spencer. Les Spencer iront le lundi ou le mardi à Haute-Fontaine chez l'archevêque de Narbonne, ensuite à Liancourt, et puis à Bruxelles chez madame d'Aremberg (1), et n'arriveront à Spa que les premiers jours de juillet; madame Greville dans ce temps s'y rendra, et sa fille prendra la route de Londres; ainsi finira l'histoire.

Il n'est pas douteux que si l'on n'avait vu ici qu'en peinture milady Georgine et madame Crewe, celle-ci aurait eu toute préférence; mais la première l'a généralement obtenue; sa taille, sa physionomie, sa gaieté, son maintien, sa bonne grâce ont charmé tout le monde. L'autre est peu animée, sa taille est médiocre, et elle demande d'être examinée pour être trouvée belle; je crois qu'elle a de l'esprit, mais elle parle peu; elle sait bien notre langue. Voilà tout ce que je peux vous en dire; sa mère l'adore. Depuis qu'elle ne loge plus chez moi, je ne

---

(1) La duchesse douairière d'Aremberg, née de la Marck, mère du duc actuel d'Aremberg. Une de ses filles, la princesse de Stahremberg, resta longtemps en Angleterre avec son époux, ambassadeur de la cour de Vienne. Son départ a causé de vifs regrets à tous ceux qui l'avaient connue.

l'ai pas beaucoup vue; je me flatte d'être bien avec elle, mais nous n'avons pas formé une grande liaison. Jadis on me reprochait d'être sujette à l'engouement; aujourd'hui j'en suis bien corrigée, je me borne à éviter de me faire des ennemis, et je n'ai plus la pensée d'acquérir des amis; je désire de conserver ceux que j'ai, qui sont en bien petit nombre, mais je m'en contente et n'en désire pas davantage.

Il faut vous parler à présent de madame de Grammont. Elle vint chez moi le même jour que je vous écrivis ma dernière lettre; mais comme il y avait des ambassadeurs chez moi, elle se fit conduire dans mon cabinet; je l'y allai trouver, l'accueil fut des plus obligeants; le lendemain elle me rendit une seconde visite où elle fut encore plus agréable; elle me dit qu'elle désirait souper chez moi. Par ses arrangements ce ne devait être qu'un des jours de la semaine où nous allons entrer, et je devais souper demain dimanche chez madame de Lauzun avec elle, et le lundi chez madame de Luxembourg. Quelques dérangements survenus dans ses projets lui firent me demander à souper chez moi jeudi dernier; elle savait que j'avais ce jour-là madame de Beauvau et l'archevêque de Toulouse. J'y consentis volontiers; nous fûmes sept, mesdames de Beauvau, de Poix et de Grammont, l'archevêque de Toulouse, le Caraccioli et Pont-de-Veyle.

Dimanche, à 7 heures du matin.

Cette seconde date est la cause de la nouvelle main.

J'ai fait mes réflexions sur les soupers d'aujourd'hui et de demain; je viens de m'excuser du souper de chez madame de Lauzun : je trouve que j'y figurerais comme les momies aux repas des anciens. Je pourrai bien aller demain chez madame de Luxembourg; cela est différent, l'ancienneté de la connaissance, plus de rapport des âges, et puis la liberté de ne me point mettre à table, et peut-être n'arriverai-je qu'après souper : enfin j'évite le ridicule autant qu'il m'est possible; je le crains presqu'autant que l'ennui. J'ai changé le souper de madame de Lauzun contre celui de madame de la Vallière, quoique j'y aie soupé hier ; vous serez étonné d'apprendre avec qui, avec la Bellissima, la duchesse l'avait exigé, non avec l'intention d'un raccommodement, mais pour la facilité du commerce ; il y avait beaucoup de monde, cela se passa bien, sans affectation, sans embarras ; on n'observera plus de s'éviter, et on se rencontrera par hasard, sans qu'il en résulte jamais ni inconvénient ni conséquence.

Milady Spencer a eu le plus grand succès : on n'a jamais eu pour aucune étrangère autant d'empressement et rendu autant d'honneurs ; elle les a mérités ; on ne peut en effet être plus aimable. Je crois que vous ne la connaissez pas, et que vous connaissez peu madame Greville.

A 2 heures après midi.

En attendant le facteur, je vais vous dire les nouvelles que j'avais oubliées. La mort de la présidente de Gourgues (1) ; c'est une espèce d'événement : c'était une femme importante qui avait des amis considérables ; notre ambassadeur, je crois était du nombre ; madame de Montesson l'aimait passionnément. Sur la nouvelle de sa maladie, elle est partie sur-le-champ de Spa, et est justement arrivée ici le jour de sa mort. Sa douleur est extrême ; elle est allée trouver M. le duc d'Orléans au Raincy, et quelques-unes des plus intimes de la défunte s'y sont rendues auprès d'elle. Cette dame a fait son légataire universel le président de Lamoignon son frère ; elle laisse cent mille francs à M. de Malesherbes son cousin, et à madame de Montesson ses pierreries, qui sont de peu de valeur.

Je loue mon petit logement à une madame la marquise de Beausset (2), sœur de madame de la Reynière ; c'est une femme

---

(1) Elle avait été longtemps attaquée d'une maladie incurable.
(2) Née Jarente. Son mari était le neveu de l'évêque de Béziers. Elle était non-seulement fort jolie, mais aussi fort spirituelle.

établie en province, fort belle, fort jeune, qui veut passer quelque temps à Paris. Je ne me propose point de faire une grande connaissance avec elle; je n'aime point la société des jeunes personnes.

J'attends à cinq heures mesdames de Mirepoix, de Boufflers et de Boisgelin, qui doivent venir prendre du thé avec moi. La maréchale, jusque vers la fin du mois prochain, habitera souvent sa petite maison de campagne, le Port-à-l'Anglais; j'irai y souper quelquefois. Je compte aller aussi une fois la semaine à Courbevoie, chez madame de Valbelle (1); la compagnie y est détestable, mais on y joue au cavagnol. J'irai très-rarement à Roissy, chez les Caraman, c'est trop loin. Il est bien malheureux pour moi que Chanteloup soit à une si grande distance; si ce n'était qu'à vingt lieues, j'aurais bien du plaisir à rendre visite à la grand'maman, et à passer avec elle les temps où il y a peu de monde. Sa santé n'est point bonne; elle est maigre, elle est faible, elle tousse, elle dort peu, elle digère mal, j'en suis inquiète. Il n'y a pas grand monde présentement à Chanteloup; madame de Grammont y retournera dimanche ou lundi.

Voilà le facteur, une de vos lettres et une du baron (2); le baron me mande qu'il part pour les eaux de Harrowgate, et me donne une adresse, en cas, dit-il, que dans son apostille il ne la change pas, et dans l'apostille il la change, et c'est à Bruxelles qu'il faut lui écrire. Certainement il est fou.

(1) La comtesse de Valbelle, mère du comte de Valbelle, l'amant de la célèbre Clairon.
(2) Le baron de Gleichen.

LETTRE CLXV.

Mercredi 14 juillet 1773.

Je ne suis point en train d'écrire ; je n'ai, ce me semble, rien d'intéressant ni d'amusant à vous dire. Cependant je puis vous parler de la pluie et du beau temps ; la pluie que vous avez dû avoir à Strawberry-Hill m'a fort fâchée, mais elle n'aura pas continué tout le temps de votre séjour ; ce qui me le fait espérer, c'est que depuis cinq ou six jours il fait le plus beau temps du monde.

Les dames du Carrousel vous aiment toujours et me demandent souvent de vos nouvelles. L'ami Pont-de-Veyle, M. de Tourville et la Sanadona me prient souvent de les rappeler à votre souvenir ; la dernière est à Praslin depuis vendredi, elle en reviendra samedi ; je serai bien aise de son retour ; elle m'épargne des soins en me garantissant de l'ennui de passer des soirées seule. Cette crainte de la solitude vous surprend, vous qui la chérissez tant ; mais pensez que vous avez des yeux, des goûts, des talents, ajoutez beaucoup d'affaires qui, quoiqu'elles vous fatiguent et vous fâchent, vous préservent de l'ennui.

On se divertit beaucoup à Chanteloup ; on y joue des comédies où la grand'maman a le plus grand succès ; il y a une trentaine de personnes tant de la cour que de la ville, toutes des plus brillantes et des plus agréables ; ce n'est pas cependant en vérité le temps où je regrette de n'y pas être, tout au contraire, c'est celui qui me fait chérir mon tonneau.

Dans cet instant j'entends le canon qu'on tire pour l'entrée de madame la comtesse de Provence ; elle fera les mêmes choses qu'a faites madame la Dauphine ; vous me dispensez bien de vous en faire le détail.

Le mariage de M. Du Barry avec mademoiselle de Tournon n'est point encore fait; il se fera incessamment, et au sortir de l'église ils partiront pour Compiègne.

Madame de Luxembourg part aujourd'hui pour Villers-Coterets; elle n'y sera que huit jours, et le 22, jour de la Madeleine, qui est sa patrone, elle soupera chez moi ; je lui donnerai pour bouquet de sa fête une tresse de fil d'or faite comme les tresses de cheveux, avec ce couplet, sur l'air des *Folies d'Espagne* :

> Ces beaux cheveux qu'autrefois Madeleine
> Pour plaire à Dieu raccourcit de moitié,
> Du tendre amour furent longtemps la chaîne ;
> Qu'ils soient pour nous les nœuds de l'amitié.

C'est un petit abbé Delille qui en est l'auteur (1). Il a beaucoup d'esprit et de talent, mais je le connais fort peu : vous n'ignorez pas que le goût présent est de parfiler, et que l'on a épuisé toutes les formes pour faire des galanteries dans ce genre.

Je vous promets de ne point lire les trois volumes de voyages (2).

Je viens de relire *Tom Jones*, dont le commencement et la fin m'ont charmée. Je n'aime que les romans qui peignent les caractères, bons et mauvais. C'est là où l'on trouve de vraies leçons de morale ; et si on peut tirer quelque fruit de la lecture, c'est de ces livres-là ; ils me font beaucoup d'impression ; vos auteurs sont excellents dans ce genre, et les nôtres ne s'en dou-

---

(1) Depuis si justement célèbre. Madame du Deffand a toujours été scrupuleuse à nommer les auteurs des vers faits pour elle, ou donnés en son nom. L'auteur de la *Notice sur la Vie de madame du Deffand*, qui se trouve à la tête des deux volumes de sa correspondance publiée à Paris en 1809, est dans l'erreur quand il dit qu'elle s'attribuait les vers qui lui avaient été fournis par quelque homme de lettres de ses amis.

(2) La première édition des Voyages du capitaine Cook dans les mers du Sud.

tent point. J'en sais bien la raison, c'est que nous n'avons point de carractère. Nous n'avons que plus ou moins d'éducation, et nous sommes par conséquent imitateurs et singes les uns des autres.

LETTRE CLXVI.

Paris, mardi 27 juillet 1773.

La lettre dont vous aviez chargé milord Beauchamp ne m'a été rendue que tout à l'heure, quoiqu'il soit à Paris depuis samedi. Ce n'est point négligence de sa part; un billet de lui qui l'accompagnait était daté du samedi; je ne doute pas que ce ne soit la faute de Colman (1), de qui la mémoire est très-infidèle quand il a bu.

J'ai vu vos deux cousins (2). Ils me paraissent tels que vous me les dépeignez; je les ai priés à souper pour samedi, ils ont accepté; j'aurai ce jour-là l'Idole et sa belle-fille, une madame de Vierville leur complaisante; la Sanadona, Pont-de-Veyle et Poissonnier (3). Vous serez étonné de l'Idole; après avoir été plus d'une année sans souper avec elle, j'y aurai soupé trois fois dans l'espace de quinze jours. Les amitiés et les inimitiés ont la même allure dans ce monde-ci; il m'en prend souvent des dégoûts effroyables, et un très-grand désir de le quitter; ne craignez point que je vous rende compte des raisons et des réflexions qui m'amènent à penser ainsi : en faut-il d'autres que la vieillesse et l'aveuglement, et le vide que l'on trouve dans tous les objets dont on est environné?

(1) Un des valets de madame du Deffand.
(2) Le marquis de d'Hertford (alors lord Beauchamp) et son frère lord Henri Seymour Conway.
(3) Habile médecin français, qui avait fait depuis peu un voyage en Angleterre pour réclamer l'invention d'un appareil pour dessaler l'eau de la mer.

Je ne serai d'aucune utilité à vos cousins ; le peu de gens de ma connaissance, soi-disant amis, sont tous dispersés ; il n'y a que quelques personnages assez tristes, et faits pour ennuyer des jeunes gens, qui me soient restés ; de plus, je ne me porte point bien, je m'affaiblis extrêmement, il ne me vient rien à dire, et quand je veux parler, je ne trouve plus de termes pour m'exprimer : je puis vous assurer que si l'on me trouve le sens commun, je ne le dois qu'à la prévention que quelques personnes ont daigné donner de moi ; mais qu'aujourd'hui, si l'on me juge par ma valeur intrinsèque, on perdra bientôt cette prévention. Mais c'est trop vous parler de moi, et je vous en demande pardon.

Je crois que vous pourrez recevoir cette lettre avant votre départ, et qu'avant ce moment vous pourrez m'en apprendre le jour.

Je vous suis très-obligée de tous les détails que vous me faites de vos occupations, et de toutes les petites nouvelles ; je sais combien vous aimez peu à écrire, et combien je vous dois de reconnaissance de votre complaisance ; ne croyez point que j'en veuille abuser, c'est très-sincèrement que je vous prie de n'avoir point égard à ma satisfaction, et de ne consulter et de n'agir que par la vôtre. Je comprends extrêmement la répugnance que l'on a à écrire, je l'éprouve. Ma correspondance avec Chanteloup se relentit de jour en jour ; je me le reproche, j'appelle Wiart, il prend l'écritoire, il ne me vient rien, et il s'en retourne sans que je lui aie rien dicté. Je n'écris plus à Voltaire ; je relis actuellement le recueil de ses lettres et des miennes ; cette lecture, si vous daignez jamais la faire, vous paraîtra ennuyeuse ; j'ai crayonné celles que je trouve les plus passables. Je n'ai pas le même dégoût que vous aurez ; j'ai la curiosité de voir dans quelle disposition j'étais lorsque je les ai écrites.

Les comédies de Chanteloup sont cessées ou vont bientôt l'être ; l'accident de la main du grand-papa l'a un peu attristé (1) : il mange tout seul depuis qu'il a son bras en écharpe ; il ne saurait monter à cheval. La grand'maman est au bout de ses forces ; les comédies l'épuisent, mais elles la détournent de bien des choses qui seraient pour elle pires que la fatigue. Je suis bien fâchée que Chanteloup soit à une si grande distance ; j'aimerais à être avec cette grand'maman : on se plaît avec les gens qui sont à notre unisson.

Le comte de Broglio fut nommé, dimanche dernier, pour aller chercher la comtesse d'Artois ; cette grâce, quoique légère, a rencontré de grands obstacles. Les gens titrés prétendaient que cet honneur n'était dû qu'à eux. La vicomtesse Du Barry (2) est trouvée admirable, on dit qu'elle ressemble en beau à madame de Châteauroux.

On prétend qu'un certain mariage (mais pourquoi ne pas nommer madame de Montesson) se fera ces jours-ci. Elle vient d'acheter huit cent mille francs, la terre de Saint-Port (3), qui est à huit ou dix lieues de Paris.

LETTRE CLXVII.

Dimanche 1ᵉʳ août 1773.

Je crains que ma dernière lettre ne vous ait déplu, je vous y faisais des rabâchages sur le retardement des vôtres. Il faut être indulgent, et me laisser quelquefois parler de ce que j'ai dans la tête.

---

(1) Il avait eu un os de la main cassé en montant sur un cheval fougueux.
(2) Née Tournon et parente du prince de Soubise. Elle avait épousé le vicomte Alphonse Du Barry, qui fut tué à Bath, dans un duel avec le comte Rice, irlandais.
(3) Saint-Port ou Saint-Assise, château magnifique sur les bords de la Seine, à quatre lieues de Fontainebleau. Le duc d'Orléans y mourut en 1786. La duchesse de Kingston en fit ensuite l'acquisition.

Oui, vos cousins m'ont rendu votre lettre, et vous le savez déjà, puisque vous en avez reçu la réponse.

Vous me demandez ce que je pense de vos cousins? je les trouve (si l'on peut s'exprimer ainsi) de même acabit que vous, et cet acabit n'est pas le plus commun ; j'aurais bien de la peine à en trouver un quatrième. Si vous voulez que je vous parle plus clairement, je vous dirai que je les trouve d'une politesse extrême, respirant l'honnêteté, la droiture : je suis trompée, s'ils ne sont pas de la plus grande vérité ; je ne crois pas qu'ils aient autant d'âme et de chaleur que vous, mais c'est tant mieux pour eux, et peut-être tant mieux pour leurs amis ; leur âme étant plus calme, leur humeur doit être plus égale ; et leurs têtes moins aisées à se troubler. Peut-être me méprends-je dans le jugement que j'en porte ; c'est plutôt deviner que juger, car je les ai très-peu vus, et n'ai point causé avec eux ; ils m'ont rendu une visite ; je soupai jeudi avec eux chez madame de La Vallière, et ils soupèrent chez moi hier avec les gens que je vous ai mandé; ils partent demain pour Compiègne, d'où ils iront à Reims, et puis ils reviendront ici.

Je ferai demain un souper où j'enverrais volontiers quelque autre à ma place ; c'est à Saint-Ouen, chez M. et madame Necker ; ils ont voulu me connaître, parce qu'on m'a donné auprès d'eux la réputation d'un bel esprit qui n'aimait point les beaux esprits. Cela leur paraît une rareté digne de curiosité. Eh bien ! j'ai été assez sotte pour faire cette connaissance, et quand je m'interroge pourquoi, je rougis de découvrir que c'est la honte de l'ennui, et que je suis souvent aussi imbécile que Gribouille, *qui se jette dans l'eau de peur de la pluie* (c'est un de nos proverbes ou dictons).

Les comédies sont finies à Chanteloup. Je me reproche la paresse que j'ai à leur écrire; je ne trouve rien à dire: dans ce moment je suis dans le même cas.

LETTRE CLXXIII.

Paris, 8 août 1773.

Vous avez grand tort de me consulter (1); vous ne savez donc pas comment je juge? par deux sensations, ennui ou plaisir;

(1) M. Walpole avait dit : « Comme vous me demandez quelquefois
« des lectures, je vous prie de relire deux pièces, que sûrement vous
« avez bien lues, mais lisez-les de grâce avec attention ; c'est la
« *Zaïre* de Voltaire, et le *Mithridate* de Racine. Ai-je tort de les trouver
« pitoyables? le langage, surtout de la première, me paraît familier, et
« trivial jusqu'au burlesque. A l'une et l'autre nul caractère, nulle pro-
« babilité, et dans *Mithridate* pas une pensée nouvelle, pas un seul senti-
« ment qui fasse impression. Je viens de les relire, parce que j'ai envie
« de faire une autre tragédie, et j'ai été étonné de leur médiocrité. Je ne
« crois pas que je risquerai de faire pis, quoique je trouve que depuis ma
« dernière goutte le peu d'esprit que j'avais s'est fort affaibli. Il me sem-
« ble que c'est la gêne de la rime qui a été cause du peu de noblesse que
« Voltaire a mis dans ses expressions. Dites-moi si j'ai tort, et si je
« dois trouver *Mithridate* une belle pièce. Selon moi, c'est l'ouvrage d'un
« garçon qui sort du collège. La nature y parle-t-elle? y a-t-il rien qui
« surprenne à force de vérité même? n'est-ce pas l'éducation qui fait
« faire de telles pièces, et non pas la connaissance intime de l'âme et des
« passions? Je veux relire *Phèdre, Britannicus, Cinna, Rodogune, Alzire,*
« *Mahomet* et *Athalie* que j'ai infiniment aimés, et dont je vous dirai
« mes sentiments. J'en suis à l'*Iphigénie* dont j'ai lu trois actes, et que
« je suis loin de trouver un chef-d'œuvre, comme l'estime Voltaire. C'est
« qu'il faut, pour que j'aie une satisfaction parfaite, que je sois grande-
« ment ému. Il me faut un grand choc de passions, des traits hardis et
« naturels, des caractères très marqués, mais en même temps nuancés,
« et cette connaissance du cœur humain qui distingue les grands maîtres,
« et qui frappe comme un coup de lumière les esprits les plus communs.
« Le mécanisme d'une pièce faite pour s'assurer des suffrages, et non pas
« pour faire de grandes sensations, ne me frappe non plus qu'une pen-
« dule. La première pendule m'aurait causé de l'étonnement; j'aurais
« acheté la seconde à mon usage; je donnerais la troisième à un enfant.
« Ce sont nos auteurs tragiques que j'aime, c'est-à-dire Shakespeare, qui
« est mille auteurs. Je n'accorde pas, comme vous, le même mérite à
« nos romans. *Tom Jones* me fit un plaisir bien mince : il y a du burles-

jamais je n'examine les causes. Vous pouvez avoir toute raison dans vos critiques. Si nos théâtres vous paraissent froids ou plats, ils ne valent rien pour vous. J'ai seulement fait une remarque, c'est que la disposition où nous nous trouvons influe beaucoup sur les impressions que nous recevons, et en conséquence sur les jugements que nous portons; je crois que vous en conviendrez. Il me semble que la comparaison que vous faites de l'effet que vous aurait fait une pendule dans trois âges différents peut s'appliquer à ce que je viens de dire.

Je ne puis pas sentir le mérite de Shakspeare; mais comme j'ai beaucoup de déférence pour vos jugements, je crois que c'est de la faute des traducteurs (1). A l'égard de vos romans, j'y trouve des longueurs, des choses dégoûtantes, mais une vérité dans les caractères (quoiqu'il y en ait une variété infinie) qui me fait démêler dans moi-même mille nuances que je n'y connaissais pas. Pourquoi les sentiments naturels ne seraient-ils pas vulgaires? N'est-ce pas l'éducation qui les rend grands et relevés? Dans *Tom Jones*, Alvorty, Blifil, Square, et surtout madame Miller, ne sont-ils pas d'une vérité infinie? et Tom Jones, avec ses défauts et malgré toutes les fautes qu'ils lui font commettre, n'est-il pas estimable et aimable autant qu'on peut l'être? Enfin, quoi qu'il en soit, depuis vos romans, il m'est impossible d'en lire aucun des nôtres (2). A l'égard de

« que, et ce que j'aime encore moins, les mœurs du vulgaire. Je conviens
« que c'est fort naturel, mais le naturel qui n'admet pas du goût me
« touche peu. Je trouve que c'est le goût qui assure tout, et qui fait le
« charme de tout ce qui regarde la société. Scarron peut être aussi na-
« turel que madame de Sévigné, mais quelle différence! mille mères
« peuvent sentir autant qu'elle; c'est le goût qui la sépare du commun
« des mères. Nos romans sont grossiers. Dans *Gil Blas* il s'agit très-souvent
« de valets et de telle engeance, mais jamais, non jamais ils ne dégoûtent.
« Dans les romans de Fielding, il y a des curés de campagne qui sont de
« vrais cochons. — Je n'aime pas lire ce que je n'aimerais pas entendre. »

(1) On trouvera que, malgré les désavantages de la traduction, madame du Deffand a changé d'opinion sur ce sujet.

(2) M. Walpole dans sa réponse dit : « Nous ne sommes nullement d'ac-

notre théâtre, je ne m'éloigne pas de votre façon de penser; mais *Athalie* me paraît une très-belle pièce, et je trouve de grandes beautés dans *Andromaque;* le style de Racine a une élégance charmante, mais qui peut-être n'est sentie que par nous. Il y a des beautés dans Corneille qui ressemblent beaucoup (à ce que j'imagine) à plusieurs traits de votre Shakespeare. Il ne me faut pas des choses aussi fortes qu'à vous: le choc des grandes passions me causerait sans doute beaucoup d'émotion, mais cela n'est pas nécessaire pour m'intéresser. Le jeu...... (ce n'est point le mot propre, je n'en puis trouver d'autre) des intérêts, des goûts et des sentiments ordinaires, quand ils sont bien nuancés comme dans Richardson, suffit pour m'occuper et me plaire infiniment. Voilà ce que j'ai pu débrouiller sur ce que je pense; vous n'en serez pas satisfait; mais songez à mon âge et à la faiblesse de mon génie.

J'ai reçu ces jours-ci une grande lettre de Voltaire, et je n'en suis point bien aise, parce qu'il a fallu répondre (1..

M. de Beauvau est revenu de Chanteloup. Il m'a donné de très-mauvaises nouvelles de l'état de la grand'maman; elle s'affaiblit, elle maigrit; je souffre beaucoup d'être séparée d'elle, et d'autant plus qu'elle me désire.

Le voyage de Compiègne ne m'a pas causé autant d'ennui que je le craignais; j'ai eu moins de monde, mais j'ai été rarement seule. J'ai pris une résolution que j'espère soutenir, parce que je m'en trouve assez bien, c'est de vivre au jour le jour, de

« cord sur nos romans; c'est le défaut du naturel qui me dégoûte, et que
« vous croyez y voir. Les caractères sont apprêtés et travaillés au point
« d'en découvrir tout le mécanisme. Dans *Gil Blas* rien n'est forcé;
« un trait peint un caractère, et un certain air négligé le rend vraisem-
« blable. Je conviendrai de tout ce que vous dites d'*Athalie*, mais *Tom*
« *Jones* ne me fait pas la moindre impression. »

(1) M. Walpole dit : « Voltaire reprend sa correspondance avec vous,
« tant mieux; il vous amusera de temps en temps; et vous vous amuserez
« à lui répondre; ses plus mauvaises lettres vaudront mieux que celles
« des autres. Je ne suis pas son enthousiaste, mais qui est ce qui le rem-
« placera? »

ne pas penser au lendemain, de ne croire aux amitiés, ni aux inimitiés, enfin de suivre la maxime de ma grand'tante, *de prendre le temps comme il vient, et les gens comme ils sont.*

J'avais beaucoup entendu parler de madame Beauclerc; c'est, dit-on, la femme du monde qui a le plus d'esprit; elle a eu la gloire de vous amuser, et cela me le prouve.

J'ai reçu une lettre de madame de Crewe, fort naturelle, fort tendre, fort obligeante, et d'assez bon français. Je croirais assez qu'elle avait pris plus de goût pour moi que n'en avait sa mère, qui me paraissait craindre que j'eusse quelque part dans les attentions qu'on avait pour elle. Mon petit logement est actuellement occupé par une comtesse de Bausset : Jarente est son nom, sœur de madame de la Reynière, haute de cinq pieds sept pouces, belle, bien faite, très-pauvre, très-raisonnable, parlant de tout facilement et bien, mais à qui cependant je ne trouve rien à dire; je ne sais combien elle restera ici; cela dépend des affaires qui l'y amènent.

Il me semble que je n'ai plus rien à vous dire; j'ai répondu à tous les articles de votre lettre, j'aimerais que cela vous servit d'exemple.

Il faut que je corrige un endroit de ma lettre, c'est sur le mot *vulgaire;* vous entendez par là des sentiments bas; en effet, c'est sa signification : c'est moi qui ai eu tort en le prenant pour des sentiments ordinaires; mais Richardson n'a point donné des sentiments vulgaires à Paméla, à Clarisse, à Grandisson, etc., etc. Il n'en donne jamais de plus grands que nature; et moi, malgré le goût que vous me supposez pour le romanesque, j'aime mieux les sentiments du peuple que ceux des héros de nos romans, tels que dans la Calprenède, et de je ne sais combien d'autres auteurs, comme Scudéri, etc. Mais pour Quinault, j'en ferai toute ma vie un cas infini, parce qu'il n'est jamais par delà le vrai.

FIN DU PREMIER VOLUME.

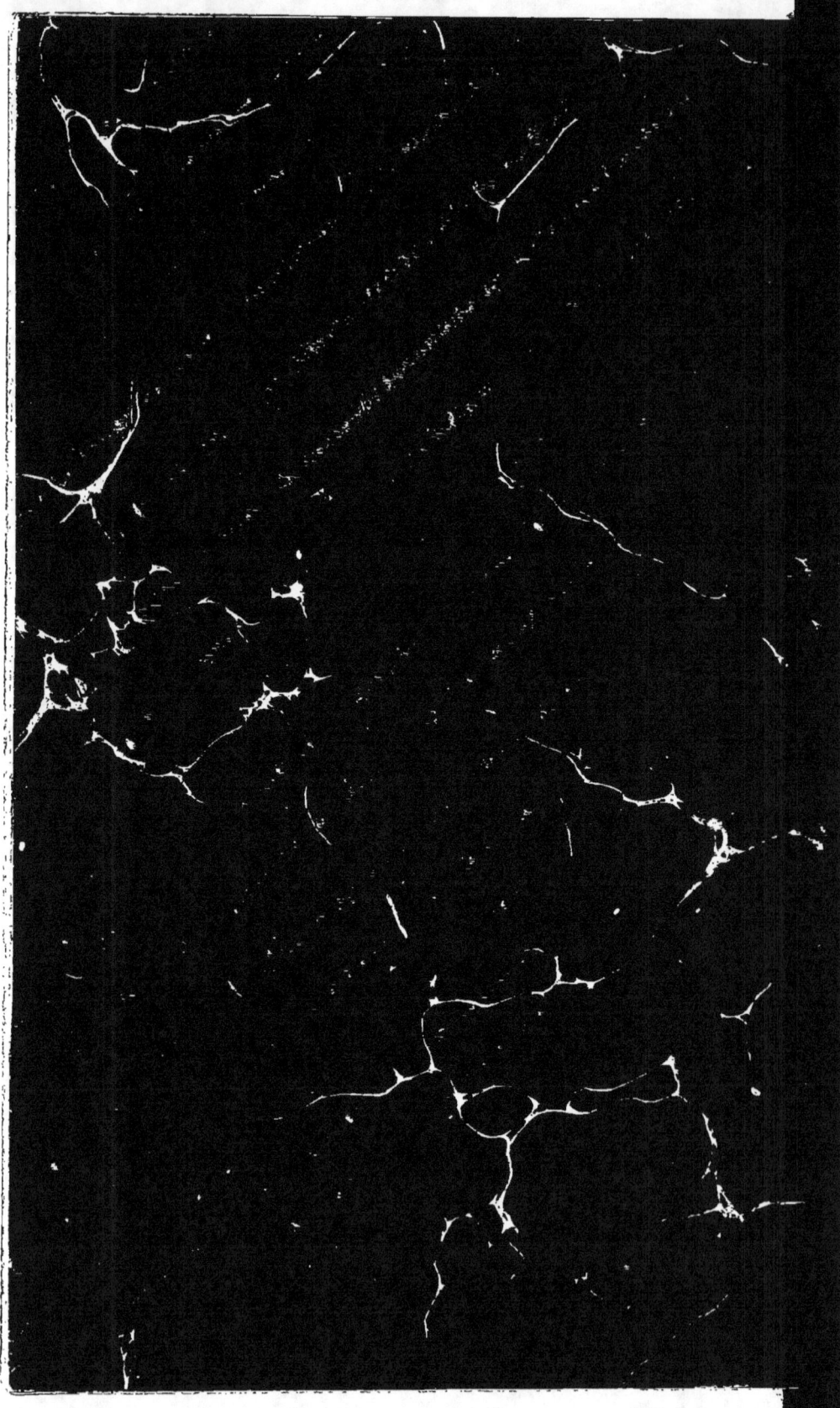

www.ingramcontent.com/pod-product-compliance
Lightning Source LLC
Chambersburg PA
CBHW070841230426

43667CB00011B/1888